CORINNE PULVER
KARRIERE

CORINNE PULVER

KARRIERE

oder

Die Liebe ist ein seltsam Ding

Mit 14 Fotos

HERBIG

Bildnachweis: Archiv des Süddeutschen Rundfunks: Titel (Hugo Jehle), 1, 3, 8, 9, 10, 12, 13 (Dieter Mährlen); Zweites Deutsches Fernsehen: 4; Bayerischer Rundfunk: 11; Paul Motzko: 2, 6, 7; Corinne Pulver Productions: 14

Der Verlag konnte in einzelnen Fällen den Besitzer der Rechte an den reproduzierten Fotos nicht ausfindig machen. Er bittet, ihm bestehende Ansprüche mitzuteilen.

Schutzumschlaggestaltung: Wolfgang Heinzel, München
unter Verwendung eines Fotos vom Süddeutschen Rundfunk
Die Zitate auf den Seiten 158 und 159
stammen aus »Halbzeit« von Martin Walser
Herstellung: Franz Nellissen
Satz: Filmsatz Schröter GmbH, München
Gesetzt aus 10.5/12 Punkt New Caledonia auf Apple Macintosh
Druck und Binden: Graphischer Großbetrieb Pößneck GmbH
– Ein Mohndruck-Betrieb –
Printed in Germany
ISBN: 3-7766-2076-5

Inhalt

»Berufs- und Privatleben waren bei mir immer eine Einheit. Vielleicht ist es das, was die Frau vom Mann unterscheidet.«
Jeanne Moreau, Schauspielerin (France Inter 1996)

VORWORT

Meine Töchter sagen:

du tröstetest uns mit Mozart und van Gogh, mit Balzac und Proust, wenn wir hungern mußten, damit du deine Filme machen und deine Bücher schreiben konntest und die freundliche Gemischtwarenhändlerin Madame Buffat immer unfreundlicher wurde und nicht mehr länger anschreiben wollte – wenn das Geld an allen Ecken und Enden fehlte; um neue Schuhe zu kaufen oder die teure Privatschule zu bezahlen, die wir besuchten, weil du Angst hattest, uns allein im Zug fahren zu lassen und uns schließlich das Pfändungsamt die Möbel aus unserem schönen Haus holte und du auch dieses verkauftest, pardon, verkaufen mußtest. Das alles, weil du arbeiten wie du – und nicht deine Arbeitgeber es wollten, weil du keine Kompromisse machtest, sondern deiner inneren Stimme und nicht den Machos vom Fernsehen gehorchtest. So wurden die Aufträge immer seltener.
Deshalb schafftest du keine großen Werke und was du hinterläßt, ist nicht genial. Genial aber war dein Leben, so wie du gelebt und was du mit den Männern erlebt hast. Schreibe es doch auf. Hast du es jetzt endlich aufgeschrieben?
Meine jüngere Tochter Manon kürzlich: »Weißt du, Maman, wenn wir uns an Parties anfangen zu langweilen, dann sagen meine Freundinnen und Freunde: ›Erzähl doch noch ein wenig aus dem Leben deiner Mutter, das ist so spannend wie ein Roman.‹«

Ich nahm das Verdikt meiner Töchter mit einem lachenden und einem weinenden Auge zur Kenntnis. Auf der einen Seite schmeichelte es mir, daß meine erwachsenen Kinder noch soviel Anteil am Leben ihrer Mutter nehmen. Auf der anderen Seite erschien es mir wie eine Bankrotterklärung und vorzeitige Beerdigung.
Hatte nicht kürzlich in einer Fernsehsendung über Jean Cocteau unter einem Filmausschnitt »historische Aufnahmen von Corinne Pulver« gestanden? Erinnern nur noch ein paar verstaubte Aktenordner an meine Arbeit? War das »denn nun schon alles«, wie der arme Dieter Gütt es in seinem Abschiedsbrief schrieb, bevor er sich eine Kugel durch den Kopf schoß? Immerhin war Dieter Gütt eine wichtige Fernsehfigur. Chefredakteur und Koordinator mit großen Kompetenzen, einer, der die deutsche Nachkriegslandschaft und das deutsche Fernsehen mitprägte. »Das war's denn wohl« waren seine letzten Worte, in seinem Abschiedsbrief.
Noch schauerlicher machte es Michael Pfleghar. Er erschoß sich in seiner Badewanne. Ausgerechnet Michael Pfleghar, des deutschen Fernsehens liebstes Kind, verhätschelter Star-Regisseur und Lichtgestalt einer ganzen Epoche, der die Unterhaltungssendungen revolutionierte? Heute erwähnen nicht einmal mehr diejenigen, die ihm alles verdanken, seinen Namen, für die anderen ist er sowieso schon vergessen.
Und wer, außer ein paar Insidern kennt heute noch die Namen Heinz Huber, Harald Kubens, Gerhard Prager und all die, welche (zu) früh verstarben und bekannte TV-Leute waren? Hat dieses kurzlebige Medium keine Geschichte, wie der Film, wie das Theater, die Literatur – ist es gar kein Kulturinstrument, wie wir alle meinten, als wir anfingen und uns dafür engagierten?
Zwar hatte Martin Walser wahrscheinlich recht gehabt, als er mir schon Ende der Fünfziger sagte: »Als Suhrkamp-Autor kann ich doch nicht mehr für das Fernsehen arbeiten«, aber alle betrachteten ihn damals als Verräter an dem neuen Medium, für das wir uns begeisterten.
Warum war ich dann nicht in meiner Vorzugsstellung in Stuttgart beim Süddeutschen Rundfunk geblieben, wo ich als »erste weibliche Redakteurin des deutschen Fernsehens« ebenfalls verhätschelt wurde und – durchaus erfolgreiches Wunderkind (weil eine Frau) war?
Muß ich an die Chancen und die Superlative, mit denen man mir eine große Karriere voraussagte, erinnern, damit man mir glaubt, oder damit man sich dafür interessiert, daß mein Leben nicht nur »ein Roman« war?

Es gab da zum Beispiel einen gewissen Jean-Luc Godard, der gleichzeitig mit mir mit einem neuen, freien Stil, ohne Drehbuch, nur mit einem Exposé und Improvisation, aber vor allem »aus der Hand«, mit der beweglichen Kamera, seinen ersten Spielfilm drehte. In Frankreich begrub man damit »Papas Kino« mit der »nouvelle vague«, die den Film revolutionierte, während man in Deutschland davon noch nichts wissen wollte. Da durfte gerade eine junge Regisseurin beim Fernsehen, dank ihres flexiblen Chefs Heinz Huber, auf die gleiche Weise ihren »eigenen Stil« einführen. (Ohne vom französischen etwas zu wissen.) Da ich ebenfalls auf den Spielfilm hin arbeitete, nannte Huber mich »der weibliche Godard«.
Das mag vielleicht aus heutiger Sicht, wo Jean-Luc Godard bereits Legende ist, prätentiös und anmaßend klingen. Aber man gab mir gar keine Gelegenheit, das zu beweisen. Selbst Walser, der mich beim Fernsehen weiterhin begutachtete und protegierte, fragte, als ich von meinem Spielfilmprojekt sprach, »muß das sein?«. Er wollte, daß Louis Malle von ihm ein Drehbuch verfilme und versprach mir für eine Vermittlung »bestimmt eine Beteiligung«.
Damals empfand ich den Vergleich mit Godard und seinesgleichen durchaus nicht als schmeichelhaft. Mein Filmstil mochte wohl an den ihren, das »cinéma vérité« erinnern, doch Vorbild oder gar »Schule« war er für mich nicht. Ich kannte sie gar nicht. Ich hatte gerade in Zürich für das Schweizer Fernsehen die Sendereihe »Vom Stummfilm zum Cinérama« gemacht und Chaplin, Eisenstein, René Clair, Dryer und Orson Welles waren meine Vorbilder, wenn ich solche überhaupt brauchte. Ich kam von der Malerei, der Kunst und wollte meine Filme als Einheit von Bild, Wort, Musik und Ton, also als »Gesamtkunstwerk« verstehen. Mein Selbstvertrauen, das heißt, mein Glaube, ohne fremde Hilfe und ohne Vorbild einen eigenen (Film) Stil zu finden und durchzusetzen waren grenzenlos. Godard hatte tatsächlich gleichzeitig mit mir beim Schweizer Fernsehen in Zürich angefangen. Allerdings nicht als Filmregisseur, sondern als Buchhalter. Und ich hörte von ihm erst, weil er sich zusammen mit dem Chefbuchhalter anscheinend den Spaß erlaubt hatte, den Tresor des »Schweizer-Fernseh-Versuchs-Betriebes« zu knacken. Entsprechend wenig war im Geldschrank, die beiden wurden fristlos entlassen. Dafür wurde Godard in Paris berühmt als Filmregisseur, was zeigt, wie man in der Schweiz als Genie (nicht) entdeckt wird.

Doch gab es für mich noch jede Menge andere Chancen, die ich offenbar nicht wahrnahm: Ich bin nicht die deutsche Oriana Fallaci – oder Clare Booth-Luce geworden, wie Günter Prinz, der damalige »Quick«-Chef es wollte. Er hatte gerade mit seiner Serie »Jetzt spreche ich« von Ex-Kaiserin Soraya den »Stern« überrundet und die »Quick« zur größten Illustrierten Deutschlands gemacht. »Wir bauen Sie zur ersten Reporterin in deutscher Sprache auf«, war sein Vorschlag.

Ich wurde auch keine Bildschirmberühmtheit wie die Kollegen Georg Stefan Troller, François Reichenbach, Roman Brodmann oder Margrit Dünser. Und mein Verleger hat nicht meine Bücher gedruckt, sondern die von Martin Walser. Hätte ich seinen Rat befolgen und wie er, aufs Fernsehen verzichten sollen?

Und warum?, werden jetzt alle fragen, und ich frage es mich auch. Warum eigentlich habe ich diese Chancen nicht wahrgenommen? Warum verzichtete ich mit so großer Leichtigkeit auf das viele Geld, das ich hätte verdienen können? Vom Ruhm gar nicht zu reden.

Ich dachte immer, weil ich keine Kompromisse machen wollte und mich nicht anpassen konnte, das sei die Erklärung. Aber genügt das und wird man es mir glauben?

Dann lasse ich es doch lieber Henrik Ibsen (1828–1906) sagen:

»Eine Frau kann sich selbst nicht treu sein in unserer heutigen Gesellschaft, die eine ausschließlich männliche Gesellschaft ist, mit Gesetzen, die von Männern geschrieben sind, und mit Anklägern und Richtern, die die weibliche Handlungsweise ausschließlich vom männlichen Standpunkt aus beurteilen.«

Und daraus könnte man dann noch weiter folgern:

»Ihre namenlose Einsamkeit und ihr namenloses Unglück, von denen sie oft spricht, führen von dieser ausweglosen Situation: bis zum Ende ihres Lebens hatte sie wohl das Gefühl, die Grenzen ihrer Begabung nicht ausgelotet zu haben, aber sie war nicht konzentriert genug und durch ihre atemberaubende Attraktivität allzusehr abgelenkt, um daran durch Energie und Fleiß etwas zu ändern, und sie schwankte auch beständig darin, ob sie ihre Situation ihrer weiblichen Existenz oder ihrem individuellen Versagen zuschieben sollte.«

Besser könnte ich das gar nicht ausdrücken. Dabei gilt es nicht mir, sondern Alma Mahler-Werfel, und geschrieben ist es von Jens Malte Fischer (Alma Mahler-Werfels Tagebuchseiten 1898–1902, NZZ v. Sa/So 20./21. Juni 1998 Nr. 140, S. 69).

Und es könnte auf unzählige berufstätige und »begabte« Frauen ebenso wie auf mich haargenau zutreffen.
Ich nehme das hier voraus, um zu zeigen, wie sehr auch mein Leben und meine Karriere von den gesellschaftlichen und sozialen Gegebenheiten, das heißt im Klartext: von den Männern bestimmt wurde und abhängig war, ohne daß es in meiner Macht lag, daran viel, oder überhaupt etwas zu ändern.

ERSTES KAPITEL

Die Kindheit

Es war eine schwere Hausgeburt, an der meine Mutter fast verblutete, als ich auf die Welt kam.

Nur eine Hebamme war zugegen, später, gegen Mitternacht, kam Mamas Schwester, meine geliebte »Tante Elsi«, dazu. Sie war schöner, energischer und resoluter als unsere zarte, verunsicherte und nicht immer ganz charakterfeste Mama. Doch gerade deshalb blieben die Schwestern einander in einer zärtlichen und wehmütigen Liebe verbunden, wie sie vielleicht nur dann entsteht, wenn man früh getrennt wird. Unerschrocken legte sie Hand an, als die Gebärende schon fast in den letzten Zügen lag, hob ihr den Kopf mit den zu Zöpfen geflochtenen, schwarzen und jetzt zum Auswringen schweißnassen Haaren ein wenig an und befahl ihr, noch einmal zu pressen.

»Es ist ein Mädchen«, frohlockte die Hebamme und legte es neben die erschöpfte Mutter, die unter Tränen der Anstrengung und der Freude lächelte. Sie hatte sich ein Mädchen gewünscht und wußte schon vor der Heirat, aus ihrer Buchhändlerzeit, wie ich heißen würde.

Während die Hebamme das Blutbad wegwischte und alles säuberte, schaute Elsi auf die Uhr. »Es hat noch gerade gereicht, es ist zehn vor zwölf«, sagte sie. »Dein Mädchen ist ein Sonntagskind.« Und sie fügte bei: »Ich gehe jetzt den glücklichen Vater holen.«

Dieser schlief den Schlaf des Gerechten, wie es um diese unchristliche Stunde zur Gewohnheit jedes guten Berner Bürgers gehörte.

»He, Eugen, aufstehn!« sagte die resolute Elsi und rüttelte ihren Schwager an der Schulter. »Du bist Vater geworden. Es ist ein Mädchen, komm!«

Doch mein Vater grunzte nur wütend, drehte sich zur Wand, um gleich wieder einzuschlafen und weiterzuschnarchen.

»Es war nichts zu machen«, wurde später meine Tante nicht müde, mir zu erzählen, und auch meine Mutter konnte nie mehr vergessen, wie enttäuscht sie war. Ihr Unglück schlug sich in meiner Seele, dem »Gedächtnis des Unterbewußtseins« nieder, ich sog es sozusagen mit der Muttermilch ein. Denn sie war zu dieser Zeit schon eine tief enttäuschte junge Ehefrau.

Man sagt, daß die Milch von unglücklichen Müttern bitter schmeckt. Um so mehr blieb ich vom ersten Atemzug mit meiner Mama auf die innigste Weise verbunden.

Dem Vater aber verzieh ich nicht, daß er mich erst am nächsten Tag amtlich anmeldete, am Montag also. Jetzt aber war ich nur ein »verhindertes Sonntagskind«. Mein ganzes Leben lang wurde ich von den einen am 19., den anderen am 20. gefeiert, als das eine oder das andere betrachtet. Ein doppelter Geburtstag oder eine verpaßte Gelegenheit? Vielleicht wäre die Ehe unserer Eltern gar nicht so schlecht gewesen, wären beide nicht derart naiv und unvorbereitet wie zu dieser Zeit üblich in sie hineingeschlittert.

Herkunft und Familiensituation waren gar nicht so übel, nur gehörte es zum Gesellschaftsbild der damaligen Zeit, daß gerade »bessere« Kreise von Grund auf erschüttert, zerbrochen oder ausgelöscht wurden. Krankheiten, die man heute selbstverständlich heilt, bildeten das Hauptproblem, viele der Ernährer fielen ihnen vorzeitig zum Opfer. So verloren unsere beiden Eltern sehr früh den Vater, was sich auf ihr ganzes späteres Leben tragisch auswirkte.

Der Vater wuchs in einem puritanischen Frauenhaushalt auf, was Zärtlichkeit und ein natürlicher Körperkontakt bedeutete, das lernte er ebensowenig kennen wie seine unglücklichen Schwestern.

Unsere Mutter und ihre Geschwister wurden nach dem vorzeitigen Tod des geliebten Vaters unter den Verwandten aufgeteilt. Mama kam zu der legendären »Tante Marie«, der Frau Direktor Viktor Surbek, Chefarzt des Berner Inselspitals. Sie ließ ihre junge Nichte, deren Pflegemutter sie jetzt wurde, die Schande der Armut gnadenlos spüren, ebenso wie ihre spätere Schwiegermutter, welche, als Verwalterin des übriggebliebenen Vermögens, mit uns zusammen wohnte und überall, selbst auf der Hochzeitsreise des frisch getrauten Sohnes, dabei war und ein strenges Regiment führte. Sie verfolgte unsere arme, fröhliche und – zugegeben – auch recht leichtsinnige Mama mit erhobenem Zeigefinger, Moralpredigten und Kritik. Dieser Zustand dauerte zehn Jahre, dann fand unsere Mutter endlich den Mut, sich zu wehren.

»Entweder sie oder ich«, sagte sie am Abend zu unserem Vater, und seine Mutter zog ins nahe Burgerspital.
Sie setzte nie mehr einen Fuß in unser Haus: »Ihr wolltet mich weghaben, jetzt bleibe ich weg«, sagte sie. Doch ihr böser Geist war offenbar dem Haus, das ihr noch immer gehörte, nicht auszutreiben, der Starkstromstecker ihrer Kochplatte erschlug mich eines Abends fast, als ich ihn ahnungslos berührte.

»Eines Abends, als sie gleichzeitig einen defekten Lichtschalter und einen Radiator berührte, entging sie nur um Haaresbreite einem tödlichen Schock. Von da an schlug ihre nächtliche Angst in Panik um. Wenn abends das Licht ausgemacht wurde, fing sie an zu schreien, weil sie glaubte, das furchtbare Erlebnis wiederhole sich. Es brauchte Wochen, bis sie sich beruhigte, denn damals kam niemand auf die Idee, ein Kind mit brennender Nachttischlampe einschlafen zu lassen. Stundenlang lag sie wach und hörte überdeutlich alles, was um sie herum vorging. Zum Beispiel, wenn Mama das Haus verließ, um nach dem aufreibenden Alltag Konzerte oder andere Zerstreuungen zu genießen. Daß Mama sie so im Stich ließ, wie sie meinte, konnte ihr Corinne auch später nie verzeihen. Nach dem Unfall hatte sie sich in einer fast tierhaften Schutzbedürftigkeit an Mama geklammert, die sie ja auch in letzter Minute von dem Radiator weggerissen hatte«, meint meine Schwester in ihren Memoiren. Und weiter: »Corinne lag wach, bis sie von weitem Mamas eilige, heimkehrende Stöckelschritte vernahm, dann erst wurde sie ruhig und schlief ein. Mein Bruder und ich machten uns über Mamas Abwesenheit keine Gedanken, dafür waren wir abends viel zu müde: Und außerdem war ja Papa da.« (Erschienen bei Langen Müller, 1990)

Für mich aber war dieser Vater, der zwar allabendlich an seinem Schreibtisch saß, einfach nicht vorhanden, ich wagte es nicht, ihm etwas von meinen Ängsten zu sagen, zu unverhohlen zeigte er mir dann jeweils seine eigene – seine Angst vor der Angst. Er hatte einfach vergessen, den gefährlichen Stecker nach dem Auszug der Großmutter abzudecken. Täglich mußte ich nun beim Zubettgehen daran vorbei, es war mir unmöglich, ihn nicht wie einen Todfeind anzuschauen. Im Gegenteil, mein Vater stülpte einfach einen schwarzen Gummischutz darüber, und das Ganze sah nun erst recht aus wie ein Riesenauge, ein Zyklop, der mich verfolgte. Meine verzweifelten Versuche, wenigstens das Licht im Gang anzulassen, gestattete der sparsame Vater nicht. Wenn ich es oben anmachte, knipste er es unten wieder aus, zwanzigmal und mehr dauerte oft das grausame Spielchen zwischen uns. Diese grauenhafte Erfahrung mit der Todesangst veränderte mein ganzes Leben und brachte die fragile Seite meines Charakters erst richtig zum Vorschein. Jedenfalls erlebte ich jetzt alles viel tiefer und schmerzlicher, jedes Gefühl, ob Freude oder Trauer, Verletzung oder Einsamkeit, erschütterte zutiefst meine Seele und war begleitet von Melancholie und Todesangst. Von nun an diktierten diese Ängste meine Berufswahl: ich träumte nicht mehr davon, Pianistin oder Schauspielerin zu werden, sondern wurde in einer konventionellen und (gut)bürgerlichen frauenfeindlichen Umgebung schon im Kindesalter »emanzipiert«, eine sogenannte »Künstlernatur« und zugleich »Intellektuelle«, und das war fast so schlimm wie verrückt.

Der einzige Trost war für mich die Schule. Sie blieb meine Zuflucht, wo ich mich für die Stille und die Gespenster in dem unheimlichen Malerweghaus schadlos halten konnte. Da wurde ich ein ganz anderer Mensch: zum Lachen und Blödeln und Streichemachen, aber auch zum Widerstand und Kampf gegen Unterdrückung und Ungerechtigkeit bereit.

Von den Mitschülerinnen und Mitschülern wurde ich als eine Art Wort- und Anführerin angesehen. Eines Tages, am Ende des vierten Primarschuljahres, rief mich Lehrer Würgler zu sich an sein Pult, als die anderen noch an einer schriftlichen Arbeit büffelten. Er zeigte mir mein Zeugnis: »Schau her, alles Einser«, flüsterte er, »jetzt kannst du ohne Examen ins Gymnasium.«

Die Aussicht, nicht in die Mädchensekundarschule, sondern in das höhere Gymnasium und dann eventuell an der Hochschule studieren zu dürfen, war für mich ein Erfolgserlebnis. Nun würde ich dem gestrengen Papa auch einmal eine positive Seite von mir zeigen können!

Doch ich hatte nicht mit seiner altmodischen Sicht und seiner Angst vor allem Neuen und Ungewöhnlichen gerechnet. Kein weibliches Mitglied unserer Familie hatte bisher etwas anderes als die Mädchensekundarschule besucht. Da nützte es auch nichts, daß Herr Würgler höchstpersönlich zu uns nach Hause kam, um meinen Vater zu überreden.

Es blieb bei dem väterlichen »Njet«, und aus dem Erfolgserlebnis wurden Enttäuschung und Niedergeschlagenheit, die sich alsbald in immer schlechter werdenden schulischen Leistungen niederschlugen.

Es war immer derselbe Ablauf: Zuerst wurden die Lehrer auf mich aufmerksam, weil ich eine rasche Auffassungsgabe hatte und zum Beispiel verblüffend schnell Kopfrechnen konnte. Man sah mich dann immer als eine Art hübsches Wunderkind, doch konnte ich mein Niveau nicht halten. Ich enttäuschte die Lehrer und sie enttäuschten mich, sie verfuhren demokratisch und forderten mich nicht heraus; ich langweilte mich, wurde faul und fauler, beteiligte mich immer weniger am Unterricht, dafür entwickelte ich ein perfektes System im Schwänzen, so daß ich sehr bald von der Klassenersten zu der letzten wurde. Ich hatte zuviel Zeit, zuviel Ängste und Probleme, um mich auf die Schularbeiten zu konzentrieren. So vegetierte ich in den ersten drei Jahren der Mädchensekundarschule wie ein Zombie dahin. Ich hatte auf meine Mitschülerinnen einen verheerenden Einfluß, stiftete sie zu bösen Streichen und dem ausgeklügelten System des Schuleschwänzens an. Eine war immer verantwortlich für das Klassenbuch und mußte hier die Fehlenden eintragen. Es wurden einfach die Namen und die Zeiten ausgewechselt. Die »Streber« blieben in der Schule und standen für die anderen gerade, als Dank wurden sie von den »Freigeistern« in die »Eroberungen« beim Schuleschwänzen eingeweiht. Letztere gingen mit mir zum »Karisieren« unter die Lauben oder im Sommer in die Badeanstalt. Das hatte sogar Auswirkungen auf meine Schwester:

»Wie ich aus meinem allerersten Tagebuch entnehme, hatte ich als Dreizehnjährige alle Hände voll zu tun, am richtigen Tag, um die richtige Zeit im Aarebad zu erscheinen, und meine Gedanken drehten sich von morgens bis abends ausschließlich darum, wer sich heute im Bad wohl zu mir setzen werde«, schrieb sie.

Ich aber machte mit meinen Eroberungen auch vor den Klassenkameradinnen nicht halt, eine nach der anderen erwählte ich zu »meiner besten Freundin«, nur um sie wieder fallenzulassen, wenn sie nicht mehr interessant war. Ich selbst litt am meisten darunter, daß ich nicht »treu« sein konnte, aber sobald eine Liebe oder eine Freundschaft in mir erkaltete, spürte ich eine beängstigende Leere in mir. Dann ging es mir immer schlechter, ich fand ja in dieser Art von Ersatzliebe keinen Halt. Aber niemand zu Hause bemerkte etwas davon, die Zeugnisse mit den schlechten Noten, dem Vermerk »wenig Anteilnahme« und »provisorisch promoviert« ließ ich von meiner Mutter unterschreiben, die sich so wenig wie ich darum kümmerte, und wohl nicht einmal wußte, was das bedeutete. Vater interessierte sich nicht dafür, solange ich sie ihm nicht zeigte.

Ich war also kurz davor, aus der Schule zu fliegen –, die Schuldirektion erwog schon, unsere »vergiftete« Klasse in andere aufzuteilen. Das hätte dann meinem Vater nicht mehr verborgen bleiben können. Nur ein Wunder konnte mich vor dieser Katastrophe retten. Es erschien in der siebenten Klasse, in Gestalt der neuen Klassenlehrerin.

Sie hieß Marguerite Stucki, und eine Aura der Außergewöhnlichkeit umgab sie, es hieß, daß alle Schülerinnen sich in sie verliebten.

Tatsächlich war sie schon äußerlich anders als der damalige Lehrerinnentyp, schlank, elegant, mit einem ovalen, blaßgepuderten Gesicht und merkwürdig forschenden, nicht ganz synchron blickenden Augen, die einen aber nur um so eindrücklicher observierten. Das imponierendste an ihr waren ihr aufrechter Gang und ihre Haltung, sie drückten Stolz und Selbstsicherheit, ein »niemand darf mir reinreden« aus. Ich empfand sofort das Bedürfnis, von ihr beachtet zu werden und ihr zu gefallen, denn gerade ihr Ruf, von allen angehimmelt zu werden, machte sie kühl und unnahbar. Daß sie bemüht sei, keine zu bevorzugen, das gab sie uns gleich in der ersten Unterrichtsstunde zu verstehen. Wie also ihre Aufmerksamkeit gewinnen?

Es gelang mir gerade da, wo ich es am wenigsten erwartete. Ich hatte in der Deutschstunde einen Aufsatz verfaßt, für den ich mich nachträglich ein wenig schämte, da ich darin eine meiner Stimmungen, wenn sie von Wohlbefinden urplötzlich in Trauer und Angst umschlugen, beschrieb. Ich befürchtete, die Lehrerin würde mich vielleicht wegen dieser zugegebenen Schwäche verachten. Doch das Gegenteil traf ein, Fräulein Stucki las meinen Aufsatz der ganzen Klasse vor und sagte, die Beschreibung dieses Stimmungswechsels sei beispielhaft.

Nach der Stunde nahm sie mich auf die Seite und fragte, ob ich meine eigenen Gefühlsregungen beschrieben hätte? Sie schaute mich dabei mit ihrem forschenden Blick so unausweichbar und einfühlsam an, daß ich bis in meine tiefsten Seelengründe erschauerte und meine Augen sich mit Tränen füllten. Es schien mir, als stünde hinter ihrer Frage nicht nur pädagogisches Interesse, sondern persönliche Sympathie. Von da an waren die Würfel gefallen.

Ohne daß jemand es merkte – denn ich war zu dieser Zeit geradezu autistisch, was mich und meine Gefühle betraf –, entstand zwischen der dreißig Jahre älteren Lehrerin und mir eine zarte und innige Freund-

schaft, wie sie wohl nur zwischen Frauen in einer Zeit möglich war, als man sich noch nicht bemüßigt fühlte, hinter allem Sex und erotische Wünsche zu sehen. Es war eine reine Seelenverwandtschaft.
So durfte ich es denn auch damals noch beim Namen nennen: ich war in Marguerite Stucki verliebt – und sie wahrscheinlich in mich. Aber es war zu dieser Zeit in unseren Breitengraden nicht einmal üblich, daß man sich zum Gruß oder zum Abschied umarmte, das allerhöchste war ein Händedruck, der vielleicht etwas länger dauerte, er hatte denn auch viel größere Bedeutung und bestand in vielerlei Variationen.
Was mir an Fräulein Stucki besonders imponierte, war ihre Vielgereistheit, sie stammte aus einer Diplomatenfamilie und war weit in der Welt herumgekommen. Immer wieder erzählte sie uns in den Unterrichtsstunden von fremden Ländern, und ihre Anleitung, wie man einen Koffer richtig packt, ist mir bis heute unvergessen geblieben. Diese Freundschaft entfachte in mir keine niedrigen Instinkte wie Eifersucht oder egoistische Besitzansprüche, ich war vielmehr, wie bei meiner Mutter, auf der andern Glück so, als wäre es mein eigenes, erpicht. Mit großer Genugtuung vernahm ich, daß Fräulein Stucki mit einem Lehrer liiert war. Er wurde wegen seiner französischen Sprache und seinen zerknitterten, weißen Leinenanzügen insgeheim verlacht, paßte aber ausgezeichnet zu ihr. Ich wurde durch diese wunderbare Lehrerin wie verwandelt und holte in den letzten zwei Schuljahren alles auf, was aufzuholen war, wurde in Deutsch und Französisch wieder Klassenbeste und hörte in den anderen Fächern zumindest auf zu fehlen. Was allerdings nicht verhindern konnte, daß ich bis heute weitgehend Autodidakt bin. Nichts weiter als die Begegnung mit einer verständnisvollen Lehrkraft hatte mir wieder auf den rechten Weg geholfen und gab mir Kraft und Selbstvertrauen.

ZWEITES KAPITEL

Adoleszenz

Es stimmt nicht, daß zu unserer Zeit kein Sexualunterricht und keine sexuelle Aufklärung stattfanden. Nur wurde sie nicht durch die Lehrer, sondern durch Mitschülerinnen besorgt – und zwar von solchen, von denen man es am wenigsten erwartete.

Unsere hieß Elsi Iseli, wurde »Möhmle« gerufen und stand mir auf eine besondere Weise nahe: ihre Mutter, eine gemütliche, brillentragende Matrone, war mit unserer Großmutter befreundet. Das allein zeigt schon, um was für eine Vertreterin des weiblichen Geschlechts es sich handelte: tüchtig, fromm und tadellos, wie Wilhelm Busch es (anderswo) sagte, unaufhörlich mit Flicken, Stricken und Sticken beschäftigt, und von dieser atemberaubenden Unscheinbarkeit bar jeglicher Eleganz, wie es Großmütter zu dieser Zeit mit ihren grauen oder weißen, zum Knoten aufgesteckten Haaren so typisch, uniform und – liebenswert machte.

»Möhmle« und ich also waren miteinander befreundet, ich verbrachte viele Nachmittage bei ihr. Ihre voluminöse Mutter saß in einem Sessel, als sei sie darin angewachsen und nähte uns wunderhübsche Kleidchen für winzige Miniatur-Porzellanpuppen, die wir zu dieser Zeit gerade sammelten. Das brachte uns schon als ganz kleine Mädchen zusammen. Wenn ich aber »Möhmle« nicht vergessen habe, dann nicht wegen der Puppen, sondern weil sie trotz – oder vielleicht gerade wegen ihrer »uralten« Eltern frech und aufmüpfig und auf eine aufregende Weise »aufgeklärt« war.

Gleichzeitig verband uns noch ein fast makabres Erlebnis: ein Nachbarskind in unserem Alter lud uns in ihren Garten ein. »Kommt, wir spielen Friedhof«, sagte sie einmal und sammelte unter einem Strauch drei Haselnüsse ein. »Wir wollen uns jetzt zusammen begraben, das bist du, das bist du und das bin ich.«

Wir fingen an, gemeinsam ein Loch zu graben und legten »uns«, sprich, jede ihre Haselnuß in das schwarze Tuch dazu, das unsere Kameradin schon vorbereitet hatte. Dann »begrub sie uns«, sprach ein kurzes Abschiedsgebet und fing an, ein Kirchenlied zu singen. Wir stimmten ein, warfen Erde auf das Grab und stellten noch ein gebasteltes Kreuz aus Zweigen darauf.

Es war ein Spiel, das ich vergessen hätte, wenn ich nicht am nächsten Tag durch den elektrischen Strom von Großmutters Kochplatte fast erschlagen worden wäre. Am nächsten Tag las mir mein Vater aus der Zeitung auch noch die Todesanzeige unserer Kameradin vor. »Plötzlich an Hirnhautentzündung gestorben«, stand dabei. Als Möhmle weinend vorbeikam, wagte ich gar nicht, sie nach ihrem Befinden zu fragen und hütete mich, ihr etwas von meiner »Todeserfahrung« zu sagen. Bei der Erinnerung an unser makabres Spiel schien es mir, als stünde Gevatter Tod mit seiner Sense noch hinter mir, so wie auf den Gravuren von Alfred Rethel, die damals in allen Wohnzimmern hingen und die Kinder in Angst und Schrecken versetzten.

Einige Jahre später spielte Möhmle dann wiederum eine prägende Rolle in meinem Leben. Dabei muß man wissen, daß dieses kecke und aufgeklärte Mädchen durchaus keine Schönheit war. Sie hatte dicke, blonde, bis auf die Taille reichende Zöpfe, ein wenig zu nahe nebeneinander liegende wasserblaue Augen und zeichnete sich auch nicht durch gute Noten aus. Dafür aber hatte sie andere Qualitäten, sie wußte Dinge – und man konnte sich nur fragen woher –, die für uns Unschuldslämmer neu und aufregend waren.

»Um Kinder zu machen, muß der Vater auf der Mutter liegen«, schrieb Möhmle eines Tages während der Unterrichtsstunde auf einen Zettel und ließ ihn unter den Pulten durch die Klasse zirkulieren. Die atemberaubende Neuigkeit schlug wie eine Bombe ein, und in der Pause war die Unruhestifterin vielgefragter Mittelpunkt.

Sie ließ zuerst ihre Eltern, dann die unsrigen und sonst bekannte, möglichst alte und spießige Ehepaar-Karikaturen vor unserem geistigen Auge passieren und malte uns ihren Lehrgang bildlich aus: ihre Eltern, der kleine, unscheinbare Brillenträger auf seiner mächtigen Gattin, unser Nachbar, sie so klein und zierlich und er groß und mächtig wie ein Elefant – das war zum Totlachen und gleichzeitig ein wenig unheimlich und verrucht – bei jedem Paar, das uns begegnete, malten wir uns von nun an die verbotene Sache aus, ohne uns weiter zu fragen, was der Mann auf der Frau denn wohl nun machte und warum und wie lange er auf ihr liegen blieb. Sich das komische Bild von ungleichen Partnern auszumalen, war weitaus ergiebiger und interessanter. Man konnte sich auch wunderbar rächen damit, etwa bei unseren Nachbarn, er ein drahtiges Männchen und sie eine häßliche Megäre, der er trotzdem jedes Jahr ein Kind machte, die Möhmle am Mittwochnachmittag für 20 Rappen die Stunde hütete.

»Wenn deine Freundin nur nicht eines Tages ein Uneheliches nach Hause bringt«, habe die böse Nachbarin über mich gesagt, rapportierte mir Möhmle. Ich war gerade vierzehn Jahre alt und wußte noch nicht einmal, daß Mann und Frau zum Kindermachen aufeinanderliegen müssen, als die häßliche Nachbarin das orakelte. Auch nackt hatte ich noch kein erwachsenes Mannsbild gesehen, außer beim Schwimmen, in der Badeanstalt an der Aare. Da war damals zum Umziehen noch alles offen. Auch hier wußte meine Freundin Bescheid: vor denjenigen, die ein »Gnusch« (Unordnung) in der Badehose haben, mußt du dich in acht nehmen, sagte sie. Wo zum Teufel hatte sie ihre Kenntnisse her?

Tatsächlich verführte sie uns nur noch weiter im sündigen Tun und Denken. Sie brachte Karotten, Tannenzapfen, Würste und andere Symbole mit in die Schule, die das »Gnusch« in der Badehose symbolisierten. Bald konnten und wollten wir gar nicht mehr anders, als mit jedem auch nur annähernd länglichen, ovalen und oben abgerundeten oder zugespitzten, weichen bzw. halbweichen Gegenstand Symbol zu spielen und dahinter das, was Möhmle einen »Pigger« nannte, zu sehen.

Auf ihr Geheiß fingen wir an, passende Gegenstände zu sammeln und uns in unserer Vorstellungskraft zu übertrumpfen. Den Vogel schoß eine Tessinerin ab, als sie mit einer blauvioletten Aubergine ankam, einem Gemüse aus südlichen Gegenden, das man bei uns noch nicht kannte. Möhmle trieb das Spiel noch weiter, sie legte unsere Sammelstücke den Lehrerinnen, vorzugsweise denen, die vertrocknet, scheu oder zimperlich schienen, auf das Pult direkt unter die Nase, so daß diese durch das Gekicher wie ertappte Schülerinnen erröteten, ohne zu wissen warum.

Das war unsere Aufklärung, wir kamen uns dabei verruchter vor als die wirklich Aufgeklärten heute – vielleicht hatten wir dabei auch noch mehr Spaß. »Dem Reinen ist alles rein«, pflegte unsere Mama zu sagen, und trotz ihrer vielen Flirts und nächtlichen Ausflüge traf das auf sie selber zu sowie auf die meisten verheirateten Frauen von damals. Für sie hatte die Hochzeitsnacht nicht ein Happy-End, sondern den Anfang von einem meist schmerzhaften und unbefriedigenden »Darunterliegen« bedeutet.

Ich war fünfzehn, als mich ein junger Mann zum erstenmal küßte. Das hieß, daß er mit seinen Lippen die meinen berührte. Es war kein »Zungenkuß«, wie ihn heute schon Zwölfjährige wie nach einander schnappende Fische kennen und praktizieren, sondern ein scheues, zärtliches und vielfältiges Erspüren, ich zehrte davon mehrere Monate lang.

Es geschah in der Badeanstalt, die meine Schwester ebenfalls als den Ort ihrer ersten Sünden beschreibt: »schon war ich wieder voll der wildesten Hoffnungen, als Karo sich im Bad allein zu mir setzte und fragte, ob wir einmal ganz weit die Elfenau hinaufgehen sollten. Sofort stimmte ich zu und hoffte im geheimen, Karo werde dasselbe machen wie Roger mit Corinne.« Es war Berner Tradition, am romantischen Ufer der Aare stundenlang hinaufzuspazieren und sich dann vom kühlen Fluß hinuntertragen zu lassen. Aber man benutzte es auch, um oben in der einsamen Wildnis der Elfenau in den Büschen erste Liebeserfahrungen zu machen.

Roger Pia hieß eigentlich Roger Piatofsky und war der Sohn eines reichen, jüdischen Teppichhändlers. Er hatte kohlrabenschwarzes Haar und feurige, hinter funkelnden Brillengläsern versteckte Augen, was ihn gleichzeitig älter und unnahbarer machte.

In der Badehose sah er wie ein von Michelangelo in Marmor gemeißelter Adonis aus und zudem studierte er auch noch Medizin, was ihn in unseren Augen endgültig unwiderstehlich machte.

Niemals hätte ich geglaubt, von Berns aufregendstem Jüngling überhaupt beachtet zu werden und ich war nicht weniger überrascht als meine Schwester, als ich von ihm zum Schwimmen eingeladen wurde.

Ich war nicht so draufgängerisch wie Liselotte, sondern ließ mich erobern, während sie ihren Auserwählten hemmungslos auflauerte und an den Hals sprang. Trotzdem blieb sie mit ihren Eroberungsfeldzügen weit weniger erfolgreich, was aber nichts daran änderte, daß ihr Ideal auch meins war, »er mußte größer sein als ich, schön wie ein Gott und das Gymnasium besuchen«. Roger und ich flanierten nebeneinander den in der Sonne flimmernden Fußweg hinauf, der aufgeweichte Teer brannte uns unter den nackten Fußsohlen. Schon gleich nach der kleinen Schönaubrücke bog er ab, und ich folgte ihm in die dahinterlie-

gende Wildnis, in der wir hinter einem blühenden Gebüsch verschwanden.
Ich legte mich auf den Rücken, er sich auf den Bauch und unsere Körper berührten sich der Länge nach. Über uns tanzten durch die zitternden Blätter einer mächtigen Silberesche gebrochene und flirrende Sonnenstrahlen. Ohne viele Worte oder andere Annäherungsversuche begann Roger mich zu küssen, zuerst die Augen, die Wangen und dann den Mund. Zart drückte er seine Lippen auf die meinen, so daß es einmal wie flatternde und aufgeschreckte, hauchfeine Schmetterlingsflügel, dann wieder wie feste, weiche Ballönchen waren, die ihre feuchtwarmen Stempel auf die meinen drückten. Es war ein Spiel mit tausend Variationen, ich hätte gar nicht gedacht, daß es derer so viele gab, das samtweiche Suchen und Berühren und wieder Loslassen dauerte den ganzen Nachmittag. Soviel rücksichtsvolle Zartheit hätte ich dem abgebrühten Verführer, dem man Erfahrungen mit älteren Frauen nachsagte, gar nicht zugetraut.
Im Gegensatz zu meiner Schwester spielte ich gerne mit meinen Opfern. Ich brauchte nur mit dem kleinen Finger zu winken und schon hatte ich sie am Gängelband, es wurde mir fast zuviel, wenn die jungen Verehrer den Maler- und den Falkenweg, zwischen denen unser Haus lag, zur Rennbahn machten und auf ihren Fahrrädern um uns herum ihre verliebten Signale pfiffen.
Nur die Glanzlichter des männlichen Nachwuchses von Bern interessierten mich. Fernando Diday war der Enkel des Genfer Malers François Diday und Sohn einer Tessinerin. Das gab ein aufregendes Gemisch, zumal er, wie könnte es anders sein, ebenfalls Medizin studierte. Vor allem aber spielte er in dem »Gymeler« Orchester Klarinette, sah himmlisch aus, mit dunklen Mandelaugen und einem schön gezeichneten, sinnlichen Mund. Volle Lippen waren mein Schönheitsideal, weil meine wie die meines Vaters leider eher schmal und mit den nach unten weisenden Mundwinkeln pessimistisch wirkten.
Diday, der den Spitznamen »Daddy« trug, lud mich prompt zu einem Klassenabend ein und meine Schwester wurde blaß vor Neid, ohne sich im geringsten dafür zu genieren. Im Gegenteil, sie wurde immer augenblicklich mit mir zusammen glücklich oder liebeskrank. Jedoch war der frühreife »Daddy« nicht bereit, sein unbernisches Temperament im Zaum zu halten, er wollte gleich drauflosgehen; wie Roger Pia ging auch ihm das Gerücht voraus, er habe bereits mit reifen Frauen Erfahrung.

Unerfahren und beseelt von romantischer Liebe wollte ich aber zuerst erobert werden. Gleichzeitig Selbstschutz und Imperativ. Enttäuscht und in seinem männlichen Selbstbewußtsein getroffen, brachte mich »Daddy« schleunigst nach Hause bis vor unser verschwiegenes Gartentor, das diesmal kein Zeuge wurde von Liebesglück oder Herzeleid. So unverzüglich wie der hübsche »Daddy« in meinem Leben aufgetaucht war, verschwand er wieder.

Kurz darauf wurde ich konfirmiert, und außer der Platzangst, die mich in der Pauluskirche mit ihrer puritanischen Frostigkeit und dem steinernen Jesus, der über der Kanzel die Kinder segnete, befiel, habe ich sie durch meinen extravaganten Alleingang am Arm meiner winzigen, französischen Großmutter (»Grand-maman«) in Erinnerung. Nicht im konventionellen Dunkelblau, sondern in einem dunkelbraunen Kostüm mit assortierten Pumps holte ich mir den pfarrherrlichen Segen. Meine Mutter hatte mir wie immer bei solchen »Extrawürsten« geholfen, die heute unbedeutend erscheinen, damals aber auffallend und immer ein wenig rebellisch waren.

Kurz darauf starb Grand-maman. Tante Elsi hat den Schock nie ganz überwunden. Als ich ihr kurz nach der Beerdigung in der Stadt begegnete, fragte sie melancholisch: »Was macht Maman wohl jetzt da draußen auf dem Friedhof, so ganz alleine?«

Eine Bemerkung, die ich nie vergessen habe. Um die Tragik dieses Todes ganz zu erfassen, dafür waren Liselotte und ich allerdings noch viel zu jung.

Aber jetzt trat die Schwierigkeit meiner Berufswahl in den Vordergrund. Mama half mir, den Vater zu bearbeiten, mich Malerin oder Grafikerin werden zu lassen. Heimlich gab sie mir etwas Geld, damit ich schon einmal Kurse in der Bernischen Kunst-Gewerbeschule belegen konnte, einem modernen Glasbau, den man »das Aquarium« nannte.

Ein heißer Sommer ging zu Ende, als ich einen Mückenstich an meinem Bein so aufkratzte, daß eine Blutvergiftung daraus entstand. Der Arzt befahl mir, eine Woche lang das Bett zu hüten. Im Parterrezimmer richtete ich mich häuslich ein. Das war der Vorteil in unserem Chaos, man war überall und nirgends zu Hause. Meine Mutter lieh mir eine ihrer grünen Satinsteppdecken, was damals, in der Zeit der voluminösen, weißen Federduvets der Gipfel extravaganten Schlafzimmerluxus von geradezu hollywoodschen Ausmaßen schien, daneben schob ich ein

Tischchen mit einer von Papas antiken, mit häßlichem Draht geflickten Lampen und natürlich dem Telefon. Nun konnte ich von schönen Dingen und noch schöneren Menschen träumen und mich von meinen Geschwistern und Mama umsorgen und bemitleiden lassen. Für einmal war mir zu Hause wohl.
Das drückte sich vor allem durch meine grassierende »Telefonitis« aus, wie mein Bruder es nannte, ich hing den ganzen Tag über nur noch an der Strippe. Eine meiner ehemaligen Schulfreundinnen, mit der ich herzlich verbunden war, obwohl unsere Wege sich schon trennten, rief mich täglich an. Sie sagte voller Bedauern, da ich nicht aufstehen könne, solle ich doch einmal ihren Freund anrufen. Der würde sich sicher freuen, mit mir ein wenig zu plaudern und mir die Langeweile zu vertreiben.
Gesagt, getan. Ich kannte natürlich ihren Freund vom Hörensagen. Er gehörte wie Roger Pia und Fernando Diday zu der Crème de la crème von Bern. Er hieß Henri Steiger, wurde »Heiri« gerufen und hatte, wie mein Bruder nicht verfehlte mir zu kolportieren, einen äußerst schlechten Ruf. Er gehörte zu diesen jungen Wilden, die gegen alte Konventionen rebellierten und sie über den Haufen warfen, so weigerten sie sich eine »Gymelermütze« zu tragen, zum Zeichen der Gymnasiums-Zugehörigkeit.
Mein Bruder, immer bestrebt, die väterlichen Tiefstapeleien zu unterminieren, trug seine grüne Gymnasiastenmütze mit trotzigem Stolz, sozusagen um als letzter Mohikaner eine veraltete Tradition zu erhalten. Und je mehr er merkte, daß die Schulkollegen ihn deshalb hänselten und verlachten, um so hartnäckiger hielt er daran fest.
Heiri nun gehörte zu diesen »modernen« Revoluzzern, die es ganz besonders bunt und respektlos trieben mit ihrem Spott. Als er hörte, daß »der Gymeler«, wie man ihn spöttisch nannte, mein Bruder sei, wollte er sich dafür bei mir entschuldigen. Doch ich erklärte ihm, daß ich Statussymbole wie diese Mütze ebenso lächerlich fand.
Ich hatte wenig Kontakt zu »Buebi«, wie wir ihn zu Hause nannten, und als er die Sache mit »dem Steiger« und mir dann spitzkriegte, da verstand er die Welt nicht mehr. Begegneten wir uns zufällig in der Stadt unter den Lauben, dann ging er auf die andere Straßenseite, um mich nicht zu grüßen. »Der Steiger« gehörte tatsächlich zu diesen »Mehrbessern«, wie unser Vater die »Reichen« nannte. Er fuhr schon in einem eleganten Auto seines Vaters, einem schwarzen »Lasalle« herum, be-

wegte sich stets nur in einer gleichgesinnten Clique, mit der er regelmäßig den »Klötzlichkeller« besuchte, ein teures Studenten- und Sauflokal in der Altstadt, um anschließend die braven Bürger mit Gejohle und bösen Bubenstreichen zu unchristlicher Stunde aus dem Schlaf zu reißen. Er war teuer gekleidet und besaß ein nobles, elfenbeinblasses Gesicht mit dunkelbraunen Augen und einer aschblonden Haarsträhne, die ihm in die hohe Stirn fiel. Kurz, er war eine herrliche Mischung aus verwöhntem Sonnyboy und intellektuellem Bürgerschreck, wie sie so gar nicht ins Moralbild der Berner im allgemeinen und dasjenige meines Vaters im besonderen passen wollte.

Wir verstanden uns auf Anhieb, als ob wir uns schon seit jeher kannten, redeten stundenlang, und von nun an ließ er mich nicht mehr los. Beste Freundin hin oder her. Die gutaussehende und bürgerliche Rosmarie, die schon bald darauf heiratete und eine Familie gründete, hätte ohnehin nicht zu ihm gepaßt, tröstete er mich, wenn ich Gewissensbisse anmeldete. Jeden Tag rief er nun an.

Als mein Bein wieder in Ordnung war, trafen wir uns und machten einen langen Spaziergang an der Aare entlang. Von nun an streiften wir täglich durch Wiesen, Felder und Wälder rund um die Stadt. Am Wochenende fuhren wir über Land in seinem Auto, oft ließ er mich verbotenerweise ans Steuer sitzen.

Bald galten wir nicht mehr nur heimlich, sondern öffentlich als unzertrennliches Paar. Langsam und behutsam wurde ich dabei auf die richtige Liebe vorbereitet. Es begann mit Händchenhalten, Streicheln und scheuen Küssen vor dem Gartentor, wenn er mich nach Hause brachte. Ich war ja erst sechzehn und nach dem Abendessen durfte ich nicht mehr aus dem Haus gehen.

So machte ich es schließlich wie meine Mutter, ich schlich mich heimlich aus der Veranda durch das Schiebefenster, das nur ein leicht zu öffnender Riegel blockierte. Papa saß normalerweise am Schreibtisch und kümmerte sich nicht mehr um uns.

»Dem Reinen ist alles rein«, tönte immer wieder meine Mutter, wenn man sie warnte. Und ich machte es ihr getreulich nach. Daß wir uns beide täuschten, das mußte ich bald einmal erfahren, wehe, Vaters Mißtrauen war einmal geweckt.

Als ich meinen Freund einmal nach dem Nachtessen auf der kleinen Schanze, der hinter der Universität gelegenen Parkanlage traf, stand plötzlich wie aus dem Boden gewachsen mein Vater hinter uns. Mit

Schimpf und Schande jagte er Heiri davon und trieb mich nach Hause wie ein Stück Vieh, bis hinauf in mein Zimmer, das zu der Zeit noch zwischen dem seinen und demjenigen meines Bruders lag.
Da war ich auf perfide Art gefangen, kam ich zu spät, das heißt, nach 22 Uhr nach Hause, dann lag mein Vater schon im Bett. Ich mußte mich dann auf Zehenspitzen durch sein Zimmer schleichen, der Parterreboden ächzte und knarrte bei jedem Schritt. Manchmal brauchte ich lange, um die paar Meter bis zu meiner Tür hinter mich zu bringen.
Als es einmal fast Mitternacht war und ich gerade wie eine Seiltänzerin einen nackten Fuß vor den anderen setzte, am Bett meines schlafenden Vaters vorbei, ging schlagartig das Licht an. Papa sprang mit einem so unbernischen Satz aus den Federn, daß sein mit roten Borten eingefaßtes, weißes Nachthemd ihm bis zum Bauchnabel hinaufrutschte, ich sah zum ersten und letzten Mal seine nackte Mannespracht. »Du Hure«, brüllte er, »du Hure«. Dann schloß er hinter mir die Türe ab.
Von jetzt ab suchten Heiri und ich uns sicherere Plätze als vor unserer Gartentüre. Tatsächlich waren wir nach mehreren Monaten über Küsse, Streicheln und keusches Umarmen noch nicht weiter gekommen in unserer Erfahrung mit der Liebe.
Das Vorspiel voller Zärtlichkeit und Komplimente genügte uns vollauf. Heiri war drei Jahre älter als ich, trotz seines schlechten Rufs noch unerfahren wie ich, und nur langsam wuchs unser Körperkontakt, wie eine zarte Pflanze, nach der man täglich schaut. Stets ein wenig mutiger und intimer tasteten wir uns vor, und als er zum erstenmal sachte meine Hand dahin hinunterführte, wo der Körperteil saß, den »du nicht hast«, fragte ich ihn in aller Unschuld, ob das ein Knochen sei.
Er bekam einen Lachanfall, doch nahm er mich ab jetzt zu sich nach Hause, in sein Zimmer und da legten wir uns nebeneinander auf sein Bett. Es blieb zuerst bei engem Nebeneinanderliegen, das »andere«, endgültige, das wollten wir nicht heimlich, hinter verbotenen Türen, sondern bei einer richtigen Gelegenheit tun.
Es war Winter und wir fuhren zusammen mit einigen seiner Kameraden nach Grindelwald. Daß wir zusammen ein Doppelzimmer nehmen würden, war ausgemachte Sache.
Es war dann in dem alten, verrauchten Holzhaus, das voller Charme, aber auch ein wenig unheimlich war mit seinem Kerzenlicht und den altmodischen Wasserkrügen, nicht nur die Liebe, die mich meinem Freund in die Arme trieb. So konnte auch diese erste Liebesnacht nicht

das Ereignis meines Lebens werden, in den feuchten, eiskalten Leintüchern und dem knarrenden, uralten Holzbett.
Wie so viele Frauen damals empfand ich mehr Schmerz als Lust, und nur weil wir beide so verliebt waren, wurde es nicht zu einer Katastrophe wie bei Mama und vielen anderen Frauen ihrer Generation.
Viel unvergeßlicher war das Erlebnis am nächsten Morgen in der märchenhaften, sonnendurchfluteten Winterlandschaft. Noch nie war ich im Winter in den Bergen gewesen und wußte nicht, wie paradiesisch es unter tiefblauem Himmel, im gleißenden Schnee der Kurorte sein kann.
Von jetzt ab wurde ich eine leidenschaftliche Skifahrerin und Sonnenanbeterin in den Winterferien. Heiri lud mich jedes Jahr mit seiner Familie nach Arosa ein, ein noch noblerer Ort als Grindelwald.
Durch ihn lernte ich nicht nur die Liebe, sondern auch all das kennen, von dem wir nicht einmal zu träumen wagten: Ski laufen, Tennis spielen und Auto fahren. Aber er machte aus mir auch einen kultivierten Menschen, nahm mich in Konzerte, Vorträge, Kulturfilm-Matineen und ins Theater mit, in sonntägliche Predigten im Berner Münster, und in Abendkonzerte des berühmten Chores »Cäcilienverein«, in dem auch meine Mutter sang. Er zeigte mir eine andere Seite der protestantischen Kirche, die mich etwas ahnen ließ von der Tiefe und dem Sinn des Glaubens und mich mit ihm versöhnte.
Doch auch das gesellschaftliche Leben, vor dem unser Vater uns so gewarnt hatte, kam nicht zu kurz. Wir besuchten Tanztees, »thé dansant« genannt, Parties und elegante Bälle, jeden Samstagabend ging's ins todschicke, ein wenig verrufene »Chikito«, ein Nachtclub mit internationalem Renommee, das von den gastierenden »Negerorchestern« kam, die dort während des Krieges spielten und später der »Schweizer Oase« die Treue hielten. Ich lernte Jazz-Legenden wie Louis Armstrong, Benny Goodman und selbst den »Verräter« Teddy Stauffer mit seinen »Original Teddies« kennen, wenn wir zu ihren Improvisationen Wange an Wange über den schummrigen, kleinen Tanzboden »schwebten«.
Von daher stammt meine Liebe zum klassischen Jazz, aber auch das Gefühl von Geborgenheit und Wärme in Nachtclubs. Wobei man damals natürlich etwas anderes als heute darunter verstand. Meine Schwester wandelte wiederum schleunigst in meinen Spuren, sie schlich sich sogar nachmittags zum Tanztee in das Tanzlokal ein, um bei einem Glas Schwarztee ihre Schulaufgaben zu machen. Niemand nahm daran An-

stoß und keiner ahnte etwas davon, am wenigsten unser Vater, dem allerdings »Chikito« sowieso ein Fremdwort war.
Schon sehr bald führte mich Heiri bei sich zu Hause ein, wo man keine großen Geschichten daraus machte, sondern mich wie eine Tochter aufnahm. Immer mehr zog es mich in die große, ein wenig protzige Villa im vornehmen Kirchenfeldquartier, wo ich mich verstanden und geliebt fühlte. Nicht wegen der repräsentativen Seite, sondern wegen der Freiheit und der Toleranz, die hier herrschten. Dank ihnen durfte auch eine Frau alles mitmachen, was bei uns zu Hause verboten und mit einer merkwürdigen falschen Bescheidenheit verachtet wurde. Studieren, Tanzen, Ski fahren, Tennis spielen, Reiten und Auto fahren, einfach alles, was mit Geld oder mit verbotenen Gefühlen zusammenhing.
Schon bald wurde ich von Heiris Angehörigen behandelt wie eine Lieblingstochter, wobei besonders sein Vater sich gerne mit mir unterhielt, zum Beispiel über den Kauf eines neuen Autos. Es machte ihm Spaß, daß ich ihm zu einem Lincoln Continentel riet, er kaufte ihn sofort. Und baute »uns« in Montreux ein Ferienhaus. Einen solchen Vater hätte ich mir gewünscht. Wahrscheinlich wäre es über kurz oder lang zu einer Hochzeit gekommen, die ich mir auch anfangs gewünscht hatte. Doch dazu war ich viel zu jung.
Und niemand konnte deshalb verhindern, daß mein Vater mich statt dessen für sechs lange Monate in die Landwirtschaftliche Haushaltungsschule nach Brienz schickte, nicht besser und nicht weniger streng als ein Kloster. Hier lernte ich neben jungen Bäuerinnen, die alle schon versprochen waren, Kochen und Putzen, Nähen und Stricken, Gartenarbeit, Kartoffel-, Hühner- und Schweinezucht, statt Malen und Zeichnen und Musizieren. Ich fühlte mich wie lebendig begraben.
»Später war Corinne ein vielumworbener Teenager, wohlproportioniert, mit dunklen Locken und grünen Augen und wurde, als sie von Musik und Malerei zu träumen begann, von meinem Vater in eine Haushaltungsschule gesteckt. Es muß für sie so etwas wie eine Rekrutenschule gewesen sein, in der man zwar nicht stirbt, aber fast«, schrieb meine Schwester.
Beinahe wäre es meinem Vater gelungen, mir meine erste Liebe zu verleiden. Als ich zurückkam, war ich nicht mehr derselbe Mensch. Die bedingungslose und »blinde« Verliebtheit war einer wesentlich kühleren und emanzipierten Zuneigung gewichen. Das hing vor allem damit zusammen, daß ich nach langen und erbitterten Kämpfen mit meinem Va-

ter und mit der unverdrossenen Hilfe von Mama endlich den für mich richtigen Beruf wählen durfte.
Die resolute Berufsberaterin Rosa Neuenschwander, die in Bern ein Original und ihrer Zeit weit voraus war, nahm meinen Vater schonungslos in die Zange: »Zu mir kommen täglich Eltern mit Kindern ohne jegliches Talent, um für sie eine künstlerische Laufbahn durchzusetzen. Sie aber haben nun mal eine begabte Tochter und wollen ihr die richtige Berufswahl verwehren«, sagte sie zu ihm.
Von da an durfte ich eine entsprechende Schule besuchen, die im übrigen nach finanziellen, nicht nach qualitativen Kriterien ausgewählt wurde, damit Papa, nachdem er es erlaubt hatte, es auch berappen konnte, wie er es nannte. Die Wahl fiel auf das Technicum cantonal, die Kunstgewerbeschule in Fribourg, die ich nun drei Jahre lang besuchte.
Das von Bern 35 Kilometer entfernte, stockkatholische, historische Städtchen, in das ich jetzt jeden Morgen früh um sieben Uhr mit dem Zug hin- und abends zurückfuhr, erwies sich für mich als Glücksfall. Fribourg liegt an der deutsch-französischen Sprachgrenze. Die Schulen, die Universitäten und die diversen Collèges wurden von der restlichen Schweiz als »für Zurückgebliebene« bezeichnet und nahmen tatsächlich manchen auswärtigen Schuleschwänzer, Tunichtgut oder »Versager« auf, der sich dann merkwürdigerweise oft als erfolgreich und besonders begabt erwies.
Das »Katholische« kam mir freier, menschlicher und lebenslustiger vor, vielleicht weil die armen Sünder alles beichten können. Übrigens drückte fast zur gleichen Zeit wie ich ein gewisser Peter Scholl-Latour in dem Collège St. Michael von Fribourg als Internatsschüler die Schulbank.
Für mich begann in diesen drei Jahren ein Doppelleben, das mir für die Zukunft die Weichen stellen sollte. Hier, im katholischen Städtchen und auf der Kunstakademie ein übermütiges, liberales und von Talent und Idealen geleitetes Häufchen junger Künstler, das mit mir zusammen die Geheimnisse der Malerei, der Bildhauerkunst, Kalligraphie, Anatomie und Kunstgeschichte erlernte, wobei auch das Aktzeichnen und die Religionsstunde einander nicht im Wege standen – dort dagegen das ernste und brave, mir immer langweiliger und enger erscheinende Bern, in das ich abends zurückkehrte und wo mein ergebener Freund mit beharrlicher Treue auf mich wartete.
Ich fühlte mich bald wie ein Vogel, dem man tagsüber die Freiheit schenkt, nur um ihn abends wieder in den engen Käfig zu sperren. Zu-

mal mir manch einer der begabten Kollegen, die meine Zugbegleiter waren, nur zu gerne ein wenig den Kopf verdrehten. Es zeigte sich, daß ich nicht nur für eine Hochzeit, sondern für ein Eheleben zu jung war. Wie ein Fanal stand das Beispiel meiner Mutter mir vor Augen. Aber erst als ich mein Diplom als Grafikerin bestand, konnte ich mich dazu durchringen, eine Entscheidung zu treffen.

DRITTES KAPITEL

London

Ich weiß nicht, ob ich vor oder nach der Begegnung mit Bill Williams mein Stipendium für den Studienaufenthalt in London bekommen hatte, aber die achthundert Franken (an die man heute ruhig eine Null anhängen könnte) erleichterten die Entscheidung, nach London zu gehen, zumal meine Mutter und ich da beide schon Fäden geknüpft hatten, sie für ihre Gesangskarriere, die sie jetzt wieder ernsthaft aufnehmen wollte, ich für meine weitere Ausbildung, aber vor allem aus persönlichen Gründen. Mama hatte während des Krieges für ein Hilfswerk gearbeitet und vielen jüdischen Flüchtlingen geholfen, mit denen sie in freundschaftlicher Verbindung blieb. Einer hieß Paul Lippmann und war nach London zurückgekehrt. Jetzt kam er uns mit einem jungen Freund besuchen. Ich bot Heiri auf, um uns in seinem Auto in der Umgebung herumzufahren.

Er wartete am Steuer, als Mama und ich die beiden Engländer auf ihren Spaziergängen auf kleinere und größere Hügel im Emmental begleiteten, und notgedrungen gingen wir auf den schmalen Wegen zu zweit nebeneinander. Bill Williams hatte schwarze Haare und grüne Augen, war sehr unglücklich, weil frisch geschieden von der Tochter des damaligen Premierministers, während sein Vater, ein ehemaliger Grubenarbeiter, Arbeitsminister war. Ich sprach zwar kein Wort Englisch, aber soviel konnte ich verstehen, und Paul Lippmann hatte es schon meiner Mutter erzählt. Das, zusammen mit der hinreißenden Kombination von dunklen Haaren und hellen Augen, imponierte mir mächtig, ich hatte von weitem Winston Churchill bei seinem Besuch in Bern gesehen und seine Tochter Mary damals glühend um einen solchen Vater beneidet. In den paar Tagen seines Besuches verliebte ich mich in Bill und wir versprachen, einander zu schreiben. Auch Paul Lippmann hatte bei meiner Mutter Feuer gefangen und wie so oft konnte sie keinem Abenteuer widerstehen, besonders wenn man in London so gute Beziehungen

zur Oper und erstklassigen Lehrkräften hatte wie ihr Bewunderer.
In Wahrheit brauchte ich aber auch diese Distanz, um mich von Heiri zu trennen. Ich wollte ihn nicht brüskieren, sondern die Trennung für mich, beziehungsweise gegen uns arbeiten lassen.
Die Gründe, warum mein Vater mich ohne große Geschichten nach England fahren ließ, waren einerseits die Tatsache, daß es ihn nichts kostete, andererseits, daß meine Mutter mitkam. Er spürte, daß ich sie brauchte, denn er brauchte sie auch und war in dieser Beziehung sensibler, als man dachte. Er hatte nur nie gelernt, sich auszudrücken. »Ich wäre ja verblödet ohne sie«, sagte er mir einmal. Doch meinte er, ich bräuchte jemanden, um mich zu beschützen, dabei war es eher andersherum. Mama war acht Jahre jünger als unser Vater, aber mit ihrem mädchenhaften Aussehen, ihrer kindlich-naiven, sonnigen und doch fragilen Art hätte sie seine Tochter – meine ältere Schwester sein können. Nicht weil ich mich nicht abnabeln konnte, sondern weil ich wie ein Zwilling mit ihr verbunden und aus gleichem Fleisch und Blut war, hingen wir so aneinander. Wir verstanden uns ohne Worte, fühlten und dachten gleich und litten auch unter denselben Menschen und Umständen. Ohne sie hätte ich in dieser strengen und kalten, verschlossenen Familie die Welt nicht verstanden und wäre wohl »verblödet«, wie mein Vater sagte, oder, wie so viele in der Familie, verrückt geworden. Für meine jüngere Schwester bildete ich einen Schutzschild, an dem alles abprallte, was schwierig und für sie unverständlich war. Zudem hatte sie einen anderen Charakter, sie ging Problemen und Diskussionen aus dem Weg.
»Auch hier offenbarte sich bald ein unübersehbarer Gegensatz zwischen uns, Corinne forderte Kritik und Diskussion heraus und kämpfte wie eine Löwin um ihre Ideen, ich dagegen ging Streit und Komplikationen aus dem Weg und fing die Fliegen lieber mit Honig«, schrieb sie.
So fuhren meine Mutter und ich großartig, wie zwei russische Großfürstinnen ins Exil, mit drei riesigen Schrankkoffern vollgestopft mit Eßwaren schweizerischer Qualität. Meine Mutter war eine ausgezeichnete Köchin, und man hatte sie gewarnt: im Nachkriegsengland war nichts, was unseren Eßgewohnheiten gleichkam, zu erhalten.
Schon am Zoll in Dover, aber erst recht in London wurden wir damit eine Sensation. Die Zöllner ließen uns alles auspacken und radebrechend erklären, dann schmunzelten sie, packten mit uns zusammen alles wieder ein und sagten nur »charming ladies«, der Zoll war passiert.

Schon im Zug lernten wir, wie sich ein echter englischer Gentleman verhält. Wir stiegen in das Ersteklasseabteil des Zuges, das, weil wir zu früh waren, noch völlig leer war. Dort setzten wir uns auf einen Platz am Fenster, auf dem eine Anzahl Zeitungen und teurer Hochglanzmagazine lag, und fingen gleich an, eifrig darin zu blättern und zu lesen.
Nur mit einem Seitenblick gewahrte ich einen eleganten, grauhaarigen Herrn, der uns einen Moment erstaunt betrachtete, sich dann auf dem Absatz umdrehte und verschwand. Kurz darauf kam er zurück, in der Hand hatte er die gleiche Auswahl von Zeitungen und teuren Magazinen, die wir gerade lasen. Die am Fenster waren die seinen gewesen. Er kaufte sie ohne mit der Wimper zu zucken einfach ein zweitesmal. (Ein Deutscher, aber auf jeden Fall ein Schweizer hätte in der gleichen Situation reklamiert und seine Zeitschriften zurückverlangt.)
Bill hatte uns angeboten, mit ihm in seiner Wohnung in Golders Green, einem hinter Chelsea gelegenen Londoner Villenviertel zu wohnen. Da meine Mutter ja dabei war, nahmen wir das Angebot an, er stellte uns sein Schlafzimmer mit einem breiten Doppelbett zur Verfügung und schlief selbst im Wohn-Eßzimmer auf einer äußerst schmalen Liege.
Die erste Enttäuschung: die Gegend war zwar hübsch und die Wohnung in einem rosenumrankten Backsteinhaus gelegen, aber sie war doch winzig klein für den Sohn eines Ministers.
Doch wir sollten es nicht bereuen. Durch Bill lernten wir viele interessante Leute kennen und kamen in die wichtigsten politischen, kulturellen und gesellschaftlichen Kreise, vor allem auch in das House of Parliaments, den imposanten Regierungssitz an der Themse, hinein.
Wir trafen uns des öfteren hier mit Bill in der Kantine zum Mittagessen, und es war beeindruckend, durch die Lautsprecher dazu die lebhaften Debatten der Parlamentarier zu hören, auch die Stimme Churchills gehörte dazu.
Ich besuchte die Chelsea Art School, und abends oder sonntags waren wir stets in einem der hübschen Backsteinhäuschen eingeladen und wurden dann weiter herumgereicht bei seinen Freunden, die meisten bedeutende Mitglieder oder Zeitungsleute der sich am Ruder befindenden Labour-Partei. Ich verstand mich wunderbar mit ihren Söhnen – bald hatte ich um mich eine Clique von Freundinnen und Freunden.
Ich sprach kein Wort Englisch, als wir herkamen, es war für mich wie Chinesisch, innerhalb von einem Monat beherrschte ich die Sprache fast fließend. Aber Bill gab sich dafür auch alle Mühe, er ging mit mir

ins Kino, ins Theater, und jeden Mittag mußte ich zum Picadilly Circus fahren und ihn treffen.
Wie alle Engländer war er für die Arbeit angezogen wie am Sonntag: schwarzer Anzug mit weißem Hemd und farbiger Krawatte, am Wochenende dafür kleidete er sich wie bei uns am Werktag.
Mama hatte von Paul Lippmann ein Empfehlungsschreiben für Mrs. Mannen, eine der bekanntesten und einflußreichsten Gesangslehrerinnen bekommen. Diese war sich wie all die vorangegangenen Fachleute einig: Mama besaß einen ungewöhnlich schönen, reinen Koloratursopran. Nach kurzer Prüfung nahm Mrs. Mannen Mama als Schülerin an, was eine große Ehre bedeutete. Einige Wochen später bestand sie darauf, Mama dem Direktor der Covent Garden Opera vorzustellen. Mama war im siebenten Himmel, und ich auch. Unter ihrer Singbesessenheit, dem »Phantom, dem sie nachlief«, wie es eine mit ihr befreundete Dame der Berner Gesellschaft nannte, hatte ich als Kind dagegen immer etwas gelitten, führte es sie doch regelmäßig von zu Hause und mir weg.
Sie wurde zu einem Vorsingen an das traditionsreiche, weltberühmte Opernhaus geladen. Überglücklich kam sie nach Hause. Der Direktor von Covent Garden hatte sie an die weltberühmte Bühne engagiert. Alle unsere Freunde und Bekannten und ich voran, waren tief beeindruckt und freuten sich mit ihr, am meisten ihre Gesangslehrerin. Sie sagte Mama eine große Karriere voraus.
Doch die bittere Enttäuschung ließ nicht auf sich warten: Sie kam eines Tages völlig niedergeschlagen nach Hause. Der Direktor habe das Engagement rückgängig gemacht: infolge ihres Alters! Mit fünfundvierzig Jahren könne man keine Gesangskarriere an der Oper beginnen, erklärte er ihr, er hätte sie für eine blutjunge Anfängerin gehalten. Das lag in unserer mütterlichen Familie, Mama hatte schon drei Kinder, als man sie nicht ins Kino einlassen wollte, weil sie wie ein Schulmädchen aussah. Sie könne aber ihre Gesangstunden bei Mrs. Mannen weiternehmen, sagte sie, und das sei auch schön. Die Enttäuschung schien ihr nicht so viel auszumachen, daß es unseren Englandaufenthalt verdüsterte, im Gegenteil. Sie könne jetzt vermehrt Einladungen für meine Freunde wahrnehmen, und ihre Kochkunst feiern lassen, meinte sie.
Auch ohne Covent Garden blieb unser Leben deshalb in London traumhaft schön.
Nach Mamas Enttäuschung lud Bill uns am nächsten Abend zu einer

Ballett-Vorstellung in die Oper ein. Er sagte, das sei sein bewährtes Mittel, um Enttäuschungen und schlechte Erfahrungen zu überwinden und sich damit zu trösten. Tatsächlich war der Abend zauberhaft, es tanzte Moira Shearer, die später durch den Film »Die roten Schuhe« weltberühmt wurde.

Für mich blieb Mama so jung, so lebendig und lebensgierig, daß sie mir oftmals jünger als ich selbst erschien. Daß sie in irgendeiner Form schon »alt« sein könnte, oder »zu alt« für etwas, das schien mir einfach undenkbar. Deshalb waren die »Wechseljahre« für mich auch ein völlig abstrakter Begriff, mit dem ich nichts anfangen konnte. Trotzdem war es wahrscheinlich so etwas Ähnliches, was uns jetzt wie ein Blitz aus heiterem Himmel traf.

Als ich Bill wie gewohnt in seinem Office anrief, um mit ihm zu besprechen, ob und wo wir miteinander Mittag essen wollten, sagte er mir, Mama sei von der Polizei verhaftet und ins Gefängnis gebracht worden. Man habe sie dabei erwischt, wie sie einen Lippenstift stehlen wollte.

Bill benahm sich wie ein Gentleman. Wir sollten uns sofort treffen, er würde seinen ganzen Einfluß spielen lassen, um Mama so schnell wie möglich wieder freizubekommen. Aber in diesen Dingen sei man in England ganz besonders streng. Als wir uns am verabredeten Treffpunkt trafen, hatte Bill schon wieder Neuigkeiten parat. Ein Freund von ihm habe Mama besuchen können, sie sei gar nicht deprimiert, sondern vergnügt und guten Mutes, sie vertreibe sich die Zeit, indem sie in den jahrhundertealten Mauern ihre Opernarien schmetterte.

Bill versuchte mir meine Sorgen auszureden. Sein Freund habe sich über den Gesangsvortrag von Mama höchst amüsiert, und das ganze Gefängnis sich darüber gefreut.

In der darauffolgenden Nacht merkte ich, daß Mama am ganzen Körper zitterte und lautlos Tränen vergoß. Ich nahm ihre Hand in die meine und drückte sie. Sie gestand mir unter Schluchzen: »Ich wollte doch diesen Lippenstift nicht stehlen –, ich habe ihn nur angeschaut.« Aber man habe sie dann gar nicht mehr lange gefragt, sondern weil sie nicht gut Englisch sprach, einfach mitgenommen.

Es gelang mir, ihr die bösen Gedanken und Selbstvorwürfe auszureden und mit ihr über die ganze Angelegenheit zu lachen. Insbesondere über die unbekümmerte Art, wie sie sich dem Gefängniskoller entzogen hatte. Alle seien gekommen und hätten am Schluß geklatscht, sagte sie un-

ter Tränen, beim Abschied hätten ihr alle zugewunken und »auf Wiedersehen« gesagt.
Am nächsten Abend brachte Bill eine weitere Hiobsbotschaft nach Hause. Zu der Kaution, die er für Mama bezahlte, um sie sofort wieder auf freien Fuß zu setzen, kam noch eine Landesverweisung von zehn Jahren. Innerhalb von zehn Tagen mußte sie zudem das Land verlassen.
Eine Welt brach für uns zusammen. Wir waren erst einige Monate hier, und der Studienaufenthalt von uns unbeschränkt eingeplant worden. Ich hatte mich auf die Gesellschaft meiner Mutter und eine romantische Begegnung mit einem Märchenprinzen eingestellt.
Zuerst schien es mir unmöglich, allein in London zu bleiben. Wie sollte ich in der Millionenstadt die Einsamkeit der Nächte überstehen? Denn eines war mir inzwischen klargeworden: allein konnte ich nicht bei Bill in der Wohnung bleiben. Er meinte immer mehr, ich immer weniger, daß wir »Verlobte« seien. Besonders daß alle unsere Freunde uns als solche ansahen, störte mich.
Da gab es nämlich ein Brüderpaar, das mich viel mehr als Bill interessierte, er hatte den Charme, dem ich daheim erlegen war, verloren.
Jim und John waren wesentlich jünger und gehörten Londons Künstlerszene an, der eine war Journalist und Vizechef der »Kensington Post«, einer linken Tageszeitung, der andere studierte Literatur und Philosophie. Der Journalist war im Krieg Pilot gewesen und hatte Bombeneinsätze über Deutschland geflogen. Er schenkte mir sein Fliegerabzeichen, seine Erzählungen lösten bei mir Verständnislosigkeit und eine ungläubige Bewunderung aus, ich konnte mir so etwas einfach nicht vorstellen.
Als es dann darum ging, mich für die Rückkehr in die Schweiz mit Mama zu entscheiden, war ich, was Freunde und Bekannte, ja, Bewunderer anlangte, wahrhaftig nicht allein. Und es wäre unverantwortlich gewesen, das Malstudium einfach abzubrechen, das ganze Semester war vorausbezahlt. Hartnäckig und verbissen suchte ich einen eigenen, »epochemachenden« Stil.
Daß man in der Schweiz oder gar in der trockenen Beamten- und Bundeshauptstadt Bern als Künstler und Maler keine große Karriere machen könne, davon war ich schon in ganz jungen Jahren überzeugt. Wie jeder richtige Künstler lebte ich davon, daß ich an mich glaubte, und dieser Glaube war stets ein bißchen größer als meine Angst vor der

Nacht. So groß immerhin, daß ich mich zum Bleiben entschied. Mama würde wiederkommen, sobald die dumme Geschichte geklärt sei, trösteten wir uns.
Noch bevor Mama wegfuhr, suchte ich mir ein neues Zuhause. Ich fand schnell ein Zimmer in einem dieser niedlichen Backsteinhäuschen mit Garten, das ganz nahe von Bills Wohnung lag.
Die Besitzer waren ebenfalls niedlich wie zwei englische Gartenzwerge mit Schulbildung, ein junges Ehepaar namens Birney, das, wie sie mir sofort gestanden, eine Ableitung von Birnbaum war. Sie schlossen mich über kurz oder lang in ihr zärtlich turtelndes Familienleben ein, er war Musiker im London Philharmonia Orchestra und spielte gerade unter Herbert von Karajan, damals noch völlig unbekannter Maestro, was aber für uns ein unerschöpfliches Gesprächsthema war. Keine Frage für mich, ich wollte längere Zeit, vielleicht für immer in England bleiben. Doch dann gingen das Semester in der Kunstakademie und langsam auch mein Geld zu Ende. Ich schrieb meinem Vater, ob er mir einen Beitrag schicken könnte, bis ich in meinem Beruf eine Arbeit gefunden hätte. Das war die Bedingung für eine Aufenthaltsbewilligung. Da ich keinen meinen Verehrern zu ehelichen begehrte, blieb mir keine andere Wahl. Freunde hatte ich genug, die bereit waren, mir zu helfen.
Als es mir trotz wochenlangen, intensiven Versuchen in meinem zum Atelier umfunktionierten Studio nicht gelang, einen eigenen, ganz persönlichen Malstil zu finden, und ich überhaupt mit meinen »Werken« nicht zufrieden war, gab ich den Gedanken, einfach nur Malerin oder »Künstlerin« zu werden, auf. Ich fing an, alles, was ich mit meiner Mutter in dem großen Schrankkoffer mitgebracht hatte, die Bettücher aus reinem Leinen, das Silberbesteck von der Aussteuer meines Vaters und der Großmutter, sogar das alte Grammophon und die Lieblingsplatte mit Beethovens Neunter zu verscherbeln. Eines Tages im Frühjahr war es dann soweit: Ich besaß noch gerade soviel Geld, um das Billett nach Hause zu lösen.
An einem sonnigen, aber windigen Morgen bestieg ich das Schiff in Dover. John begleitete mich, er wollte in Paris Freunde besuchen. Die Fahrt war wie der Weltuntergang, haushohe Wellen warfen das Schiff wie eine Nußschale auf und nieder, überall standen Leute, die sich übergaben. Ich war froh, John bei mir zu haben, auch in Paris, wo wir im durch die Existentialisten bekannten Hotel D'Isly in der legendären Rue Jacob übernachteten. John kannte alle die epochemachenden In-

tellektuellen, wäre ich nicht so mausearm und verstört gewesen, ich wäre besser gleich dortgeblieben. Statt dessen fuhr ich am nächsten Tag weiter, Richtung Schweiz, nicht ohne mich mit John noch zu streiten. Trotz Doppelzimmer hatte ich mich auch hier, wie schon die ganze Zeit unserer Freundschaft, geweigert, mit ihm zu schlafen. Ich war während des ganzen Englandaufenthalts keusch geblieben, wollte meinen Körper für den Richtigen aufsparen, nachdem das erste Experiment mehr oder weniger gescheitert war.

Das Haus am Malerweg wirkte verwaist. Liselotte hatte gerade eine Anstellung am Zürcher Schauspielhaus bekommen, und Bruder Emanuel war in der ETH (Eidgenössische Technische Hochschule) in Zürich eingeschrieben. Ich war mit Papa und Mama allein.

Die ersten Wochen genoß ich, als sei ich aus einem brodelnden, gefährlichen Inferno in eine Oase der Ruhe und der Geborgenheit zurückgekommen. Das glyzinenumrankte Schindelhaus, das mir so groß und unheimlich vorkam, schien mir im Vergleich mit dem Backsteinhäuschen der Birneys in Chelsea viel gemütlicher und größer, zumal mein Vater mir freie Hand ließ, mich in dem Zimmer, das ich wollte, einzurichten. Das ließ ich mir mit meinem Fimmel, Möbel umzustellen, nicht zweimal sagen.

Im ersten Stock suchte ich alles zusammen, was mir in dem Haus gefiel, den kleinen Perserteppich unter Papas Schreibtisch, die grünen Satinsteppdecken von Mama, den antiken Schiefertisch, Großmutters gemütliche Wanduhr und Stehlampe – selbst das Klavier zügelte ich hinauf, so daß meine zwei Räume ein richtig gemütliches und geradezu luxuriöses Appartement wurden, von dem auch Liselotte profitierte, wenn sie an Wochenenden oder manchmal auch abends von Zürich noch nach Hause kam. Wir luden zusammen Freunde ein, viele vom Theater, wie etwa den Kabarettisten Walter Morath, mit dem Liselotte ihre »Louis-Armstrong Nummer« zum besten gab. Einmal war ihr Schauspiellehrer dabei, der renommierte Professor Paul Kalbeck, der vom Wiener Reinhardt-Seminar kam, er hielt sich die Ohren zu vor Entsetzen. Aber sonst hatte Liselotte mit ihrer Lach-Nummer überall großen Erfolg. Zudem war es Sommer, alles blühte in Papas Garten, und auch hier richtete ich mir eine romantische Ecke ein. Kurz, ich genoß diese ersten Wochen nach meiner Rückkehr, in denen ich mich manchmal fragte, warum es mich eigentlich so in die Ferne zog. Sogar Papa und Mama brachte ich abends zusammen, es gefiel mir, ihnen vorzule-

sen oder ihnen meine Zeichnungen zu zeigen und darüber zu diskutieren, wir schienen eine richtig glückliche, harmonische kleine Familie. Da Mama tagsüber immer noch abwesend war, weil sie mit ihren Gesangstunden und irgendwelchen dubiosen Freundschaften mit Sängerinnen und Verehrern beschäftigt war, nahm ich auch die Finanzen des Haushaltes in die Hände. Ich vermietete das oberste Zimmer an einen tschechischen Studenten.
Eines Abends erzählte mir meine Mutter mit fiebrigem Blick, ihr Freund habe sie mit ihrer Freundin betrogen, sie hätte nun den Beweis. Ich versuchte sie zu trösten. Doch Mama, die ich immer so bewundert hatte, weil sie Angst – in meinem Sinne – nicht kannte, legte sich jetzt mit großen Angstzuständen ins Bett. Ich setzte mich zu ihr, hielt ihre Hand, kochte ihr Baldriantee und redete ihr zu, doch einfach ein wenig zu schlafen. Sie wolle es versuchen, meinte sie, schloß ihre Augen, aber an den unruhigen Lidern, die sich dauernd bewegten und wieder öffneten, war leicht abzusehen, daß sie sogar Mühe hatte, liegenzubleiben. Nur weil ich bei ihr sitzen blieb, stand sie nicht auf, aber ich sah, daß ihr Körper zitterte, holte ihr eine Bettflasche, obschon es nicht die Kälte war, die sie immer wieder schüttelte. Für kurze Zeit schien es mir, als ob es besserginge, ich legte mich im Nebenzimmer aufs Sofa und ließ die Türe offen. Noch nie hatte ich meine Mutter in einem solchen Zustand gesehen. Um fünf Uhr wachte ich auf, Mama saß im Nachthemd am Telefon und rief alle unsere Verwandten und Bekannten an, um ihnen wirres Zeug über ihre mißglückte Ehe und ihre untreuen Liebhaber zu erzählen. Papa kam herunter und war totenbleich.
»Du mußt den Arzt anrufen«, sagte ich, und es war gar nicht einfach, meiner Mutter den Hörer aus der Hand zu reißen. Als mein Vater es versuchte, schrie sie mit einer sich überschlagenden Stimme auf ganz ungewohnt aggressive und böse Weise mit den unflätigsten Worten auf ihn ein. Noch nie hatte ich meine Mutter so gesehen.
Es begann jetzt das, was das Grauen meines Lebens werden sollte. Dr. Escher gelang es nicht, Mama zu beruhigen, ganz im Gegenteil, ein häßlicher und erschütternder Zweikampf fing an, als der Arzt ihr eine Spritze geben wollte. Er nahm mich auf die Seite: er lasse eine Ambulanz kommen, flüsterte er, sie müsse sofort in die »Waldau«, das heißt, in die »Heil -und Pflegeanstalt«, in der auch Papas Schwester Gertrud jahrelang gewesen war. Glücklicherweise hatte man sie inzwischen nach Münsingen verlegt.

Ich brach innerlich, mein Vater äußerlich zusammen, als der Arztfreund uns allein ließ. Von nun an war es nicht mehr seine Sache, sich um Mama zu kümmern, dafür gab es nun das ausgebildete Pflegepersonal der Irrenanstalt. So dachte ich und so dachte wohl auch mein Vater. Er fiel auf das kleine Kanapee, auf dem er immer sein Mittagsschläfchen einzunehmen pflegte, fuhr mit den Armen nervös durch die Luft und stöhnte: »Jetzt klappe auch ich zusammen.«

Die Wut über sein feiges Benehmen, wie es mir erschien, gab mir plötzlich ganz unerwartete Kräfte. Ich schrie Vater an, das alles sei nur seinetwegen und er solle sich nicht so schwächlich und erbärmlich zeigen. Und es war wie ein Wunder, es half. Auch er war wütend, was ich mir denn erlaube, aber diese gesunde Regung gab ihm Kraft. Er stand auf und begann mit mir zu streiten, das half uns beiden, den Schock und das Entsetzen, das Mamas Zusammenbruch bei uns erzeugte, halbwegs zu meistern. Ich fuhr mit der Ambulanz mit, als es den Wärtern endlich gelungen war, Mama zu überwältigen. Papa schickte ich ins Büro, von jetzt ab war ich es, die am Malerweg das Kommando übernahm.

In der Klinik mußte ich auf den Arzt warten, in dem kleinen Wartesaal, es war Roger Pia, von dem ich meinen ersten Kuß bekommen hatte, der jetzt im weißen Mantel auf mich zukam und mich küßte. Er nahm mich schützend in die Arme, und der Tränenstrom, dem ich jetzt freien Lauf lassen konnte, erlöste mich. Die Zeit, die für manche junge Frau die schönste genannt wird, wurde die schwerste meines Lebens.

VIERTES KAPITEL

Zürich

Diese schöne, saubere und elegante, aber kalte Stadt ist kein Pflaster für scheue Sensibelchen und Künstler. Es fällt schwer, sich hier durchzusetzen und Karriere zu machen, oder gar berühmt zu werden; da gebraucht man Zürich besser als Sprungbrett und geht ins Ausland, um als »gemachter Mann« oder als »gemachte Frau« zurückzukommen, wie Max Frisch oder meine Schwester. Dann allerdings wird man mit offenen Armen aufgenommen, wie es Friedrich Dürrenmatt so schön grausam in seinem Theaterstück »Der Besuch der alten Dame« beschrieben hat.

Dennoch ging ich gerne nach Zürich, als meine Schwester mir vorschlug, mich Teo Otto, dem damals bedeutendsten Bühnenbildner des deutschsprachigen Theaters und bekannter Brecht-Intimus, vorzustellen. Es war ihre Idee, sie hatte großen Respekt vor meinem Zeichentalent und beneidete mich darum. Ich wäre ja dumm gewesen, diese einmalige Gelegenheit nicht wahrzunehmen. Liselotte war nach Enttäuschungen am Luzerner und am Berner Stadttheater überraschend von Oskar Wälterlin für zwei Knabenrollen, den Euphorion und den Wagenlenker in »Faust II« an das legendäre Schauspielhaus Zürich, die »Pfauenbühne«, engagiert worden, wo sie neben Bühnengrößen wie Will Quadflieg, Gustav Knuth, Käthe Gold und Anneliese Römer als vielversprechendes, funkelndes Sternchen am Zürcher Bühnenhimmel aufging.

Wie sie von Oskar Wälterlin, wurde ich von Teo Otto vom Fleck weg als Bühnenbildnerin-Volontärin engagiert, wenn auch noch ohne Gage. Bald hatte das ehrwürdige Theater mit seinem Ensemble von großen Emigranten an uns zwei kleinen Schweizerinnen einen Narren gefressen: Wir seien wie Zwillinge, lachte Liselotte, gleich groß, gleich jung, gleich schlank, wie hauchzarte, zerbrechliche Porzellanfigürchen, aber von glühendem Arbeitswillen und innerem Feuer durchdrungen, die mehr als bloßer Ehrgeiz waren. Das hatten wir von unseren Ur-

großmüttern, den beiden von Winterhalter gemalten Schönheiten geerbt, und diese, wie Teo Otto sagte, »zauberhafte Ausstrahlung« war bei Liselotte auf der Bühne das Geheimnis ihres schnellen Erfolges.
Als sie für die Bühne Fechten lernen mußte, nahm meine Schwester mich mit. Zuerst in Bern, dann in Zürich begannen wir und wurden Mitglied im Fechtclub, der hoch oben, im Turm des Universitätsgebäudes lag. Ich zeigte mich recht begabt für diesen Sport und durfte sogar bald bei Turnieren mitfechten. Doch dann konnte ich mich nicht mehr genügend konzentrieren, hatte für ein richtiges Training zu wenig Geduld und war mit den Gedanken woanders. Der schönste und beste Fechter fing an, mich mehr als der Sport zu interessieren, wir freundeten uns an. Er hieß Baumann, war Tierarzt, und wenn wir im abendlichen Nebel am See entlang spazierten, verschwand meine kleine Hand in seiner Riesenpranke. Einige Male nahm er mich mit auf sein Zimmer, er war Untermieter bei einer alleinstehenden Frau. Er sagte mir, ich hätte eine Haut wie eine Pferdezunge. Als ich ein wenig beleidigt war, erklärte er mir, etwas Feineres als eine Pferdezunge gebe es nicht auf der Erde und auch kein größeres Kompliment.
Er war ein merkwürdiger Mensch, auch in der Liebe, denn als es mir schlechtging am Schauspielhaus und ich meine Stelle verlor, ließ er mich wie eine heiße Kartoffel fallen. Meine Schwester hatte ganz in der Nähe des Schauspielhauses, in einem Haus, in dem auch ein gewisser Lenin einmal gewohnt hatte, eine winzige Zweizimmer-Wohnung gefunden: ein kleines, gemütliches Nest, in dem wir während dieser ersten Monate ebenso keusch wie glücklich lebten. Zu meinem Entzücken trennte unsere Schlafzimmer nur eine Milchglas-Schiebetüre, ich konnte Liselottes Silhouette sehen, wenn sie zu Bett ging und fühlte mich weniger allein.
Was die Hausarbeiten anbetraf, waren wir beide keine großen Helden, selbst der Ordnungsfimmel meiner Schwester zeigte sich noch nicht – wie später – so ausgeprägt. Wenn wir am Morgen zusammen ins Schauspielhaus marschierten, um pünktlich bei der Arbeit zu sein, ließen wir meist alles so stehen und liegen, wie es nach dem Frühstück und Aufstehen gerade war, und erst wenn wir nachmittags oder abends zurückkamen, räumten wir auf. So auch an diesem Sonntag, als wir uns mit Onkel Max zu einem Brunch am runden Tisch im Pfauenrestaurant trafen. Da kamen auch Schauspielerkollegen, unter anderen Leopold Biberti dazu, um einerseits den berühmten Graphologen Max Pulver und an-

dererseits die namhaften Mimen der legendären Pfauenbühne aus der Nähe zu betrachten.
Leopold Biberti könnte man in der Rückschau als den »schweizerischen Jean Gabin« bezeichnen, um dem Bekanntheitsgrad und der Persönlichkeit dieses bärenstarken, wuchtigen Schauspielers mit der sonoren Baßstimme und dem italienisch gefärbten Dialekt gerecht zu werden, der so manchem schweizerischen Filmklassiker erst zum Erfolg verhalf. Nun, dieser Leopold Biberti hörte aus unseren Gesprächen irgendwie heraus, daß unsere Wohnung dringend einer Putzfrau bedurfte. Er ließ uns nicht mehr los, sondern bedrängte uns, ihn mit diesem Reinemachen zu betreuen, er sei der beste Putzmann der Welt und liebe nichts so sehr, wie Haus- und Aufräume- und Putzarbeiten zu machen. Als wir begriffen, daß es ihm tatsächlich ernst war, gaben wir ihm unseren Wohnungsschlüssel, und er verschwand. Nach einer angemessenen Zeit kam er wieder zurück und gab uns strahlend die Schlüssel. Dabei zwinkerte er uns unentwegt zu, als ob nun ein Geheimnis oder gar eine Intimität uns verbinde. Wer von uns in welchem Bett schlief, wollte er wissen. Ich blickte Liselotte fragend an und sie erbleichte. »Sag, meines sei deines«, flüsterte sie mir ins Ohr, und brav befolgte ich Liselottes Rat.
Als Dank übergab mir der Schauspieler den Schlüssel und zwinkerte mir mit unvermindertem Schalk in den Augenwinkeln fröhlich zu: »Ich habe alles in Ordnung gebracht, frisch überzogen, es ist wieder perfekt.« Später klärte mich Liselotte auf: sie hatte in der Nacht ihre Monatsregel bekommen und keine Zeit mehr gehabt, es zu reinigen, ihr ganzes Bett war blutverschmiert.
Und ebendiese Konfrontation mit der damals verschwiegensten Seite weiblicher Sexualität hatte dem alten Schwerenöter (der unser Großvater hätte sein können) offensichtlich doppelten Spaß gemacht. Jedenfalls, so sauber geputzt und aufgeräumt war unsere Wohnung noch nie gewesen.
Teo Otto hielt große Stücke auf mich. Er bevorzugte mich auf schamlose Weise meinen beiden älteren Kollegen Hannes Meyer und Jörg Gessler gegenüber, die bei ihm ebenfalls eine – allerdings honorierte – Lehre machten. Während sie im muffigen Keller mit breitem Malbesen Kulissen pinseln mußten, durfte ich zu den Proben kommen und zwischen meinem Chef, dem Bühnenbilder, dem Theaterdirektor und dem Regisseur hinter dem Regiepult thronen und meinen Senf zu der Aufführung geben, der sogar ernstgenommen wurde.

Otto ließ mich eigene Entwürfe machen und Modelle bauen, und dazu eigene Bühnenbilder zeichnen, ich versuchte seinen typischen Stil mit Wasserfarben auf schwarzem Halbkarton zu übernehmen, ohne ihn zu imitieren, sondern daraus meinen eigenen zu entwickeln. Er erfand für mich extra Dekorationselemente, die er in seine Bühnenbilder integrierte, wie etwa das Riesengemälde von König Philipp dem Zweiten, das ich in alter Ölbild-Manier für die »Don Carlos«-Aufführung malte, in der der junge Will Quadflieg einen göttlichen Don Carlos, Erich Schellow einen nicht minder himmlischen Marquis Posa und meine Schwester einen zwar stummen, aber wie immer »zauberhaften« Pagen spielten.
Mit Erich Schellow hätte ich fast meine erste Liebesnacht in Zürich verbracht. Aber zur maßlosen Enttäuschung des in Berlin Verheirateten weigerte ich mich, bis zum Letzten zu gehen. Auch er bekam damit die Kehrseite von Zürich, den puritanischen Geist meiner Großmutter zu spüren.
Teo Otto hatte sich in den Kopf gesetzt, aus mir die erste weibliche Bühnenbildnerin am Züricher Pfauentheater zu machen. Außer zu meinen Modellen und Entwürfen für Bühnendekorationen animierte er mich, den von mir zu einem eigenen Stil entwickelten »Original-Linolschnitt« weiter auszubauen. Ich durfte zum Beispiel bei der »Romeo und Julia«-Aufführung von Oskar Wälterlin mit dem umstrittenen Eisengestänge-Dekor das monotone Sackkleider-Gehänge der Julia mit meinen Dekorationsmotiven bedrucken.
Und in einer Ausstellung im Foyer des Schauspielhauses hingen neben Teo Ottos Zeichnungen und Entwürfen auch meine »Werke«, gerahmte Original-Linolschnitte, die sich ganz gut verkauften.
Das waren erste Erfolgserlebnisse, die mich motivierten, dank Teo Otto war auch meine Theaterbegeisterung wieder erwacht, nachdem ich mich nach dem elektrischen Schock lange nicht mehr ins Dunkle, auch nicht in einen Theater- oder Konzertsaal gewagt hatte.
»Wer ist diese schöne Person?« fragte Kurt Hirschfeld, der Vizedirektor des Schauspielhauses, eines Tages meine Schwester, und Oskar Wälterlin bot mir daraufhin an, in seiner »Romeo und Julia«-Aufführung den Prolog zu sprechen.
Meine Schwester sagte: »Ich sollte dein Aussehen und du meinen Ehrgeiz haben.«
Teo Otto fragte mich, warum ich diese große Ehre nicht annahm. Ich

hätte viel zu sehr Lampenfieber, antwortete ich, und einfach eine grauenvolle Angst, mich vor Publikum zu produzieren. Das hätten doch alle Schauspieler, meinte Otto, und das ließe sich lernen. Talent nicht.
Das war fast wörtlich, was die bewährte Berufsberaterin Rosa Neuenschwander meinem Vater trompetet hatte, als er mich nicht den Zeichnerberuf lernen lassen wollte.
Ob er mich loswerden wolle, fragte ich mehr beleidigt als geschmeichelt. Nein, ich wollte nicht Schauspielerin werden, eigentlich verachtete ich diesen Beruf. Immer in fremde Rollen und in eine andere Haut hineinzuschlüpfen, da spielte man sich doch am Leben vorbei, ich wäre schon froh gewesen, mich selber und meine eigene Rolle zu finden.
So mußte ich denn auch zeitweise im Keller unten Kulissen malen, was ganz schön anstrengend – und vielleicht für eine Frau wie mich tatsächlich nicht so geeignet war. Es gab sogar eine offizielle Vorschrift, die besagte, daß man nicht mehr als zwei Stunden im schlecht durchlüfteten Keller verweilen durfte. Danach mußte man nach oben Luft schnappen gehen. Eine willkommene Gelegenheit, sich an den schon besagten Kaffeeklatsch-Tisch zu setzen, an dem während den Proben ein bienenfleißiges Kommen und Gehen war von den illustren Theaterleuten, Schauspielerstars und Sternchen, Autoren und Regisseuren. Einfach alle, die damals Rang und Namen hatten, lernten wir hier kennen. Teo Otto, der rheinländische Schwerenöter, war trotz gelegentlicher Melancholie durch sein kriegsbedingtes Schicksal – und das all der andern – kein Kind von Traurigkeit. Er trank gern ein Glas Wein, liebte die Frauen und ließ auch mich privat bald nicht mehr los. Es gelang ihm, mich immer mehr in Atem zu halten. Ich dachte sogar noch im Traum an ihn. Zwar kleinwüchsig und etwas untersetzt, mit seinem graumelierten Igelkopf und der unvermeidlichen Schirmmütze à la Brecht von Liselottes und meinem Jungmädchenideal weit entfernt, besaß er so viel Charme und persönliches Charisma, daß er die schönsten jungen Bühnenstars in den Schatten stellte, sobald sie den Mund aufmachten.
Es begann während der Arbeit zwischen uns zu knistern, so wie es in Künstlerkreisen Usus ist und zum guten Ton gehört, weil man solchen Beziehungen besondere, kreative Kräfte zuschreibt. Ich sah das durch meine Vorzugsstellung hinter dem Vorhang und den Kulissen, vom Schnürboden herab, dessen Zugang für Unbefugte verboten war, an Proben, oder vor den Vorstellungen, bevor der Vorhang aufging, zwischen den überraschendsten Paaren: der bildschönen, rassigen und be-

gabten Anneliese Römer und Will Quadflieg oder dem Regisseur Giorgio Strehler, jeden hat sie, bevor der Vorhang aufging, vor meinem staunenden Auge noch schnell vernascht. Wie es ist, wenn eine junge, schöne und berühmte Kollegin einem den eigenen Mann wegschnappt, das mußte die aparte Anneliese dann allerdings fünfzehn Jahre später bitter erfahren, als ihr die junge Romy Schneider den Ehemann Harry Meyen wegnahm. Eine eher unschöne Geschichte, über die man heute kaum mehr spricht.

Liselotte und ich wurden nicht nur herumgereicht an Parties und bei einflußreichen Leuten, wir wurden auch fleißig interviewt, fotografiert und erschienen in Zeitschriften und Heftchen, sogar auf dem Titelblatt der »Sie und Er«, der größten und seriösen eidgenössischen Illustrierten, deren einzige Konkurrenz, die »Schweizer Illustrierte«, aus demselben Verlagshaus Ringier war. Mit den beiden »Päulis«, den Chefredakteuren Dr. Paul Baumgartner (»Sie und Er«) und Dr. Paul Münch (»Schweizer Illustrierte«), verband uns bald eine sehr herzliche Freundschaft wie mit dem Robert-Walser-Entdecker und späteren Testamentsvollstrecker Carl Selig, der uns mit seinen beiden schwarzweiß gesprenkelten Dalmatinerhunden auf Spaziergängen begleitete und über uns ebenfalls bebilderte Artikel schrieb. So manch weißhaariger Bankier oder Millionär klingelte nachts an unserer Türe, um ein Bukett mit roten Baccara-Rosen abzugeben. Meist waren sie für Liselotte, denn es blieb dabei: sie wollte man heiraten, mit mir wollte man ins Bett.

Mit Teo Otto spazierte ich in mondhellen Nächten immer öfter nach der Arbeit oder den Vorstellungen am See entlang, turtelnd und flirtend setzten wir uns auf eine romantische Parkbank, küßten uns bis zum Gehtnichtmehr, so, wie ich die Liebe in aller Unschuld schon mit dem großen Erich Schellow genossen hatte. Mehr kam für mich in dieser Situation noch immer nicht in Frage, ich war konsequent und glaubte an die große Liebe, Teo Otto aber hatte Frau und Kind. Und da war auch noch eine Schattenpflanze namens Harriet Kleiber, die als Ottos offizielle Mätresse galt. Sie war wirklich keine Schönheit, aber sie besaß einen berühmten Vater, ein großer Dirigent, und sie war zeichnerisch begabt. Sie durfte zusammen mit Hanni Fries, einer anderen bekannten Zeichnerin, an den Hauptproben für die jeweiligen Neuinszenierungen Illustrationen machen, die dann mit den Kritiken in Tageszeitungen und Illustrierten erschienen.

Ich war glühend eifersüchtig, wagte aber nicht, Otto danach zu fragen.

In dieser Zeit unterschrieb Liselotte ihren ersten Filmvertrag für »Föhn« mit Hans Albers, bald darauf fuhr sie nach Deutschland. Ich hatte zuerst keine Zeit, um über das Bedauern, das ihr Weggehen von Zürich in mir auslöste, nachzudenken, sie schickte mir nämlich ebenfalls einen Filmproduzenten auf den Hals.
Ich sollte die Hauptrolle in einem Bergdrama spielen. Das einzige, was mich daran interessierte, war das viele Geld, das man mir dafür anbot. Jetzt, wo meine Schwester weggezogen war, befand ich mich in finanzieller Not. Noch immer hatte das Schauspielhaus sich nicht entschieden, mich für eine Ausbildung bei Teo Otto anzustellen, und in der Zwischenzeit war auch meine Mutter wieder gesund und zu uns nach Zürich gezogen. Sie hielt es in dem vereinsamten Malerweg nicht mehr aus. Papa hatte nichts dagegen, aber er war nicht bereit, uns mehr als monatlich 75 Franken zu bezahlen, was selbst für damalige Verhältnisse armselig war. Warum also nicht die Chance ergreifen, mit einem Film eine schöne Stange Geld für uns zu verdienen? Doch dann stellte sich heraus, daß ich als Höhepunkt in der deftigen Schnulze nackt in einem Bergsee herumstrampeln und dabei ausgiebig gefilmt werden sollte. Natürlich sagte ich sofort ab. Großmutters erhobener Zeigefinger und ihr Zürcher Geist ließen grüßen.
Bald danach folgte auf Liselottes Abreise, dem Reinfall mit dem Film und der finanziellen Misere der nächste Donnerschlag. Der Antrag von Teo Otto, mich als Bühnenbildner-Lehrling einzustellen, wurde vom Verwaltungsrat der »Neuen Schauspiel AG« abgelehnt. Eine Frau käme für diesen Posten nicht in Frage, stand in dem offiziellen Schreiben. Teo Otto war ebenso wie ich, oder vielleicht noch etwas mehr erschüttert, denn das bedeutete eine Blamage, eine glatte Ohrfeige für ihn. Trotz seiner Verdienste um die Zürcher Bühne, zu deren Ruhm er nicht wenig beitrug, trotz – oder vielleicht gerade wegen seiner engen Verbundenheit mit Brecht, war er als Ausländer und Emigrant nur geduldet und hatte kein Mitspracherecht.
Oft legte er von nun an seine beiden Hände auf meine Schultern und blickte mir mit geradezu waidwundem Blick tief in die Augen. »Was wird nun aus dir werden?« schien er zu fragen, und ich fragte mich das auch.
Auch wenn ich mich von nun an im Schauspielhaus nicht mehr zeigte, fehlte es nicht an einem aufregenden und interessanten Leben, aber ich vegetierte wie eine Schlafwandlerin apathisch und in Weltuntergangs-

stimmung dahin, indem ich mich, um ein wenig Geld zu verdienen, immer mehr erniedrigte – zum Beispiel mit dem Bemalen von Kuckucksuhren und Neuenburger Pendulengehäusen. Daß ich selbst diese reinen Routinearbeiten miserabel ausführte und dafür überhaupt kein »Händchen« hatte, dessen war ich mir schmerzlich bewußt.
Einige Wochen pendelte ich so in einem gefährlichen »Laisser-aller«-Zustand der vermeintlichen Endkatastrophe entgegen, als mir ein gewisser Charles Lienhard über den Weg lief.
Es begann damit, daß er mich zu einem Kräutertee im ausgestorbenen Pfauen-Café einlud und mich dabei ertappte, wie ich sehnsüchtig zum reservierten, runden »Theatertisch« gleich neben dem hinteren Ausgang schielte. Anscheinend traf ich bei ihm damit auf einen empfindlichen Nerv, es ging ihm ähnlich wie mir, auch er hatte versucht, an der berühmten Bühne als Schauspieler und Regisseur Karriere zu machen und auch ihm war es nicht gelungen.
Doch im Gegensatz zu mir biß er die Zähne zusammen und sagte sich: »Jetzt erst recht.« Er hatte eine geniale Idee und stellte sie alsbald auf die Beine, druckte originalgetreu klassische, weltberühmte Gemälde, machte daraus kleine Serien und suchte dafür Abonnenten. Er gründete den »Kunstkreis-Verlag«, und seine Idee lief wie der Teufel. Zusammen mit einem Freund, der klassische Literatur und Bestseller-Romane verramschte, hatte er eine schöne, große Altbauwohnung an der Clausiusstraße gemietet, als Verlagsdomizil, in dem er neben dem Empfangs- und Hauptbüro auch privat ein Zimmer bewohnte. Er schlug mir vor, seine Sekretärin und Vertreterin zu werden, wenn er auf seinen vielen Reisen war. Nach anfänglichen Zweifeln taute ich aus meiner Erstarrung allmählich wieder auf und lernte als erstes die Wohltat, auf eigenen Füßen zu stehen, kennen. Er lehrte mich Geschäftsbriefe in drei Sprachen schreiben, durch Fribourg war ich in Französisch und durch London in Englisch fast perfekt, ich lernte mit einem Schnellkurs auf der Schreibmaschine das Zehnfingersystem und übernahm nach und nach auch die gesamte Geschäftsbuchhaltung. »Charlot« lehrte mich sämtliche Korrespondenz so abzulegen, daß ich jeden Brief und jedes Dokument innerhalb von Sekunden wiederfand, und vor allem die Kunst, am Telefon mit jedem Gesprächspartner den richtigen Ton zu finden, gute Kunden zu gewinnen, schlechte, unzufriedene und unangenehme abzuwimmeln. Gleichzeitig führte er mich in Literatur, Kunstgeschichte, Malerei und ihre sämtlichen Epochen, das Geheim-

nis der verschiedenen Drucktechniken ein, schließlich überließ er mir weitgehend die Geschäfte, da er viel auf Reisen zu seinen Malerfreunden und Künstlern war, er hatte aus mir eine richtige Direktionssekretärin gemacht. Damit wäre alles gutgegangen, hätte er an mich nicht eine Art Besitzanspruch – ich dagegen immer mehr ein eigenes, unabhängiges Privatleben geltend gemacht. Meine Gewohnheit, mit Freunden auszugehen und mich zum Essen, zu Konzerten und Kinobesuchen einladen zu lassen, hatte ich nie ganz aufgegeben. Mit dem Resultat, daß mein Chef mich verfolgte. Wenn ich gegen Mitternacht oder noch später nach Hause kam, klingelte es kurz darauf an meiner Haustüre, machte ich auf, war weit und breit niemand zu sehen. Er verpaßte mir damit – ganz bewußt, schlaflose Nächte, denn am nächsten Morgen empfing er mich wutschnaubend und drohte mir kreideweiß mit Kündigung. Ich mußte dann zu Kreuze kriechen, ihm lang und breit erklären, wo und mit wem ich ausgegangen war und daß die Beziehung nichts bedeute. Dann nahm er seine Kündigung gnädig zurück, und ich konnte lange mit den Zähnen knirschen, vor allem zu Beginn wäre der Verlust dieser sehr interessanten und auch sehr anständig bezahlten Arbeit für mich eine Katastrophe gewesen. Besonders schlimm wurde dieser Verfolgungswahn, als meine Mutter und ich nur etwa dreihundert Meter von Lienhard und seinem »Kunstkreis-Verlag« entfernt eine ganz entzückende kleine Parterrewohnung fanden und ich mich mit einem engen Freund von »Charlot«, dem Schauspieler Felix Hurter, anfreundete. Es ergab sich fast notgedrungen. Hurter war ein häufiger Besucher und genierte sich nicht, mit mir zu plaudern und Kaffee zu trinken, und Lienhard machte gute Miene dazu.

Ich kannte den »schönen Felix«, dem man nachsagte, daß er dem »göttlichen« Will Quadflieg wie ein jüngerer Bruder ähnelte, noch vom Schauspielhaus her, dort hatte ich ihn jedoch überhaupt nicht beachtet. Er gehörte zu dieser Garde junger Schweizer Nachwuchsschauspieler, die völlig im Schatten der großen Emigranten-Vorbilder standen und meist nicht einmal ohne Schweizer Akzent korrekt Hochdeutsch sprechen konnten. Jetzt, im Tageslicht, und besonders neben seinem Freund, dem drahtigen, nervösen, stets auf dem Quivive lauernden Charles Lienhard, den er fast um einen Kopf überragte, kam das gute Aussehen von Felix ganz besonders zur Geltung. Und er machte mir auf eine stille, sanfte und doch humorvolle Art den Hof, was der Chef entweder nicht wahrnahm, oder auf eine überhebliche Weise tolerierte.

Der »kleine« Schauspieler Felix Hurter würde es doch nicht wagen, ihm, dem genialen Kopf und Kunstverleger, der sich im Theater auch des öftern als Mäzen aufspielte, das selbst fabrizierte »Kunstkreis-Geschöpf« auszuspannen: Doch ich war für eine Beziehung – eine echte und zuverlässige Freundschaft bereit, ja, sie schien mir überfällig zu sein. Schon seit mehr als einem Jahr war ich jetzt in Zürich und noch immer allein, ohne richtigen Freund.
»Wenn man nicht hat, was man liebt, liebt man, was man hat«, dachte ich und das Unvermeidliche geschah, an einem gemeinsam verbrachten Abend in einem Dancing erwischte es auch mich: ich verliebte mich in Felix. Er behielt seine Wohnung an der Kinkelstraße, die er mit einem Schauspielerkollegen teilte, um den Schein zu wahren, aber bald zogen wir zusammen, ein Glück, daß »der Chef« nichts davon bemerkte.
Als erstes begann ich, meinen schönen Freund von seinem Schauspielerberuf abzubringen, sehr zum Leidwesen seiner armen Mutter, die früh Witwe wurde und ihren einzigen Sohn natürlich als »Liebling der Götter«, zumindesten des Publikums sehen wollte.
»Sage Sie's ihm, sage Sie's ihm«, war ihre flehentliche, immer wieder – auf Baseldeutsch – wiederholte Bitte, die ein geflügeltes Wort und ein steter Lacherfolg zwischen mir und meiner Mutter wurde. Ich sollte Felix sagen, daß er doch so großes Talent besäße für diesen Beruf und ihn nicht aufgeben solle, ohne zu ahnen, daß ich hinter ihm die treibende Kraft war. Da ich am Anfang einer Liebe immer glaubte, es handle sich um eine Beziehung fürs Leben, lehnte ich einen Schauspieler als (Ehe)Partner strikt ab. Als Lienhard es dann doch spitzkriegte, begann er verrückt zu spielen.
Eines Tages, als ich allein im Büro saß, kam sein Geschäftspartner aus Luzern und öffnete mir die Augen. »Charlot« hatte Geld unterschlagen, Unterschriften gefälscht und ohne alleinige Befugnis Künstler unterstützt. Nicht nur für ihn, auch für mich fiel eine Welt zusammen. Der Verlag wurde in Zürich geschlossen und nach Luzern verlegt. Dahin konnte und wollte ich nicht ziehen. Ich mußte mich also nach einer neuen Stelle umsehen. Immerhin durfte ich mich jetzt als Sekretärin, dreisprachig perfekt in Wort und Schrift, mit Grafikerausbildung und Kunstverständnis ausgeben. Das war selbst in der kalten und teuren Limmatstadt nicht von Pappe.
Auf eine Annonce in der vornehmen »Neuen Zürcher Zeitung« bekam ich Dutzende von Offerten. Viele hörten sich an wie ein Ehevertrag: mit

Pensionsberechtigung und Altersversicherung. Und Unsummen wurden mir dafür geboten! Aber ich war noch nicht einmal zweiundzwanzig Jahre alt und hatte nicht vom Geldverdienen, sondern davon geträumt, Malerin, Dichterin, Musikerin, allenfalls noch Bühnenbildnerin und Plakatentwerferin zu werden. Alle Stellenangebote aber, die ich bekam, rochen verdächtig nach dem einzigen, das ich verachtete und haßte: nach Geld.
Ich sagte allen ab und begann zu warten, sehr zur Verzweiflung meines Vaters, der händeringend im verlassenen Haus am Malerweg saß und sich jeden Tag erkundigte, wie es denn nun mit unserer finanziellen Situation weitergehen sollte. Natürlich plagte ihn vor allem die Angst, er müsse mehr als die 75 Franken, von denen wir im Moment lebten, für Mama bezahlen.
Ich aber wartete mit einer Engelsgeduld und einem Phlegma, ja, einer nicht geringen Unverfrorenheit auf meine Chance, über die meine Umgebung immer mehr nur so staunte. Aber ich wollte nun einmal meine Seele nicht dem Teufel verkaufen, das hieß, lieber nicht arbeiten als nur für Geld. So verging die Zeit.
Ich weiß heute nicht mehr, ob es die Antwort war auf meine Annonce, oder ob ich ein Inserat in der »NZZ« las und bei der angegebenen Nummer anrief. Jedenfalls: Max Bill war am Telefon, den ich als Architekt, Bildhauer und Maler, aber besonders als Zürichs »enfant terrible« kannte, der die Bürger nicht nur mit seiner supermodernen »konkreten Kunst«, sondern mit seinem eigenwilligen Lebensstil und Werdegang aus ihrer Ruhe schreckte.
Er wolle mich sofort sehen, sagte er nach kurzem Gespräch. Selbst mein Einwand, ich läge im Bett und sei in einem erbärmlichen Zustand von Influenza, konnte ihn nicht davon abhalten. Eine halbe Stunde später war er da. Er saß am Fußende meines Bettes und sagte: »Rilke war auch der Privatsekretär von Rodin.«
Und ich dachte, daß dieser häßliche Mann mit dem kahlgeschorenen, bebrillten Affenkopf ein ganz schöner Verführer sein könnte. Mit Rilke verglichen zu werden, von einem, der sich selbst für Rodin hielt, das war schon ein verblüffender Schachzug einer widerspenstigen Zweiundzwanzigjährigen gegenüber, aber noch beeindruckender, weil er es in dem dichten Nebel von abgestandener, durch allerlei Hausmittelchen wie Hustensirup, Kampfersalbe und bazillenverpesteter Luft, im wild verstreuten Chaos meiner Kleider, Bücher, Schallplatten und Zeit-

schriften in meiner Junggesellenbude, sittsam am Rande meines niedrigen Original Mies-van-der-Rohe-Bettes sitzend, überhaupt aushielt. Freundlich lächelnd wie ein geduldiger Buddha blieb er an meinem Fußende sitzen, und als keine Überredungskünste, kein noch so verlockendes Monatssalär (»Ich schlage vor: sechshundert Franken«), auch nicht die Beschreibung seines nahe am See gelegenen Büros, kein imperativer Befehl, kein demütiges Bitten mehr halfen, prägte er ebendiesen denkwürdigen Satz: »Rilke war ja auch der Privatsekretär von Rodin«.

Und es war »zum Schießen«, wie man im Schweizerdeutschen sagt: weder er noch ich schienen uns Gedanken darüber zu machen, dieser Vergleich könnte vielleicht für uns zu hoch gegriffen sein.

Noch kannte ich Max Bill nicht, aber eines wurde mir sofort klar: wenn er etwas im Kopf hatte, dann konnte er dafür Berge versetzen. Und das tat er völlig ungeniert. Eine kleine Anekdote: Jahre später besuchte er eine Theatervorstellung in den Kammerspielen von München, in der meine Schwester die Hauptrolle spielte. Sie kannten sich nicht, aber Liselotte war zu der Zeit vor allem in Deutschland viel berühmter als er. Nach der Vorstellung wurde ihr eine Visitenkarte in die Garderobe gebracht, auf der nur zwei Worte standen: Bill wartet. Das war seine von allen Schnörkeln entrümpelte »konkrete Kunst«, die er bis ins Privatleben transponierte. Nichts könnte Max Bill besser charakterisieren.

Und er wollte mich als seine Privatsekretärin haben, das stand fest, egal in was für einem pitoyablen Zustand ich mich befand. Wahrscheinlich hatte ihm gerade meine »konkrete« Ungeschminktheit – in jeder Beziehung des Wortes – gefallen, etwa so, wie zufällig hingeworfene Notizen für einen Graphologen mehr aussagen können als sorgfältig vorbereitete Schönschrift.

Der Grund, warum ich mich so zierte, lag auf der Hand: ich wollte etwas anderes als Sekretärin werden, und sei der Chef noch so interessant. Ich hatte höhere Ziele. Und die bitteren Erfahrungen mit dem genialverrückten Lienhard waren noch nicht verdaut. Doch wie einer solchen Wucht wie Max Bill, seiner unschweizerischen Ungeduld, Spontaneität und Risikofreudigkeit widerstehen?

»Mit einer Bedingung«, sagte ich.

Erwartungsvoll blickte er mich an.

»Ich möchte erst um neun Uhr statt um acht anfangen.«

Einen Moment blitzte unwilliges Staunen in den schwarzen Augenschlitzen. Es war zu dieser Zeit in der Schweiz ungewöhnlich, ja, unseriös, die Arbeit später als halb acht oder spätestens acht Uhr anzufangen. Geschäfte, Büros, Banken öffneten um diese Zeit, viele davon im Sommer gar um sieben Uhr. Das Frühaufstehen gehörte sozusagen zur ersten Pflicht und Bürgermoral. So war diese Bedingung damals schwerwiegender, als sie heute klingt, geradezu unmoralisch, oder zumindest extravagant.

In Wahrheit hatte ich mir diesen Rhythmus schon im Schauspielhaus und dann erst recht bei Charles Lienhard angewöhnt, er kam mir insofern entgegen, als ich nachts schlecht schlief und immer erst gegen Morgen in den richtigen Tiefschlaf verfiel. Lienhard arrangierte das, er war erstens ein Nachtmensch und zweitens ein Künstler. Er genierte sich ebensowenig, mir nachts aufzulauern, wie am Morgen nebenan, wenn ich bereits an meiner Schreibmaschine saß, gemütlich weiterzuschlafen. Bei Max Bill dominierte in dieser Beziehung offenbar das Schweizerische. Er runzelte verdächtig die Stirne. Wollte er unsere Zusammenarbeit wirklich von dieser Kleinigkeit abhängig machen? Ich erklärte ihm, warum ich diese Bedingung stellte.

Er ließ sich überzeugen, aber offenbar war er nicht gewohnt, daß jemand anderes als er sein Leben, seinen Stundenplan und überhaupt jedes hinterste Detail bestimme.

Ich könne die Arbeit sofort aufnehmen, sobald ich wieder gesund sei, sagte er zum Abschied.

Ich hatte bei Charles Lienhard gelernt, daß eine Privatsekretärin sich in erster Linie dadurch auszeichnet, daß sie ganz und gar auf die Persönlichkeit, die guten und die schlechten Eigenschaften, die Mucken und die Macken ihres Arbeitgebers eingeht. Etwa so wie in einer Ehe. Nur mit dem Unterschied, daß die Beziehung platonisch bleibt, aber gerade deshalb noch enger: weil er dafür, daß er von ihr alles verlangen und bestimmen kann, bezahlt. Oder daß er, weil er bezahlt, alles von ihr verlangen kann.

Am Schluß meiner zweijährigen Tätigkeit für Max Bill waren wir denn auch so gut aufeinander eingespielt wie ein altes Ehepaar, und wäre ich ihm, so wie er es wünschte, nach Ulm an seine »Hochschule für Gestaltung« gefolgt, vielleicht hätte mein Leben ganz anders ausgesehen.

Doch Martin Walser sagte: »Wir wären uns auch da über den Weg gelaufen, und ich hätte dich nach Stuttgart geholt.«

Bill hatte es wohl sofort erraten, irgendwie waren wir uns erstaunlich

gleich, wir lagen, wie man sagt, auf der gleichen Wellenlänge, auch wenn uns äußerlich alles unterschied. Ich war, ohne es zu wissen, durch meine »Extravaganz«, wie mein Bruder es nannte, eine ziemlich auffällige, junge Person, nicht nur sehr farbig und mit viel Firlefanz stets nach dem letzten Schrei gekleidet, ich hatte dazu noch einen schönen Freund und zwei riesige Bobtailhunde, von denen ich seit meinem Englandaufenthalt geträumt und sie mir von meinem bescheidenen Salär bei Lienhard abgespart hatte. Das war so auffällig für Zürich, daß sich die Leute, wenn ich mit den beiden spazierte, nach uns umdrehten.
Bill dagegen war doppelt so alt wie ich, ein fanatischer Adept und Verteidiger der »konkreten« und abstrakten Kunst, die er in seiner Erscheinung und natürlich in seinen Werken, als Maler, Bildhauer, Architekt, Innenarchitekt und Designer mit Verbissenheit verteidigte. Sein Kopf war kahlrasiert, seine Kleidung war kahl, seine Büroräume waren kahl und auch sein Haus in Höngg, nach dem Muster der berühmten Weißenhofsiedlung in Stuttgart und ihres Architekten Walter Gropius erbaut, war von atemberaubender, schneeweißer Kahlheit und Phantasielosigkeit.
Seinen modernen Malstil hatte er nicht »erfunden«, sondern von Kandinsky, Mondrian und anderen übernommen, einige seiner Bilder und Plastiken werden überleben und unsterblich bleiben, allerdings nicht seine Architektur. Zu schnell, zu schludrig hatte er die »Hochschule für Gestaltung«, sein wichtigstes architektonisches Werk entworfen. Sein dreibeiniger Bill-Tisch, von dem ich ein Original besitze, hat höchstens als Kuriosum der fünfziger Jahre noch musealen Wert.
Wenn ich mich auch diesen modernen Richtungen anpaßte, aber mich oft über ihre Exzesse ärgerte – wie etwa, dafür zu plädieren, die ganzen Altstadthäuser abzureißen –, wichtig war für mich, daß ich hinter dieser »kahlen« Fassade Sensibilität und Herzlichkeit, eben den verletzlichen »Künstler« entdeckte.
Ich habe Max Bill vom ersten Moment, als er an meinem Bett saß, als »schönen Häßlichen«, wie man im Französischen sagt, empfunden. Man spürte sofort die starke Persönlichkeit, sein Charisma hinter seinem imponierenden Gorillakopf, die wache Intelligenz der hinter den starken Brillengläsern versteckten Augen. Aber er muß als Kind, in der Enge und erbarmungslosen Normalität eines deutschschweizerischen Bernerdorfes ähnlich wie ich gelitten haben, was sein Bedürfnis, aufzufallen oder mit Extravaganz und Luxus Geborgenheit zu suchen, erklärt.

Er fuhr herum in einem großen, grauen Bentley, der ihm mit seiner geballten, in sich ruhenden und ein wenig unförmigen Kraft wie ein seltsames Tier auf verblüffende Weise ähnelte – mir schien, als ob kein Vehikel besser zu ihm paßte, während seine Zürcher Mitbürger es als reinen Protz betrachteten. Aber auch darin verstanden wir uns prächtig, was für Bill sein Nobelauto war, das beim Parkieren den Platz zweier Normalfahrzeuge einnahm, das waren bei mir meine zwei spektakulären Hunde. Er munterte mich auf, die Fahrprüfung zu machen, dann könnte ich ihn jeweils an den Bahnhof oder auf den Flugplatz bringen, wenn er verreise, meinte er.
Der Gedanke, diesen stolzen, eleganten Wagen selbst zu steuern, war verlockend, aber ich besaß für Fahrstunden weder das Geld noch die Zeit, was für Bill beziehungsweise sein Auto wohl ein Glück war. Es schien wie beim Skilaufen oder beim Reiten, früh lernt sich, was ein Meister werden will. All das, was ich mir als Kind so sehnsüchtig gewünscht hatte, wurde durch Vaters ewiges »Njet« verweigert, jetzt war es zu spät.
Wir waren in der Zwischenzeit, nicht zuletzt auf Drängen von Liselottes Dauer-Verehrer Max Gisiger, der meinte, wir bräuchten eine repräsentativere Wohnung, umgezogen. Tatsächlich war das gemütliche und preisgünstige Junggesellen-Nest an der Clausiusstraße zu klein geworden, Felix wohnte fast ganz bei uns, und Liselotte wollte, wenn sie in Zürich weilte, auch nicht ins Hotel gehen.
Gisiger vermittelte uns eine Parterrewohnung in einem kleinen Neubau inmitten eines prachtvollen Parks, der zu dem Besitz von Edmond de Stoutz, Leiter des Zürcher Kammerorchesters, gehörte. Um sein teures Gelände mitten im Stadtzentrum erhalten zu können, baute er Exklusivwohnungen. Der Schauspieler Kurt Horwitz wohnte mit seiner Tochter über uns und Grete Heger mit ihrem Mann Jürg Medicus daneben. Doch was so schön klang, war mit etlichen Nachteilen verbunden, die Wohnung war schattig und so groß, daß uns die wichtigsten Möbel fehlten. Außer meinem Mies-van-der-RoheBett und dem orange-beigen Berberteppich von Onkel Max besaß ich fast nur Bücher und Küchenutensilien. Wir richteten uns vorläufig nur mit Kisten und einigen Möbeln aus Bern ein. Wir wurden auch dauernd überwacht und mit den Mietvorschriften bekanntgemacht, Hunde waren nicht erlaubt, und nur durch Gisigers Fürsprache durften wir wenigstens die mit dem Fuß zuckende Sascha behalten. Da der andere ein prachtvoller Rüde war,

fiel es glücklicherweise nicht schwer, einen ausgezeichneten Platz für ihn zu finden.
Aber allein konnten wir die Hündin nun nicht mehr lassen, so wurde es für mich selbstverständlich, Sascha immer zur Arbeit mitzunehmen. Bill gewöhnte sich daran, daß ab jetzt unter meinem mächtigen Tisch immer wie ein Teppich, mein Hund lag.
Eines Tages vergaß ich sie da, als ich über Mittag heimging. Max Bill rief an: er brauche dringend etwas aus einer der Pultschubladen, aber Sascha lasse ihn nicht dran, sondern verteidige meine Arbeitsstätte wie eine knurrende Löwin. Schnell kam ich zurück und befreite ihn aus der peinlichen Lage. Glücklicherweise hatte Bill Humor, er lachte und dachte gar nicht daran, mir die Anwesenheit meines Hundes zu verbieten, sondern nahm nun des öftern auch seinen mit, einen dunkelbraunen Chow-Chow, auch einer meiner Lieblingshunde. Hier traf sich ebenfalls unser Geschmack, wir liebten beide imposante, langhaarige, bärenartige Kuschelhunde.
Trotzdem war Max Bill kein einfacher Arbeitgeber; gleichzeitig Pedant und Künstler, selbst unfähig, Ordnung zu halten oder pünktlich zu sein, unberechenbar und chaotisch, verlangte er von mir gerade das als oberstes Gebot: perfekte Ordnung und unbedingte Pünktlichkeit. Das war das, was er am meisten brauchte, im Wirrwar seiner ungezählten Tätigkeiten, seiner Projekte, Querelen mit Museumsdirektoren, seiner weitreichenden Korrespondenz und Telefonaten mußte ich Ordnung schaffen, Buchhaltung führen und eine Art Katalysator werden.
Schnell erkannte ich, daß das »Architekturbüro« keine richtige Arbeitsstätte, sondern ein im Untergrund zwar brodelnder, aber meist ausgestorbener Geister- und Einmannbetrieb war, in dem der Chef entweder durch Abwesenheit glänzt oder wie ein Sturmwind hereinweht und von seiner Sekretärin Wunder verlangt. Je mehr Bill sah, daß er sich auf mich verlassen konnte, desto öfter und länger ließ er mich allein.
In den ersten Tagen hatte er mir seinen Mitarbeiter, das heißt, einen jungen Architekten vorgestellt, der bei ihm seine Lehre abgeschlossen hatte. Tatsächlich gab es hinter seinem Büro noch einen großen, hellen Raum mit zwei riesigen Zeichentischen, ich sah da aber niemanden mehr, außer Bill selber, wenn er in Windeseile irgendeinen Plan begann. Oft fragte ich mich, wofür er dieses aufwendige Büro eigentlich brauche.
Aber wahrscheinlich brachte es ihm eine Freiheit, die er brauchte, er konnte sich alles, seine verschiedenen Berufe, Malen, Bildhauern,

Schüler und Schülerinnen, Autofahren, Besprechungen und Quereleien und vielleicht – eine Freundin leisten. Seine Sekretärin war ja immer pünktlich, von neun bis zwölf Uhr und von zwei bis sechs Uhr da.
Das Büro lag in einer schattigen Straße in Zürich-Enge, nahe dem See und hinter dem Nobelhotel Baur-au-Lac, im Erdgeschoß. An der Seitenwand rechts neben der Eingangstüre hing eines der schönsten großen Bilder von Max Bill, ich hätte es ihm gerne abgekauft, wagte aber nicht, ihn darum zu bitten. Vielleicht hätte er mir einen guten Preis gemacht und ich hätte es abstottern können. Aber auf den Gedanken kam ich gar nicht, und im übrigen: es war ja in dem kahlen Zimmer die einzige, farbige Dekoration.
Ich begnügte mich mit dem besagten Bill-Tisch, den ich noch heute besitze, ein abgerundetes, dreieckiges Tischblatt aus schwarzem Kunststoff, schön in der Form, aber von miserabler Qualität. Als Max Bill achtzig wurde, schrieb ich ihm mit der Bitte, ihn mir zu signieren, aber er hatte dafür offenbar keine Zeit.
Neben meinem Büro lag Bills Arbeitszimmer, genau so nackt und grau wie alles andere und nur mit einem noch größeren Pult als dem meinen und Büchergestellen möbliert.
Das Büro war die Zentrale seiner Korrespondenz, seiner Buchhaltung, seiner Schriften und Gedanken und – seiner Freunde und Besucher aus aller Welt, die sich hier die Klinke in die Hand gaben. Weiß der Himmel, wo er seine Kunstwerke ausführte – auch zu Hause in Höngg war er zu dieser Zeit fast nie.
Später ließ Bill sich von seiner Frau Binia, Mutter seines Sohnes Jakob, wegen einer Jüngeren scheiden und das wunderte mich nicht; wenn ich Frau Bill hie und da in der Stadt begegnete, dann fiel mir immer ihre abenteuerliche Kriegsbemalung auf, lange bevor die Pop-Mode das einführte und erlaubte, lief die zierliche und etwas unscheinbare Mittvierzigerin mit grellblau oder grellgrün geschminkten Augen herum, ein rührender Versuch, neben dem präpotenten und genialen Ehemann etwas eigene Wichtigkeit zu erlangen.
Böse Zungen kolportierten mir damals, Max Bill habe seinen Erfolg und seine Karriere dem Geld seiner Frau zu verdanken. Ohne sie hätte er sich weder ein Architekturbüro noch einen Bentley oder das Bildhauern mit sündteuren Materialien erlauben können. Bill war damals 45 Jahre alt und wurde erst viel später richtig bekannt und berühmt. Zu meiner Zeit war er in Zürich hauptsächlich ein unbequemer Zeitgenosse, eher

ein Ärgernis, wenn er beispielsweise seine Zeit dafür verwendete, ein bekanntes Schuhgeschäft einzuklagen, weil es zu Werbezwecken einen afrikanischen Schrumpfkopf ins Schaufenster stellte, oder sich in seitenlangen Briefen mit dem Direktor des Kunsthauses stritt, weil ihm eine Ausstellung zu wenig nach seinem Geschmack war. Da konnte er für gutgemeinte Aktionen schon sehr polemisch und unangenehm werden.
Daraus bestand meine Hauptarbeit, alle seine Briefe, seine Artikel und Buchmanuskripte zu entziffern und ins reine zu schreiben. Ein Mitspracherecht hatte ich nur, wenn er mich danach fragte, was tatsächlich manchmal vorkam. Seine Schrift war genau wie er, auf den ersten Blick einfach und leicht durchschaubar, doch bei näherem Betrachten fast unmöglich zu lesen.
Am Anfang machte mir das schwer zu schaffen, ich mußte dauernd zu ihm herüberrennen oder auf ihn warten, nur weil ich ein einzelnes Wort nicht zu entziffern vermochte – ich habe das später nur noch bei Ärzten oder Siegfried Unselds Schrift erlebt: man meint auf den ersten Blick, das sei leicht und einfach zu lesen und erst beim näheren Hinsehen entpuppen sich die Buchstaben als Hieroglyphen.
Aber dann geschieht, wenn man sich daran gewöhnt hat, ein Wunder, wie ein »Sesam öffne dich« findet man den Schlüssel und kann eine so schwierige Schrift plötzlich fließend und mit Leichtigkeit lesen. Das war meine größte Leistung bei Bill, auf die ich stolz und von der er entzückt war: er brauchte mir all seine Briefe und Notizen, seine Entwürfe und Manuskripte nur noch hinzulegen und nicht mehr extra dafür (länger) dazubleiben.
Und für mich war es eine unschätzbare Übung, da es damals noch keine Schreibmaschinen mit Korrekturtasten oder Korrektur-Flüssigkeit, sondern nur ein sehr mühsames Verfahren mit einer Schablone und Hartgummi gab, um Tippfehler zu korrigieren. Ich lernte, die ganzen Seiten fehlerlos zu schreiben, was besonders Bills Kandinsky-Buch, das ich vollständig ins reine schrieb, zugute kam.
Bill kümmerte sich um viele Nachlässe von verstorbenen und im Nazireich verschollenen Malern, besonders lebhaft war sein Briefwechsel mit Nina Kandinsky, der Witwe des Malers, aber auch mit Inge Scholl, der Schwester der durch Hitler hingerichteten Heldin der »Weißen Rose«, oder mit Otl Aicher, Inges späterem Mann, der mit Bill zusammen den Bau der »Hochschule für Gestaltung« in Ulm, als Nachfolge des von Walter Gropius gegründeten Bauhauses in Dessau planten.

Bei manchen Briefen, die ich schreiben mußte, sträubten sich mir die Haare, besonders wenn Bill mit seiner Holzhammertaktik manches Porzellan zerschlug, Freunde verriet oder ihnen grob an den Karren fuhr. Seine Spezialität waren, wie bei jedem, selbst dem sanftesten Macho, die gut plazierten Retourkutschen. Aber dann mußte man ihn auch wieder bewundern, wenn er nicht locker ließ, um vergessenen oder diskriminierten Künstlerkollegen im Anschluß an die Aktion »Entartete Kunst« des Dritten Reiches zu helfen und sich für solche Kämpfe mit kompromißlosem Engagement einzusetzen. Dabei hat er im Nachkriegsdeutschland eine wichtige Rolle gespielt und große Verdienste erlangt.

Es ist zu hoffen, daß Max Bills Erben seine Korrespondenz erhalten haben, sie sind ein Stück Personenbeschreibung, aber auch wertvolle Dokumente der Zeitgeschichte. Ich selbst konnte und durfte davon natürlich nur das, was in meinem Kopf haftengeblieben ist, aufschreiben und behalten.

In der ersten Zeit hätte ich ihm oft am liebsten die Akten und Ordner, den ganzen Papierkrieg vor die Füße geknallt, wenn er wie ein Polizist hinter mir stehenblieb, während ich mit hochrotem Kopf ein von ihm dringend gebrauchtes Dokument, einen falsch eingeordneten Brief heraussuchte und er immer ungehaltener wurde. Noch schlimmer erging es mir mit der Buchhaltung, die er mir vollständig anvertraute.

Ich hatte noch nie, auch nicht bei Charles Lienhard, richtig und professionell mehr als einfache Buchhaltung gemacht. Ich beneidete meine Schwester, die das in der Handelsschule, bevor sie Schauspielerin werden durfte, perfekt gelernt hatte. Ich mußte auch das mühsam erlernen. Aber als auch hier »der Knopf einmal aufging«, machte es mir geradezu Spaß, ihm seine Finanzen mit Plus und Minus zu verwalten.

Ich lernte mich dadurch auch selber besser kennen, Ordnung und Pünktlichkeit, ein geregeltes Leben, das war für mich bis jetzt ein Schimpfwort und ein Greuel gewesen, ich war bis dahin der Meinung, daß ich eher eine Boheme, oder weniger vornehm, wie mein Vater es ausdrückte, eine Schlampe sei.

Was ich an Bill ganz besonders schätzte, weil es völlig neu und ungewohnt war, war, daß er mir keine Avancen oder irgendwelche zweideutigen Anspielungen machte.

So wie ich Bills Privatleben respektierte, so respektierte er meins. Wenn mein Freund Felix mich pünktlich um zwölf Uhr abholte und auf der

Straße auf mich wartete, kam Bill zu mir und sagte, wie mir schien, nicht ohne leise Ironie, »Sie müssen gehen, Sie werden erwartet«. Wie die Spitze eines Eisberges, sah man Felix' Lockenkopf, der gerade noch die Milchglasscheibe überragte.

Max Bill war nach einer Silberschmiedelehre an das Bauhaus Dessau gegangen, um bei Walter Gropius und H. Meyer Architektur zu studieren. Daneben war er Grafiker, Maler und Publizist, und hatte erst später zu dem, was ihn berühmt machte, der Bildhauerei, gefunden. Ich war nach der Haushaltungsschule am Technicum in Fribourg gewesen und hatte dort auch Grafik, Malerei, Bildhauerei und Design studiert, dann war ich bei Teo Otto in die Lehre gegangen, wenn auch nur für kurze Zeit. Durfte ich mich als junge Frau mit ihm vergleichen? Er jedenfalls durfte das schon.

Ganz besonders interessiert zeigte Bill sich, als er mich eines Tages beim Schreiben eines geheimnisvollen Manuskriptes überraschte. Als er unerwartet eintrat, zuckte ich so auffällig zusammen, daß er aufmerksam wurde. Was ich denn da Verbotenes schreibe, wollte er wissen.

Ich antwortete nicht, was sein Mißtrauen nun endgültig weckte. Er nahm an, daß ich etwas von ihm heimlich kopierte, und drehte das erste Blatt meines Häufchens geschriebener Seiten um. Einen Roman hatte ich angefangen zu schreiben, schon bei Lienhard, wenn ich zu wenig Arbeit im Büro hatte. Bill schmunzelte. »Wenn Sie mit der Arbeit für mich fertig sind, können Sie machen, was Sie wollen«, sagte er in einem Ton, in dem großes Wohlwollen mitschwang. »Hauptsache, Sie gehen nicht weg, sondern bleiben bis zum Ende unserer Bürozeit sitzen«, sollten seine Worte wohl bedeuten.

Hie und da wurde ich auch zu Bill nach Hause eingeladen, wenn er für seine Schüler eine Party gab. Die kühle Sachlichkeit seines Privathauses war hier tatsächlich auf die Spitze getrieben, von formschönen Designermöbeln und Geschirr bis zur Art, wie die Häppchen und Snacks von Frau Bill serviert wurden, es gefiel mir, so wie es einem in einem Museum gefällt. Um darin zu wohnen, war es mir zu perfekt gestylt bis auf den letzten Löffel, zu geschmäcklerisch und kalt.

Aber Bill besaß dafür eine große Schallplattensammlung und zumindest in der Jazzmusik einen exklusiven Geschmack. Er spielte mir wieder und wieder die großen Klassiker des Jazz, die ich seit dem »Chikito« so liebte, Mezz Mezzrow, Louis Armstrong, Dizzy Gillespie und viele andere. Hier bekam er, beim gemeinsamen Zuhören, wenn er mich an-

schaute, doch hie und da einen dunklen, tiefen und sogar etwas aus dem Bauch kommenden, sinnlichen Blick.
Er wollte gar nicht aufhören, gemeinsam mit mir seine Kostbarkeiten auszusuchen und auf dem alten Grammophon – die einzige Antiquität, die er sich erlaubte, zu spielen und zu spüren, wie dieser klassische Jazz das Blut in Wallung bringt. Wieder und wieder wollte er von mir hören, daß ich diese großen Jazz-Legenden von Angesicht zu Angesicht gesehen und erlebt hatte.
Schon seit einiger Zeit drängten die Freunde aus Ulm, daß Bill mit den Plänen für die neue Hochschule beginne. Besonders Inge Aicher-Scholl schrieb Mahnbriefe und rief auch immer wieder an.
Und ich wunderte mich, oder besser gesagt, ich wunderte mich nicht, daß Bill immer neue Ausreden erfand – er hatte noch keinen Strich gemacht, als man in Deutschland meinte, die Pläne seien bereits fertig.
Ich weiß nicht, was ihn eigentlich daran hinderte, an diese ehrenvolle Aufgabe, die er sich gewünscht hatte, endlich heranzugehen. Er kam jeweils wie ein Sturmwind hereingeweht, sagte, er sei jetzt an seinem Zeichentisch und man solle ihn nicht mehr stören, nur um dann kurz darauf wieder wegzugehen. Was fehlte ihm dazu? Die Inspiration? Die Lust?
Oder konnte er, wenn es sich um Aufträge und nicht um eigene Schöpferarbeit handelte, nur unter Druck arbeiten, wie viele kreative Menschen? Jedenfalls, in der Luft schwelte eine Katastrophe: die Aicher-Scholls sandten Notrufe aus Ulm. Der Termin des ersten Spatenstocks für den Neubau war festgelegt, es fehlten nur noch die Pläne. Und die waren noch immer nicht angefangen.
Ich fing an, mich zu fragen, wie sich Bill wohl aus der Affäre ziehe. Irgendeine Ausrede mußte er ja finden, der Termin rückte näher und näher und das mit Reißnägeln auf dem Zeichentisch aufgespannte Papier glänzte noch immer jungfräulich unberührt.
Da, endlich sauste Bill wieder in gewohnter Manier mit wehendem Mantel und atemlos zur Türe herein, verschwand grußlos in seinem Büro und rief noch von weitem, er sei für niemanden da, dann hörte ich den ganzen Tag nichts mehr von ihm. Am nächsten und übernächsten Tag wiederholte sich die Szene, am Spätabend kam er erschöpft und aufatmend heraus: Die Pläne für das neue Bauhaus, die »Hochschule für Gestaltung« in Ulm, waren vollbracht. So wie Händel seinen »Messias« in vierzehn Tagen, hatte Max Bill das »wichtigste Bauwerk der

Nachkriegszeit« innerhalb von 48 Stunden aufs Papier geworfen, ich glaube nicht, daß es ein Händelscher Geniestreich war.
Glücklicherweise hatte er nicht die Zeit, mich zu fragen, wie ich seine Pläne fand, sie mußten noch am selben Tag per Expreß auf die Post. Ich wollte mir kein Urteil erlauben, der (Bau-)Stil von Bill gefiel mir ebensowenig wie derjenige seines um ein paar Jahre jüngeren Landsmannes Max Frisch. Beide wurden berühmt, zwei der berühmtesten Schweizer, beide waren sie Architekten, hätten damit aber wohl kaum Unsterblichkeit erlangt. Bill wollte unbedingt, daß ich weiterhin bei ihm blieb und mit ihm nach Deutschland zog. Doch ich hatte mir in der Zwischenzeit in Zürich ein Zuhause aufgebaut, mein Privatleben war mir heilig.
Gerade hatte der »schöne Felix« den Schauspielerberuf an den Nagel gehängt, um zusammen mit einigen jungen Kollegen ein neues, faszinierendes Medium, das Fernsehen, besser gesagt den »Schweizer Fernseh-Versuchs-Betrieb« zu gründen und aufzubauen. Unsere Beziehung schien ungetrübt und unzerstörbar. Ich wollte sie nicht durch einen Wegzug gefährden.
So schrieb mir Bill als Trost ein wunderbares Zeugnis, so gut, daß ich ihn zum ersten und zum letzten Mal umarmte – ich habe es nur ein einziges Mal gebraucht, bevor ich es verlor: als ich mich bei der Zeitschrift »Elle« um die gerade vakante Stelle der Chefredakteurin bewarb. Herr von Senger, ein eleganter, weltgewandter Gentleman, lachte sich kaputt, ich solle in zehn Jahren wiederkommen, ich sähe ja wie ein Schulmädchen aus. Er aber brauche eine Dame, gepflegt, repräsentativ, seriös und modebewußt, nicht zu jung und auch nicht zu hübsch.
Es war genau das Gegenteil von der ersten Begegnung mit Max Bill, wir lagen überhaupt nicht auf der gleichen Wellenlänge. Schade, die Arbeit hätte mich sehr gereizt. Diesen Posten bekleidete dann für kurze Zeit ein gewisser Roman Brodmann.
Es dauerte noch fast ein halbes Jahrhundert, bis man anfing, bei einer Frau die Berufswahl nicht von ihrem Aussehen abhängig zu machen. Vor allem beim Fernsehen.

FÜNFTES KAPITEL

Die Anfänge des Schweizer Fernsehens

Es war halb drei Uhr nachts, als bei uns das Telefon schrillte. Ich lag neben Felix und wurde sofort wach, während er gemütlich weiterschnarchte. Am Apparat meldete sich Direktor Haas vom »Schweizer-Fernseh-Versuchs-Betrieb«, bei dem Felix mittlerweile arbeitete und sagte: »Entschuldigen Sie, daß ich Sie störe. Aber es ist etwas Schreckliches passiert, ich suche Felix Hurter.«
Schnell holte ich ihn an den Apparat. Nach kurzer Zeit kam er zurück und erzählte das Unfaßbare: der Chef der Tagesschau sowie der Kameramann und sein Assistent waren beim Rückflug von Genf in einer kleinen Privatmaschine abgestürzt und tot. Felix sollte sofort ins Büro kommen, wo der Direktor ihn erwartete.
Beim Anziehen murmelte er etwas in seinen Bart, daß es nicht nötig gewesen wäre, von Genf nach Zürich statt dem Zug, das Flugzeug zu nehmen und daß Flugangst oftmals auch für etwas gut sei.
Die drei Fernsehmitarbeiter hatten sich tatsächlich ein Privatvergnügen erlaubt, das ihnen das Leben kostete. Was Felix da unter Schock des ersten Eindruckes murmelte, das hatte in mancherlei Hinsicht ein Nachspiel – für die Angehörigen der Verunglückten ein unschönes gerichtliches, bei dem es um die Kosten, Versicherung, erlaubtes oder unerlaubtes Benützen eines Privatflugzeuges für eine Dienstreise ging – für Felix und mich – so makaber und ungerecht das auch war – brachte das Unglück Glück. Felix wurde schon am folgenden Tag provisorisch, dann definitiv Chef der Tagesschau. Einige Wochen später sagte er zu mir: »Du, wir brauchen dringend jemand, der uns einen Film betextet, er steht schon im Programm. Willst du das machen?«
Um acht Uhr morgens schritt ich daraufhin mit dem schönen Felix durch die Straße, die hinter dem Kreuzplatz in eine Villengegend von Zürich führte, den Berg hinauf. Ich ahnte es noch nicht, aber das wurde für die nächsten zwei Jahre mein täglicher Arbeitsweg.

Denn die Filmabteilung des Schweizer Fernsehens bestand zu dieser Zeit aus nichts anderem als einer gemieteten Jugendstilvilla in einem verwilderten Garten mit Aussicht über die Stadt. Auch die Tagesschau war hier untergebracht, deren Filmbeiträge von den eigenen Leuten, Kameramann, Cutter und zwei Redakteuren von A bis Z hier in der Filmabteilung hergestellt wurden. Pannen waren an der Tagesordnung, es gab weder technische Perfektion noch pingelige Überwacher, die jede kleine Unschärfe, jeden Wackler oder sonstige »Fehler« als Weltuntergang betrachteten – es kam schon mal vor, daß nicht der geschnittene Film, sondern die Rolle mit den zusammengeklebten Abfällen gesendet wurde …

Felix führte mich in einen abgedunkelten Raum im ersten Stock, in dem auf dem antiken Parkettboden ein großer 35-Millimeter-Schneidetisch und zwei Stühle standen.

Alles war schon bereit und wartete, der eingespannte Film und die Cutter-Assistentin. Felix stellte sie mir als Heidi Bauer vor und sagte, sie solle mir alles erklären. Dann ging er hinaus in eine Besprechung mit seinen »Redaktoren«. Ich war ziemlich aufgeregt und wollte mir den Film am liebsten ganz allein ansehen.

Mit Feuer und Flamme machte ich mich an die Arbeit, war sofort von der damals noch mächtigen Filmschneidemaschine fasziniert, mit der man den Text haargenau an das Bild anpassen konnte. Ich spürte, hier hatte ich etwas gefunden, das wie Klavierspielen oder Zeichnen und Malen und Schreiben in einem war, genauso kreativ.

Ich vergaß alles um mich herum, noch selten hatte mich eine Tätigkeit so gefangengenommen. Und das habe ich von da an dann auch beibehalten, wenn ich einmal am Schneidetisch saß. Dann versank die Welt um mich herum, und oft vergaß ich dann sogar zu essen und zu schlafen. Den Rekord hielt ich mit einem Cutter zusammen mit 36 Stunden, in denen wir in Paris ohne Unterbrechung einen Film für Radio Bremen schnitten, ein Filmportrait über den Modeschöpfer Yorn. Aber so etwas konnte man nur in Paris. Der einzige deutschsprachige Cutter, der so etwas mitmachte, war Hans Künzi aus Bern, mit ihm saß ich einmal 24 Stunden ohne Unterbrechung im Schneideraum. Er wurde später Leiter des Tonstudios der Schwarzfilmtechnik.

Deutsche Cutter und Cutterinnen verlangen regelmäßig ihre Zigaretten-, Kaffee- und »Vierteles«-(Wein-)Pausen, die fangen schon frühmorgens an, beim Arbeitsschluß läßt alles die Klebepresse fallen. Da-

mals, in den Gründerjahren und vor allem in der eiscremefarbigen Villa mit den knarrenden Parkettböden und den verschnörkelten Stuckdecken, war das noch nicht so. Es mangelte in dem »Versuchs-Betrieb« an Zeit und billigen Arbeitskräften, die sich in dem mit Mißtrauen angesehenen neuen Medium als Versuchskaninchen zur Verfügung stellen wollten. Überstunden waren an der Tages- und vor allem Nachtordnung, geregelte Arbeitszeit ein unbekannter Begriff. Oft schnitt ich für Felix nächtelang an Beiträgen für die Tagesschau.
So blieb ich denn auch an diesem ersten Tag so lange an dem Schneidetisch-Monstrum sitzen, bis ich mit meinem Text ganz fertig war. Es dauerte etwas länger, denn ich legte ihn in Versen vor.
Der verantwortliche Filmchef Paul Ruffy, Felix und vor allem Direktor Haas waren beeindruckt. Darauf war bis jetzt noch niemand gekommen, und da es sich um einen Familienfilm für den Sonntagnachmittag handelte, bekam ich lauter Komplimente. Erst kürzlich habe ich gehört, daß der Tagesschausprecher und Medienstar des französischen Fernsehens, Patrick Poivre-d'Arvor auf die gleiche Weise in die Fernsehwelt eintrat, er verfaßte seinen ersten Kommentar in Gedichtform.
Trotzdem mußte ich an diesem ersten Tag einige Male die Assistentin Heidi Bauer zu Hilfe rufen, so schnell war die komplizierte Mechanik eines Schneidetisches für ein unbeschriebenes Blatt wie mich dann doch nicht in den Griff zu bekommen. Ich mußte lernen, wie man den Film richtig einspannt, daß er nicht zerkratzt wird und es keinen »Salat« gibt, auch daß er statt vorwärts nicht rückwärts fuhr, war gar nicht so leicht.
Bei aller Begeisterung und Konzentration auf die faszinierende Arbeit entging mir dabei nicht, daß Fräulein Bauer außerordentlich jung und außerordentlich schön war.
Heimlich beobachtete ich nun doch neben den flinken Händen, die geschickt das sich durch die Halter hindurchschlängelnde Zelluloidband bändigten, das schweigsame Mädchen, das mit langsamen Bewegungen meine Fehler korrigierte und zu einigen Anweisungen die dunkle, melodiöse Stimme erhob. Hätte ich Peter Scholl-Latour schon gekannt, wären mir dabei wohl seine Worte eingefallen: »Da habe ich ja eine scharfe Konkurrenz, wobei die Betonung auf ›scharf‹ liegt.«
Ich war nun doch nicht selbstsicher genug, um zu verhindern, daß mir das Blut in die Wangen stieg und ich leer schlucken mußte. Der Ge-

danke, daß dieses traumhafte Mädchen Felix tagtäglich mehrere Male über den Weg lief, wollte mir nicht mehr aus dem Kopf.
Am Abend nahm ich ihn ins Kreuzverhör, doch lachte er mich aus. Heidi sei zwar sehr schön, aber eben nicht gerade eine geistige oder berufliche Leuchte, mehr am Privatleben als einer beruflichen Laufbahn interessiert. Und dann kam der Clou: im übrigen sei sie die Geliebte von Roman Brodmann. Ich kannte diesen Journalisten dem Namen nach, der mir den Chefredaktorenposten bei der »Elle« weggeschnappt hatte (um ihn sehr bald an seine Frau, eine Deutsche mit Hochschulabschluß und Doktortitel, abzugeben) und regelmäßig freche und witzige Glossen in der »Zürcher-Woche« veröffentlichte. Er war eine farbige Figur, galt als Bürgerschreck und Schürzenjäger. Grund genug für mich, seine Kolumnen mit Vergnügen zu lesen. Daß an dem Gerücht von Felix etwas dran war, das konnte ich bald selbst konstatieren.
Ich war in der Zwischenzeit vom Fernseh-Versuchs-Betrieb als Filmassistentin, das heißt, als besseres Mädchen für alles angestellt worden, aufgrund meines ersten Filmtextes, den sogar Alec Plaut, Kritiker der »Tat«, lobend erwähnt hatte. Von jetzt an hatte ich bei ihm – und auch bei anderen Fernsehbeobachtern – einen Stein im Brett.
Hier nun, in der Filmabteilung in der nostalgischen Villa begegnete ich Brodmann öfter, wenn er seine Heidi besuchte oder sie abholen kam.
Das erstemal, als wir miteinander ein paar Worte wechselten, stand er im Empfangsraum unten, wo ein Fernsehgerät aufgestellt war. Dann sah man ihn plötzlich nicht mehr, und ohne daß ich wollte, bekam ich das Drama der schönen Heidi mit: Brodmann hatte sie sitzenlassen.
Heidi weinte ihr Unglück in unserem Schneideraum aus: das Scheusal war verheiratet und hatte Frau und Kind – er sei ein Pantoffelheld und an kurzer Leine gehalten von seiner Alten, emanzipiert und ehrgeizig bis in die Knochen, er sei ganz unter ihrer Knute, selbst bei der »Elle« habe sie seinen Platz eingenommen und hätte ihn jetzt zurückgepfiffen. Später sollten diese Worte für mich noch eine ganz eigene Bedeutung bekommen.
Während die schöne Assistentin nur noch wie ein Schatten ihrer selbst ihre Arbeit verrichtete, erlebte ich einen beruflichen Höhenflug sondergleichen, der mich bis in die Chef-Etage der Filmabteilung und die Direktion des Fernsehstudios in der Kreuzstraße brachte.
Dort saß Edouard Haas und fand an meinem Einsatz, meiner Begeisterung für das neue Medium und meinem Feuer, mit dem ich meine

Ideen vortrug und durchsetzte, Gefallen. Zwischen uns entstand ein Vertrauensverhältnis wie zwischen zwei Politikern, die sich einig wissen und das ausdrücken mit dem »roten Telefon«. Nicht selten schrillte es mitten in der Nacht. Jetzt suchte er mich, und wenn Direktor Haas mich bat, für den morgigen Abend dringend einen Ersatz für ein ausgefallenes Programm zu finden, dann klang das oft wie eine Liebeserklärung. Den schlecht bezahlten und kritikfreudigen, ehrgeizigen männlichen Mitarbeitern konnte Haas, der in dem umstrittenen Versuchsbetrieb ebenso umstritten war, offenbar nicht so wie mir vertrauen. Ich war mit persönlichem Engagement, unbezähmbarer Begeisterung, aber auch mit einer empfänglichen Antenne für ein gewisses erotisches Knistern, dabei. Ich hatte die »kreative Seite« dieses Knisterns ja auch schon zwischen den großen Paaren am Schauspielhaus erlebt.

Mein Vorgesetzter dagegen, der tragische und früh verstorbene Paul Ruffy, von dem man sagte, er könne sich nicht durchsetzen, weil er ein »fils à Papa«, der Sohn eines Bundesrates war, machte gnädig vor meinem kühnen Treiben ein – oder gar beide Augen zu, er träumte noch immer einer Karriere als Spielfilmregisseur nach und ließ es zu, daß ich die Zügel, den Einsatz für die Programmierung in die Hand nahm. Einer der wichtigsten und beliebtesten Programmbeiträge, ohne die das damalige Fernsehprogramm gar nicht hätte ausgefüllt werden und existieren können, das waren alte Spielfilme. Aber die Verleiher und Kinobesitzer witterten sofort Gefahr, und es wurde ein Gesetz eingeführt, das es nicht erlaubte, von einem Spielfilm mehr als 70 Minuten zu senden und da die normale Länge meist 90 Minuten betrug, mußten aus jedem, der programmiert wurde, zwanzig Minuten rausgeschnitten werden. Wenn man das so hört, klingt es nicht viel, da aber damals die Spielfilme nach ganz strengen, dramaturgischen Regeln, mit einem fließenden Handlungsablauf gedreht wurden und in das Gebiet der professionellen Filmkunst gehörten, bedeutete das nicht wenig, und richtig kürzen, das heißt, die Geschichten nicht zu zerhacken, entwickelte ich zu meiner Spezialität. Längst benötigte (und bekam) ich aus Sparsamkeitsgründen für die Arbeit am Schneidetisch keine Assistentin mehr. Doch weniger bedeutete in dem Falle mehr, als leidenschaftliche Kinogängerin konnte ich mir jetzt aus beruflichen Gründen mehrere Spielfilme pro Tag anschauen. Mit den Filmverleihern war ich bald auf du und du, besonders als mir eine Sendereihe mit dem Titel »Filmwunschzettel« einfiel, bei der die Zuschauer mitmachen und sich Ausschnitte aus ihren Lieblingsfilmen wünschen konnten, gelang es mir, an Streifen heranzukommen, für die keine Genehmigung fürs Fernsehen bestand. In dem Moment wurden statt den zehn Minuten nur drei gesendet, die waren als Werbung erlaubt. Eine Stunde stand mir für die Sendung zur Verfügung, vier bis fünf Filmsequenzen wurden mit einem möglichst witzigen und gleichzeitig informativen Kommentar verbunden. Eigentlich sollte ich in meiner Sendung auch die Moderation selber machen, aber das war gegen mein eingeschworenes Prinzip, niemals vor der Kamera zu erscheinen. Ich sah mich immer im strengen Sinne des Wortes als Filmemacherin und nicht als Journalistin. Das wurde damals auch von oben herab getrennt, wäre ich vor die Kamera getreten, hätte ich den wichtigen Posten in der Filmabteilung verloren. Was die Frage beantwortet, die mir immer wieder gestellt wurde, warum ich nie auf dem Bildschirm in Erscheinung trat wie Stefan Georg Troller oder später Margrit Dünser. Sie wurden zwar dadurch viel bekannter und populäre Bildschirmgrößen, aber das ging auf Kosten von denen, die sie zeigten, insbesondere den Zeugen der Kultur- und Zeitgeschichte.

Es kam mir denn also gar nicht in den Sinn, für meinen »Filmwunschzettel« selbst vor die Zuschauer zu treten, auch dann nicht, als mein dafür eingesetzter Moderator, ein bekannter Basler Radiomann, plötzlich erkrankte und die Sendung kurzfristig absagen mußte.

Was tun in so einer Notsituation? Der »Filmwunschzettel« stand im Programm, war eine der beliebtesten Sendungen und konnte nicht mehr ausgewechselt werden.

Da kam mir die Erleuchtung, sprich, Roman Brodmann in den Sinn. Warum hatte ich nicht schon vorher an ihn gedacht? Er mußte für die Sendung wie gemacht sein, er schrieb Glossen, Kabarettexte und herzerfrischende Bosheiten in der Zeitung und besaß den sprichwörtlichen Humor der Basler, der allein schon abendfüllend war.

Es war nicht schwer, seine Adresse ausfindig zu machen, sie stand, wie bei jedem normalen Schweizer Bürger im Telefonbuch. Sogar die Berufsadresse seiner Frau bei der »Elle« war angegeben, nicht anders als bei jedem Bundesrat.

Ich erreichte Brodmann sofort und brauchte keine Redekunst, um ihn zu überzeugen. Innerhalb einer Viertelstunde war er da. Nun lernte ich den bekannten Spötter und angeblichen Bürgerschreck besser kennen. Sichtlich gehemmt setzte er sich mir in dem kleinen Büro, in das ich ihn gebeten hatte, gegenüber, während ich sofort begann, ihm den Text und den Ablauf der Sendung zu erklären. Während ich beflissen und in Anbetracht der drängenden Zeit höchst konzentriert auf die vor uns liegende Aufgabe hinwies, fixierte er mich treuherzig mit seinen blauen Augen und fuhr mit der Zunge über seine himbeerroten Lippen, als höre er mir gar nicht richtig zu.

Zugleich trat Röte über seine kurze Knollennase und die kreisrunden Bäckchen, was ihm etwas Koboldhaftes gab, das mochte für die Sendung ja ganz gut sein. Eine Mischung aus hübschem Gecken und treuherzigem Gartenzweg, dachte ich grimmig, es war mir wirklich bitterernst.

»Haben Sie mich verstanden?« fragte ich ungeduldig, nachdem ich meine Einführung beendet hatte und das Gefühl, an eine Wand geredet zu haben, nicht los wurde.

»Ja, Chef«, hauchte er, als hätte ich ihn um etwas Unanständiges gebeten und seine blauen Augen wurden dunkel. Ein Vorgang, der mich bei Männern faszinierte, weil die Augen ja die Sprache der Seele sind und anzeigen, wenn sich da im Innern etwas abspielt. Die Art jedoch, wie er mit der armen Heidi Bauer umgegangen war, sein schlechter Ruf bei den Kollegen, sie warnten mich. Auf keinen Fall wollte ich auf seine sanfte Tour eingehen, sondern Nägel mit Köpfen machen.

Aber so ganz unberührt und kühl hatte mich sein Benehmen schon nicht ganz gelassen, wenn ich auch eher dachte, auf eine sympathische Weise seien wir uns irgendwie verwandt. Auch als wir uns dann an den Schneidetisch setzten, um die Filmausschnitte anzuschauen und ich mit ihm allein im Halbdunkel saß, schien es mir, als ob er nicht auf den kleinen Bildschirm vor uns, sondern mich anblickte.

Als er näher und näher rückte und ich sogar seinen heißen Atem im Nacken spürte, rutschte ich mit meinem Rollensessel demonstrativ nach hinten, so daß er auf seinem Notsitz auf die Seite flog.

»Verstehen Sie überhaupt etwas vom Film?« fragte ich, obschon ich es längst wußte, Brodmann schrieb auch Filmkritiken und war ein Fachmann auf diesem Gebiet. Jetzt spielte ihm seine Eitelkeit einen Streich. »Sie sollten wissen, daß ich auch Filmkritiker bin«, sagte er pikiert.

»In der Tat«, gab ich schmunzelnd zurück, so hieß die Zeitung, für die er unter anderem schrieb.

»Sie machen sich lustig über mich.« Er rutschte wieder zu mir her.

Ich blickte starr geradeaus auf den Bildschirm und konnte mir vorstellen, daß er jetzt wieder sein Mündchen spitzte und mit Schmelz in den treuherzigen Augen um Verzeihung bat. »Lassen Sie uns weitermachen, wir haben nicht mehr viel Zeit«, drängte ich.
Doch seine Art, dauernd an etwas anderes bzw. an »das« zu denken, störte mich. Bis jetzt war ich der Meinung gewesen, nur Frauen seien so. Brodmann erklärte mir, daß er sämtliche Filmklassiker längst auswendig kenne und keine große Vorbereitung brauche, um sie für die Zuschauer einzuführen.
Aha, dachte ich, da liegt der Hase im Pfeffer. Er nimmt das Fernsehen im allgemeinen und meinen »Filmwunschzettel« im besonderen nicht ernst, so wie das in seinen Journalistenkreisen üblich ist. Und erst seine Annäherungsversuche! Ich komme, sehe und siege, denkt der kleine Cäsar. (Das Wort »Macho« wurde damals noch nicht gebraucht.)
Na, das würden wir ja noch sehen, dachte ich, und als wir zusammen in seinem hellblauen VW-Käfer den Berg hinunter ins Studio fuhren, behandelte ich ihn wie Luft.
Woher ich die Filmausschnitte überhaupt bekäme, wollte er dann wissen, und diese Chance ließ ich mir nicht entgehen. »Erstens bin ich befreundet mit Freddy Buache von der Cinémathèque in Lausanne und arbeite eng mit ihm zusammen. Ich bereite gerade eine neue Sendereihe ›Vom Stummfilm zum Cinérama‹ mit ihm vor. Und zweitens kenne ich alle Filmverleiher höchstpersönlich«, trumpfte ich auf. Es gäbe keinen Spielfilm, den ich nicht zumindest zum Ansehen in unsere Filmabteilung bekäme, brüstete ich mich, ohne zu ahnen, daß das bei einem ehrgeizigen und eitlen Mann wie Roman Brodmann ziemlich gefährlich war.
Eine meiner Lieblingsbeschäftigungen war es damals, bei Live-Sendungen die Regie zu übernehmen. Infolge der rudimentären Einrichtung war das noch möglich, ich durfte selber am Regiepult sitzen und die Knöpfchen drücken, die das Geschehen im Studio auf die Bildschirme übertrugen.
Die Regie bestand aus einer Art Glaskäfig über dem Studio, zu dem eine steile Treppe hinaufführte, und jeder, der damit etwas zu tun hatte, konnte ein und aus gehen. Es war unumgänglich, daß dadurch auch sagenhafte Pannen passierten, wie etwa die, als die Ansagerin Heidi Abel während einer Sendung sich halb auf das Regiepult setzte und die komplette Ausstrahlung zusammenbrach. Es dauerte eine ganze Weile, bis

der Techniker herausfand, wo die kleine Ursache für die große Wirkung lag, denn niemand ahnte, daß der ganze Betrieb nur an einem einzigen Knopf hing und die beliebte Ansagerin sich zu ihrem gemütlichen Schwatz ausgerechnet auf diesen gesetzt hatte.
Meine Sendungen wie der »Filmwunschzettel« oder »Vom Stummfilm zum Cinérama« bestanden aus Livesequenzen direkt aus dem Studio und vorbereiteten Filmteilen, die dazwischen eingeblendet wurden. Ich, in der Funktion als Regisseur, saß am Regiepult und gab das Kommando, welches von den auf diversen Monitoren angebotene Bild auf den Bildschirm genommen wurde. War es live, das heißt, direkt aus den Kulissen des Studios, gab es eine elektronische Kamera für die Totale und eine für die Großaufnahmen.
Roman Brodmann wurde jetzt hereingeführt und in die dafür vorbereitete und bereits ausgeleuchtete, winzige Studio-Ecke gesetzt.
»Wir machen einen ersten Durchgang«, sagte ich durch den Lautsprecher, wobei ich auf einen grünen Knopf drücken mußte, damit man mich unten hörte. »Alles okay?«
Brodmann wurde von den Scheinwerfern in ein so grelles und uniformes Licht getaucht, daß es aussah, als säße er in einer Badewanne. Ich nannte es denn auch sofort das »Badewannenlicht«, an dem noch heute die meisten Fernsehsendungen, aber lange Zeit auch der deutsche Spielfilm, krankten.
Ich schaute gebannt auf die Monitore, auf denen jetzt Brodmann in der Totalen, von vorne, von der Seite und in Großaufnahme erschien. Ohne Zweifel, der Herr war zum Anbeißen fotogen. Erst jetzt fiel es mir so richtig auf: er hatte himmelblaue Augen und dunkles Haar, meine Lieblingskombination. In meinem Zwerchfell spürte ich einen kleinen, lustvollen Schmerz ob dieser Erkenntnis, er würde dank mir ein Stern am Fernsehhimmel und unsere Sendung eine Sternstunde werden.
Ich gab das Kommando: »Achtung, Aufnahme, wir fahren ab.« Der musikalische Vorspann wurde eingespielt. »Achtung, Herr Brodmann«, diktierte ich durchs Mikrophon, »noch zwanzig Sekunden – zehn – fünf, vier, drei, zwei – topp – Sie sind dran!«
Er stotterte etwas, und ich wollte gerade abbrechen, um noch einmal anzufangen, da redete er drauflos, auf Baseldeutsch, genauso wie ihm der Schnabel gewachsen war und ich es mir vorgestellt hatte. Der Probedurchgang lief flott und reibungslos, ich stoppte seinen Kommentar ab zwischen den Sequenzen.

»Wir müssen alles noch einmal machen«, sagte ich, »alles etwas kürzer, sonst war es einwandfrei. First class. Gratulation.« Vergnügt ging ich nach dem zweiten Durchgang hinunter, gab Brodmann die Hand. Es schien mir, als ob wir uns bereits Jahre kannten. Ich wollte ihn vor der Sendung zu einem kleinen Imbiß in die Kreuzstube, gleich neben dem Studio einladen, doch er sagte, er müsse noch nach Hause gehen, um sich umzuziehen. Ich bedauerte das, befürchtete, es könnte ihm auf dem Heimweg etwas zustoßen oder er könnte zu spät kommen. Die Angst und Ungeduld machten mich so nervös, daß ich keinen Bissen herunterbrachte, ich hatte richtiges Lampenfieber.
Doch pünktlich war er da, in einem etwas braven, dunklen Anzug, der ihm weit weniger gut stand als die saloppe Lederjacke mit dem farbigen Halstuch. Ich hatte es versäumt, mit ihm die Kleiderfrage zu besprechen, jetzt war es zu spät. Nach einem toi toi toi über die Schulter gespuckt, wie ich es im Theater erlernt hatte, überließ ich ihn seinem Schicksal in der Studioecke, um oben in der Regie zu verschwinden.
Während noch die Tagesschau lief, konnte ich über die Monitore verfolgen, wie Brodmann auf seinen Platz geführt wurde. Als ich die diversen Einstellungen prüfte, wurde mir heiß und kalt. Was hatten sie aus dem lustigen, charmanten und fotogenen Journalisten gemacht! Auf dem Gesicht lag eine dicke Schicht von zu hellem Make-up und Puder, fast weißlich, seiner Hautfarbe angepaßt, er sah aus wie Max und Moritz, als man sie aus dem Mehlsack zog. Daraus blickten die Augen wie dunkle Knöpfe, um die sich, sobald sich nur eine Spur von Lächeln andeutete, wie schwarze Spinnenbeine sternenförmig kleine Runzeln eingruben. Der Mund war nur noch ein lippenloses Loch, die glänzende Himbeerfarbe hatte man ihm auch weggepudert.
Und es sollte noch schlimmer kommen. Sein forsches Mundwerk und erfrischender Basler Witz hätten ihn vielleicht noch gerettet und die im wahrsten Sinne des Wortes »Maske« vergessen lassen. Doch der selbstsichere Schwerenöter hatte mit einem nicht gerechnet, der Kameraangst.
Witzig schreiben und witzig in die Livekamera reden, das sind zwei verschiedene Dinge, und manch gefürchteter Schreiberling mußte das in dem neuen Medium noch erleben. Zuerst brachte Brodmann überhaupt kein Wort heraus. Dann verhaspelte er sich, schließlich nuschelte er etwas vor sich hin und als er sich etwas gefangen hatte, sprach er so leise, daß man ihn kaum verstand.

Ich saß wie auf Nadeln und wartete nur noch darauf, daß von ihm endlich das Stichwort für den Filmausschnitt kam. Auf meinen Knopfdruck wurde nun die Filmsequenz eingeschoben, die glücklicherweise das Desaster rettete. Durch das Mikrophon konnte ich nun mit meinem Helden reden und ich mußte mich schwer zusammennehmen, um ihn nicht einfach zusammenzustauchen.
Er hob die Augen in die Richtung, wo er mich hinter dem Regiepult vermutete. »Ich wußte nicht, daß es so schnell losgeht«, sagte er kleinlaut.
»Das rote Licht«, sagte ich, »Sie müssen auf das rote Licht achten. Wenn es angeht, sind wir auf Sendung.«
Ich erinnerte ihn daran, daß jetzt der Ausschnitt mit Michèle Morgan käme und bat ihn, auf den berühmten Satz »T'as des beaux yeux, tu sais«, gehörig hinzuweisen.
Brodmann lachte und alle anderen um ihn herum lachten, denn er flötete: »Danke für das Kompliment – du auch.«
»Erstens sind wir nicht per du und zweitens geht es um Gabin und Michèle Morgan«, schnaubte ich in der Hoffnung, ihm seine Hemmungen etwas zu nehmen.
»Achtung, einundzwanzig, zweiundzwanzig, dreiundzwanzig und – topp! Schießen Sie los, Herr Brodmann«, sagte ich und brachte ihn via Knopf wieder auf den Bildschirm.
Er konnte jetzt wenigstens einen zusammenhängenden Satz formulieren, aber seine Stimme tremolierte wie bei einem alten Opernsänger, und er sprach weiterhin viel zu schnell und zu leise. Ein Glück, daß ich heute nur vier, dafür längere Filmsequenzen gewählt hatte, jede einzelne aus einem klassischen Meisterwerk.
Brodmann wischte sich den Schweiß und die Schminke vom Gesicht, als ich nach der Sendung zu ihm herunterkam. Er zog mich auf die Seite: »Gehen wir noch zusammen ein Glas Wein trinken?« Er war ganz klein und kam mir vor wie mein Hund, wenn er aus Angst vor Strafe nicht einmal mehr wedelte, sondern den Schwanz einzog.
Es sei sowieso Brauch, erklärte ich ihm, obwohl ich eigentlich keine Lust hatte, mit ihm noch weiter über die in meinen Augen total mißratene Sendung zu reden. Das nächstemal würde ja ohnehin wieder mein bewährter Gewährsmann von Radio Basel die Präsentation machen.
Doch es kam ganz anders. Zu meinem Erstaunen stand eine lobende Kritik in der »Tat«. Alec Plaut meinte, es wäre eine gute Idee, die Zwischenkommentare nicht so bierernst, sondern wie eine Art Entre-

akt mit einem Zirkusclown zu präsentieren. Das sei sehr originell, obschon ihm am liebsten wäre, man würde die unsichtbare Produzentin selber auf dem Bildschirm sehen. So stand es schwarz auf weiß in der Zeitung und dann auch noch öfter, als ich mit zwei Kollegen aus dem Zürcher Film Club die Reihe »Vom Stummfilm zum Cinérama« machte, die mein erster großer Erfolg beim Fernsehen und dann schicksalhaft wurde für meine weitere Karriere. Immer wieder verlangte der renommierte Fernsehkritiker nach meiner Präsenz auf dem Bildschirm. Die zwei Langweiler bräuchten eine Frau als aufmunternde Farbe in der sonst so lehrreichen und gehaltvollen Sendung, orakelte er immer wieder.

Ob Alex Plaut das mit dem Zirkusclown wirklich ernst meinte, oder nur die Gelegenheit benutzte, dem verhaßten Kollegen eins auszuwischen, das hat nie jemand erfahren. Jedenfalls wurde mein Gewährsmann aus Basel nicht wieder gesund und mußte auf eine weitere Mitarbeit in meiner Sendung ganz verzichten. Roman Brodmann dagegen hatte nun »Blut geleckt«, er war ganz scharf auf mich und meine Sendung und es gelang ihm tatsächlich, sich bei beiden einzuschleichen. Weiß der Himmel, wie es kam, daß ich mich in diesen lausigen, begabten Schwerenöter dann doch verliebte. Aber ich war auf eine gefährliche Weise disponibel, ich brauchte in dem frostigen Zürich, in dem immer wieder der Schatten meiner Großmutter spukte, etwas, das mich wärmte und mir durch Spannung und Aufregung das Gefühl von Geborgenheit verlieh, was eigentlich nur Erfolgserlebnisse im Beruf oder eben in der Liebe vermochten.

Da war mein schöner, sanfter Lebensgefährte Felix Hurter, mit dem das Zusammenleben eine einzige Harmonie bedeutete. So sehr, daß es mir bald auf die Nerven ging. Fast fünf Jahre waren wir nun schon zusammen, und wie mit meinem ersten »Verlobten« Heiri Steiger waren wir für all unsere Freunde längst ein Ehepaar.

Jedoch für ein solch ruhiges und abgeschlossenes Leben – und dazu noch in Zürich – war ich noch viel zu unreif und zu jung, es machte mir einfach angst. In der Nacht schien es mir oft, als hätte ich ein schweres Gewicht auf der Brust, das mich daran hinderte, frei zu atmen. Es war wohl das, was viele Schweizer – insbesondere Schriftsteller und Künstler als ein Gefühl der Enge in ihrer Heimat beschreiben. Da kam eben so ein hübscher, frecher und witziger Kollege wie Roman Brodmann gerade recht, um mich auf andere – dumme – Gedanken zu bringen.

Er leistete ganze Arbeit und zeigte, daß er darin geübt und sogar ein Meister war. Für ihn gab es überhaupt keinen Zweifel, daß er den nächsten »Filmwunschzettel« wieder präsentieren würde. Aber um kein Risiko einzugehen, verlangte ich von ihm, den Text mit mir zusammen vorzubereiten. Jeden Tag kam er nun zu mir in das kleine Büro, das ich für uns reservierte, tatsächlich gab es keinen witzigeren, geistreicheren und unterhaltsameren Partner, wenn er einmal losließ. Allmählich gewöhnte ich mich daran und vermißte ihn, wenn er einmal nicht konnte.

Wir redeten über alles, Klatsch und Kunst, Kultur und Tagespolitik, über die Deutschen und die Schweizer, denn über alles wußte er Bescheid. Seine witzige Kolumne in der »Zürcher-Woche« war berühmt und Garant dafür. Ich fand es lustig, wie er über alles, was in der großen und der kleinen Welt von Zürich passierte, herzog, und wie das, was wir zusammen ausheckten und bekakelten, dann in seinen Glossen seinen Widerhall fand. Ich gab ihm oft auch kleine Tips, wie die, den nicht abtreten wollenden Bundesrat Etter müßte man Herrn Eternel, »ewig«, nennen, prompt verwendete er das Bonmot in seiner nächsten Kolumne, und ich war sehr geschmeichelt.

Es konnte nicht ausbleiben, daß wir bei diesen Gesprächen Blicke wechselten, die dann immer tiefer und zärtlicher wurden. Dem »Filmwunschzettel« tat das allerdings keinen Gefallen, für einmal ging die Gleichung nicht auf, erotisches Knistern zwischen uns beiden bedeutete nicht automatisch auch Kreativität. Brodmann war nervöser und unsicherer bei der zweiten Sendung, obschon wir den Durchgang zweimal probten und er behauptete, seine Kameraangst sei besiegt.

Kaum ging über der Livekamera das rote Lämpchen an, fing er an zu stottern. Mir lief der kalte Schweiß über den Rücken, diesmal war es, als säße ich selbst da unten und würde vor lauter Lampenfieber sterben. Ich ließ sofort den Filmausschnitt einspielen und flüsterte ihm durch den Lautsprecher Trost zu. Gleichzeitig las ich ihm die wichtigsten Punkte vor: Namen der Schauspieler, Regisseur und Titel und Jahrgang des Films. Er solle sich an seine Kolumnen und Filmkritiken erinnern, Inhalt und Charakterisierung der Filme seien doch seine Spezialität.

Der Rest der Sendung verlief dann etwas besser, aber trotz meiner Verliebtheit gab es für mich kein Pardon: wir müßten noch viel zusammen üben, sagte ich, und ich bezog das wahrhaftig einzig und allein auf die

Sendung. Glücklicherweise waren die Kritiker und auch die Zuschauer weit weniger streng als ich, wichtig waren bei der Sendung die Filmausschnitte und nicht der Moderator.
Nach dieser zweiten Sendung fuhr er mich in seinem VW-Käfer nach Hause. In der Dunkelheit, nur beleuchtet durch das kleine Standlicht, küßten wir uns. Es war sehr riskant, Felix hätte jeden Moment herauskommen oder von der Arbeit erst zurückkommen können.
Und die Angst war durchaus berechtigt, statt Felix kam mein guter Freund Päuli Münch von der »Schweizer Illustrierten« und klingelte an der Haustüre. Felix und ich führten damals ein offenes Haus und spielten oft bis in den Morgen Karten, das war auch bei Freunden und Kollegen wie Dr. Münch bekannt – doch jetzt stand er vor verschlossenen Türen.
Hatte er das Auto seines verhaßten Kollegen, mit dem ich eng umschlungen den Atem anhielt, erkannt? Denn ein wenig schämte ich mich doch über mein verräterisches Spiel und dem armen Päuli gegenüber, mit dem mich ein ganz besonders herzliches Freundschaftsverhältnis verband. Ich weiß nicht, ob er uns erkannte, aber der Spaß mit Brodmann war für diesen Abend für mich verdorben, jederzeit konnte uns auch Felix noch überraschen.
»Ich möchte mit dir schlafen«, hauchte Brodmann und küßte mir den Hals. »Das nächstemal kommst du zu mir«, flüsterte ich, »das werde ich organisieren«, und schob ihn sachte von mir weg. »Das Schönste haben wir noch vor uns«, schloß ich und ging ins Haus.
In den nächsten Tagen sahen wir uns nur am Morgen in meinem Büro, um den nächsten »Filmwunschzettel« vorzubereiten.
Nur zwischen Tür und Angel suchten wir heimlich den Berührungskontakt, aber nur so, daß niemand es bemerkte. Brodmann schien es nur recht zu sein, wir konnten ja beide in der Vorfreude auf den nächsten Sendetermin leben. Danach wollte ich es so einrichten, daß Roman bei mir die Nacht verbringen konnte.
Der Zufall schien uns gnädig. Felix mußte für eine Woche in den Militärdienst, den sogenannten WK – Wiederholungsdienst – absolvieren, meine Mutter reiste für einige Tage zu ihrer Schwester nach Bern. Ich freute mich, daß alles so hervorragend klappte, als würde ein gnädiges Schicksal uns für die erste Liebesnacht seinen Segen geben.
Am Morgen brachte ich Felix noch zum Zug, dann zählte ich nach langer Zeit die Stunden, wie als Kind vor Weihnachten. Schon frühmor-

gens ging ich dann ins Büro, um den »Filmwunschzettel« in die Hand zu nehmen, Roman war erst am Nachmittag zur Probe angesagt.
Als es soweit war, ging ich zu Fuß den Weg ins Studio hinunter, die Filmausschnitte wurden von einem Fahrer gebracht. Dann setzte ich mich in die Regie und schaute in das Studio hinunter, das noch nicht einmal erleuchtet war. Neben mir an der Wand hing eine elektrische Uhr, man konnte jede einzelne Sekunde, die verging, springen hören. Es schien mir eine Ewigkeit, bis endlich die Mitarbeiter erschienen und die Lichter angingen. »So, jetzt dürfte er dann aber kommen«, scherzte ich durchs Mikrophon, als schon zehn Minuten über die Zeit verstrichen waren. Nach einer Stunde war mir nicht mehr zum Scherzen zumute. Irgend etwas mußte geschehen.
Glücklicherweise stand ich nicht allein mit meinen Sorgen da. Der »Filmwunschzettel« war eine zu beliebte Sendung, als daß man sich einen Ausfall hätte leisten können. Deshalb schien es ja auch einfach unvorstellbar, daß ein Brodmann – sollte er wirklich verhindert sein – sich nicht wenigstens entschuldigen würde. Ich schaltete alle verfügbaren Kräfte, Sekretärinnen, Telefonisten, Beleuchter und was mir gerade über den Weg lief, ein. Schließlich rief ich noch die Polizei an. War heute irgendwo ein Unfall passiert?
Die Uhr tickte unbarmherzig weiter, der Sekundenzeiger rückte, bis aus den Sekunden Minuten und aus den Minuten Stunden wurden. Um 19 Uhr gab ich die Hoffnung auf und rief einen Freund in der Tagesschau an. Ob er eine Lösung wußte?
Ich solle den »Filmwunschzettel« doch einfach selbst sprechen, lachte dieser, doch im Ernst, da mache bei ihm der Radioonkel vom Wunschkonzert von Radio Basel gerade eine Schnupperlehre, um zu ihm in die Tagesschau zu kommen, der sei frei und werde da sicher gerne aushelfen.
Und tatsächlich, Raoul Baerlocher sprang nicht nur in letzter Minute ein, er machte mit seiner herrlich tiefen, knarrenden Baßstimme und der jahrelangen Routine eines »Radioonkels« seine Sache tadellos, eigentlich viel besser als Roman Brodmann. Aber ich hütete mich natürlich, das zuzugeben.
Das feige und unverzeihliche – unverständliche Verhalten meines heimlichen Herzbuben machte mich rasend, aber leider nicht einen Deut weniger verliebt. Im Gegenteil, ich wurde jetzt genau von dieser Gier befallen, die aufkommt, wenn man etwas Geliebtes verliert. Jetzt blieb

mir nur noch die Möglichkeit, meine berufliche Machtposition zu nutzen und den Ungetreuen mit einer guten Ausrede zu verfolgen und nicht in Ruhe zu lassen: es ging ja um die Sendung.

Es war eine Ironie des Schicksals, daß aus Brodmanns Verhalten nicht ein Eklat wurde, der alle und nicht nur mich entsetzte. Nach der Sendung gratulierte man mir, und frei nach dem Motto »Der König ist tot – es lebe der König« wurde mein Favorit – zumindest von den andern – vergessen. Ich aber war auch nach der Sendung noch so außer mir und aufgeregt, daß ich mich nicht einmal mehr beim gemütlichen Treffen in der Kreuzstube zeigen mochte.

Statt dessen surrte ich wie eine verirrte Fliege im verwaisten und bereits abgedunkelten Studio herum, mit der irren Hoffnung, ich könne den Ungetreuen noch irgendwo finden. Doch er blieb wie vom Erdboden verschwunden. Und das machte mich ganz krank. Ich war wie toll, wie eine Wahnsinnige darauf versessen, so konnte ich eben auch sein. Ununterbrochen telefonierte ich hinter ihm her und erreichte schließlich nach mehr als einer Woche seine Frau.

Ich mußte mich zusammennehmen, um meine Wut und Empörung zu dämpfen, schob natürlich den »Filmwunschzettel« vor. Er sei krank, sagte sie, und hätte deshalb nicht kommen können. Warum er dann nicht wenigstens abgesagt habe, fragte ich. Und ob er für die nächste Sendung komme und überhaupt – ich müßte darüber mit ihm unbedingt sprechen. Wo er zu erreichen sei.

Das wisse sie nicht, antwortete sie so abweisend und kalt, daß es mir dafür um so heißer wurde. Ich merkte nicht, oder wollte nicht merken, daß sie mit mir nur ein grausames Spiel trieb, und ich ihr voll ins Netz lief. Jedesmal, wenn ich jetzt anrief, war sie am Apparat, sagte, sie wisse von nichts und ich solle das mit ihrem Mann abmachen.

Niemand begriff, warum ich Brodmann überhaupt noch erwähnte. Warum denn in die Ferne schweifen, sieh das Gute liegt so nah, belehrte man mich.

Nach vierzehn Tagen, beim nächsten »Filmwunschzettel«, gab ich auf. Ich schaltete Raoul Baerlocher ein und engagierte ihn für meine Sendung, definitiv, aber mit blutendem Herzen. Es war die Staatsräson, mit der früher die Prinzessinnen Vernunftehen eingehen mußten.

Meine Wut und Enttäuschung waren stillem Leiden gewichen. Ja, ich litt wie ein Hund und wurde krank, haderte mit Brodmann und konnte ihn trotzdem nicht vergessen.

Felix war zurück aus dem Militärdienst und vermochte sich mein seltsames Benehmen nicht zu erklären. Ich sagte ihm, er solle eine Zeitlang in sein Mansardenzimmer ziehen. Mit ihm im selben Bett zu schlafen erschien mir wie ein Betrug. Meine Mutter war in der Zwischenzeit zurückgekehrt.

Zweimal ging nun der »Filmwunschzettel« ohne Brodmann über den Sender, da stand er eines Morgens in meinem Büro. Er sah blaß aus und auf seinen Wangen bildeten sich rote Flecken, wenn er mit mir sprach. Sein Blick hätte einen Stein erweichen können. Es sei alles nicht so wie ich meine, stotterte er, er sei krank, er habe wegen mir eine Herzneurose.

Ich glaubte ihm kein Wort. Warum er denn nicht rechtzeitig vor der Sendung angerufen habe, höhnte ich, oder war er etwa auf der Intensivstation?

Ja, hauchte er. Nicht im Spital, sondern zu Hause. Seine Frau habe ihn einfach total abgeschirmt.

Heidi Bauer kam mir in den Sinn. Hatte sie mir nicht so ziemlich genau dasselbe erzählt? Hatte nicht schon damals die ehrgeizige und clevere Frau Brodmann ihren Göttergatten einfach zurückgepfiffen und aus dem Verkehr, sollte man sagen, Geschlechtsverkehr gezogen? Ich genierte mich nicht und warf ihm diese Erkenntnis ohne Erbarmen an den Kopf.

Er schaute mich mit seinen blauen Unschuldsaugen, die jetzt rot entzündet waren, um Verzeihung bettelnd an. Hatte er geweint?

Doch ich konnte noch so zynisch und erbost sein, es half mir nicht, diesem Clown die Tür zu weisen, und als er mich ganz unschuldig fragte: »Können wir uns heute abend sehen?« da war's – und es reimt sich sogar – um mich geschehen.

Da Felix noch immer brav in seinem Zimmer und meine Mutter auf der anderen Seite wohnte, war alles schneller und besser als das letztemal organisiert. Punkt acht, wie abgemacht, klingelte es an der Türe. Wir fielen uns in die Arme, dann aufs Bett.

Aber irgend etwas war nicht mehr wie vorher. Die ganze Zeit hatte ich auf diesen Augenblick gewartet, war ich verliebt gewesen, mit Haut und Haar. Und jetzt konnte ich mich nicht gehenlassen, es ging alles zu schnell. Oder war ich gar nicht mehr in Brodmann, sondern nur noch in die Liebe verliebt?

Aber auch er schien nicht ganz gelöst und bei der Sache zu sein – viel-

leicht war es auch die Herzneurose, die bei ihm jetzt wieder ausbrach. Er zitterte wie Espenlaub und klammerte sich an mich wie ein Ertrinkender an einen Rettungsring, als er seine Hose nicht einmal aus-, sondern nur herunterzog. Was dann kam, weiß ich nicht mehr so genau. Wir hatten miteinander geschlafen. Hatten wir das?
Und dafür hatte ich wochenlang gelitten? Meine Beziehung zu meinem Lebenspartner, gar meinen »Filmwunschzettel« aufs Spiel gesetzt?
Ich sah mir das Ganze jetzt wie das Geschehen in einem Theater durch ein Vergrößerungsglas von außen an: ja, er zog sich sofort wieder an, glättete die Falten an der Hose und wischte allfällige Spuren weg.
»Nun mal langsam«, sagte ich. »Nun erklärst du mir einmal das Ganze und sagst mir die Wahrheit. Was ist eigentlich los?«
Er kroch ganz schön zu Kreuze. Das mit der Herzneurose, das sei wahr. Er wäre so sehr verliebt gewesen, daß es seiner Frau nicht verborgen bleiben konnte. Am Tag der Sendung habe sie ihm dann eine solche Szene gemacht, daß er zusammengebrochen sei: Herzneurose.
Von da an habe sie ihn ganz von der Außenwelt abgeschirmt. Auch jetzt sei er noch nicht vollständig genesen. Er blickte mich mit seinen blauen Unschuldsaugen so herzerweichend an; ich mußte ihm einfach glauben. Und vielleicht waren ja mein »Filmwunschzettel« oder ich, oder beides zusammen seine eigentliche Herzneurose.
Daß es für mich kein »Nachher« mehr gab, das wollte der charmante Schwerenöter lange nicht glauben, es brauchte dafür ein ganz besonderes Erlebnis, das, wiederum in Zusammenhang mit dem Fernsehen ein Jahr später in Stuttgart stattfand. Auf ähnliche Weise vergrämte ich einen weiteren Kollegen, den hübschen und sympathischen Guido Baumann, dem ich einen Textvorschlag zurückwies, weil ich ihn »zu wenig lustig und zu wenig geistreich« fand. Denn Guido Baumann war Cabaret-Texter beim Radio und später ein – eher glückloser – Unterhaltungs-Moderator beim Deutschen Fernsehen. Er hat mir die Abfuhr nie verziehen, wie ich anläßlich meiner Serie »Die Glücklichen« noch bitter erfahren mußte. Denn das nahm man einer jungen Frau wie mir in globo übel.
Vorläufig aber kehrte mein Felix wieder in unsere Wohnung an der Mühlebachstraße zurück und ich konnte mich voll auf meine Arbeit, insbesondere meine neue und sehr erfolgreiche Reihe »Vom Stummfilm zum Cinérama« konzentrieren.

Direktor Haas gab mir immer mehr Kompetenzen und ich hatte völlig freie Hand, eigene Ideen auszuführen. Dann stellte mir Felix ein kleines Team, Kameramann und Tonmann, zur Verfügung, um kleine Filmbeiträge zu realisieren. So war es beinahe selbstverständlich, daß der Gast, der eines Tages aus Stuttgart kam, nicht an Paul Ruffy, sondern an mich verwiesen wurde.

SECHSTES KAPITEL

Stuttgart – Das Engagement

Ich habe leider nicht viel Zeit«, sagte ich gleich zur Begrüßung, als ein langer, blasser, brillentragender junger Mann sich aus dem Sessel erhob und sich mit leicht nasaler Stimme, aber in wunderschönem Hochdeutsch entschuldigte, daß er mich einfach unangemeldet überfiel.

Ich weiß nicht mehr, wie es kam, aber aus meiner »wenigen Zeit« wurde eine lange Zeit, wir blieben den ganzen Nachmittag zusammen, und dann lud er mich noch zum Essen und erstaunlicherweise in die »Kronenhalle«, dieses legendäre Künstler- und Literatenlokal ein, das ich bis dahin nur vom Hörensagen kannte.

Peter Dreessen hieß der Mann aus Stuttgart, und von der ersten Minute unserer Begegnung an schien es mir, als trete ich ein in eine andere Welt, als spüre ich einen neuen, ganz unbekannten Atem, der mich aus der Enge und den Gefängnismauern unseres kleinen Landes hinaustrug.

Ja, das war es, da nahm mich einer ernst und redete in einer Sprache, die ich besser als meine eigene verstand und die mir zeigte, daß wir auf derselben Wellenlinie lagen, sei das nun in puncto Fernsehen, Kunst, Kultur oder Politik. Dabei war er rein äußerlich ein typischer, blutleerer Studiosus, dem die Studierstube und der dominierende Eier-Kopf auf zehn Meter anzusehen waren. Doch zum erstenmal faszinierte mich hier die Macht des Geistes, die er »links« nannte, weil er vom »Spiegel« und aus Hamburg kam, für mich alles unbekannte Begriffe. So eng war damals durch meine Probleme, aber auch durch den Umgang mit meiner mehr als konventionellen Familie, mit Schauspielern und mit Künstlern aus der Schweizer Szene, mein Horizont. Alles, was ich bis jetzt nicht einmal gewagt hatte zu denken, weil es so »böse« und kritisch und »unangemessen für eine junge Frau ist«, wie mein Vater sagte, war jetzt unser Thema, und je mehr ich in den Wald rief mit meinen Ideen und Ansichten, desto besser und lauter tönte es zurück. Und zum er-

stenmal hagelte es auch nicht gleich Komplimente über mein Aussehen, Zweideutigkeiten, Zwinkern und heimliches, schmalziges Leuchten in den Augen. Diese waren hinter einer schützenden Brille gut versteckt. Nein, Peter Dreessen sprach mit mir wie mit seinesgleichen, einem wissenden, ernsthaften und studierten Mann. Nicht daß ich durch mein Aussehen jetzt Komplexe hatte, im Gegenteil, ich wußte es als Privileg wohl zu schätzen und bei Gelegenheit auch einzusetzen, aber daß es immer und überall aufgefaßt wurde als Aufforderung an das »andere Geschlecht«, das nervte mich ganz gewaltig. Darunter litt ich, wenn es mir um den Beweis meiner anderen Fähigkeiten oder Begabungen, insbesondere aber um meinen »Kopf« ging. Im Grunde war ich nicht mehr und nicht weniger ein denkender und studierender, um nicht zu sagen, intellektueller Mensch als mein brillentragendes Gegenüber.
Und er ließ es mich spüren, vielleicht zum erstenmal so ganz ehrlich und überzeugt und offen, daß er mich gewissermaßen als Kollegin ansah. Er schwärmte von Georges Brassens, Boris Vian, von Juliette Greco und natürlich von Paris, und das ließ mir noch zusätzlich den Atem stocken – Paris, »meine« Traumstadt –, und er kannte sie offensichtlich besser als ich. Er erzählte mir dann auch von seiner Begegnung mit Thomas Mann, den er in seinem Haus in Kilchberg besucht und interviewt hatte, er empfahl mir seinen Film zur Übernahme in unserem Programm. Er war nach Zürich gekommen, um mich zu bitten, einige alte Filme für eine neue Sendung zu finden, seit meiner Sendereihe »Vom Stummfilm zum Cinérama« war ich dafür Spezialist. Oder sagen wir es anders: Ich war befreundet mit Freddy Buache, einem jungen Film-Enthusiasten, der in einer kleinen Altstadtbude in Lausanne alte Stummfilme und sonstige Raritäten der Filmkunst sammelte und dem die Schweiz heute die renommierte »Cinémathèque« verdankt. Lange bevor auch Deutschland in Wiesbaden ein solches Filmarchiv einrichtete, fing Freddy Buache (nach Muster der Pariser Cinémathèque von Henri Langlois) in Lausanne, ohne Unterstützung und mit beschränkten Mitteln, damit an.
Ich war jede Woche bei ihm, denn auf Wunsch von Direktor Haas fuhr ich jede Woche nach Genf, um an der Programmsitzung des Genfer Fernsehens teilzunehmen, das in der wunderbaren Villa »Mon Repos«, am Eingang der Stadt und direkt am See, untergebracht war. Ich habe eigentlich nie recht begriffen, was ich bei diesen Sitzungen sollte, die natürlich auch wiederum nur von Männern bestückt waren, denn der

Unterschied zwischen Genfern und Zürchern, der vielzitierte »Röschtigraben«, war so groß, daß ich mit den Deutschschweizern identifiziert wurde, auch wenn ich fließend Französisch sprach. Eigentlich sollte ich so eine Art Koordinator spielen, die deutschsprachigen Programme mit den französischen vergleichen oder für gemeinsame Projekte werben, aber die »welschen« Kollegen ließen sich nicht in die Karten blicken oder gar reinreden, und mein Problem war, daß ich mich ihnen viel näher fühlte als denjenigen in der deutschen Schweiz.
Hinzu kamen meine Scheu und meine Abneigung, laut zu reden, oder laut redende und diskutierende Leute zu unterbrechen, besonders wenn es sich um polternde und rivalisierende Männer handelte. Das Programm der französischen Schweiz war damals ein einziges Chaos, so wurden zum Beispiel von einer von Zürich übernommenen Filmsendung statt des geschnittenen Filmes, die zusammengeklebten Reste gesendet, und nach einer ernsthaften, politischen Diskussion ertönte statt der Absage die Stimme einer Märchentante: »Also meine lieben Kinderlein, gute Nacht.« Man hatte das Band verwechselt. Entsprechend gab es Meinungsverschiedenheiten und Rivalitäten, nur nach »französischem« Muster. Ich hörte mir das an, schwieg und betrachtete den Prachtraum, der ehemals ein Salon in der Herrschaftsvilla am See gewesen war. Überhaupt hielt ich mich damit schadlos, daß ich in dem ganzen, schloßartigen Besitz und Park herumlustwandelte und mir ausmalte, wie ich ihn einrichten und benutzen würde, wenn es mir gehörte. Die Genfer Kollegen ließen mich schmunzelnd gewähren und waren mächtig stolz auf ihren prächtigen »Sender«, obwohl ich mit meinem Lob durchaus nicht das meinte, was er sendete, sondern nur den einzigartigen Rahmen.
Anschließend fuhr ich nach Lausanne und besuchte Freddy Buache, um in seinen Kostbarkeiten aus Zelluloid zu wühlen und mir die alten Filme von Chaplin, Eisenstein, Méliès, Papst, von Strohheim und anderen anzuschauen und die für mich notwendigen einfach mitzunehmen. Es kostete nichts und war für die Cinémathèque eine Reklame, alles ging noch ohne Vertrag, einfach aufgrund unseres gegenseitigen Vertrauens. Ich mochte Freddy Buache sehr und er mochte mich, ihn zu besuchen war ein einziges Vergnügen, der Bestand seines Filmarchivs bereits atemberaubend. Wir gingen dann zusammen essen und er begleitete mich zum Zug, es war jedesmal, als ginge die Sonne unter, wenn ich ihm bei der Abfahrt aus dem Fenster des Ersteklasse-Abteils zum

Abschied zuwinkte. Natürlich bezahlte das der Zürcher Sender, ich besaß ein Abonnement erster Klasse, wie in der Schweiz jeder bessere Handelsvertreter. Ich kannte den Bahnhof Lausanne, seinen Geruch und seine Geräusche, insbesondere aber die traurige Abfahrt zurück aus der Sonne in den Schatten, wie ich es nicht nur bildlich, sondern vor allem seelisch seit meiner Kindheit empfand: hier waren wir immer umgestiegen, wenn wir aus dem Ferienhaus meiner Großmutter zurück nach Bern fahren mußten.

Als Peter Dreessen und ich uns schließlich gegen Mitternacht verabschiedeten, ging es mir ähnlich: ich kam von der Helle ins Dunkel, von der Feier in den banalen Alltag, ich fragte mich, warum ich mich mit ihm so wohl gefühlt hatte, und ich erlebte dasselbe Gefühl wieder, als er mir am 20. Juli 1955 seinen ersten Brief schrieb. Es ging darin nur um die Filme und darum, ob Stuttgart eventuell meine Sendereihe »Vom Stummfilm zum Cinérama« übernehmen wollte, aber mündlich hatte er mir doch schon eine Andeutung gemacht, daß der »Intendant« (auch dies ein unbekannter Begriff für meine Schweizer Ohren) Fritz Eberhard, der »fortschrittliche Sozialdemokrat«, unbedingt eine Frau in seinem Gründungskader des Stuttgarter Fernsehens haben wollte, die zu den jungen Leuten paßte, und denen Intendant Eberhard »dank ihrer Intellektualität und Experimentierfreude mit avantgardistischen Hörfunk-Sendungen sein Fernsehen anvertraute«. Diese jungen Leute hießen Helmut Jedele, Martin Walser, Hans Gottschalk, Heinz Huber und Peter Adler. Ein wenig später seien auch Leute vom »Spiegel«, wie er, und später Dieter Ertel, dazugestoßen.

Ob ich mich dafür interessiere? Direktor Jedele schätze es, brillante Köpfe um sich zu haben, die starke Individualisten seien, auch wenn sie ihm – wie Walser – gelegentlich über den Kopf wuchsen und ihm die Schau stahlen. Aber ich hätte ja Zeit, es mir zu überlegen, es eile nichts.

Nein, mir eilte es auch nicht. Zu sehr fühlte ich mich Zürich durch meine Familie und meine große berufliche Verantwortung, insbesondere gegenüber Direktor Haas, noch verhaftet. Und an Deutschland hatte ich seit meiner Reise durch verschiedene, zerbombte Städte anläßlich einer Verbeugungstour mit meiner Schwester sehr zwiespältige Erinnerungen. Das Land war mir unheimlich, fremd und weit entfernt wie ein einziger, großer Friedhof erschienen. Aber auf der anderen Seite hatte ich von den ersten, aufsehenerregenden Sendungen des Stuttgar-

ter Senders gehört. Und das unerklärliche Wohlbefinden, ja, die Sicherheit und die Übereinstimmung, die mir die Bekanntschaft mit dem kühlen Nordländer verlieh, seine schmeichelhaften Anspielungen auf meinen »Kopf«, das motivierte mich und »stellte mich auf«, wie man heute sagen würde. Jedesmal, wenn mich die Zürcher »Unruhe«, das Gefühl von Enge und Angst befiel, brauchte ich nur an den Besucher aus Deutschland zu denken und fühlte mich wieder wohl. Etwa so, wie jemand, der in gefährlichen Wassern mit unergründlicher Tiefe schwimmt und von weitem einen Rettungsring sieht.
Von nun an blieben Peter Dressen und ich in regem Briefkontakt, das Angebot nahm auf meinen Wunsch noch keine konkreten Formen an, bis ich folgenden Brief von ihm bekam:

Stuttgart, den 24.11.1955
Liebes Fräulein Pulver,
mein Kollege, Heinz Huber, hält sich unter anderem auch deshalb in Zürich auf, um ein paar groteske Schmalfilme in eben demselben Genre zu besorgen, wie Sie mir seinerzeit so freundlich beschafft haben. Wir wollen ein zweite Auflage unserer damaligen »Flimmerkiste« machen. Hauptsache dabei soll »Crazy to act« sein. … Bitte, helfen Sie Herrn Huber, wenn Sie können, so wie Sie mir seinerzeit freundlichst geholfen haben …

Was ich nicht ahnen konnte: Heinz Huber kam nicht in erster Linie, um die erwähnten Filme zu bekommen, sondern um mich ganz unverbindlich und ohne daß ich es bemerken sollte, zu begutachten. Als Chef wollte er sich von mir als seiner zukünftigen Mitarbeiterin und Kollegin der Dokumentarabteilung selbst ein Bild machen.
Heinz Huber war ein ganz anderer Typ Mann als Peter Dreessen, ein stiller, trockener Schwabe. Hätte er nicht am Kinn eine Narbe und darunter ein Loch im Kieferknochen und zwei fehlende Finger an einer Hand gehabt, die, wie ich von Dreessen wußte, zusammen mit einer Narbe am Unterleib von einer Kriegsverletzung stammten, ich hätte ihn für einen Schweizer halten können, mittelgroß, unscheinbar, bis in die Fingerspitzen korrekt. Doch auch er redete anders mit mir, verfügte über eine erstaunliche Bildung und Wortgewandtheit, die sich in Kontaktfähigkeit, heimlicher Bewunderung des Luxus und der Eleganz der vom Kriege verschonten Schweiz niederschlug, ob das nun allgemein

der Stadt Zürich oder mir galt. Jedenfalls täuschte auch hier der erste Eindruck nicht: Peter Dreessen meldete mir, daß Heinz Huber von mir höchst angetan sei. Tatsächlich hatte ich auf Einladung von Peter Dreessen Stuttgart eine kleine Stippvisite gemacht, ohne aber das Funkhaus zu betreten.

In meiner Biographie über meine Schwester beschrieb ich diesen Besuch: »In den goldenen Pionierjahren des Fernsehens, zwischen 1954 und 1960 fuhren Liselotte und ich an einem schönen Frühlingsmorgen nach Deutschland, in ihrem roten Studebaker, dem berühmten Modell des amerikanischen Designers Raoul Lewy, der auch die Coca-Cola-Flasche entworfen hat, in diesem, nach Meinung der Werbung und Liselottes, ›schönsten Auto, das es damals gab‹, von dem sie einige Jahre träumte, bevor sie es sich kurz entschlossen leistete ...«

Der Weg führte uns nach Stuttgart, zum Süddeutschen Rundfunk, der mir tatsächlich eine Stelle als Fernsehredakteurin und einen Schnupperbesuch angeboten hatte, während Liselotte mich begleitete, um gleich weiter nach München zu fahren.

Der Süddeutsche Rundfunk war zu dieser Zeit bereits berühmt für seine Fernsehabteilung, die unter dem väterlichen Schutz des Intendanten Fritz Eberhard, einem der Helden Deutschlands, die dem Nazireich von Anfang an mißtraut und Widerstand geleistet hatten, aufgebaut wurde.

Es war eine echte Leistung, indem er als oberste Instanz dem Team Helmut Jedele, Martin Walser, Hans Gottschalk und Heinz Huber völlige Freiheit ließ, das neue Medium Fernsehen zu entdecken und zu gestalten, was alsbald zu einem überwältigenden Erfolg dieses kleinen Senders führte. Durch die Fernsehspiele »Unruhige Nacht« von Albrecht Goes, »Schmutzige Hände« von Sartre, »Der Richter und sein Henker« von Dürrenmatt, Dokumentarfilmsendungen über Strafgefangene, über Zypern und Thomas Mann hatte sich der Sender einen Namen gemacht, der in ganz Deutschland und darüber hinaus Aufsehen erregte.

Das Stiefkind Fernsehen fing sich hier gerade an, ganz energisch zu regen und Pioniergeschichte zu schreiben, obschon dazumal noch niemand an eine große Zukunft dieses neuen Mediums glaubte. Gerade vom Rundfunk (aus dem es gewachsen war) aus, betrachtete man es im wahrsten Sinne des Wortes von oben herab, denn die »schöpferische Tätigkeit« der jungen Mitarbeiter fand in Holzbaracken statt, die im

Hof des stolzen, grauen Rundfunkgebäudes wie eine Unterkunft für Bauarbeiter auf einer Baustelle wirkten.
Fern waren noch die Zeiten der protzigen und millionenschweren Betonpaläste des Fernsehzeitalters, fern waren auch noch die Macht und Bürokratie und das Wirtschaftsdenken der Sender. Es herrschte noch die Kunst, aus weniger mehr, oder aus nichts weniges, aber Gutes zu machen.
Meine Schwester und ich verliefen uns zunächst, denn natürlich suchten wir das Fernsehen im stattlichen Rundfunkgebäude und nicht in diesem armseligen Provisorium. Wir wurden zunächst freundlich und mit der neugierigen Scheu, die man exotischen Paradiesvögeln entgegenbringt, von Büro zu Büro weitergereicht und zu einem schrecklichen Kantinenessen, das an diesem Tag gerade aus Sauerkraut, Erbsenmus und Leberwurst bestand, eingeladen, das die Schwaben wahrhaftig als ihr Lieblingsessen bezeichneten. Wobei man allerdings für unseren Widerwillen Verständnis hatte, und uns eine Extrawurst, eben Wurst und Brot, und zum Trost noch einen »Träublessaft« mit »Träubleskuchen« servierte.
Anschließend fuhren wir noch auf den Killesberg in die Schneidräume, die mich besonders interessierten. Ein junger, schlaksiger und auffallend attraktiver Mann nahm sich sofort unser an, um uns alles persönlich zu zeigen. Er hieß Michael Pfleghar und war zu der Zeit Chefcutter mit der Aufgabe, das Kopierwerk aufzubauen.
Er war so eifrig um uns bemüht, daß wir ganz hingerissen waren, nicht nur von ihm, sondern auch von den Schneideräumen, die ebenfalls in einer provisorischen Baracke, am Ende des Killesbergparkes und hinter den am Ende des Gartengeländes liegenden, als Fernseh-Studios dienenden Ausstellungsräumen lagen.
Das einzige, was mich an dem schönen Michael störte, war, daß seine perfekt sitzende Jacke einen penetranten Geruch nach Kantinenessen ausströmte. Daß er ziemlich genau zehn Jahre später der Vater meiner jüngeren Tochter werden würde, das hätte ich damals niemandem geglaubt ... Jedenfalls: als meine Schwester sagte, sie habe jetzt keine Zeit mehr und müsse weiter nach München fahren, kam er noch ein Stück mit uns, um uns den Weg und Liselotte die Einfahrt auf die Autobahn zu zeigen, dann stieg er aus und winkte uns nach, als seien wir liebe, alte Bekannte. Ich wußte damals noch nicht, daß Micha ein ausgesprochener Autonarr war und sein heftiges Winken und neugieriges Interesse

mehr unserem extravaganten Amerikanermodell als uns ihn anhimmelnden Schwestern galten.

Lieber Herr Dreessen,
ich hoffe, Sie haben meinen letzten Brief erhalten, das soll kein Vorwurf sein, aber doch ein zarter Wink – bitte antworten Sie mir doch, auch auf das, auf das ich Sie hiermit schnell aufmerksam machen wollte, der Bayerische Rundfunk hat mich angefragt über meine Sendefolge »Vom Stummfilm zum Cinérama«, insbesondere über den Zyklus René Clair ... Im übrigen: bitte scheuen Sie sich nicht, mir mitzuteilen, wenn sich unsere Verhandlungen nicht realisieren lassen, wenn Sie jemand anderes haben etc. Ich werde ja hier ohnehin große Schwierigkeiten haben wegzukommen und möchte Sie doch dringend bitten, zuerst mit mir zu sprechen, bevor irgendwer sich an Herrn Haas wendet ...

Peter Dreessen am 27. 1. 56
Liebes Fräulein Pulver,
aus dem beiliegenden Durchschlag sehen Sie, daß nun endlich die von Ihnen gewünschten Filme auf den Weg gebracht werden. Den Cypern-Film lege ich Ihnen noch besonders ans Herz ...
Was Ihre eigene Sache angeht, so müssen Sie noch ein bißchen Geduld haben, solche Dinge werden nicht sehr schnell perfekt. Und auch uns liegt natürlich daran, daß, wenn es etwas werden könnte, das ausgezeichnete Einvernehmen mit Direktor Haas nicht dadurch getrübt wird ...

und am 2. 2. 56
Liebes Fräulein Pulver,
... Unser Fernsehdirektor, Herr Dr. Jedele, wird irgendwann in den nächsten 10 Tagen nach Zürich kommen und möchte Sie gerne einmal gründlich sprechen. Ich selber gehe heute noch nach Paris, um einen Poujade-Film zu machen und komme erst am 17. 2. wieder nach Stuttgart zurück ...

5. 2. 1956
Lieber Herr Dreessen,
Kommen Sie eigentlich nie nach Zürich? Ich bin nächstens bereit zu glauben, daß Sie extra einen Bogen drum machen! ...

Statt dem sehnlichst erwarteten Peter Dreessen kam dann der Fernsehdirektor Dr. Jedele höchstpersönlich, um sich die zukünftige Mitarbeiterin anzusehen.
Er bestellte mich gleich in die Kronenhalle, an einen reservierten Tisch, an dem schon zwei »Schattenmänner« saßen, die mir Dr. Jedele als den Regisseur Franz-Peter Wirth und Felix Hebeisen, einen Zürcher Regieassistenten, vorstellte. »Schattenmänner« waren für mich Vertreter des anderen Geschlechts, die bei mir äußerlich so wenig Eindruck hinterließen, daß ich sie einfach übersah, was immer sie an sonstigen Vorzügen wie Reichtum, bekanntem Namen oder Erfolg im Beruf zu bieten hatten. Bis dahin hing mein Interesse an einem Mann, ihn überhaupt nur zu bemerken oder gar, mich in ihn zu verlieben, aus- schließlich mit seinem Aussehen zusammen, er mußte groß, breitschultrig, kräftig und schön sein, möglichst braunhaarig oder dunkelblond und mit hellen Augen. Schwarze Haare und blaue Augen waren das absolute »Maximum« für mich und meine Schwester, aber eher selten in unseren Breitengraden. Das genaue Gegenteil unseres Vaters, der kleinwüchsig, zart und glatzköpfig schon in jungen Jahren war, vor dessen Strenge und Launen wir uns fürchteten, um von einem »richtigen« Vater, groß und stolz, kräftig und schön, mit majestätischem Gang und Vollbart zu träumen. (Bezeichnenderweise beschrieb uns meine Mutter ihren eigenen, frühverstorbenen Vater auf diese Weise).
Franz-Peter Wirth war klein, rundlich, mit runden, farblosen Augen und ebensolchem, bereits schütterem Haar, und kam mir deshalb »alt« vor, mit seinen fünfunddreißig Jahren, seinen »Assistent«, wie er ihn vorstellte, Felix Hebeisen, scheu, schmal und wortkarg, nahm ich als Schweizer Landsmann gar nicht wahr. Wäre da nicht der muntere Dr. Jedele und mit ihm das »Türkenblut« gewesen, das Essen in der vornehmen Kronenhalle wäre wohl eher eine etwas eintönige und verklemmte Angelegenheit geworden, denn vorläufig sprach Franz-Peter Wirth nur von dem Stück im Schauspielhaus, dessentwegen er mitgekommen war und das man sich gemeinsam anschauen wollte, um es oder die darin spielenden Schauspieler eventuell für Stuttgart zu übernehmen. Ob ich Lust hätte, mitzukommen?
Mir wurde heiß und kalt. Das hatte mir noch gerade gefehlt, daß ich mit diesen illustren Unbekannten, die ich als dem vielbewunderten Stuttgarter Sender zugehörig respektierte, ins Theater »mußte«, um mich dort wenn möglich zu blamieren und unangenehm aufzufallen mit mei

ner blöden Platzangst – auszuflippen womöglich in dem totenstillen, dunklen Zuschauerraum.
Plötzlich war der Abend, auf den ich mich so sträflich selbstsicher und übermütig gefreut hatte, verdorben. Eigentlich war es immer so: Vorfreude war bei mir nicht gestattet.
Wie immer bei solchen Angstzuständen versank ich in verstocktes Schweigen, es war wie eine Versteinerung, die mir die Kehle zuschnürte, so daß ich kein Wort mehr hervorbrachte. Wortlos und mit gesenktem Blick stocherte ich in meinem Teller, plötzlich lustlos, die Hoffnung, dem Fernsehdirektor zu gefallen, konnte ich wohl in den Kamin schreiben, die verlockende Stelle in Stuttgart vergessen. Doch Dr. Jedele war bester Laune und bemerkte nichts von alledem. Leutselig schwärmte er von Zürich, von der Kronenhalle und wandte sich an seine Tischgenossen: »Wollen wir zur Feier des Tages uns einen guten Tropfen gönnen? Kennen Sie Türkenblut?« wandte er sich an mich.
Ich schüttelte den Kopf.
»Ja dann ... das ist ja geradezu eine Bildungslücke«, frotzelte er und bestellte beim Kellner eine Flasche Rotwein und eine Flasche Sekt.
»Zum Wohl!« sagte er, als der Kellner die Flaschen entkorkt und hingestellt hatte, damit der Gast sich damit höchstselbst bediene. Dr. Jedele schenkte uns allen das Glas halb mit Rotwein ein und füllte den Rest mit Sekt auf, so daß er über die Ränder schäumte. »Zum Wohl« – »Prosit« – Gläser und Toaste klangen durcheinander.
»Auf unsere neue Mitarbeiterin.«
Ich schüttete das süße Gift hastig hinunter, erschreckt und gebauchpinselt zugleich durch diese Ankündigung. Meine Mitarbeit schien für ihn bereits beschlossene Sache. Da ich noch fast nichts gegessen hatte, verfehlte der schäumende, glutrot schimmernde Tropfen nicht seine Wirkung: »Sie werden sehen, daß dieses ›Türkenblut‹ Himmel und Hölle gleichzeitig in sich hat«, sagte Dr. Jedele vergnügt, und ich bemerkte, daß er recht hatte: Angst und Befürchtungen, der Zürcher Zeigefinger, verschwanden und machten einer lockeren Stimmung Platz, die sich geradezu in Lebenslust verwandelte, als der Direktor sein Glas erhob und zu seinen Tischgenossen sagte: »Geht ihr allein ins Theater, ich komme nicht mit. Ich habe mit der Pulver hier noch einiges zu besprechen, das ist wichtiger.« Und zu mir gewandt: »Sie haben doch nichts dagegen? Wir sind ja noch nicht einmal beim Nachtisch.«
Da schwappte nicht nur mein Glas über, das unermüdlich nachgefüllt

wurde, sondern auch meine Stimmung floß über vor Wohlbefinden und Begeisterung, in meinen Adern floß nicht mehr gewöhnliches, sondern teuflisches »Türkenblut«.
Ich hätte Dr. Jedele umarmen können, sosehr war ich ihm dankbar, und als die beiden andern gegangen waren, um rechtzeitig in die Vorstellung zu kommen, fiel es mir nicht mehr schwer, ihm meine andere Seite, die meine Schwester (und auch ich) an mir so sehr liebte, zu zeigen, nämlich das leichte und manchmal sogar leichtsinnige Schweben über den Wolken, das Lachen und das Blödeln, das Fechten oder auch nur Flirten mit Worten, kurz, das gesellige Zusammensein oder »der gesellige Teil« nach dem langweiligen Bierernst. Statt mich zu prüfen und mit mir über Einzelheiten zu diskutieren und Bedingungen auszuhandeln, schien es eher umgekehrt, der Fernsehdirektor beschrieb mir seine Redaktion, den Sender, und die Stadt, als ob er dafür werben und mich dazu überreden müßte. Es war unvermeidlich, daß ich mir diesen leutseligen, extrovertierten, gebildeten Mann mit dem schaurigen schwäbischen Akzent, der mir mit seinen »le« am Wortende wie eine Verballhornung meines eigenen, schweizerischen vorkam, etwas näher ansah. Daß er nur wenig größer war als ich, das hatte ich ganz nebenbei schon bei der Begrüßung konstatiert, als er dafür – und um mir aus dem Mantel zu helfen – aufstand.
Auch sonst besaß er gar nichts, das auch nur im entferntesten daran hätte erinnern können, daß er etwa »mein Typ« war und ich – angefacht durch das Feuer des teuflischen Giftes – das nun unüberfühlbar in meinen Adern züngelte –, mich etwa gar ein wenig verliebte. Mit seiner fleischigen, markanten Nase, den roten, sinnlichen und stets ein wenig schmachtend geöffneten Lippen, der fliehenden Stirn und dem herzförmigen Haaransatz seiner offensichtlich mit unermüdlichem Fleiß gepflegten und mit Brillantine gestreckten schwarzen Locken erinnerte er mich stark an ein Bildnis von Ludwig dem Sechzehnten, der wohl auch nicht eine Schönheit, aber nichtsdestoweniger König war.
Denn nun passierte mit mir tatsächlich dieser rätselhafte Vorgang, den ein französischer Nachrichtensprecher auf einen kurzen und präzisen Nenner brachte, als die ganze Welt sich wunderte, daß zwei der interessantesten und attraktivsten Frauen der damaligen Zeitgeschichte, nämlich die Jahrhundertsängerin Maria Callas und die amerikanische Präsidentenwitwe Jacqueline Kennedy, sich in den alten, häßlichen Zwerg Aristoteles Onassis verliebten: »Weil er reich ist, ist er schön.«

Man müßte, um ganz präzise zu sein, hinzufügen: weil er eine Persönlichkeit ist und ein Charisma hat, ist er schön. Jedenfalls geschah, was offenbar geschehen mußte, nämlich daß Dr. Jedele und ich uns ineinander verliebten. Wie weit das »Türkenblut« daran beteiligt war, ist nicht mehr festzustellen, jedenfalls befanden wir uns plötzlich in meiner Wohnung, vor meiner niedrigen Mies-van-der-Rohe-Liege und ließen turtelnd wie zwei liebestolle Täubchen unsre Hüllen fallen.

Da wurde die nächtliche Zürcher Totenstille durch einen infernalischen Lärm gestört und unterbrochen. Der Stuttgarter Fernsehdirektor sah mich in dem schummrigen Licht meiner rotverhüllten Nachttischlampe in rosiger Unschuld entgeistert an.

»Das ist Felix, mein Freund«, sagte ich leise und löschte das Licht, in der Hoffnung, der sonst so friedliche und sanfte Felix werde Ruhe geben. Als weise Vorsichtsmaßnahme hatte ich ihn gebeten, diese Nacht in seinem Mansardenzimmer zu verbringen. Daß er eifersüchtig war, hatte ich überhaupt noch nie erlebt. Er mußte uns aufgelauert haben. Und er hörte auch nicht auf, gegen die heruntergelassenen Rolläden zu poltern und dazu meinen Namen und »Laß mich herein« zu rufen. Er würde in dem stillen Park des vornehmen Reihenhauses die ganze Nachbarschaft aufwecken, befürchtete ich. Das könnte die Kündigung der Wohnung zur Folge haben, und gleichzeitig war es wahnsinnig peinlich den braven Hausbewohnern gegenüber, zu denen wir ohnehin nicht paßten. Das alles ging mir in Sekundenschnelle durch den Kopf und ich ließ meinen verdutzten Liebhaber wissen: »Ich muß ihn reinlassen, sonst gibt er keine Ruhe und die Anwohner holen noch die Polizei.« Ich ging zu der großen Fenstertüre, die gegen den Park hinaus führte und rief durch die Jalousie dem verrückt gewordenen Felix zu: »Komm zu der Haustüre, ich mache dir auf.«

Dann zog ich notdürftig etwas über, versicherte mich, daß auch Dr. Jedele sich in aller Eile anzog, und ging hinaus, um zuerst die Wohnungstüre, dann die Haustüre aufzuschließen. Wie ein dunkler Pfeil schoß mein Freund an mir vorüber und in die Wohnung, vor dem ertappten Liebhaber machte er halt. Nun sah man eindeutig, daß er von Beruf Schauspieler war, wäre es nicht so zum Weinen gewesen, dann war oder wäre es unzweifelhaft zum Lachen – mein Felix, groß, jung und durch die Wut und Eifersucht zum Anbeißen schön – viel schöner und größer als sein etwas gedrungen und verlegen wirkendes Gegenüber – Dr. Jedele hatte weder Zeit gehabt, sich die Krawatte zu binden, noch sich durch die dichte, schwarze Haarpracht zu fahren, was er jetzt mit den Fingern ohne Spiegel und ganz automatisch nachzuholen versuchte –, stellte sich vor diesem in unmißverständlicher Pose auf und zielte auf ihn mit einem in seiner Manteltasche versteckten Revolver. Ich wußte sofort, daß das nur gemimt und keinesfalls eine richtige Waffe war, während ich versuchte, die Männer einander vorzustellen. »Das ist Felix Hurter, das ist Dr. Helmut Jedele, der Stuttgarter Fernsehdirektor.«

Doch Felix hörte nicht auf, seine »Waffe« auf den Rivalen zu richten und diesen einem unerbittlichen Kreuzverhör zu unterziehen. »Sie sind doch verheiratet – also: lieben Sie nun sie (er zeigte auf mich) oder lieben Sie Ihre Frau?«

Dr. Jedele war sichtlich beeindruckt, er nahm die mutmaßliche Waffe, die der andere auf ihn richtete, ernst. Aber er zeigte doch in seiner ganzen Haltung Klasse, keinerlei feige Reaktion oder Angst. Mit ruhigen Worten versuchte er den aufgeregten jungen Mann zur Vernunft zu bringen, insbesondere ihn zur Hergabe seines Revolvers zu zwingen.

Ich mischte mich nur wenig ein, meine größte Sorge galt jetzt meiner Mutter, die in dem Hinterzimmer schlief, ich wollte in erster Linie noch mehr Lärm oder gar einen Skandal vermeiden. Plötzlich war ich mir nicht mehr sicher, ob sich Felix in seiner Eifersucht nicht doch so verrannt hatte, um sich von irgendwoher einen Revolver zu besorgen und damit mich oder meinen angeblichen Liebhaber zu erschießen. Das hätte ein schönes Aufsehen und Schlagzeilen gegeben!

Doch ist man in solchen Momenten vielleicht fatalistisch, auch ich fühlte absolut keinerlei Angst, sondern dachte lakonisch (und fehl am Platz), daß der kleine Schwabe neben meinem bildschönen Zürcher Freund, der in Wahrheit ein Basler war, keine allzu gute Figur machte. Und doch galten ihm mein Herz und vor allem meine Sorge. Das konnte doch nicht unser aller Ende sein!

Tatsächlich beruhigte sich Felix und nahm seine Hand aus der Manteltasche. »Ich habe den Revolver nur simuliert.«

Plötzlich war ich für die beiden Männer nicht mehr vorhanden.

»Wir müssen miteinander reden«, sagte Dr. Jedele, »kommen Sie.«

Dann gingen sie zusammen weg.

Felix kam erst nach drei Stunden, als es schon Tag war, zurück, völlig versöhnt und getröstet. »Entschuldige«, sagte er, »ich dachte, ihr hättet miteinander geschlafen.«

Dr. Jedele rief mich später noch an und sagte, an unserer Vereinbarung hätte sich natürlich nichts geändert. Er melde sich dann wieder.
Am nächsten Morgen, als ich beim Frühstück saß, kam meine Mutter mit einem weißen, undefinierbaren Stück Stoff in der Hand. »Was ist das?« fragte sie. »Das habe ich unter deinem Bett gefunden.«
Ich hielt es in die Luft und drehte es um und um, bis mir klar wurde, um was es sich handelte: Es war eine weiße Herrenunterhose, offenbar ein deutsches Nachkriegsmodell. Oben ein breiter Saum, mit eingezogenem Elastik, zwei schlotternde, weite Hosenbeine und dazwischen ein offener, doppelt gesäumter Schlitz.
Ich konnte nicht umhin, zu schmunzeln: »Laß das, Mama, das gehört mir.« Der Fernsehdirektor hatte in der Eile seine Unterhose vergessen, aber ich habe ihn nie zu fragen gewagt, ob er sie vermißt.
Das war von nun an ein (unausgesprochenes) Geheimnis zwischen ihm und mir, ich legte das gute Stück zusammen und versorgte es in meinem Wäscheschrank.
Nun begann für mich eine zwar erfreuliche, aber doch auch höchst diffizile und schmerzliche Trennungsphase: während ich nur noch vorwärts dachte und in die Zukunft blickte, ließ ich in Zürich einen Scherbenhaufen zurück.
Da war zuerst meine Mutter, gewohnt, mit mir zu leben, aber sie hatte sich hier in Zürich in der Zwischenzeit einen großen Bekanntenkreis aufgebaut und zum erstenmal in ihrem Leben kompetente Singlehrer und einen treuen und zuverlässigen Freund gefunden. Er hieß Edi Schneider, war Polizist und ihr ganz ergeben, wenn er Nachtdienst hatte, schrieb er ihr mit grüner Tinte rührende Liebesbriefe und legte diese in ein Postfach, das er extra dafür mietete. Nicht eine lodernde Leidenschaft, sondern eine beruhigende Postfachliebe, wie unsere nervlich so fragile Mama es brauchte. Noch immer hatte sie ihren Plan, eine ernstzunehmende Opern- oder zumindest Kammersängerin zu werden, nicht aufgegeben, die Zürcher Freunde halfen ihr und unterstützten sie dabei.
Gleichzeitig wurde für uns eine Traumwohnung frei. Oder besser gesagt, erfüllte sich der Traum meines »Onkel Max«, dem Graphologen, fast fünf Jahre nach seinem Tod. Dreißig Jahre wohnte er im fünften Stock eines verwinkelten Hauses der Jahrhundertwende an der Ottikerstraße, ehe er, aus Altersgründen, weil das Haus keinen Lift besaß, ins Parterre hinunterzog. Es war sein sehnlichster Wunsch und wäre die

letzte Freude an seinem Lebensende gewesen, wenn ich diese romantische und gar nicht teure Altbauwohnung mit den vier Erkertürmchen und der herrlichen Aussicht hätte übernehmen können. Aber bis sie frei wurde und wir da einziehen konnten, war es nicht nur für ihn, sondern auch für mich eigentlich zu spät. Trotzdem konnte ich der Verlockung, als die treue und mit uns freundschaftlich verbunden gebliebene Lebensgefährtin von Onkel Max, die Zahnärztin Gritli Schmid, sie uns anbot, nicht widerstehen.

*

Aber ich befand mich schon in Stuttgart, als meine Mutter zusammen mit Felix da einzog, und weil es in der Riesenwohnung zu viele ungenützte Zimmer gab, kam auch noch Walter Plüss als Untermieter dazu, einer der vom Schauspielern zum Fernsehen hinübergewechselten Freunde, der sich später als Regisseur von gewagten Live-Reportagen einen Namen machte. So würde Mama wenigstens nicht ganz allein sein, war meine Überlegung, denn ich konnte von der Märchenwohnung nur noch profitieren, wenn ich am Wochenende nach Zürich fuhr, um sie zu besuchen. Und auch da wurde sie mir dadurch vergällt, daß sie nur halb möbliert und nicht richtig eingerichtet war und Freund Felix immer noch seine alten Besitzansprüche anmeldete. Während er, wie er mir später sagte, ein ganzes Jahr keine Frau mehr anrührte, und mir meine Mutter gestand, daß für sie, als ich im Zug wegfuhr und sie mir zuwinkte, bis ich nicht mehr zu sehen war, für sie »die Welt unterging«, ging ich nach Deutschland mit dem Lustgefühl und dem Freiheitsdrang wie ein Vogel, dem man die Käfigtüre aufmacht, damit er zum erstenmal seine Flügel gebraucht.
Nach dem Besuch von Dr. Jedele und seinen Begleitern rief die Fernsehdirektion aus Stuttgart verdächtig häufig bei mir an, um über Geschäftliches zu sprechen, und während wir scheinbar über Programmbeiträge und Austauschfilme verhandelten, gaben mir seine dahinter versteckten Komplimente und Zweideutigkeiten ein prickelndes Machtgefühl.
Dr. Jedele ließ nicht locker, er richtete es so ein, daß er noch einmal geschäftlich in die Schweiz fahren mußte. Diesmal war ich vorsichtiger, wir trafen uns in Bern, als ich zur wöchentlichen Programmsitzung nach Genf fuhr.
Es war leicht, Felix davon zu überzeugen, daß ich schon am Abend vor-

her bis Bern zu meinem Vater reisen wolle, um am Morgen nicht so früh aufstehen zu müssen.

In Wahrheit traf ich da Dr. Jedele, der mich in seinem hellblauen Mercedes aufnahm, um gemeinsam bis an den Genfersee zu fahren. Hier holte ich bei der Bauersfrau, die gegenüber unserem Ferienhaus wohnte, den Ersatzschlüssel, um in unserem geliebten Sommerparadies mit meinem extra dafür hergereisten Fernsehdirektor eine Liebesnacht zu verbringen.

Zuerst besuchten wir noch das zwanzig Kilometer entfernte Genf und machten auf meinen Wunsch einen Abstecher in den Nachtclub à la mode, das elegant-berüchtigte Ba-Ta-Clan.

Aber weiß der Himmel, ob es das heiße Programmspektakel, in dem mein Begleiter plötzlich klein und bieder wirkte, als er vergeblich versuchte, mit seinen schwäbisch gefärbten französischen Wortbrocken deutschen Sekt anstelle des teuren Champagners für unser »Türkenblut« zu bestellen – oder ob das Treffen vielleicht einfach zu lange vorprogrammiert war, jedenfalls wollte der Zauber des ersten Abends in der Kronenhalle sich einfach nicht mehr einstellen, als er beim Anblick der nackten Brüste der bildschönen Tänzerinnen seinen prallen Schenkel an den meinen drückte. Ich blieb erstaunlich unbewegt. Gegen Mitternacht fuhren wir dann zurück in das dreihundertjährige Ferienhaus mit den geschlossenen Läden und Fenstern, ein Geruch von Feuchtigkeit und Moder und alten Möbeln schlug uns entgegen, als ich die Eingangstüre aufschloß. Was mich sonst verzauberte, das machte mir jetzt Gänsehaut. Als vorsichtiger Hausbesitzer hatte mein Vater den Haupthahn des Wassers und der Elektrizität abgestellt, bei Kerzenlicht mußte ich jetzt nach Decken und Leintüchern suchen.

Das trug nicht zur Erhebung oder gar einer romantischen Stimmung bei, ich verfluchte jetzt meine ewige Nostalgie nach diesem Ort der Sehnsucht und fühlte nur noch das Bedürfnis, in den Arm genommen zu werden. Als ich dann in dem flackernden Licht der kleinen Petroleumlampe seinen rosigen und gut gepolsterten Körper sah, da schloß ich meine Augen. Eher unbeteiligt ließ ich eine Lektion in schwäbischer Liebeskunst über mich ergehen und dachte, seine Frau mache er damit sicher glücklich. Ich aber war weit davon entfernt, mich zu vergessen, im Gegenteil. Als er schließlich zufrieden grunzend an mich geschmiegt einschlief, wurde mir bewußt, daß wir im schönsten Zimmer des Ferienhauses, im knarrenden Bett meiner verstorbenen Großmutter lagen. Es

war immer mein Traum gewesen, hier, in dem etwas höher gelegenen, separaten Schlafgemach in der schönsten Lage, mit der schönsten Aussicht und den schönsten, alten Möbeln, oder zumindest daneben, in dem kleinen »gefangenen« Zimmer zu übernachten. Aber das war nur unserem verzogenen Vetter, Großmutters Lieblingsenkel, erlaubt. Wir, die Kinder der verhaßten Schwiegertochter, mußten im schattigen und tiefer gelegenen Teil des Traumhauses vorliebnehmen und hatten uns da in der Nacht immer etwas gefürchtet. Aber jetzt war Großmutter tot und ich hatte ihr Zimmer mit meinem verbotenen Liebhaber beschlagnahmt. Vielleicht gespensterte sie noch herum und wollte mir den Spaß verderben – so geht es, wenn man sich (unerlaubte) Träume erfüllt.
Der Morgen hielt mich dann für das eher mißlungene Abenteuer schadlos. Wie immer stritten sich unter dem Fenster in der alten Glyzinie die Spatzen, es trillerte und jubilierte nur so in der Luft, und durch die handgeklöppelten Spitzenvorhänge tanzten übermütig die Sonnenstrahlen. Etwas verspätet trat bei mir ein beglückendes Gefühl der Zärtlichkeit ein für diesen geliebten Ort voller zauberhafter Geräusche und Gerüche aus der Kindheit und vor allem für diesen für mich wichtigen und mächtigen Mann. Ich war froh, mit ihm jetzt wieder lachen und blödeln und sogar ein wenig flirten zu können, als wir gut gelaunt in ein Frühstückslokal am in der Sonne gleißenden See fuhren.
Für ihn jedenfalls war das kleine Liebeserlebnis, wie ich bemerkte, ein voller Erfolg. Und ich sollte das bald auch noch – und gar nicht so unproblematisch zu spüren bekommen. Er meldete, kaum war ich in Stuttgart, eine Art augenzwinkernde Vertraulichkeit, versteckte Besitzeransprüche an. Diese wurden mir ganz besonders peinlich, als Dr. Jedele es nicht lassen konnte, damit vor seinem Adlatus Martin Walser zu prahlen. Dieser wiederum, stets erpicht auf Schmunzel-Geschichten seines Direktors, hörte in dieser Beziehung das Gras wachsen.
Das brachte mir anfangs in Stuttgart die primordiale Aufgabe ein, mich diplomatisch und ohne Schaden aus den Netzen dieser für mich erloschenen Beziehung zu lösen, nicht ohne heimliche, aber wachsame Schadenfreude Walsers. Es gelang mir schließlich, weil Dr. Jedele eine schwäbische Frohnatur war und tatsächlich eine so glückliche Ehe führte, daß ich mich mit seiner Frau, einer ausgebildeten Ärztin (die über unser Abenteuer lachte), anfreundete, aber endgültig gelang es mir dann dank Martin Walser, mit dem sich Jedele auf bizarre Weise als sein

Alter ego identifizierte und sich voller Respekt zurückzog, als er meinte, Walser würde seinerseits mich umwerben.
Auf diese Weise wurde ich eingeführt und begann meine Laufbahn als erste weibliche Redakteurin des deutschen Fernsehens, das heißt, als erste Frau in einem »Männerhaufen«. Im September siedelte ich definitiv nach Deutschland über, vor mir die große Freiheit, hinter mir ein kleiner Scherbenhaufen.

SIEBTES KAPITEL

Die »Stuttgarter Schule«

Stuttgart hatte mich gewählt und nicht ich Stuttgart. Das war der kleine Unterschied: Ich wurde nicht wie eine Bettlerin, sondern wie eine Königin empfangen. Dies verdankte ich keinem Geringeren als dem Intendanten des Süddeutschen Rundfunks, Fritz Eberhard, höchstpersönlich, er wollte in seiner Gründungsmannschaft des Fernsehens eine Frau haben: die erste weibliche Redakteurin des deutschen Fernsehens. Eine Pioniertat, großartig, dachte ich. Noch heute bin ich ihm dafür dankbar.

Meine Freunde und Kollegen wunderten sich, daß ich ausgerechnet in Stuttgart, diesem großen, lärmigen und ohne Zweifel auch häßlichen »Millionendorf« (Einwohnerzahl damals: 750000), dem man in diesem Herbst 1956 die Wunden eines infernalischen Wahnsinnskrieges durchaus noch ansah, meine Traumstadt fand.

Niemand konnte das verstehen. Heinz Huber nicht, der kriegsversehrte, zurückhaltende Schwabe, ebenfalls nicht der leutselige Direktor Jedele und schon gar nicht Martin Walser, der, aus Friedrichshafen am Bodensee stammend, neidvoll und sehnsüchtig zum Schweizer Ufer blickte. Alle schwärmten davon: das unversehrte, kleine Land mit seinem hochmütigen, eleganten Zürich schien ihnen eine Trauminsel des Glücks und der Unversehrtheit, die sie magisch anzog.

Und ein bißchen von dem Zauber dieser Insel hing offenbar auch mir an. Dem »urbanen« und »eleganten« Wesen, wie Walser sagte, obschon ich mich gegen eine solche Identifizierung mit der heilen Schweiz erschrocken wehrte. Hatte ich doch alles, was an mir »schweizerisch« war, hinter mir gelassen. Sogar, wie ich hoffte, den verräterischen Akzent, die vielbelachten »Schweizerismen«. Denn was mich faszinierte, war der Lebensnerv eines großen Landes, spürbar gerade durch den Lärm, den Dreck und die Rücksichtslosigkeit dieser Großstadt.

Heinz Huber zeigte mir mein Büro: ein großes Eckzimmer mit zwei

Fenstern, einem riesigen Pult auf dem senfbraunen, spiegelblanken Linoleumboden ganz für mich allein, das war zwar nicht unbedingt mein Geschmack, aber eine große Ehre.
Im Vorzimmer saß Fräulein Helga Bahr, die mir als meine Sekretärin vorgestellt wurde und von nun an zu meiner Verfügung stand, ich würde sie mit dem Abteilungschef Heinz Huber und Kollege Peter Dreessen teilen.
Das war natürlich ein gewaltiger beruflicher Aufstieg. Aber auch ein unmißverständlicher Wink: man setzte höchste Erwartungen in mich. Und das hatte – Gott sei Dank – weder mit meinem Abenteuer mit dem Fernsehdirektor, noch mit meinem »Appell an den Sex« zu tun, wie meine Schwester es mit unverdrossener Hartnäckigkeit immer wieder nannte.
Es herrschte ein monumentaler Frauenüberschuß, daß die Frauen überall Hand anlegten, war selbstverständlich. Trotzdem gab es im öffentlichen Leben, der Politik, Kultur und Wirtschaft und vor allem im neugegründeten Fernsehen ausgesprochene »Männerbastionen«, in die Frauen aber gar nicht drängten. Taten sie es trotzdem, wie ich, dann wurden sie ein wenig wie ein exotisches Wundertier in einem zoologischen Garten betrachtet, dem man nicht gerade völlige Narrenfreiheit, aber doch Rücksicht und auch eine Art neugierigen Respekt entgegenbrachte.
Am meisten erstaunte mich, daß man das, was ich vorschlug, in einer für mich »unschweizerischen« Art ernst nahm. Es fehlten völlig das Mißtrauen und die Vorsicht meiner Landsleute – Eigenschaften, die mich schon immer verunsichert und genervt hatten.
Heinz Huber, unser Chef und Leiter der Dokumentarabteilung, nahm mich unter die Fittiche. Allerdings kam ich nicht darum herum, meine Vorschläge an den berühmt-berüchtigten, wöchentlichen Programmsitzungen einem größeren und weniger rücksichtsvollen Gremium vorzutragen. Beim erstenmal wurde ich hier sämtlichen Mitarbeitern, auch denen vom Killesberg, wo das große Fernsehstudio und die dazugehörende Produktion mit ihren Mitarbeitern lagen, vorgestellt. Hier nun lernte ich den harten Kern der Fernsehdirektion kennen, das Triumvirat Dr. Helmut Jedele, Hans Gottschalk und eine dritte Kraft, die alles antrieb und wie ein genialer Orchesterchef seine Musiker dirigierte: er hieß Martin Walser, war rechte Hand, Adlatus und Alter ego des Direktors. Jeder, der ihm nicht genügte, wurde von ihm erbarmungslos

niedergemacht, falls dieser es überhaupt noch wagte, den Mund aufzumachen.

Es fanden Redeorgien statt, verbale Schlachtfeste und Scherbengerichte, entfesselt von jungen Männern, die sich den Teufel um 50 Jahre Filmgeschichte scherten. Und ein Stückchen Filmgeschichte war immerhin anwesend in Gestalt des verdienstvollen Dr. Leonhard Fürst aus Bayern, der sich von Zeit zu Zeit zu Worte meldete, mit nicht mehr Erfolg als ein solider Schiffer, der sich dem Rheinfall bei Schaffhausen entgegenstemmt. »Ich habe keine Lust, mich mit Lausbuben herumzuärgern«, erklärte Fürst, als er sich nach zwei oder drei freudlosen Stuttgarter Jahren empfahl, um in die private Filmwirtschaft zurückzukehren, erinnert sich Dieter Ertel.

Heinz Huber aus der vornehmen Kulturredaktion, Ertel und ich gehörten bei diesen Sitzungen zu den Stilleren im Lande, und mit schadenfrohem Spott nannte Walser uns denn auch »die drei Parlandos«.

Nichtsdestoweniger nahm ich mit einem oftmals verzweifelten Verlangen, bei diesen Redeschlachten dieser beneidenswert wortgewaltigen Rasselbande mitzuhalten, an diesen wöchentlichen Programmkonferenzen teil. Die zahmen Sitzungen des Schweizer Fernsehens waren Sonntagsschulen dagegen.

Nicht nur beruflich, auch privat behagte mir dieses »Klima«, in dem ich wie eine sorgsam gehegte Pflanze prächtig gedieh.

Daß ich als junge, scheue Schweizerin auf Anhieb in diesen polternden »Männerhaufen« paßte und mich darin so unglaublich frei und geborgen fühlte, das hatte zweierlei Gründe: auf der einen Seite war ich seit meiner frühesten Kindheit die Auseinandersetzung mit meinem Vater, das heißt, einer als übermächtig empfundenen Macht männlichen Geschlechts gewohnt, es hatte immerhin sein Gutes, daß ich davor absolut keine Angst oder Scheu empfand, sondern diesen Kampf (meist für meine Mutter) mit Leidenschaft und großer Kraft führte.

Auf der anderen Seite wurde mit mir gerade von den härtesten und gefürchtetsten Kollegen äußerst behutsam und respektvoll umgegangen. Jeder, der etwas von mir wollte, klopfte an der Türe an. Selbst Martin Walser. Was ihn allerdings nicht daran hinderte, sich anschließend ungeniert auf mein Pult zu flegeln, meine Projekte und Ideen und Filme durchzusprechen und mir auch sonst die Würmer aus der Nase zu ziehen.

Zuerst war ich enttäuscht: Unter einem so gewaltigen und vielgelobten

Chefberater hatte ich mir etwas anderes vorgestellt, als diesen mittelgroßen blassen Bücherwurm, dem die zerknitterte, graue Hose gut sichtbar an altväterischen Hosenträgern über einer bereits ansehnlichen Bauchrundung schlotterte. Aber ich hatte nicht mit der Magie seines Charismas, das ihn von innen erleuchtete, wenn er redete, nicht mit derjenigen seiner blauen Augen, wenn er die Brille abnahm und sie prüfend auf mir ruhen ließ, gerechnet. Irgendwie mußte ich mich schon an dieser ersten Sitzung dagegen wehren, nicht zu erschauern, wenn der große Wortheld plötzlich schweigsam und nachdenklich wurde und mich wie mit schmerzlicher Trauer ansah. Eine liebenswürdige Finte, wie sich später zeigen sollte.
Aber trotzdem, die brave Brille und der altväterliche Anzug täuschten. Walser besaß ein fast mädchenhaft hübsches, weiches Gesicht und erinnerte mich an ein Jugendbild meines Vaters, der auch solche Vergißmeinnichtaugen besaß. Als Vater sich einmal als Frau verkleidete, machte er dermaßen Furore, daß es in die sonst so prüde und humorlose Familiengeschichte einging.
Die Rolle, die Walser damals für das Fernsehen im allgemeinen und die »Stuttgarter Schule« im besonderen spielte, war einzig, und es scheint mir wichtig, darauf hinzuweisen, solange sich überhaupt noch jemand daran erinnert. Denn hätte er das neue Medium, das für ihn Plattform und Sprungbrett für die Literatur war, nicht schon so früh verlassen, er wäre wohl der beste Nachkriegs-Intendant geworden, und das deutsche Fernsehen hätte sich ganz anders entwickelt. Denn damals war noch Phantasie gefragt und ein einzelner Intendant konnte viel verändern, hatte große Macht. Walser besaß einen unfehlbaren Geschmack und ein sicheres Feeling für Theater-, Film- und Fernsehregie, er war ein Programm-Macher par excellence, obschon er es nicht erlernt hatte, sondern wie wir alle daran – in Theorie und Praxis – herumlaborierte. Aber gerade das macht seinen und unseren Erfolg so einzigartig und so wichtig:
»Woischt, Bernie«, sagte etwa Martin Walser und hieb seinem Sitznachbarn auf die Schulter, »dei Sendung war Scheiße«. Ein Urteil, das die Revision schwierig machte.
Oder er erhob sich, um den Sitzungsraum, »Spankörble« genannt, zur Spielarena umzufunktionieren und eine Quizidee auszuprobieren, die er von irgendwo mitgebracht hatte. Flugs waren die Rollen verteilt, Walser selbst machte den Quizmaster, und spät in der Nacht trennte

man sich erschöpft, ohne klaren Verbleib über den Gesprächsgegenstand. Denn Walser, ein Meister in der Kunst, Programmideen rhetorisch durchzuboxen, war noch phänomenaler, wenn es darum ging, sie nicht selbst realisieren zu müssen. Wobei man laut Ertel der Gerechtigkeit halber erwähnen muß, daß er manches eben doch selbst realisierte, zum Beispiel einen beachtlichen Dokumentarfilm über Gomulkas Polen.

Für mich, das schweizerische, eher unbedarfte Greenhorn, dem ein altmodischer Vater das Hochschulstudium verweigert hatte, schien Walser in erster Linie atemberaubend gebildet, gleichzeitig ein begnadeter Wortkünstler, so daß seine Vorträge und Worttiraden oft auch an große Schauspielkunst erinnerten. Es kümmerte ihn jedenfalls nicht, ob das, was er so überzeugt verkündete, immer richtig war, es machte ihm einfach teuflischen Spaß, sich vor einem Publikum zu produzieren. Er wäre am liebsten Tenor geworden, sagte er mir einmal.

Jedenfalls war alles, was er tat und sagte, mit einem glühenden Engagement verbunden, die Politik, das Programm, Kultur- und Gesellschaft und – die Liebe.

Aber bis ich das begriff, mußte er noch eine ganze Weile warten.

Vorläufig begnügte er sich damit, an den Sitzungen immer wieder die Aufmerksamkeit auf mich zu lenken, um mich aus meiner schweizerischen Reserve herauszulocken, bis mein Chef Heinz Huber für mich eintrat: »Laß sie in Ruhe, sie hat nichts auf dem Papier, sondern alles im Kopf.«

Meine Pläne für Sendungen und Filme, die mußte ich ihm später unter Ausschluß der Öffentlichkeit unter vier Augen in meinem Büro erklären. An einer der ersten Sitzungen erntete ich einen unfreiwilligen Lacherfolg, als ein Bote ein Paket aus der Schweiz für mich überbrachte und mich die Kollegen grölend zwangen, es aufzumachen. Unter Gejohle und Gelächter zog ich aus dem Freßpaket meiner Mutter eine durchsichtige Tüte mit Marshmallows hervor, diesen rosa und weißen Schaumbonbons, die ich seit meinem Englandaufenthalt so liebte und die man in Deutschland noch nicht kannte: ich mußte die extravaganten Süßigkeiten verteilen.

Auch um den leutseligen Vorsitzenden Direktor Jedele kam ich nicht so ohne weiteres herum, vor allem an diesen wöchentlichen Zusammenkünften, wo er vor versammelter Mannschaft kleine Zweideutigkeiten von sich gab, um seine Ausnahmestellung bei mir zu dokumen-

tieren. Besonders angeregt wurde er zu diesem heimlichen Spielchen durch den Verdacht, daß sein vielbewunderter Adlatus mehr als berufliches Interesse an mir zeigte. Schließlich war es dann Walser höchstpersönlich, der mich aus dieser gefährlichen Schußlinie aus höchster Ebene befreite, und ihn zurückpfiff.
Jedele ließ es dabei bewenden, mich nicht mehr auswärts zu einem Kerzendinner, sondern zum Essen zu sich nach Hause einzuladen, und jeden Samstag gingen wir ab jetzt »en famille« mit seiner Frau zusammen ins Mineralbad Berg schwimmen. Hier mußte ich mich als Schweizerin erst an einen ungewohnt schaurigen Anblick gewöhnen, mit dem ich verspätet mit dem Krieg – der uns verschont hatte – konfrontiert wurde: in der offenen Garderobe hingen, wie bei uns in der Badeanstalt die Kleider, lauter Arm- und Bein- und andere Prothesen.
Ich fing an, mehrere Vorschläge für Sendungen auszuarbeiten, und schon bald flimmerte von mir eine »Kleine Tanzbodengeschichte« über den Bildschirm, die aus Filmausschnitten und selbstentworfenen Zeichentricks bestand. Hier kamen mir meine Ausbildung als Grafikerin und meine Freude am zeichnerischen Gestalten zustatten. Ich hatte mich ganz am Anfang in Bern bei dem »bernischen Walt Disney«, den Pinschewer-Films für eine Lehrstelle als Trickfilmerin beworben. Aber der in die Schweiz emigrierte Berliner hatte zeitlebens Existenzschwierigkeiten und gilt heute nur noch Insidern als Pionier. Der einzige Trost – und vielleicht der Grund, warum er mit einem so diffizilen Berufszweig in der dafür ungeeigneten Bundeshauptstadt blieb, war sein wunderschönes Haus in Berns schönster Lage, über dem Bärengraben und der Aare, mit Aussicht auf das Münster, erworben in einer Zeit, als solche Immobilien noch lange leer standen und einem »nachgeworfen« wurden.
In meinem Stuttgarter Trickfilm stellte ich unter anderem Elvis Presley und Bill Haley vor, dessen »Rock around the Clock« einen kleinen Skandal entfachte und mir wütende Briefe von erbosten Zuschauern einbrachte. Man gab diesem »Lärm« und diesen »Schreiern« keine Zukunft und nahm es mir übel, daß ich nach Walzer und Tango so etwas zu zeigen wagte.

*

Die Kritiken meiner ersten Filmdokumentation waren gut, ich hatte einen noch bescheidenen, aber doch schon sehr positiven Einstand damit gegeben.

Privat begannen sich aber einige Probleme einzustellen. Ich konnte bei Peter Dreessen, bei dem ich mich der Einfachheit halber vorerst einquartiert hatte, nicht ewig wohnen bleiben, allein schon deshalb, weil es bei ihm viel zu klein war. Und das, was zu Beginn positiv schien, wurde doch ziemlich unbequem und lästig: ich war nie mehr allein.
Ein zweiter Hamburger Gast war bei Peter eingezogen, als die »beiden Wellensittiche«, Dieter Ertel mit Frau, die Mansarde räumten und in ein hübsches Reihenhaus nach Ludwigsburg übersiedelten.
Und so uneigennützig, wie ich geglaubt hatte, war Dreessens Gastfreundschaft dann auch nicht, er hatte sich mit mir eine Ehe versprochen, gestand er mir eines Abends und ich konnte nicht anders, als an Walsers Worte denken: »Da ist echte Tragik, ein impotenter Schwuler.« Etwas anderes konnte ich nicht empfinden. Das zeigte sich noch deutlicher, als ein junger Kollege immer häufiger, ja schließlich jeden Abend zu uns in die Wohnung kam und anfing, mich ins Kino oder sonstwie einzuladen.
Er hieß Michael Pfleghar, wurde von allen nur »Micha« gerufen und war erst 22 Jahre alt. Ein großgewachsener, traumhaft aussehender Bursche, der mich mit seiner sanften Art und schlaksigen Schönheit an Felix erinnerte.
Eine zarte Beziehung bahnte sich an, von der ich ganz automatisch eine richtige Liebe erwartete. Deshalb ließ ich mir auch Zeit und genoß das erste Stadium der Verliebtheit.
Es fiel mir gar nicht auf, daß Micha nie allein war, sondern daß ihn wie ein Schatten ein junger Mann begleitete. Er hieß Klaus Munro und war Musiker. Er war bei allen beliebt, insbesondere bei Martin Walser, weil er sofort, wenn man mit ihm an irgendeinem Tisch saß, ein Kartenspiel hervorzog und damit Zauberkunststücke machte. Jeder war davon fasziniert; nur ich nicht. Diese Art von Unterhaltung, bei dem einer allein durch Geschicklichkeitsdemonstrationen die ganze Aufmerksamkeit auf sich zog, langweilte mich. Besonders da ich lieber mit Micha Pfleghar geflirtet hätte. Ich ahnte, daß Munro seinen Freund von mir ablenken wollte, aber ich konnte mir nicht erklären warum.
Als ich in diesem Herbst meine Stelle als Redakteurin antrat, war Michael Pfleghar zum Regisseur von Unterhaltungssendungen aufgestiegen. Diesen Aufstieg hatte er Martin Walser und dessen »homophiler Seite«, wie der es mir gegenüber ebenso scherzhaft wie grausam nannte, zu verdanken. Schöne Menschen faszinierten ihn nun einmal, wobei es ruhig

auch – ohne Hintergedanken – Männer sein konnten. In Pfleghar war Walser richtiggehend vernarrt, als ob er damit irgend etwas – vielleicht einen Häßlichkeitskomplex – kompensierte, ganz besonders, als sich zeigte, daß Micha tatsächlich sehr begabt war. Zusammen stellten sie den Unterhaltungsfilm »Eine kleine, große Reise« auf die Beine, der trotz einiger Schwächen schon eine Alternative zu den unsäglichen Kitsch- und Schnulzen-Unterhaltungssendungen des deutschen Fernsehens bot. Pfleghar hatte das Schweizer Unterhaltungssextett von Hazy Osterwald entdeckt, dessen Erfolg und internationale Karriere er damit garantierte. Vorher galt Hazy nichts in seinem Heimatland, ich erinnerte mich, wie er in einem Zürcher Kino an der Bahnhofstraße zwischen den Filmvorstellungen spielte und ein eher klägliches Dasein führte. Ohne den Ruf nach Stuttgart wären Hazy Osterwald und sein Showorchester nie so erfolgreich und international bekannt geworden, ebenso wie Catharina Valente und weiteren, ehrgeizigen Damen des Showgeschäftes, die den umschwärmten Micha Pfleghar ihre Entdeckung und Karriere verdankten.
Pfleghar war von Walser entdeckt, protegiert und ins kalte Wasser geworfen worden: für das deutsche Fernsehen eine großartige Bereicherung. Er trug maßgeblich zu dem Ruf der »Stuttgarter Schule« bei. Und die »Stuttgarter Schule« wiederum verhalf manchem zu einem bekannten und berühmten Namen, wie etwa Loriot, der mit Dieter Ertel seine ersten Sendungen machte, oder der Tiefseeforscher Hans Hass, der wie ein bildschöner Playboy aussah und mich immer wieder zu gemeinsamen Wochenenden auf irgend einer einsamen Insel oder seiner Yacht überreden wollte, und das trotz seiner attraktiven Frau Lotte Hass. Für die nächste, größere und abendfüllende Unterhaltungssendung von Micha hatte Klaus Munro die Musik und einige Schnulzen komponiert. Um diese zu interpretieren, holte er die bildhübsche und ehrgeizige Sängerin Inge Brück heran. Nach der Direktsendung, als wir wie bei jedem Abend, den der eigene Sender bestritt, alle noch gemütlich zusammensaßen, mußte ich zusehen, wie die stürmisch gefeierte junge Sängerin und die beiden Verantwortlichen, Micha Pfleghar und Klaus Munro, an der kleinen Bar eng gedrängt zusammenhockten, wie drei Paradepferde nach einem siegreichen Rennen. Die ganze restliche Welt schien um sie herum zu versinken.
Kurze Zeit später heirateten Michael Pfleghar und Inge Brück. Die Ehe dauerte zwar nicht lange, aber Micha heiratete weiter, oder besser gesagt, er ließ sich heiraten (ob mit oder ohne Ehering), es folgten Bibi

Johns, dann Heidi Brühl, Nancy Sinatra und Wencke Myrhe, ich habe diesen Mechanismus nie richtig begriffen, auch wenn ich von ihm meine zweite Tochter bekommen sollte. Er hatte zu seiner Mutter ein sehr inniges Verhältnis und hat vielleicht nur sie geliebt.

Immer häufiger saß Martin Walser nun in meinem Büro, um mir tief in die Augen zu schauen, wenn er mich über meine Pläne, meine Interessen und Filmvorhaben aushorchte. Sehr bald bemerkte ich, daß wir in vielen Dingen übereinstimmten, und sein Urteil über meine Arbeiten kompetent und auch respektvoll war, und vor allem, daß ich von ihm immer noch etwas dazulernen konnte. Ich kam mir ihm gegenüber ungebildet und vor allem politisch reichlich unbedarft vor, doch er meinte, daß ein Mangel an Schulwissen oft auch eine (geistige) Freiheit sei.

Trotzdem wehrte ich mich dagegen, dahinter mehr als berufliches Interesse zu sehen, besonders um den Kollegen, Sekretärinnen und dem stets neugierigen Direktor – die Walser nun immer, wenn man ihn nicht fand, bei mir suchten – keinen Gesprächsstoff zu liefern. Im übrigen hatte ich wenig Zeit, ich war gerade damit beschäftigt, bei Dreessen endlich auszuziehen.

Nach langem Suchen hatte ich wiederum eine Bleibe gefunden, über die Normalverbraucher nur den Kopf schütteln konnten. Aber ich brauchte in erster Linie ein ganz bestimmtes Ambiente, das mir Gemütlichkeit, Geborgenheit mit gleichzeitiger Unabhängigkeit und Freiheit versprach. Und das war in der großen Stadt, die meine Freunde einen »Steinhaufen« und »tags ein Häusermeer, abends ein Lichtermeer und nachts nichts mehr« nannten, alles andere als leicht. Zudem herrschte auch noch eine beachtliche Wohnungsnot. Schließlich mietete ich mich in einer rauchgeschwärzten Eckkneipe ein, die im ersten Stock ein paar Fremdenzimmer besaß, direkt an der lärmigen Neckarstraße. Das Lokal hieß vielversprechend Champigny-Bau, doch außer dem Namen erinnerte nichts an französische Lebensart, im Gegenteil, an jedem Abend war hier sehr deutscher Restaurations- und Bierbetrieb. Ich konnte vorne durchs Lokal oder auch durch den Hinterhof hereinkommen, über einen richtigen, großstädtischen, dreckigen und mit Fahrrädern, Kisten und Mülltonnen vollgestellten Hinterhof, der mich entzückte und tröstete in der braven Stadt, deren größte Tugend die »Kehrwoche« war. Gleichzeitig lag das Funkhaus nur ein paar hundert Meter davon entfernt an der gleichen Straße und war für mich in weniger als fünf Minuten erreichbar.

Es war genau das Ambiente, das ich brauchte und das sich auch segensreich und vorausschauend erwies, als Martin Walser mich als erster und einziger hier besuchte. Er wohnte damals noch 45 Kilometer außerhalb und war es gewohnt, im Hotel zu übernachten, bevor er bald darauf nach Friedrichshafen zog. Aber auch von dort mußte er jede Woche für einige Tage nach Stuttgart kommen, um seinen Posten im Stuttgarter Fernsehen wahrzunehmen. Von ihm kam dieser bedeutungsvolle Satz, im dunklen Fond seines kleinen Autos: »Herrgott, daß es dich gibt!« Ich wiederholte ihn für mich wie das Evangelium und dachte, wir hätten uns einfach zu spät kennengelernt. Aber das war ja korrigierbar. Und im übrigen hatte ich noch gar keine Zeit, über unsere Beziehung länger oder anders als mit viel vertrauensseliger Zärtlichkeit zu denken, ganz andere Ereignisse bekamen jetzt für mich Priorität:

In diese große Zeit des Stuttgarter Fernsehens gehört auch der Name Liselotte Pulver. Franz-Peter Wirth und Hans Gottschalk planten, nachdem sie Weihnachten 1954 das Fernsehspiel »Unruhige Nacht« mit Peter Lühr live mit großem Erfolg gesendet hatten, zum Ausklang des Jahres 1956 »Jeanne oder Die Lerche« von Jean Anouilh zu bringen. Die Geschichte der Jeanne d'Arc, die von Gott gerufen wurde, Frankreich zu retten und auf dem Scheiterhaufen endete, in der modernen Version des Franzosen, in der die kriegerische Jeanne nicht ein kämpferisches Mannweib zu sein hat, sondern ein zartes, naives Wesen, das zu seinem Schicksal kam wie die Lerche zu ihren Flügeln; also eine Rolle wie für Liselotte geschaffen.

Doch sie hielt von dem neuen Medium wie alle ihre Kollegen von Film und Theater noch nicht viel, um nicht zu sagen gar nichts. Sie lehnte die Rolle einfach ab. Wirth und Gottschalk kamen zu mir und baten mich händeringend, ein gutes Wort einzulegen. Ich rief Liselotte an, redete so lange auf sie ein, bis sie zusagte.

Voller Genugtuung überbrachte ich meinen Kollegen die freudige Nachricht. Für mich ging es auch darum, länger mit Liselotte zusammensein zu können. Die Proben dauerten vier Wochen, für meine Schwester eine ebenso große wie ungewohnte Strapaze. Ich wollte sie bei mir im Champigny-Bau unterbringen.

Die Inhaber, ein gutmütiges schwäbisches Ehepaar mit einer vierjährigen Tochter, die sich schon mit selbstgezapftem Bier an der Theke versorgte, setzten sich ein, um für Liselotte das Schönste und Beste, was sie zur Verfügung hatten, auf Hochglanz zu bringen: ein großes Eck-

zimmer mit zwei voluminösen, nebeneinanderstehenden Betten, assortierten Nachttischchen, Kommode und Spiegelschrank aus schwerer, dunkler Eiche, wie sie, zusammen mit volantverzierten Vorhängen, Bettüberwurf und Deckchen zu den Alpträumen deutscher Vorkriegs-Gründerzeit-Wohnkunst gehörten. Ich fand das Zimmer irgendwie herrlich in seiner protzigen und verblichenen Abscheulichkeit.
Liselotte, damals schon ein verwöhnter Filmstar, nahm den nostalgischen Alptraum mit einem lachenden und einem weinenden Auge zur Kenntnis. Sie hatte eine ganz andere Vorstellung davon, was in einem Hotel Luxus und Komfort bedeutet: es mußte absolute Ruhe herrschen in der Nacht, und neben dem Bett brauchte sie ein Telefon. Beides konnte ihr der Kneipenbetrieb an der lärmigen Neckarstraße denn doch nicht bieten. Wir zogen also ins teure Parkhotel.
Es war jetzt wieder wie in Zürich, wir machten alles zusammen, sie arbeitete tagsüber auf dem Killesberg im Studio an den Proben für die »Lerche«, ich bereitete unten in den Redaktionsräumen meinen Film »Kinder ohne Eltern« vor. Wiederum waren wir wie ein »Zwillingspaar« zusammen, wurden fotografiert und für Zeitschriften interviewt, herumgereicht und überall eingeladen, doch zog es Liselotte vor, im Hotel zu essen und früh zu Bett zu gehen. Es waren himmlische, unvergeßliche Momente meines Lebens – am liebsten hätte ich die Zeit angehalten und ewig so weitergemacht. Denn regelmäßig trafen wir uns spätestens am Abend, um zusammen zu essen und dann gemeinsam an ihrer schweren Rolle weiterzuarbeiten.
Am Beispiel meiner Schwester ist sehr leicht zu erklären, wo damals die Schwäche des deutschen Films und dann auch des deutschen Fernsehspiels lag. »Diese Desorganisation bei den deutschen Filmen ist wohl das Aufregendste, was es gibt«, sagte Liselotte. Doch hier in Stuttgart sorgte zu dieser Zeit die graue Eminenz, Hans Gottschalk, für Disziplin und Ordnung. Ihm kam an dem Renomee, das das Stuttgarter Fernsehspiel damals genoß, das größte Verdienst zu.
Bei der »Lerche« durchlitt ich mit meiner Schwester zusammen alle Ängste, die eine solche Premiere bedeutete. Es handelte sich um eine fast dreistündige Direktsendung, ohne Pause, ohne Unterbrechung oder hilfreichen Zwischenschnitt, keine Wiederholungen oder Korrekturen waren möglich. Für Liselotte bedeutete das nicht nur eine Mut-, sondern eine Kraftprobe. Sie war ja sehr zart und auch ein wenig hypochondrisch, aber wie immer nahm sie es auch als eine Herausforderung.

Sichtbare Mutproben waren ihre Art, etwaige Ängste aus der Kindheit zu überwinden. Sie verschrieb sich so sehr dieser Therapie, daß sie für sie zur zweiten Natur wurde. Zweidreiviertel Stunden lang waren die Kameras und dahinter ein Millionenpublikum mit grausamer Unbarmherzigkeit nur auf das Resultat, das Bildschirmspektakel nur auf dieses berührende Gesicht in Großaufnahme gerichtet, ohne von der dahinterstehenden Anstrengung auch nur das geringste zu ahnen. Lieselotte, die nie irgendwelche Tabletten nahm, keinen Alkohol trank und nicht rauchte, ließ sich von mir, bevor es losging, ein Beruhigungsmittel geben. Aber wir anderen, die in den kleinen Büros oberhalb des Studios an den Monitoren hingen und mitzitterten, hätten nicht weniger eine Beruhigungspille gebraucht.
Franz-Peter Wirth hatte sich nach meinem Hinweis mehrere Male den berühmten Filmklassiker von Karl Dryer angesehen und an der legendären Falconetti Maß genommen. Ein Risiko, das dank Liselottes ergreifendem Spiel und fotogenen Gesicht auf beglückende Weise aufging. Die Live-Sendung »Jeanne oder Die Lerche« wurde eine Sensation, setzte Maßstäbe und schrieb Bildschirm-Geschichte.
Ein unbeschreiblicher Jubel ging – nach einer perplexen und benommenen Stille, vor allem bei den Akteuren und Liselotte – los. Alle fielen sich gegenseitig um den Hals, beglückwünschten sich, ob sie nun Schauspieler, Regisseur, Kameraleute oder sonstige Mitarbeiter waren. Aus dem ganzen deutschsprachigen Gebiet regnete es Anrufe und Glückwunschtelegramme, für Stunden waren die Leitungen blockiert. Gustaf Gründgens, Bundespräsident Theodor Heuss und alles was Rang und Namen hatte, waren unter den Gratulanten.
Am nächsten Morgen schlief Liselotte aus, dann frühstückten wir noch zusammen und jetzt hieß es für sie schon wieder Koffer packen. Am gleichen Abend noch, es war der 31. Dezember, ungeachtet der Silvesternacht, wollte sie mit dem Schlafwagen nach Hamburg fahren, um mit dem Film »Zürcher Verlobung« von Helmut Käutner anzufangen.
Es wurde ein unruhiger und aufregender Nachmittag, an dem wir nicht mehr viel voneinander hatten. Immer wieder kamen Anrufe, Glückwünsche, Blumen und unersättliche, enthusiastische Besucher.
Gegen 20 Uhr begleitete ich Liselotte auf den Bahnhof und sah dem Zug nach, bis das Schlußlicht im Nebel verschwunden war. Dann kehrte ich allein ins Hotel zurück.
Noch nie hatte ich mich in Stuttgart so elend gefühlt, mit jedem Schritt,

mit dem ich mich dem Hotel näherte, wurde es mir schmerzlicher bewußt: die Türe zum Bad und Liselottes Zimmer waren jetzt abgeschlossen, das Einzelzimmer, das als Komfort nur ein weißes Waschbecken besaß, kam mir vor wie ein Gefängnis.
Um die traurige Stimmung loszuwerden, verkroch ich mich ins Bett, was die schlechteste Idee war: jetzt ging in Deutschland das Feiern und die Feuerwerkknallerei los. So etwas gab es in der Schweiz nur am 1. August, dem Nationalfeiertag, ich hatte das besinnliche und dezente Geläute der Kirchenglocken erwartet, mit dem man in der Schweiz das neue Jahr einläutet. Der Lärm und die panikartige Trauer ließen mich nicht schlafen, ich zermarterte mir den Kopf darüber, wie nah und fern einem ein geliebter Mensch doch sein kann.
Noch nie hatte ein neues Jahr so traurig und einsam begonnen wie an diesem Morgen, als ich im »schmalen Handtuch« des Parkhotels erwachte. Überstürzt packte ich meine Sachen zusammen, kaum nippte ich an dem Frühstück, das mir wie gewohnt hinaufgebracht wurde. Es war unsere Lieblingsmahlzeit gewesen.
Dann fuhr ich mit der Straßenbahn zurück in den Champigny-Bau. Dort erwartete mich ein kleiner Trost: die Wirtsleute waren bereit, mir für einen kleinen Aufschlag statt des winzigen Notzimmers das monumentale Doppelzimmer zu vermieten. Es war herrlich scheußlich und herrlich gemütlich, als erstes ließ ich mir heißes Wasser in die Badewanne laufen.
Doch das Lokal war am Sonntag geschlossen und die ungewohnte Stille und Leere in dem sonst so lärmigen Haus trieben mich hinaus auf die Neckarstraße in Richtung Funkhaus. Hier war an einsamen Abenden und an Wochenenden meine Heimat. Längst hatte ich mir angewöhnt, mich hierher zu flüchten, wenn ich mich einsam fühlte. Ich tröstete mich einmal mehr mit meiner Sendung, das war das Gute an der Situation: der Gedanke an meinen Film war fast wie Liebe, er beflügelte mich und ich hegte dafür die höchsten Ambitionen, es sollte ein richtiger kleiner Spielfilm, aber nichtsdestotrotz eine zeitkritische Dokumentation werden.
Trost und Zuflucht boten mir an den trostlosen Wochenenden auch meine Freunde, allen voran Heinz und Gisela Huber, zu denen ich durch einen kleinen Fußweg durch Schrebergärten an die Robert-Boschstraße hinaufpilgerte.
Oft ging ich an toten Sonntagen auch zu Ertels, die in einem hübschen

Reihenhaus lebten: Dieters Frau war eine nordisch-herbe Schönheit, die mich ein wenig an Greta Garbo erinnerte. Er, der typische, großgewachsene, brillentragende Norddeutsche, zusammen waren sie ein flottes, fast gleich großes, schönes Paar, das ich gerne besuchte, weil ich mich mit beiden, aber vor allem mit meinem Kollegen und Kumpel Dieter, glänzend verstand.
Ich merkte, daß der Champigny-Bau und seine Fremdenzimmer bei all ihrer Gemütlichkeit doch eher eine Hintertreppenadresse waren.
Doch in Stuttgart waren die meisten Häuser noch mehr oder weniger Ruinengrundstücke.
Ich mußte es bald aufgeben, in der Nähe des Funkhauses, in oder oberhalb von Dreessens Werastraße – meiner Traumgegend – etwas zu suchen. Wohl oder übel verschlug es mich auf die andere Seite, dahin, wo ein pfiffiger Hutmacher namens Lämmle auf seinem Ruinengrundstück das Gras wachsen hörte und gerade dabei war, einen viereckigen, schneeweißen Hochhaus-Koloß auf vier schwindsüchtigen Betonpfeilern zu erstellen. Es hatte 13 Etagen und eine Dachterrasse, befand sich noch im Rohbau, trug aber bereits den pompösen Namen Hölderlin-Hochaus. Und das beste: Einzelne Wohnungen waren schon bezugsbereit.
Obschon nicht ganz frei von Aberglauben und Klaustrophobie in Liften, entschied ich mich schließlich für die Zwei-Zimmerwohnung in der obersten, der dreizehnten Etage, die zwar keinen Balkon, dafür aber einen Abstellraum besaß und eine Treppe, die zur Dachterrasse führte. Hier konnte ich als eingeschworene Sonnenanbeterin im Badeanzug und mit wenigen Schritten das Sonnendach erreichen. Das und die atemberaubende Aussicht durch die großen Fenster machten die typische, banale und phantasielose Nachkriegsarchitektur der Wohnung wett, sie bestand aus zwei weißen, rechteckigen, schneeweiß getünchten Räumen, einer winzigen fensterlosen Küche und einem ebensolchen Badezimmer, man mußte sie gewissermaßen mit der Lupe suchen. Bis hin zum Gaswerk in Cannstadt konnte ich, wenn ich am Schreibtisch saß, sehen, aus dem an bestimmten Tagen schneeweiße Wolkengebilde senkrecht in den Himmel stiegen, die an die gefährliche Schönheit des Atompilzes von Hiroshima erinnerten. Und von weitem konnte ich sogar bis zu der Dachwohnung der Hubers hinaufsehen, wir hätten uns mit Hilfe eines Fernrohres zuwinken können.

Im Frühjahr 1957 zog ich in mein neues Zuhause ein und hatte nun, wie Horst Jaedicke auf einer Programmsitzung verkündete, »die schönste Wohnung von Stuttgart«, obschon er sie gar nicht kannte.
Ich mochte Horst Jaedicke, solange er noch nicht Fernsehdirektor war, recht gerne. Wie Dr. Jedele war er eine schwäbische Frohnatur, die immer, wenn man ihm auf dem Flur, der Treppe oder an den Sitzungen begegnete, einen Witz oder eine spöttische Bemerkung parat hatte und den Eindruck erweckte, stets bester Laune und ein zuverlässiger Freund zu sein.
Doch solange Walser da war, gehörte Horst Jaedicke am Stuttgarter Fernsehen zu den Schattengewächsen, die niemand – ich am wenigsten, beachteten. Dieser »intellektuelle Hochmut« hat sich denn auch bei mir bitter gerächt, als Horst Jaedicke ans Ruder kam und zuerst provisorischer, dann endgültig Stuttgarter Fernsehdirektor wurde.
Es war gar nicht so leicht, aus der Geborgenheit einer lärmigen und stinkenden Hinterhof-Idylle in die sterile Sauberkeit eines modernen Luxusappartements zu ziehen. In der ersten Nacht machte mir vor allem die schwindelnde Höhe zu schaffen. Überraschend war auch das Gefühl von Isolation in den ersten Tagen, die Menschen auf der Straße sahen wie Ameisen, die Straßenbahnen wie Spielzeuge aus, das Leben schien sich ganz weit unten, auf einem anderen Stern abzuspielen. Zu zweit mußte das faszinierend sein – allein hatte es etwas Beängstigendes.
Ich bat meine Mutter zu kommen. Es ging ihr wieder gut, auch wenn sie vor gelegentlichen Zusammenbrüchen noch nicht gefeit war. Sie, die sich immer darauf gefreut hatte, wenn wir Kinder einmal aus dem Haus seien, damit sie sich ganz ihrem Gesang widmen könnte, vertrug das Alleinsein noch weniger als ich.
Hier in Stuttgart, im sich immer mehr belebenden Hochhaus, war sie ganz in ihrem Element und brachte Leben in die Bude. Sie freundete sich mit Mitbewohnern an, die sie mit ihrem Humor, ihrer Hilfsbereitschaft und Großzügigkeit begeisterte, wie etwa die hübsche Französin Josette Wehner, die ihrem Mann, dem deutschen Musiker und Komponisten Gerhard Wehner hierher gefolgt war.
Trotzdem überfielen mich an den Wochenenden Anfälle von Melancholie. Am ersten oder zweiten Sonntagnachmittag, als meine Mutter schon da war, hielt ich es zu Hause nicht mehr aus und ging noch einige Stunden ins Funkhaus. Bis zum Bahnhof fuhr ich mit der Straßen-

bahn. Dann eilte ich zu Fuß durch den Schloßpark, der sich bis zum Funkhaus und noch weiter neben der brodelnden Neckarstraße als eine grüne Oase dahinzog.
Es war wie eine Metamorphose: wo sich mir eben noch durch ein Gefühl der Einsamkeit und der Enge die Kehle zugeschnürt hatte, wurde ich jetzt wie verzaubert durch das malerisch verwilderte Parkgelände, in dem sich schmale Kieswege durch wildes Gras und bis auf den Boden hängende Büsche schlängelten, vorbei an dem vor sich hinträumenden Weiher, in dessen moosgrünem Wasser sich überlebensgroße Marmorskulpturen von Frauen mit edlen Gesichtern und wallenden Gewändern und erhobenen und zum Teil abgebrochenen Armen oder Fingern spiegelten.
In meinem Film »Kinder ohne Eltern« benutzte ich dann den Schloßpark als roten Faden, indem ich den »Hauptdarsteller«, einen rothaarigen Jungen aus dem Waisenhaus, durch die Wege gehen, laufen, oder flanieren ließ und den Kameramann all die romantischen Details eines leicht vergammelten, aber malerischen Überbleibsel des ehemaligen Parkes eines Königsschlosses auskosten und einfangen ließ. Es war meine erste, selbständige Filmarbeit, wie ich sie selbst in Zürich nie realisiert hatte.
An einem Morgen kam Dieter Ertel zu mir: »Ich brauche für meinen Film einen Sprecher, der auch Französisch kann. Weißt du jemanden? Kannst du mir jemand empfehlen?«
Ich brauchte keine Sekunde: »Ja, natürlich, Roman Brodmann.«
Im Auftrag von meinem Kollegen ließ ich meinen ungetreuen Kunden, der mich in Zürich auf so schmähliche Weise versetzt hatte, nach Stuttgart kommen. Es war eine selbstverständliche Freundschaftsgeste meinem Arbeitskollegen gegenüber, irgendeinen anderen Hintergedanken hatte ich nicht. Brodmann war dann den ganzen Tag bei Dieter Ertel im Sender und am Abend lud er mich zum Essen ein. Es war sympathisch und gemütlich, nur mit einem hatte ich ganz und gar nicht gerechnet, das aber offenbar für den blauäugigen Schwerenöter selbstverständlich war: er wollte bei mir übernachten. So naiv können treue Frauen, oder besser gesagt, untreue Freunde sein, ich dachte von Anfang an überhaupt nicht (mehr) – er dachte offenbar überhaupt nur noch an unser Abenteuer. Es war ein großes Mißverständnis.
Ich hielt es noch immer mit Goethe: nichts ist besser begraben als eine erloschene Liebe, und darin war ich eisern und vielleicht auch ein we-

nig schweizerisch und stur, kurz, bei aller Freundschaft: dieser Gast war mir zu gefährlich. Nur, er hatte noch kein Hotelzimmer.
An und für sich wäre es kein Problem gewesen, eines für ihn zu finden, denn es war ja noch recht früh. Aber: in Stuttgart fand gerade eine Messe statt und es hatte schon den ganzen Tag geschneit. So versuchten wir zuerst aus einer Telefonkabine unser Glück. Zuerst die Pensionen, die ich kannte und die am preisgünstigsten waren, dann die teureren Hotels und schließlich die der Luxusklasse, das Parkhotel und das Reichsbahnhotel. Nichts zu machen. Alles bis auf die letzte Badewanne ausgebucht.
Stillschweigend fuhren wir bis vor mein Hochhaus zurück. Kannte ich denn kein Erbarmen? Die Schneeflocken schlugen lautlos an die Wagenscheiben, schmolzen und liefen hinunter, wie stumme, glitzernde Tränen und es hätte sogar sehr romantisch sein können.
»Und wenn du in deinem Auto übernachten mußt, ich habe kein Erbarmen«, sagte ich. »Du bist mir einfach zu gefährlich.«
Ich weiß nicht, wie er die Nacht verbrachte, aber ich glaube, er hat es mir lange nicht verziehen, selbst als er der Lebenspartner meiner Freundin Gisela Huber, der Witwe von Heinz Huber, wurde.

*

Eine der beliebtesten Serien (mindestens so erfolgreich wie »Zeichen der Zeit«), die zu dieser Zeit in der Kulturabteilung unter Heinz Huber entstand, waren »Personality-Portraits« von Persönlichkeiten der ›goldenen Zwanziger‹, Schauspieler, Songwriter und Sänger, Autoren und Kabarettisten, die noch lebten und die ins Studio eingeladen wurden, wo man um das Gespräch mit ihnen einen Rahmen aus Dokumenten, Fotos und Filmausschnitten baute. Da aber live gesendet wurde und man noch nicht von allem Aufzeichnungen machte, gingen diese einzigartigen Zeitdokumente für die Nachwelt verloren.
Peter Dreessen, Dieter Ertel und ich wurden von Huber dafür delegiert. Ich erinnere mich an Sendungen mit Walter Mehring, Lotte Lenya und anderen. Mir wurde in diesem Sommer die legendäre Berliner Göre Trude Hesterberg übertragen, die mir als Schweizerin und infolge des Altersunterschiedes unbekannt war. Ich fuhr also auf Hubers Geheiß zur Recherche nach München, um sie in ihrem reizenden Puppenhäuschen außerhalb Münchens zu besuchen. Sie schickte ihre ebenfalls bereits betagte Sekretärin zum Münchner Bahnhof, um mich im

Auto abzuholen und in einer lebensgefährlichen Fahrt zu ihr zu bringen. Hier erzählte sie mir ihr Leben, zog für mich aus Schubladen und Schränken Erinnerungsstücke, Fotos und alles, was sie sonst aus dieser Zeit noch besaß, und wir arbeiteten an dem gemeinsamen Aufbau mehrere Tage.

Dann fuhr ich mit meiner Mutter zu Liselotte nach Salzburg, wo sie für die Festspiele die Emilia in Lessings »Emilia Galotti« probte. Wir wohnten im vornehmen Schloßhotel Klessheim, etwas außerhalb von Salzburg, wo alle großen Stars der Mozart-Stadt und ihren berühmten Festspielen mit dem unvermeidlichen »Jedermann« (den wir selbstverständlich auch besuchten) zu logieren pflegten. Für mich war das, was für Liselotte bereits zum normalen Leben gehörte, atemberaubend. Besonders wenn ich sah, wie der fast überirdisch schöne Will Quadflieg mit wallendem, schwarzen Mantel und breitrandigem Hut rezitierend durch die lange Baumallee wandelte – ein Bild wie aus einer anderen Welt oder einer romantischen, vergangenen Zeit. Einmal begegnete ich ihm so, als ich in der Rezeption stand, ich hatte ein tiefausgeschnittenes, königsblaues Seidenkleid an, das meine gebräunte Haut vorteilhaft zur Geltung brachte. Er starrte mich an: »Kennen wir uns nicht?« – und als ich ihm erklärte, daß ich Liselottes Schwester sei, fing er an, ungeniert mit mir zu flirten. Da stand wie aus dem Boden gewachsen die schnaubende Furie Maria Becker vor uns. Von Liselotte wußte ich, daß sie gemeinsam mit Will Quadflieg in einem Doppelzimmer wohnte und sie zusammen ein Tournee-Theater planten. Maria Becker hatte ihren Mann Robert Freitag verlassen, von dem man sagte, daß er sie – und sie ihn – von der Homosexualität »errettet« und zur »normalen« Liebe konvertiert hätte. Lange Zeit galten sie als ein sehr glückliches Ehepaar.

Die Beziehung von Liselotte zu dem betont Bayrisch schwadronierenden Albrecht Schulze-Liedl war ebenso merkwürdig wie er selbst. Er sah so gut aus, daß es mir den Atem verschlug bei der ersten Begegnung, obschon er überhaupt nicht annähernd mein (oder Liselottes?) Typ war. Er wohnte auf einem großen Landgut nahe München – damals eine absolute Seltenheit in unseren schweizerischen Begriffen, einziger Erbe, was faszinierend und gleichzeitig beängstigend war. Suchte er eine Frau zum Kühe hüten oder eine berühmte Schauspielerin zum Renommieren? Liselotte hat es nie herausgefunden. Er unterhielt außer meiner Schwester noch mehr oder weniger wichtige Nebenfrauen, so eine mysteriöse Antiquitätenhändlerin, die altersmäßig seine Mutter hätte sein

können. Um so einen Mann zu kämpfen, dafür war Liselotte nun wirklich nicht gemacht.
Aber offenbar auch nicht für die Rolle der Emilia Galotti. Noch nie hatte sie vor einem so prominenten Publikum Theater gespielt.

»Die berühmtesten Schauspieler deutscher Sprache waren meine Partner: Ewald Balser, Raoul Aslan, Ernst Ginsberg, Will Quadflieg, Maria Becker, Hannsgeorg Laubenthal. Jeder einzelne war eine Legende, eine Übermacht, die mich nicht mitriß, sondern erdrückte«, schrieb sie in ihren Memoiren.

Mir aber hatte der Aufenthalt in der wunderschönen Mozartstadt einen ungeheuren Auftrieb gegeben. Frisch gestärkt und bereit, nunmehr wieder mit Programmbeiträgen Berge und männliche Hindernisse zu versetzen, fuhr ich nach der Premiere mit Mutter und Hund nach Stuttgart zurück, um mich ganz der Sendung mit Trude Hesterberg zu widmen. Allein durch die Präsenz und die Schlagfertigkeit der quirligen Siebzigerin wurde sie ein Ereignis, bei dem nur eines zu bedauern war: daß sie, als die Lichter ausgingen, wie eine bezaubernde Sternschnuppe ausgelöscht und ins ephemere Archiv verblassender Erinnerung verpufft war.
Einer, der mir in dieser Zeit die ewige Warterei und Einsamkeit verschönte, das war der als notorischer Frauenfeind bekannte Hans Gottschalk. Er machte mir sogar einen Heiratsantrag, der daraus bestand, daß er mir die nackten Füße kitzelte.
Er war ein großer Musikkenner, und wie viele liebte er es, zu Schallplattenkonzerten zu dirigieren. Er trank etwas zuviel an diesem Abend, und als er sich nach Mitternacht verabschiedete, hörte ich ihn die ganzen dreizehn Stockwerke hinunter in Lift laut grölen und (falsch) singen. Auch wenn er nichts erreicht hatte – oder vielleicht gerade deshalb –, war er über seinen ersten Heiratsantrag, mit dreißig Jahren, stolz und glücklich wie auf eine mutige Heldentat.

*

An Weihnachten fuhr ich mit meiner Mutter in unser Elternhaus nach Bern. Zwar waren diese Feiern am Heiligen Abend unter dem geschmückten Tannenbaum mit sämtlichem traditionellem Zubehör wie aus der Bibel vorlesen, Vorspielen am Klavier, Absingen frommer

Lieder und meist enttäuschenden, unerwünschten Geschenken der schrecklich-schöne Alptraum meiner Kindheit, aber im Vergleich, was dieses Fest von Jesu Geburt und der Liebe in Stuttgart zu werden drohte, schien es mir der Inbegriff von berührender Nostalgie und heimlicher Sehnsucht, von Geborgenheit und Wärme. Denn alle Kollegen hatten schöne Pläne im Kreise der Familie. Selbst das Funkhaus würde bis auf den einsamen Pförtner und einige Senderäume vom Radio ausgestorben sein.
Kaum zu Hause, verspürte ich aber wieder die Enge und unerträgliche Sehnsucht, der Tannenbaum, den meine Mutter in aller Eile für mich und den wie so oft schlecht gelaunten und sorgenvollen Vater schmückte, konnte die Trauer und Beengung nicht verscheuchen. Da war ich denn froh, daß Heinz Huber mir aufgetragen hatte, nach Sitten zu fahren und den Gletscherpiloten Herrmann Geiger aufzusuchen, um mit ihm eine Live-Sendung zu planen. Ohne viel Enthusiasmus fuhr ich zwischen Weihnachten und Neujahr los, das Thema schien mir mehr eine Pflicht als etwas, woraus man viel machen konnte.
In Sitten wurde ich von Herrmann Geiger in seinem typischen Walliserhaus mit einem »währschaften« Essen, das seine Frau für uns gekocht hatte, empfangen. Er war braungebrannt, mit hellen, strahlenden und wachen Augen, die mich wohlwollend musterten, während er mir von seinen Heldentaten in seinem kleinen Flugzeug, mit dem er die waghalsigsten Rettungsaktionen durchführte, erzählte. Er war als Gletscherpilot weit über die Schweizer Grenzen hinaus bereits eine Legende.
Und weiß der Himmel, wie es kam, oder was für geheime Kräfte in dem quirligen und berühmten Meisterpiloten steckten, als ich dann auf der Heimfahrt im Zug saß und mich in die roten Samtpolster drückte, da fühlte ich mich wie ein umgedrehter Handschuh. Irgendwie hatte der Funke zwischen uns gezündet. Gut gelaunt und fröhlich ein Liedchen trällernd, verbrachte ich zu Hause den Abend, zum erstenmal, daß ich unseren pittoresken Malerweg und den pfeifenrauchenden Vater richtig genoß. Er war als junger Ingenieur zwei Jahre in Sitten engagiert gewesen und wußte viel zu erzählen, wie oft hatte er uns, als wir noch Kinder waren, auf anstrengenden Touren und in seine geliebten Berge geschleppt. Nun zeigte ausgerechnet ich, die Bergtouren und insbesondere das Wallis aus diesem Grunde immer gehaßt hatte, neugieriges Interesse und munterte meinen Vater auf, seine Kenntnisse zum besten

zu geben. Meine Mutter konnte nur noch so staunen! In den nächsten Tagen wurde ich von Telefonanrufen des Rettungspiloten verfolgt und sein Walliser Akzent klang wie süße Musik in meinen Ohren. Er hatte offensichtlich noch viel mehr als ich Feuer gefangen. Ein Anruf bei Heinz Huber in Stuttgart genügte, um mir für die weitere Planung der Sendung grünes Licht zu geben. Sogar einen Sendetermin hatte Huber vorsorglich vor meiner Abfahrt schon gebucht.

Fröhlich fuhr ich Anfang Januar mit meiner Mutter nach Stuttgart zurück und konzentrierte mich nur noch auf die bevorstehende Sendung. In zärtlich-turtelnden Telefonaten brüteten Geiger und ich eine Möglichkeit aus, uns während seinem Stuttgarter Aufenthalt näher miteinander zu befassen. Ich war richtig froh, mich von Walser etwas abzulenken und von der ewigen Warterei zu erholen. Er wurde während den Festtagen und auch noch später völlig von seiner Familie und der weiteren Verwandtschaft in Beschlag genommen.

Am Tag der Sendung wollte Geiger mit dem Zug um sechs Uhr morgens ankommen und von mir am Bahnhof abgeholt werden. Da die Probe im Studio erst um zehn Uhr angesetzt war, überließ er es mir, die Zeit dazwischen nett zu planen. Ohne den Wecker stellen zu müssen, erwachte ich pünktlich und marschierte im Morgengrauen zum Bahnhof. Es war empfindlich kalt. Der Zug kam, aber als er wieder weiterfuhr, war keiner ausgestiegen. Einsam und verloren stand ich auf dem Bahnsteig. Es blieb mir schließlich nichts anderes übrig, als wieder nach Hause zu gehen und zu versuchen, mich im erkalteten Bett zu erwärmen. Nach einiger Zeit schrillte das Telefon: er sei zwar im Zug gewesen, hätte aber Stuttgart verschlafen, meinte mein Held kleinlaut. Jetzt stehe er am Bahnhof und würde ein Taxi nehmen. Zehn Minuten später war er da. Ich zog ihn gleich in mein Zimmer, um meine Mutter nicht zu wecken. Er begann mich zu umarmen und zu küssen, und ich bemerkte, daß er kaum größer war als ich, ein Grund, mit ihm schleunigst aufs Bett zu fallen. Es ging ruck zuck, und er begann, zufrieden und freundlich zu grunzen. Das Ganze hatte kaum ein paar Minuten gedauert, und ich begann zu begreifen, warum früher Ehefrauen, die doch Mütter wurden, von dem, was man eine erfüllte Liebe nennt, nichts verstanden. Auch unsere Mutter hatte das immer beklagt. Ich hatte mir das nie so recht vorstellen können, aber jetzt, als ich die zufriedene, neben mir liegende Schweizer Legende sah, ging mir ein Licht auf. Der für seine kühnen Landungen und Rettungseinsätze berühmte Flieger war friedlich eingeschlafen. Ich nahm es mit Humor und ließ ihm von Mama einen starken Kaffee kochen. Nachher wandelten wir gemeinsam ins Studio, wo der von allen bestaunte Gletscherpilot mir wie ein Hündchen folgte und gehorchte. Es ist nicht übertrieben, wenn ich sage, daß die Livesendung, bei der übrigens ein alter Kollege und Freund aus Genf vom französisch-schweizerischen Fernsehen, Jean-Claude Lagrange am Regiepult saß, weil es eine Gemeinschaftssendung werden sollte, ein großer Erfolg wurde und begeistertes Echo fand.

Am Abend bettelte er wie ein kleiner Junge, es sei so schön gewesen, er habe noch nicht genug und möchte mit mir noch einmal schlafen. Es dauerte nicht länger und war nicht anders als am Morgen, ich hatte überhaupt nichts davon, aber das war mir zu dem Zeitpunkt bereits völlig egal, so schnell wie gekommen, war die kleine Verliebtheit vorbei, ich war froh, daß ich ihn nach der Sendung dann gleich auf den Zug bringen konnte.

Später wurde mir erzählt, daß sich Herrmann Geiger durch seinen steigenden Ruhm zu einem unverbesserlichen Schürzenjäger entwickelt hatte, und vielleicht war das dann sogar an seinem frühen Tode schuld: anläßlich einem Lehrflug mit einer jungen Flugschülerin stürzten beide tödlich ab.

*

Ich hatte inzwischen Huber den Film »Ein Hundeleben« vorgeschlagen, über Mißhandlungen und Tierquälereien und andere Skandale. Ich durfte sofort mit den Dreharbeiten beginnen und ich hatte keine Ahnung, was ich mir damit einbrockte, selbst dem Team, alles Männer, die den Krieg erlebt hatten, war es fast zuviel:

Bei Nacht und Nebel fuhren wir morgens um fünf Uhr zum Schlachthof hinaus. Im trüben Dämmerlicht des erwachenden Tages standen in Reih und Glied an einer Stange angebunden Hunderte von Kühen, die jämmerlich muhten. Es war so herzerweichend und schauerlich, daß es auf mich wie bildgewordene Todesangst wirkte und ich vor lauter Mitgefühl anfing zu heulen. Ich wußte nicht, daß es nicht die Angst, sondern der Hunger war, der die Tiere so laut um Hilfe rufen ließ, denn wegen dem Gewicht durften sie im Moment der Schlachtung nichts im Magen haben – aber das kam für mich auf dasselbe heraus. Im Gegenteil, ich fand es noch schlimmer. Ich würde hier nicht arbeiten können, sagte ich den Kollegen. Auch sie waren zutiefst betroffen und schlugen

vor, in dem an Schlachttagen geöffneten Erfrischungsraum einen heißen Kaffee und uns gemeinsam Mut anzutrinken.
Anschließend warfen wir uns in die sprichwörtliche Schlacht. Ich wies Dieter Mährlen an, einfach alles »mitzunehmen«, das heißt, ohne Unterbrechung zu drehen, denn was wir da mitbekamen, das forderte zwar zuerst Mitleid und Traurigkeit, aber dann immer mehr nur noch ungeheure Wut heraus: die vor Angst störrischen und jämmerlich schreienden Kälber wurden rücksichtslos über eine Stiege heruntergeworfen, und blieben zum Teil hängen oder glitten aus, niemand kam ihnen zu Hilfe, im Gegenteil, sie wurden noch geschlagen und brachen sich die Beine. Die Männer ließen sich durch uns in keiner Weise stören, sie schienen uns noch ihre Schnelligkeit und Brutalität beweisen zu wollen. Denn um das drehte sich hier alles: Zeitgewinn. Ich konnte es nicht mehr mit ansehen. Nachdem wir einige hundert Meter verdreht hatten, flohen wir hinaus.
Doch machte ich dann eine merkwürdige und unheimliche Feststellung: allmählich gewöhnte man sich an das Entsetzen und dachte wie ein Jäger nur noch daran, die unsägliche Grausamkeit der Szenen und die Abgebrühtheit der Metzger möglichst deutlich und kraß »in den Kasten zu bekommen«. Mir fiel das Gespräch mit einem Taxifahrer ein: Während der Fahrt erzählte er mir, er sei Aufseher in einem Konzentrationslager gewesen. Auf meine Frage, wie er das denn überhaupt ausgehalten habe, antwortete er, es sei ganz merkwürdig, wie der Mensch sich selbst an das Schrecklichste gewöhne. Damals sei er gegenüber den Horrorszenen und den Grausamkeiten immer mehr abgestumpft.
Wenn ich es nicht selbst erfahren hätte, hätte ich es nicht geglaubt. Aber auf dem Schlachthof machte ich eine ähnliche Erfahrung: am nächsten Morgen und am übernächsten, als wir die todgeweihten Tiere filmten, mußte ich nicht mehr weinen, wenn ich die erbarmungswürdigen Tiere sah, sondern wurde eher zum »Bilderjäger«.
Offenbar besitzen wir doch einen gefährlichen Mechanismus, der uns vor dem Schrecken oder Schrecklichen abstumpfen läßt. Aber vielleicht ist es auch eine Waffe, um zu überleben.
Zwei Szenen bleiben mir unvergeßlich und haben mich dann später am Schneidetisch immer wieder erschüttert: die jungen Metzger, die mit gezückten Messern hinter einem heruntergelassenen Gittertor warten mußten, bis sie sich auf die frisch getöteten Tiere stürzen konnten, um die besten Stücke zum günstigsten Preis zu ergattern. Vor aufgestauter

Ungeduld und Habgier gerieten sie in eine Art Blutrausch, und als das Gitter endlich hochgezogen wurde, gingen einige mit den Messern aufeinander los, die anderen stürzten mit gezückter Waffe und Rufen vorwärts, als ob sie nicht zur Fleischmesse, sondern in ein wirkliches Schlachtfeld zögen. Wir konnten noch von Glück reden, daß sie uns nicht einfach überrannten.
Das zweite Szenario war für mich so unerträglich, daß ich nicht lange dabeizubleiben vermochte. Auf Fließbändern mußten die vor Angst brüllenden Schweine auf eigenen Füßen in den Tod schreiten. Man sagt ja, daß Schweine sehr sensible und intelligente Tiere sind und die Todesgefahr schon lange vorher spüren. Eine Aufnahme blieb atemberaubend: eines der Tiere schritt auf dem Fließband getreulich in die falsche Richtung – bis es erbarmungslos umgedreht und brutal hingeworfen wurde –, selbst Walser sagte nach der Sendung, das in die Gegenrichtung schreitende Schwein auf dem Todesband habe kafkaeskes Format.
Doch diese Schlachthofvisionen waren nur der Anfang. Im Schwarzwald hatte ich Hundefresser entdeckt, die wir denn auch in Calw und Umgebung fanden. Zwar konnten wir – glücklicherweise nicht die Schlächter, sondern nur die Liebhaber filmen, aber die erklärten uns, besonders das Hundefett sei sehr wertvoll. Außer den Interviews streifte ich das unappetitliche Thema nur am Rande. Immerhin, das Schlachten von den vierbeinigen Hausgenossen sowie das Halten von Kettenhunden wurde nach meiner Sendung verboten.
Die größte Kraftprobe waren für mich jedoch die Aufnahmen von »Grubenpferden« in einer Kohlengrube bei Gelsenkirchen. Allein schon der Besuch des sogenannten »Kohlenpotts« bedeutete für mich ein Erlebnis. Bis jetzt hatte ich von solchen Gegenden nur aus der Zeitung oder durch Filme gehört. Sie waren für Schweizer ebenso unvorstellbar in der harten Wirklichkeit wie das grausame Kriegsgeschehen gleich um die Ecke.
Auch jetzt sah ich wohl das Ganze nur als faszinierende und fotogene Filmkulisse, die hohen Kamine und die rauchenden Schlote, die drehenden Riesenräder für die Förderkörbe und die trostlose Eintönigkeit der Häuser. Rein optisch wie von einem genialen Regisseur eingerichtet und erfunden.
Es war mir gesagt worden, daß es hier noch Pferde gab, die in dreihundert Meter unter der Erde gebraucht wurden und in der dauernden

Dunkelheit erblindeten. Auch wenn für mich das Hinuntertauchen in eine Kohlengrube eine fast übermenschliche Kraftprobe bedeutete, – es galt ja, in erster Linie meine Klaustrophobie zu überwinden – ich war fest entschlossen, es diesen Ärmsten der Armen zuliebe zu wagen.
Ausnahmsweise wurde mir die Genehmigung erteilt, sonst war es für Frauen verboten, in die Gruben hinunterzusteigen. Ich denke, das war nur eine Vorsichtsmaßnahme, um die Männer in ihrer gefährlichen Arbeit unter Tag nicht abzulenken. Ihre Frauen hatten »unter Tage«, wie es heißt, auch nichts zu suchen. So wurde ich denn auch ausgestattet wie ein Grubenarbeiter, mit einem um mich herumschlotternden Overall und einem gelben Helm mit Lampe. Das Herz fiel mir ebenso herunter wie der offene Förderkorb, als wir mit rasender Geschwindigkeit die 300 Meter durch den schwarzen Schacht hinuntersausten.
Die Atmosphäre da unten war so fremd und beeindruckend, daß man sich auf einem andern Planeten wähnte. Hier war es nur noch schwarz, still und felsig, man hörte das Tropfen der Feuchtigkeit an den im Lichtschein aufleuchtenden und wieder im Finstern verschwindenden naßglänzenden Wänden. Der Grubenchef, der es sich nicht nehmen ließ, mit uns hinunterzukommen, bestand darauf, mir die verschiedenen Schichten, die kleine Schienenbahn und den langen Gang, durch den sie fuhr, zu zeigen, obschon ich mich da unten nicht wohl fühlte, sondern die Stille und Enge fürchtete. Ganz besonders fiel mir auf, wie der Führer beim kleinsten Geräusch aufmerksam wurde und mit der zusätzlichen Laterne eine Kontrolle machte, ob die Gefahr eines Einsturzes bestand. »Darauf müßte man immer gefaßt sein«, erklärte er lakonisch, ohne zu bedenken, wie sehr mich das erschreckte. Schließlich führte er uns zu den zwei Grubenpferden.
Wir filmten die Tiere und leuchteten ihre steinige Unterkunft so aus, daß die ganze Trostlosigkeit eindrücklich zur Geltung gebracht wurde, zur Versöhnung wurde uns anschließend noch ein ausgedientes Grubenpferd gezeigt, das, halb blind, auf einer nahen Wiese das Gnadenbrot fressen dufte.
Der Film hatte nach der Sendung ein unerwartet großes Echo, Tierfreunde lehnten sich besonders gegen die Szenen im Schlachthof auf, die vielen unerträglich und unglaublich schienen. Aber auch gegen die Hundefresser und die Grubenpferde gab es heftige Proteste, und dank der Sendung wurde ein neues Tierschutzgesetz beantragt und die krassesten Mißstände verboten. Gottschalk, der mich bis jetzt das »Kupfer-

dächle« nannte wegen meinen rötlich schimmernden Haaren, an denen ich unentwegt mit Wasserstoff herumlaborierte, taufte mich um in die »Heilige Johanna der Schlachthöfe«. (Frei nach Bert Brecht.)
Ich wollte mich aber auf keinen Fall auf harte Reportagen und eine journalistische, aktuelle Kamera festlegen wie Peter Dreessen, Dieter Ertel und so viele andere Kollegen. Schon damals galt ein eiserner Grundsatz für mich: Mache nie etwas, oder strebe nie das an, was andere ebenso oder noch besser können als du. Damit meinte ich natürlich die filmische Gestaltung, ich wollte meinen eigenen Stil entwickeln und ein kulturelleres Programm, ja, sogar ein besseres Fernsehen durchsetzen. Ich dachte nicht daran, gegen die Kollegen zu arbeiten oder gar eine Art Geschlechterkampf zu propagieren, das gab es damals noch nicht, aber ich spürte, daß ich anders war und empfand und auch andere Filme als sie machte. Und genau das schätzte und förderte vor allem Heinz Huber. Solange er konnte, ließ er mich immer wieder Filme machen. So bedeutete es für mich nicht nur beruflich, sondern auch privat eine Art Rettung, als mir Huber vorschlug, nach Paris zu reisen und dort einen Film über den Kunsthändler Henri G. Kahnweiler zu machen, der Picasso entdeckt und berühmt gemacht hatte. Dazu durfte ich noch ein Thema meiner Wahl hinzufügen.
Denn kaum erholt von der Anstrengung der Dreh- und Schneidearbeiten meines »Hundelebens«, erreichte mich eine unerfreuliche Nachricht von seiten Martin Walsers: Er würde für mehrere Monate nach Amerika reisen, da er eine Einladung von der Harvard University erhalten hatte. Da kam mir Hubers Angebot natürlich gerade recht.
Ich würde in die Lichterstadt entfliehen, um da wie immer meinen Schmerz in der Arbeit zu ertränken. Doch erstens kommt es anders – und zweitens als man denkt, heißt es bei Wilhelm Busch.
Walser war schon eine ganze Weile nach Amerika entschwunden, und meine ganze Existenz nur noch darauf konzentriert, morgens und abends den gähnend leeren Briefkasten aufzumachen, als mich Siegfried Unseld vom Suhrkamp Verlag Frankfurt anrief.
Er sei in Stuttgart und ob ich ihn treffen könne, da er von meinem Romanmanuskript gehört hatte. Wir trafen uns im Funkhaus und setzten uns in eine stille Ecke der großen Empfangshalle.
Ich hatte Unseld ja schon bei dem Mittagessen mit Walser in Frankfurt gesehen und mein erster Eindruck, er sei nicht mein Typ, bestätigte sich hier wieder. Das großflächige Gesicht, die etwas groben, ein wenig ge-

röteten Züge, die bereits etwas schütteren Haare und die kleinen, schwarzen, lebhaften Augen waren wirklich alles andere als schön, aber irgend etwas an ihm war ungeheuer lebendig, fesselnd und imponierend.
Nach einem längeren Gespräch sagte er, er habe noch zu tun, aber er würde mich gerne abends zum Essen einladen. Es gebe da ein neu eröffnetes China-Restaurant, ob ich es schon kannte? Ich kannte es nicht und ich kannte auch nicht die phänomenale Dynamik eines Siegfried Unseld, wenn der sich etwas in den Kopf gesetzt hatte. Dabei war die Härte meines Bernerschädels auch nicht von Pappe.
Aber gerade das reizte einen Siegertypen wie Unseld: einen Rivalen – auch wenn es sein bester Freund war – auszustechen. Und ich war ahnungslos, verstand nichts von alten Germanen und ihren jungen Söhnen, als ich dem Suhrkamp-Kronprinzen die harmlose Frage stellte: »Wie wird man Lektor?«
Er begann mir einen langen Vortrag zu halten und ausführlich zu dozieren, wie er selber in dem renommierten Verlag Lektor geworden war. Als er schließlich geendet hatte, sagte ich lakonisch, daß ich für Gottschalk und seine Fernsehspiel-Abteilung auch regelmäßig lektorierte.
Er blickte mich entgeistert an, halb strafend, halb bewundernd: »Sie Biest«, schnaubte er durch seine geblähten Nüstern, »Sie machen sich wohl über mich lustig?«
Es war wie eine Majestätsbeleidigung, die ihm aber, seinem Temperament entsprechend, ungeheuer imponierte. Noch Jahre danach mußte ich mir den Vorwurf anhören, ich sei ihm damals auf der Nase herumgetanzt. Ganz ohne daß ich es wollte, hatte ich bei ihm etwas ins Rollen gebracht, während ich eher unbeeindruckt und cool blieb.
Auch als ich ihm, nachdem er mich heimbrachte, in meiner Wohnung noch den obligaten Kaffee servierte, und er versuchte, mich aufs Bett zu drücken und mir die rote Samthose samt der assortierten, von Madame Wehner handgestrickten Jacke auszuziehen, blieb ich hart und schonungslos und wehrte ihn ab. Noch nie war ich mit einem Mann nach der ersten Begegnung ins Bett gegangen. Aber ich hütete mich, ihm das zu sagen. Schließlich mußte ich die banalste aller Ausreden, ich hätte meine Tage, zu Hilfe nehmen.
Die nächsten Tage wurde ich aus Frankfurt mit Avancen, Telefonanrufen, Botschaften und Telegrammen bombardiert, als säße da nicht ein schöngeistiger Verleger, sondern ein kleiner Napoleon, für den es galt,

eine Schlacht zu gewinnen. Es war schwer, einem solchen Ansturm zu widerstehen. Denn in der Art, wie er es machte, war er so dynamisch und genial, daß ich bereits eine Ahnung davon bekam, wie er seine Bücher und Autoren – später seinen Verlag – hochbrachte.
Nach einer Woche hatte er mich weich geklopft. Und es geschah, was ich nicht für möglich gehalten hätte: er ließ mich Walser vergessen.
Wohlgemut und ein wenig verliebt – aber noch nicht so sehr, daß es mich davon abgehalten hätte, fuhr ich mit meiner Mutter zu meinem Vater an den Genfersee, in unser Ferienhaus. Für romantisches Träumen und Sehnsucht-Pflege war es ganz besonders geeignet und kam mir gerade recht. Hier feierte ich Geburtstag, und jeden Morgen brachte der Briefträger einen Expreßbrief aus Frankfurt. Auch ein Geschenkpaket mit den Memoiren der Gräfin von Reventlow war dabei, die mit ihrem freien Lebenswandel Furore gemacht hatte. Ein zarter Wink und eine Liebeserklärung durch die Blume, Unseld konnte sich wohl denken, daß es mir schmeichelte, mit ihr verglichen zu werden.
Als ich zurückkam nach Stuttgart, war für die Dreharbeiten in Paris schon alles bereit und der Abfahrt stand nichts mehr im Wege.
Verzögert wurde dann allerdings die Fahrt durch ein sintflutartiges Gewitter, das uns nach einigen Stunden wie aus heiterem Himmel überfiel.
Statt wie abgemacht gegen Mitternacht, kamen wir erst um zwei Uhr morgens an, in dem kleinen Hotel du Lys, in dem unsere Zimmer bestellt waren. Es lag hinter der Place St. Michel, im Herzen des berühmten Viertels St. Germain-des-Près, und da machte unser Zuspätkommen auch nichts aus.
Ich hatte zu dem geplanten Kahnweiler-Film noch einen Beitrag über die französische Haute Couture vorgeschlagen. Als erstes galt es, die Dreherlaubnis einzuholen.
Das ging damals nicht ohne das französische Fernsehen, damals noch ORF, dessen Segen man zum Drehen in Paris brauchte, wo mir mein Französisch zugute kam. Wir wurden delegiert zu einer Madame Philippe, die mir nach einem Gespräch, bei dem wir uns über Kochrezepte, die neueste Mode, die Liebe und den Unterschied zwischen französischen und deutschen Männern unterhielten, einen gestempelten Ausweis mit Drehgenehmigung aushändigte.
In den nächsten Jahren genügte ein kurzes Telefonat mit Madame Philippe, um die nötigen Papiere zu erhalten, die das Drehen auf Straßen,

Plätzen, in öffentlichen Gebäuden und sonstigen geschützten Orten in Paris erlaubten. Aber so war es mit allem in Paris, man mußte die kleinen Kniffe und Tricks und vor allem die Franzosen kennen, um ihr Entgegenkommen und Vertrauen zu erreichen.

Ich hatte es mir in den Kopf gesetzt, in den größten der großen Häuser zu filmen, bei Christian Dior, Jacques Heim, Patou, Lanvin, Esterel und Jacques Fath, sowie einem Neuling, Pierre Cardin. Der gutgemeinte Versuch von Huber, mir einen deutschen Vermittler beizugeben, scheiterte. Der seit Jahren in Paris lebende Journalist hatte weder von Mode noch von der Mentalität dieser weltabgerückten, snobistischen Branche mit ihren Göttern eine Ahnung. Ich zwar auch nicht, aber als Dellbrügger nichts ausrichten konnte und mir mit seiner Wichtigtuerei auf die Nerven ging, machte ich es auf meine Art: statt komplizierten Erklärungen, Bitten und Kniefallmachen, stieg ich bei Dior einfach das imposante Treppenhaus hinauf, nachdem ich mich bei dem verblüfften Türwächter eingeschmeichelt hatte. Ohne Wimpernzucken wies er mir den Weg hinauf zum Direktor.

Dieser hörte sich meine Bitte um Drehgenehmigung ebenso abwesend wie amüsiert an, dann lud er mich für den nächsten Tag in den »Elephant blanc«, das teuerste Lokal in Paris, zum Mittagessen ein. Er wolle das zusammen mit seinen Mitarbeitern anläßlich eines gemeinsamen »déjeuners« besprechen. Glücklicherweise hatte ich für eine »pariserische« Garderobe vorgesorgt.

Wie eine Fürstin wurde ich von meinem Fahrer zu der schneeweißen Fassade an der Avenue Montaigne gefahren, auf der in goldenen Lettern der magische Name Dior prangte.

Diesmal öffnete mir ein Diener das Portal zum Haupteingang, ich brauchte nicht heimlich durch den Hintereingang schleichen. Es war ein berauschendes Gefühl, als uns der wie aus dem Wachsfigurenkabinett entsprungene Maître d'hotel höchstpersönlich zu dem reservierten Tisch begleitete. Das kam mir vor wie in einem Hollywoodfilm, wobei ich mich fragte, ob man mich und die Rolle, die ich hier spielte, nicht vielleicht verwechselte.

Um so bemerkenswerter, daß ich nach dem Mittagessen tatsächlich die Drehgenehmigung bekam. Wir durften alles filmen, nur mußte ich eine Verpflichtung unterschreiben, daß vor der Freigabe der Modelle die Bilder nicht gesendet, oder irgendwie dargestellt wurden.

Bei Jacques Patou trafen wir auf einen jungen Landsmann, der uns be-

reitwillig die Schwierigkeiten in der Pariser Modebranche in die Kamera diktierte. Er hieß Karl Lagerfeld, nannte sich »Monsieur Pierre« und wollte zuerst mit uns nur französisch sprechen. Erst als ich ihn durch seinen starken Akzent als Deutschen entlarvte, wurde er zugänglicher, ja geradezu vertraut, kein Mensch hätte dem scheuen, wohlerzogenen jungen Mann den heutigen selbstbewußten Modezaren und extravaganten Karrieremann angesehen.
Ebenfalls vor die Kamera nahm ich einen anderen jungen Deutschen, der unter dem Namen »Yorn« an der Rue Pierre Charron einen eigenen Haute-Couture-Salon eröffnete. Das war damals geradezu sensationell mutig. Yorn erzählte, er sei als blutjunger und bildschöner Jüngling der designierte Kronprinz von Christian Dior gewesen, der auch den Namen »Yorn« erfand. Er konnte nämlich den Namen Jürgen nicht aussprechen. Doch dann kam ihm der gleichaltrige Yves Saint Laurent ins Gehege, der – im Gegensatz zu dem Deutschen – bereit war, auch privat des Meisters »Gehilfe« zu werden.
Immerhin wurde Yorn dann die Möglichkeit eines eigenen Modesalons gegeben. Jetzt präsentierte er, gleichzeitig wie sein Rivale, seine erste Kollektion. Allerdings mehr im Schatten desselben, denn der junge Saint Laurent wurde von den weltbesten und wichtigsten Modejournalistinnen, deren Macht noch größer war als die der Couture-Götter selber, aus der Taufe gehoben und als der neue Dior gefeiert. Wir haben die Szene mit Saint Laurent ausgiebig auf unseren Film gebannt.
Als wir nach den ergiebigen Pariser Dreh-Wochen, die mir wie ein anderes Leben vorkamen, nach Deutschland zurückkehrten, war ich wie neugeboren und fühlte mich wie ein anderer Mensch. Unseld hatte einen zweitägigen Besuch in Paris eingelegt, dort war ihm meine Veränderung und gute Laune nicht verborgen geblieben, im Gegenteil. Sein unersättlicher Appetit auf mich und sein charmanter »Verfolgungswahn« wurden dadurch nur noch angeheizt. Und so richtete ich es ein, daß wir in Frankfurt noch einige zusätzliche Drehtage einbauten. Am Abend trafen Siegfried und ich uns jeweils im Carlton-Hotel, einem nostalgischen Hotelpalast, der leider in der Zwischenzeit abgebrochen wurde. Herrliche und unvergeßliche Liebesnächte wurden damit begraben und zusammen mit dem verschnörkelten Zauber eines »Spiegelzimmers« weggewischt, geblieben ist nur die Erinnerung.
Dann ging's zurück nach Stuttgart und ab in die Schneideräume, aus denen ich erst wieder auftauchte, als beide Filme fertig und die Hoch-

stimmung verflogen waren. Längst hatte mich der biedere und phantasielose, harte Alltag des Schwabenlandes mit seiner lieblosen Hauptstadt wieder.
Es gab nichts, das mich außer der Arbeit vom tristen Warten mehr abhielt und ich begriff die Leichtigkeit, mit der ich in Paris auf Unseld verzichtet hatte, nicht mehr. Selbst als Walser mir unerwartet auf dem Flur des Killesbergstudios begegnete – er war inzwischen aus Amerika zurückgekehrt –, wich ich ihm aus.
Mein Pariser Modefilm fand ein großes Echo, ich bekam unglaublich gute Kritiken und begründete damit eigentlich meinen eigenen und neuen Stil: das zeitkritische, aber gleichzeitig poetische, »künstlerische« Filmfeuilleton, in dem Bild, Ton, Musik und Text eine gleichbedeutende Rolle spielen. Wie man so schön sagt: der »Durchbruch« war mir gelungen. Doch dem ging folgendes voraus:
Unseld hatte mich am Wochenende des 10./11. Oktobers – zufällig am Geburtstag meiner Schwester, in Stuttgart besucht und war mit mir nach Tübingen gefahren, um mir zu zeigen, wo er sein Studium absolviert hatte und um mir auch seine persönliche Situation zu erklären. Obschon ich selber gar nicht daran dachte und auch nie ein Wort darüber verloren hatte, wollte er mir unbedingt klar machen, warum es keinen Sinn haben könnte, daß er sich für mich scheiden ließe. Er könnte dann niemals im Suhrkamp-Verlag bleiben und mir allerhöchstens die Position als Ehefrau eines Landschullehrers bieten. Mir war dieses Gespräch eher lästig, er gefiel mir, ich hatte Lust mit ihm zu schlafen und alles andere wollte ich gar nicht so genau wissen. »Und wenn ich dich gar nicht als Ehemann will?« fragte ich schließlich, um dem Gespräch die Spitze und den Bierernst zu nehmen.
»Da würde ich dich gar nicht fragen«, sagte er (und später wiederholte er es öfter: »Ich hätte dich gar nicht gefragt«). Aber irgendwie gefiel es mir und ich war Feuer und Flamme, als wir in seinem kleinen Wagen über die Autobahn zurückfuhren. Es wurde unsere leidenschaftlichste und unvergeßlichste Liebesnacht. Am nächsten Morgen mußte er weiter nach Nürnberg fahren. Wir wollten uns so schnell als möglich wieder treffen. Trotzdem ließ ich mich von ihm nicht dazu überreden, mit ihm die Tagung der Gruppe 47 zu besuchen, die Ende des Monats stattfand. Auch die Aussicht, dort aus meinem angefangenen Roman vorzulesen, konnte mich nicht umstimmen. Statt dessen fuhr ich mit meiner Mutter in das Tessin zu einem Kurzurlaub, den ich ihr schon lange ver-

sprochen hatte. Außerdem mußte ich in Bern die Vorbereitungen zu einer neuen Sendung, einer Reportage über den dort stattfindenden Geigenfälscherprozeß, treffen.
Die Reise wurde ein Fiasko, so als ob ich für meine Absage der Tagung bestraft werden sollte. Meine Mutter erlitt einen Nervenzusammenbruch – ich hatte gehofft, unsere gemeinsamen Ferien würden sie heilen. Sie mußte in einer Klinik in Lugano bleiben, während ich mit einem unguten Gefühl zurückfuhr.
Seit meiner Abreise waren meine Tage fällig, das Ausbleiben der Monatsregel und ein merkwürdig gespanntes Gefühl und Hitze in den Brüsten beunruhigten mich. Und ich hatte keinen einzigen Menschen, um darüber zu reden. Da war ich froh, wenigstens bei meinem Vater im verwaisten Malerweg Unterschlupf zu finden. Einsam saß ich abends im Zimmer unter dem Dach. Immer und immer wieder hörte ich das Klavierkonzert von Rachmaninow von der zerkratzten Schallplatte des Grammophons, das ganz meiner merkwürdigen Stimmung entsprach. Irgendwie gab es ja gar keinen Zweifel mehr: ich war schwanger, erwartete zum erstenmal in meinem Leben ein Kind. Ich hatte vergessen, vor dem leidenschaftlichen Unseld-Wochenende meinen Kalender zu konsultieren. Noch nie war bei mir die Regel länger als ein bis zwei Tage ausgeblieben, in dieser Beziehung bewies mein Körper geradezu schweizerische Präzision.
Meinem Vater konnte ich natürlich nichts verraten. Der neuerliche Zusammenbruch meiner Mutter war für ihn schon unerträglich genug.
Und immer noch wollte und wollte der sehnlichst erwartete Anruf aus Frankfurt nicht kommen, dafür wurde mir sein Eilbrief aus dem Tessin nachgeschickt, in dem ich zwischen den Zeilen zu lesen glaubte, daß ich bei der Gruppe 47 nicht nur beim Vorlesen eines Textes ersetzt worden war. Ich konnte und wollte so etwas nicht glauben und fuhr in höchster Panik nach Stuttgart zurück.
Die Aussicht, daß ich vielleicht tatsächlich guter Hoffnung war, wie man so schön sagte, machte mich völlig hilflos und abhängig von meinem Partner, ich hatte so etwas noch nie erlebt. Mit gemischten Gefühlen, zwischen Grauen und aufkeimender Sehnsucht, erinnerte ich mich daran, daß meine Mutter immer sagte, wenn bei ihr nur ein Tag nach dem Datum die Periode ausblieb, dann konnte sie sicher sein, ein Kind zu erwarten. Ich hatte das immer für übertrieben gehalten. Und jetzt war ich offenbar in derselben Lage.

Unseld fiel bei meiner Nachricht aus allen Wolken. Aber das bemerkte ich nicht, seine Reaktion schien mir zwar nicht enttäuschend, aber doch seltsam lau und ungewohnt. Ich sollte bald herausfinden, warum.
Er habe mir am Tag vorher einen Brief geschrieben, sagte er merkwürdig kleinlaut, so daß ich hellhörig wurde. Aber er wollte mir nicht sagen warum, sondern er spannte mich damit auf die Folter, das Warten auf seinen Brief war eine Tortur.
Kaum in Stuttgart zurück, sollte ich auf brutale Weise erfahren, was er mir nur »mündlich erzählen konnte« und worüber er dann mit mir nie mehr sprach.
Ich besuchte gleich an einem der ersten Abende meine Freunde Heinz und Gisela Huber in ihrer hübschen Dachwohnung, die ja für mich wie ein kleines, zweites Zuhause war und mich besonders deshalb jetzt anzog, weil Huber zusammen mit Peter Dreessen auch an der Tagung der Gruppe 47 war, und mich der neueste Klatsch darüber verständlicherweise brennend interessierte. Aber ich mußte wohl von einer Anwandlung sträflichen Leichtsinns oder Masochismus geleitet worden sein, denn ich hörte brühwarm das, was ich ohnehin schon befürchtete:
Eine junge Autorin war das Tagesgespräch der literarischen Edelveranstaltung gewesen, indem sie ihre Texte auf einem Tisch sitzend, mit gekreuzten Beinen zur Gitarre vortrug, sie machte damit Furore und jeder wollte sie verlegen, wie man denn so schön zweideutig sagt.
Der Sieg trug ein gewisser Siegfried Unseld vom Frankfurter Suhrkamp-Verlag davon. Klar, daß er auch mit der zukünftigen Autorin geschlafen hatte. Alles drehte sich mir im Kopf, halb ohnmächtig mußte ich mich beinahe übergeben und konnte nur noch eines, das Unfaßbare denken: die Anspielung in seinem Brief, das, was er mir »nur mündlich mitteilen konnte«, das sollte nur eines bedeuten: er hatte mich mit der »armen« Autorin betrogen. Und von diesem Mann erwartete ich jetzt ein Kind!
Ich hielt es bei den Freunden nicht mehr aus und fuhr in einer Taxe nach Hause, in der ich hemmungslos zu heulen anfing. Der Tränenstrom dauerte die ganze Nacht und weitere Tage und Nächte, dann beschloß ich, nun doch den Frauenarzt aufzusuchen.
Durch meine Beziehungen wurde ich an die erste Adresse am Platz verwiesen, es wurde nur eine Zumutung und Demütigung erster Klasse. Vor dem Test fragte mich der Gynäkologe nach Beruf und Namen meines Mannes, dann nach dem meinen, weil ich noch ledig war. Als der erste

Test positiv ausfiel, erkundigte er sich wieder nach dem Namen des Vaters, diesmal nach meinem »Verlobten«. Gleichzeitig fügte er bei, er rate mir, sofort zu heiraten und meine Situation in Ordnung zu bringen.
Als ich sagte, ich denke nicht daran, wurde seine Haltung gerade und sein Gesicht bleich wie sein Doktormantel. Mit verkniffenem Mund führte er mich zur Türe, öffnete sie und sagte so laut, daß seine Sprechstundenhilfe und die wartenden Leute es hörten: Sie brauchen jetzt einen anderen Arzt. Leider habe ich für Sie keine Zeit mehr, meine Sprechstunde ist für Monate ausgebucht. Aber fahren Sie doch dahin, wo Sie herkommen, in die Schweiz, da gibt es wunderbare Gynäkologen.
Mein erster Gedanke war, zu Unseld zu eilen, ein Happy-End zu provozieren, so wie es in Gartenlaubenromanen und in Hollywoodfilmen vorkommt, er schließt sie glücklich in die Arme und fragt: Wann heiraten wir?
Ich war so verrückt, mir so etwas tatsächlich vorzustellen, auch wenn das kitschig und Klatschheftchen-Niveau war: ich fühlte mich ganz einfach überfordert von der Neuigkeit. Doch ich saß in Stuttgart und er in Frankfurt, die knapp dreihundert Kilometer – vorher für ihn kein Hindernis – trennten uns jetzt, wahrscheinlich nicht nur geographisch.

*

Gleichzeitig mit dem Geigenfäscher-Prozeß »nahm ich noch eine Reportage in Basel mit«, um die mich Huber gebeten hatte, mit dem Basler Professor Müller, der für seine Erfindung des Ungeziefervernichtungsmittels DDT den Nobelpreis erhalten hatte und den man deshalb nur noch den DDT-Müller nannte. Eine reine Routinearbeit, die kaum der Erwähnung wert wäre, wenn die Gerüchteküche des Fernsehens den achtzigjährigen Professor nicht auch als möglichen Vater meines Kindes in Erwägung gezogen hätte, als es geboren war und das Rätselraten losging. Das war die Kehrseite meiner Diskretion. Jedele sagte mir, daß die Programmsitzungen der Intendanten und Direktoren des deutschen Fernsehens jeweils damit anfingen, daß ganz offiziell die Frage gestellt wurde: »Und wer ist nun tatsächlich der Vater des Kindes von der Pulver?«
Die Filmaufnahmen und die Herumreiserei der letzten zwei Fernsehbeiträge waren für mich so mühsam gewesen, daß ich beschloß, für die letzten Monate bis zur Niederkunft in die Schweiz, in das neu erworbene Haus meiner Schwester an den Genfersee zu ziehen.

Nur zweimal besuchte mich Siegfried in meinem Genfersee-Exil, Begegnungen, in denen er mir für einige Stunden wieder völlig verfiel. Er staunte, wie schön die Schwangerschaft mich machte und ich bedauerte, es ihm nicht öfter zeigen zu können.
Professor de Watteville, der spätere Nobel-Gynäkologe, dem Sofia Loren, Romy Schneider und andere illustre Patientinnen zu Weltruhm verhalfen, war der Mann einer Berner Schulfreundin unserer Mutter, und ich wurde deshalb seine Patientin, lange bevor sein Ruf über die Grenzen von Genf und des Landes drang.
Er praktizierte die sogenannte »schmerzlose Geburt« und hatte mir dafür eine eigens erfundene Diät, kein Salz, kein Zucker, kein Fett, nur Rohkost und Gemüse und nacktes Sonnenbaden verschrieben, die ich eisern einhielt und trotzdem bis zur Niederkunft zwanzig Kilo zunahm. Die Geburt war dann so »schmerzlos«, daß ich glaubte, von innen durch ein spitzes und scharfes Messer zerrissen und aufgeschlitzt zu werden, aber das hatte wohl auch ein wenig damit zu tun, daß ein Kind von Siegfried Unseld ein ganz speziell schweres Gewicht hat. Jedenfalls war Professor de Watteville so stolz auf mich und meinen makellosen, sonnengebräunten und nach seinem Kommando eingeölten Bauch, daß er ihn nach der Geburt allen Schwestern und Assistenten als Musterbeispiel zeigte.
Kein einziger der so gefürchteten Schwangerschaftsstreifen war zu sehen, trotz meinem Übergewicht, welches während den 13 Stunden, die die Geburt dauerte, zusammen mit dem Kind hinausgeschwemmt wurde, ich hatte unmittelbar danach wieder mein Normalgewicht von 55 Kilo.
Aber kein geliebter Mann, nur eine riesige Heuschrecke (die ich zum Schrecken des Professors in meinen Kleidern in den sterilen Raum hineingetragen hatte) leistete mir in meiner schweren Stunde Gesellschaft, selbst meine Mutter hatte ich, da es so lange dauerte, nach Hause geschickt.
Der Vater, Geburtshelfer so vieler Bücher, konnte zur Geburt seiner Tochter nicht kommen, ich hatte vergeblich gehofft. Er schickte eine Cattleya, die Proustsche Blume der Liebe, und ein Glückwunschtelegramm. Und täglich rief er an. Ich hütete mich, mich zu beklagen, ich hatte es schließlich so gewollt.
Und tatsächlich, es war wie ein Wunder, wenn dies kleine, zärtliche, liebesbedürftige und ganz von mir abhängige Bündel Leben an meiner

Brust lag, dann war da ein unbeschreibliches, inniges Gefühl von Verbundenheit, Mitgefühl und das Bedürfnis, es zu schützen. Es gab mir Trost und Liebe und das Gefühl, nie mehr allein zu sein, und es schien mir, als würde es mir von jetzt an die Liebe zu einem Mann ersetzen. Am meisten erfüllte mich aber der Stolz, ja der Triumph, daß die Schwangerschaft und die Geburt, vor der ich mich so gefürchtet hatte, überstanden waren. Ich hatte mir das gar nicht zugetraut.
Statt des ersehnten Erzeugers kam dann Walser mich besuchen, mit seiner Frau und der kleinen Tochter. Nachdem sie das neben mir liegende Baby mit seinem bereits bemerkenswerten Haarschopf und den winzigen Wimpern genügend bewundert hatten – bei Prof. de Watteville durfte ein Neugeborenes, im Gegensatz zu den anderen Kliniken, den ganzen Tag in seinem kleinen Bettchen neben der Mutter liegen –, erzählten sie mir, ihre kleine Tochter sei gerade von den Masern genesen. Ich nahm das ohne viel Umstände zur Kenntnis, doch plötzlich kam mir ein fürchterlicher Gedanke: wie, wenn sie mein Baby oder mich oder uns beide zusammen ansteckte und wir an den Masern, gefährlich bei Schwangerschaft und Neugeborenen, starben?
Ich telefonierte im ganzen Krankenhaus herum, aber niemand konnte über die Ansteckungsgefahr von Masern etwas Entscheidendes sagen. Fast fluchtartig verließen mich die Walsers, der ganze Besuch war uns verdorben durch diese plötzlich eintretende Hysterie.
Endlich, nach vielen vergeblichen Versuchen, den Professor telefonisch zu erreichen, kam er höchst persönlich gegen Mittag zur Tür herein. Er strahlte und lächelte und ich sah ihm an, daß er die atemlose Frage, die ich ihm jetzt gleich an den Kopf warf, schon kannte. Er könne mich beruhigen, meinte er schmunzelnd, solange ein Baby auf natürliche Weise an der Brust ernährt werde, seien Mutter und Kind immun.
Auch Dr. Jedele telefonierte, gratulierte mir auf seine leutselige, selbstzufriedene Weise, die manchmal so ärgerlich, oft aber, wie heute, erfrischend aufmunternd sein konnte. Dieses Kind könnte auch von ihm sein, konnte er sich nicht verkneifen zu sagen, was ich geradezu rührend fand.
Jetzt müsse er mir aber noch eine große Neuigkeit verraten, sagte er zum Schluß geheimnisvoll, er habe die BAVARIA ATELIER GMBH gegründet und werde daraus das europäische Hollywood machen. Mit Gottschalk, Franz-Peter Wirth, Wolffhard, Pfleghar und noch einem ganzen Troß von weiteren Mitarbeitern werde er demnächst nach Mün-

chen ziehen. Was ich dazu meinte? Ich gratulierte ihm spontan und mit ehrlicher Begeisterung. Für kühne Risikofreudigkeit war ich immer zu haben.
Er sagte, ich sei die einzige, die das so empfände. Das ganze restliche Team, insbesondere meine Freunde von der Kulturredaktion sähen das ganz anders, sie seien wütend, und er werde von ihnen als Verräter beschimpft.
Von da ab blieben die Jedeles und ich gute Freunde. Meine spontane Unterstützung vom Wochenbett aus hat er mir nie vergessen.
Nach einer Woche wurde ich entlassen und zusammen mit meinem kostbaren Gut in den Armen von Fabrikbesitzer Kocher, der mit seiner Frau in einer wunderschönen Villa in unserer Nähe am See wohnte und in den sich meine Mutter wie ein Schulmädchen verliebt hatte, abgeholt und nach Hause gefahren. Hier erwartete mich Mademoiselle Daguet, eine Kinderschwester der alten Schule, die ich engagiert hatte, um mir neben Kind und Haushalt meine Fernsehtätigkeit zu erleichtern. Am übernächsten Tag besuchte mich Heinz Huber. Zuerst bewunderte er meine tadellose Linie, man sehe mir gar nicht an, daß ich nun Mutter sei und zusätzlich die Pflichten eines Familienvaters trage.
Den Besuch von Heinz Huber empfand ich als große Ehre und eine ungeheure Beruhigung: Er wollte tatsächlich auf meine Mitarbeit nicht verzichten und fragte mich schon gleich nach meinen Plänen. Ich schlug ihm einen Film über das nostalgische Palace-Hotel in Montreux vor. Er sagte zu und bat mich, so schnell als möglich ein Exposé zu verfassen, er werde dann gleich ein Team organisieren.
Wie lange ich zur Erholung von meiner Niederkunft wohl brauche?
Ich wollte mich nicht festlegen, denn die größte Aufgabe war ja jetzt das Stillen meines Kindes, das mich voll in Anspruch nahm. Fünfmal am Tag wurde mir das Baby von der Nurse an die Brust gelegt, die mich bald vorher und nachher schmerzte und an den Spitzen blutete, weil das Kind schon so hartes Zahnfleisch besaß, als wären es kleine Zähne. Aber das Gefühl, wenn das kleine Wesen in meinen Armen lag, ich es mit der kostbaren Nahrung versorgte und wir wie eine Einheit verbunden waren, stellte alles andere in den Schatten und war so einmalig, daß ich oft vor Glück – und nicht mehr aus Trauer – weinte.
Ich bekam im übrigen soviel Milch, daß mir vom Stillen die Kleider naß wurden, was peinlich wirkte, wenn ich mit jemandem außerhalb des Hauses zusammenkam.

Es war also unmöglich, etwas anderem als dieser wundersamen Beschäftigung mit meinem Kind nachzugehen. Also stellte ich Heinz Huber eine kühne und geradezu »verrückte« Bedingung für die Dreharbeiten in Montreux. Ich wollte während den Dreharbeiten nicht in dem 130 Kilometer entfernten Montreux, sondern zu Hause bei meinem Kind wohnen und die Strecke in Gottes Namen mit dem Dienstwagen und dem ganzen Material hin und zurück fahren. Und o Wunder, Heinz Huber nahm meine Bedingung an. Es schien ihm wirklich viel an meiner Mitarbeit und dem neuen Filmprojekt zu liegen.
Dieser Beitrag wurde unter dem Titel »Verblaßte Fassaden« dann auch mein liebster und vielleicht mein bester Film, der, als es noch nicht Mode war, Nostalgie und Denkmalschutz vorausnahm. Huber wollte ihn zum Prix Italia schicken, dem damals renommiertesten Fernsehpreis. Doch interne Querelen und Intrigen, die bereits durch den Weggang Jedeles entstanden waren und wohl auch damit zu tun hatten, daß ich eine Frau war, wußten das zu verhindern. Es war das erstemal, – und vielleicht der Anfang vom Ende der ursprünglichen »Stuttgarter Schule«, daß Heinz Huber sich nicht durchsetzen konnte. »Man kann doch nicht Langeweile durch Langeweile darstellen«, sagte ihm Horst Jaedicke. Trotzdem wurde mein Film dann von einer Jury zum besten Filmfeuilleton des Jahres 1960 ernannt und auch mit den begeistertsten Kritiken belohnt. »... Ein sorgsamer, leicht ironischer, nie überheblicher Kommentar, nicht zu wortreich bisweilen voll starker Aussagekraft und dann wieder graziös ... Jede Nuance dieses Feuilletons, das weit mehr als eine Reportage war, traf ins Ziel ...«
Die Ära Jaedicke war noch nicht angebrochen und es erwarteten mich neue, geradezu aufregende Aufgaben, wozu in erster Linie eine weitere Reise nach Paris für einen Film mit und über Jean Cocteau gehörte.
Die Kontakte waren von Heinz Huber bereits gemacht und zwar durch einen Mann namens Dr. Badenhausen, der seinerseits Intimus und Sekretär von Gustaf Gründgens war.
Doch fühlte ich mich mit dem Baby doch dann sehr verlassen und allein in der pulsierenden Stadt – wie anders waren diesmal diese Dreharbeiten als im letzten Jahr, wo ich in der Freizeit mit dem Team in einen der berühmten Jazzkeller von St. Germain-des-Près ging und dort die halbe Nacht mit dem jungen Kameraassistenten Rock 'n' Roll tanzte! Und jeder zweite Tag ein Eilbrief aus Frankfurt auf mich wartete! Da war ich denn froh, wenn mir wenigstens der völlig ungefährliche,

diensteifrige Rolf Badenhausen Gesellschaft in dem kleinen Hotelzimmer, hoch über den Dächern von Paris, leistete.
Ich traf Cocteau zu einer Vorbesprechung in der kleinen Wohnung am Port Royal, die er von der großen Schriftstellerin Colette übernommen hatte, in der noch ihre drei siamesischen Katzen lebten – von dem Dichter ehrfurchtsvoll gepflegt –, und man abends den Beifall von der am anderen Ende des historischen Gebäudes liegenden Comédie Française hörte. Ein so geschichtsträchtiger Ort, daß man vor Ehrfurcht erstarrte und noch den Hauch der großen Geister, die hier gelebt hatten – oder noch lebten, zu spüren vermeinte. Hier hatte tatsächlich Colette, in der Geschichte Frankreichs längst eine Legende, hinter den Fenstern gesessen und in den Park hinunter geschaut.
Der winzige Empfangsraum bestand aus lauter Türen, die bis zur Hälfte eigentlich schwarze Schiefertafeln, voll mit hingeworfenen Notizen, Terminen und Verabredungen in der typischen Handschrift Cocteaus, waren. Dann kam er, klein, zart, genau wie auf den weltbekannten Fotos – und umarmte mich zur Begrüßung. Die Freunde Gustafs seien auch seine Freunde, sagte er und zeigte mir die Wohnung, die aus drei recht kleinen, aber verwinkelten und prächtigen Räumen aus dem 17. Jahrhundert bestand. Hier könnten wir drehen, sagte er, aber auch in seinem Landhaus in Milly-la-Fôret, bei seiner Freundin und Gönnerin Madame Weissweiler. Er war von einer solchen »Gentilesse«, wie es die Franzosen nennen, einer charmanten Liebenswürdigkeit und Höflichkeit, daß ich alle Befangenheit verlor. Er lud uns gleich ins »Grand Véfour«, einem der traditionsreichsten und renommiertesten Eßlokale unter den Arkaden des Port Royal ein und führte uns in die reservierte Nische, in der auf einer verschnörkelten Messingplatte sein Name eingraviert war. Überall, in jeder der vielen Ecken, glänzt ein solches Schild an den Rückenlehnen: Napoleon Bonaparte, Voltaire, Victor Hugo, Balzac, George Sand, Colette, Emil Zola, Sarah Bernard und viele andere Theater- und Schriftstellerlegenden und gekrönte Häupter hatten hier ihren Stammplatz.
Das Landhaus von Cocteau, eine ehemalige alte Mühle in Milly-la-Fôret, war noch umwerfender.
Da lag auf einem Bücherberg ein kleines Chagall-Originalgemälde, Cocteau benutzte es als Untersatz. Mit einer Stecknadel lose angeheftet und zerlöchert, flatterte an einem Balken eine Zeichnung mit einer Mitteilung von Picasso. Der ganze Raum war angefüllt mit Büchern,

Zeitschriften, Bildern, Automaten und anderen Raritäten und Antiquitäten, so daß dieses unbeschreibliche Sammelsurium ein »heureux désordre« – eine herrliche Unordnung ergab, die laut einer französischen Weisheit ein Beweis künstlerischen Temperaments ist. Eine unerwartete Schwierigkeit ergab sich durch Cocteaus Scheu, vor laufender Kamera zu sprechen und meine Fragen zu beantworten. Schließlich schrieb ich Spickzettel auf große Kartons, auf denen er die Sätze ablesen konnte, die er auf Deutsch radebrechen wollte, ohne daß der Zuschauer es bemerkte. Gleichzeitig schickte ich alle Mitarbeiter außer Kamera- und Tonmann hinaus in einen offenen Vorraum, wo ein prächtiges kaltes Buffet mit Salaten, Aufschnitt, harten Eiern, kaltem Huhn und sonstigen Delikatessen aufgebaut war.
Diesmal klappte es mit den Filmaufnahmen, aber da jedesmal die Antwort auf den Kartons neu geschrieben werden mußte und ich von dem malerischen Hintergrund profitierte, indem ich Cocteau immer wieder vor einen anderen Hintergrund setzte, dauerte es zugegebenerweise ungewohnt lange. Erschöpft, aber hochzufrieden und hungrig, drehten wir schließlich die Schlußklappe und gingen zu den Teamkameraden hinaus. Diese hatten in der Zwischenzeit das Buffet bis auf wenige klägliche Reste leer gegessen.
Ich hätte vor unserem Gastgeber vor Scham in den Boden versinken können, doch er nahm es mit Nonchalance und ließ für uns aus der Küche das, was noch übriggeblieben war, nachkommen.
Wie schon im Jahr zuvor, war auch diesmal in Paris ein zweiter Film geplant.
Das Projekt hieß »Beruf Primaballerina«, und ich hatte mir viel vorgenommen damit, um daraus ein Exempel meines Stils des musikalischen und doch zeitkritischen Filmfeuilletons zu statuieren. Eine Lieblingsmusik von mir, die Takte aus Tschaikowskys Schwanensee, bei der die Ballerinen auf zitternden Spitzen zur Hauptmelodie tanzen, sollte das immer wieder einsetzende Leitmotiv auf drei Ebenen werden: um darzustellen, wie eine Tänzerin den höchsten Erfolg, bloßes Mittelmaß, oder den Abrutsch ins Striptease und Prostituiertenmilieu erreicht und aus ihrem Traum-Beruf ein Alptraum wird.
Die erste Station wurde in der Pariser Oper gedreht, ein Ort, der mindestens so verschlossen und heilig und unerreichbar wie die Haute Couture war. Auf eine schriftliche Anfrage hatte man gar nicht reagiert. Ich wandte also meine bewährte Methode an, mich bei uniformierten Tür-

wächtern einzuschmeicheln und dann auf gut Glück zu dem Direktor vorzudringen.
Wieder gelang mir das Unmögliche; nach längerem Gespräch, bei dem ich mir den Mund fusselig redete und meinen ganzen schweizerisch-deutsch-französischen Charme versprühte, bekam ich die Drehgenehmigung. Wobei der Direktor nicht verfehlte, von mir dafür zweitausend D-Mark zu verlangen, was damals nicht nur einen stattlichen Betrag bedeutete, sondern von ihm wahrscheinlich in die eigene Tasche gesteckt wurde.
Er war selten in seinem Büro, ich hatte wie immer im Beruf einen Glücksengel gehabt, ihn schon beim ersten Versuch anzutreffen.
Tagelang irrten Dieter Mährlen und ich wie in Trance in diesem Riesengebäude herum, das uns tatsächlich wie ein anderer Planet erschien: von dem großen Probesaal bis hinunter in den Keller, der mehr an eine riesige Baustelle erinnerte. Tatsächlich ist die Pariser Oper über einem kleinen (künstlichen) See gebaut. Oft mußten wir bei solchen Ausflügen auch aufpassen, daß wir uns nicht verirrten in diesem Labyrinth, ich gab dann die Schauergeschichte zum besten, mit der mir meine französische Großmutter als Kind das Fürchten lehrte: bei einer Hochzeitsfeier in einem großen Schloß entfernte sich das Brautpaar unbemerkt ein wenig auf eigene Faust und legte sich zum Spaß in eine eiserne Truhe. Der Deckel fiel zu, und alles Suchen half nichts: die beiden wurden erst Jahrzehnte später, in Smoking und Hochzeitsschleier als Skelette gefunden.
Als Ballerina assoluta tanzte für uns in diesen heiligen Räumen, der extra für uns geöffneten märchenhaften Hinterbühne mit ihren Dekorationen aus echtem Blattgold, die zu den weltbesten gehörende Yvette Chauvirée. Sie tanzte für uns die gewünschte Sequenz aus Schwanensee, wiederum hatte ich Glück, die Aufführung stand in der Pariser Oper auf dem Programm und wir bekamen auch die Erlaubnis, aus den Kulissen und vom Schnürboden herunter direkt zu filmen.
Bis Dieter Mährlen, der zuletzt Kriegsfotograf und damit für aktuelle Arbeitsweise geschult war, begriff, was für ein Licht ich mir für die Aufnahmen der Ballerinen in ihrem weißen Tutu von ihm verlangte, brauchte es einige harte Auseinandersetzungen, bei denen zum erstenmal unsere Zusammenarbeit gefährdet war. Ich schleppte ihn in den Louvre und zeigte ihm die Bilder von Paul Degas, der gerade durch das spezielle Licht seiner Malkunst den Ballettmädchen seinen Zauber gab.

Doch immer wieder leuchtete Mährlen die Szene viel zu flach und »badewannenmäßig«, wie ich schimpfte, aus.
Ich wußte genau, es fehlte ihm dafür einfach der Mut, er hatte, wie alle Fernsehkameramänner, vor der Technik im Kopierwerk mehr als vor einem Regisseur Respekt. Waren Einstellungen unscharf, verwackelt oder gar zu dunkel, dann wurde der Kameramann dafür verantwortlich gemacht. Ich habe mit keinem Kameramann zusammengearbeitet, mit dem ich darüber nicht erbittert gestritten hätte. Schließlich kam es soweit, daß Mährlen zwei Versionen drehte, eine von mir, mit viel weniger und wie bei Degas ausgetüftelten, auf die Tutus ausgerichteten Rundlicht und eine von ihm, in dem er sich nur nach seinem Belichtungsmesser richtete. Bei der Vorführung gab er dann ohne weiteres zu, daß mein Licht schöner war. Von da an hatten wir mit unserer Zusammenarbeit auch in Sachen Lichtgestaltung keine Differenzen oder Schwierigkeiten mehr.

*

Zurück in Stuttgart, fiel mir vorerst die veränderte Situation im Sender nicht auf. Ich war mit der Fertigstellung des Cocteaufilms völlig ausgelastet und nahm auch nicht an den wöchentlichen Sitzungen teil. Nur durch Heinz Huber und den anderen Kollegen aus der Dokumentarabteilung vernahm ich, wie sehr man unter der Abwesenheit der jugendlichen Feuerköpfe, der Auflösung des Gründungsteams zu leiden hatte.
Es war still und langweilig geworden in und um die Direktion, niemand stritt und kämpfte mehr mit Herzblut um diffizile Themen, kühne Einstellungen oder eigenwillige Gestaltung; es begann schon die Ära, in der Einschaltquoten und Wirtschaftlichkeit der Programmbeiträge wichtiger als ihre Qualität zu werden drohten.
In einer der Programmsitzungen wurde beschlossen, für und von Max Frisch zu seinem fünfzigsten Geburtstag ein Filmportrait zu machen. Und daß ich diejenige sei, die ihn realisieren würde, schien schon im voraus beschlossene Sache.
Vielleicht auch, weil man über meine guten Beziehungen zum Suhrkamp Verlag Bescheid wußte. Der ein Jahr vorher verstorbene Peter Suhrkamp hatte den jungen Max Frisch entdeckt. Wie immer war ich zwischen der Begeisterung für die neue Filmarbeit und der Angst, was das alles mit sich bringen würde, hin und her gerissen. Dabei fürchtete

ich mich vor ganz blödsinnigen Sachen, wie eben der Reise, den einsamen Hotelnächten, daß ich irgendwo in einen Lift, oder der Zug in einem Tunnel steckenblieb. Davor fürchtete ich mich – im voraus – mehr als vor der Begegnung mit dem berühmten Schriftsteller. Das schien mir immer ein Zuckerschlecken im Vergleich zu den vitalen und psychischen Ängsten, die ich zu meistern hatte.

Dabei mag es seltsam klingen, wenn ich behaupte, daß diese Zustände für mich, wenn auch schier unerträglich und qualvoll, eine Bereicherung und besondere Kreativität bedeuteten. »Was mich nicht umbringt, macht mich stark«, hat Nietzsche gesagt, und wenn ich damals auch diesen Spruch noch nicht kannte, ich fühlte jedenfalls so. André Malraux, der schillernde, geistreiche und »unsterbliche« französische Schriftsteller und ehemalige Kultusminister hat einmal gesagt: »Es gibt keine Sekunde in meinem Leben, in dem ich nicht denke.« Oder sagen wir es folgendermaßen: so faßte ich meine Filmarbeit auf, so machte ich die Aufnahmen, die Regie, meine Interviews. Es kam mir immer in erster Linie auf den Menschen an, nicht seine Größe, seine Werke (hinter denen er sich meist versteckt), sondern seine Schwächen, seine Verletzungen, seine heimlichen Ängste interessierten mich – vielleicht kam ich deshalb Jean Cocteau und jetzt Max Frisch so nahe.

Max Frisch stand damals im Schatten von Friedrich Dürrenmatt, der mit seinem Stück »Der Besuch der alten Dame« inzwischen weltberühmt wurde. Man sah die beiden Schweizer Schriftsteller oftmals als Rivalen, vielleicht auch, weil Frisch gerade dabei war, mit seinem neuen Stück »Andorra« den erfolgreichen Landsmann einzuholen. Hätte man mich gefragt, welcher der beiden mir lieber wäre für ein Interview, ich hätte wohl Dürrenmatt gewählt, von dem es hieß, daß er ein großartiger Gesprächspartner sei, während der trocken und ein wenig bürgerlich wirkende Max Frisch sicher zugeknöpfter und weniger gastfreundlich sein würde. So stellte ich es mir zumindest vor.

Ein Trost war, daß die Begegnung nicht in Zürich, sondern in Rom stattfand. Für diese Stadt, die ich mit meinem Vater mehrere Male besucht hatte, schlug mein Herz schon lange. Ich wunderte mich nicht, daß es ausgerechnet den zurückhaltenden Max Frisch und die unglücklich wirkende Ingeborg Bachmann dahinzog.

Unseld hatte mir immer wieder von ihm erzählt, mit Vorliebe ganze Sätze zitiert. Sein »Eifersucht ist Angst vor dem Vergleich«, war mir längst geläufig. Dann hatte er mir auch die »Tagebücher« geschenkt, durch die

Max Frisch zum Suhrkamp-Autor geworden war. Auch »Stiller« stand von nun an in meiner Bibliothek, aber sein »Tonnerwetter« war mir bereits auf einer der ersten Seiten zu schweizerisch. Ich litt damals noch stark unter meiner »Schweizerphobie«: Alles, was mich an die Schweiz erinnerte, machte mir angst, auch wenn es sich um große, vielleicht sogar Weltliteratur handelte. Aber gerade deshalb durfte ich mich jetzt mit dem Landsmann ein wenig verwandt fühlen, auch er war ja aus unserer engen Heimat geflohen.

Trotzdem ging ich eher mit einer gewissen Distanz zu ihm, es fehlte mir die ungeduldige Neugier, die atemlose Faszination, wie ich sie bei meinen Sujets in Paris jedesmal empfunden hatte. Doch wir saßen ja in Rom, unter dem vielbesungenen italienischen Azzurohimmel, im Schatten eines blühenden Oleanderbaumes neben antiken Tonvasen, Frauentorsos und Grünpflanzen, die mir nicht nur das südliche Klima, sondern auch eine pflegende Frauenhand zu verraten schienen. Daß Ingeborg Bachmann mit Max Frisch hier zusammenlebte, das war – zumindest in der Fachwelt – ein offenes Geheimnis, und ich war natürlich sehr neugierig auf sie. Aber sie war offenbar ausgeflogen, eine Miteinbeziehung von ihr in meinen Film eher unerwünscht. Max Frisch machte kein Geheimnis daraus: »Sie möchte das nicht, sie ist dafür viel zu zurückhaltend und zu scheu«, sagte er, ohne daß ich danach gefragt hätte.

Aber mein Instinkt täuschte mich nicht, während ich Frisch meinen Film und den Ablauf unserer Dreharbeiten erklärte, horchte ich mit einem Ohr in das Innere der Wohnung hinein. Ich hatte das sichere Gefühl, daß sie sich irgendwo in einem Zimmer befand, auch wenn Max Frisch die Getränke selbst herholte.

Man sagt, daß ein Zuhause ein offenes Buch über seine Bewohner darstellt, in dem man lesen kann. Die Beziehung von Frisch und Bachmann mußte demnach äußerst modern, »literarisch«, beherrscht und intellektuell sein.

Jeder hatte sein eigenes Zimmer, und nichts deutete darauf hin, daß hier eine heiß brennende Leidenschaft, vielleicht die Jahrhundertromanze zweier Dichtergenies stattfand. Und ich muß jetzt hier etwas zugeben: im Grunde interessierte mich Ingeborg Bachmann – für meinen Film – nicht. Ich war hergekommen für einen seriösen Film über Max Frisch und ließ es bei der Bemerkung, sie möchte nicht gefilmt werden, bleiben.

Heute glaube ich, daß das falsch war. Ein Filmgespräch wäre ein unersetzliches Dokument. Manchmal ist zuviel Diskretion auch fehl am Platze.

Ich brauchte Max Frisch nicht zu fragen, warum er Rom gewählt hatte, er kam sofort ins Schwärmen, als ob er nicht der Stadt, sondern einer Frau lauter Komplimente machte: »Sagen Sie nicht mehr, ich fühle mich so wohl wie der Fisch im Wasser – sagen Sie: ich fühle mich so wohl wie Heinrich Heine in Paris«, forderte er.

»Sagen Sie: Ich fühle mich so wohl wie Max Frisch in Rom«, heißt es heute.

Am nächsten Tag fingen wir mit den Dreharbeiten an. Wie immer wollte ich keine Zeit mit Vorbereitungen, Proben und Recherchen verlieren, das »trockene Drehen« lehnte ich ab, denn dadurch gingen Unbefangenheit und Spontanität verloren.

Schon damals hätte ich die Kamera am liebsten selbst geführt, wären diese Monstren nicht so höllisch schwer gewesen. Denn meist ging wertvolle Zeit verloren, wenn ich den Kameramann zuerst zwingen mußte, einzuschalten und ungeprobt, aus dem Stegreif »mitzunehmen«.

Daß jeder Interviewte, ob berühmt oder nicht, mit der Natürlichkeit vor der Kamera seine liebe Mühe hatte und mit den Wiederholungen immer schlechter wurde, das wußte ich inzwischen und versuchte es zu vermeiden, indem ich gleich das »topp« gab zum Drehbeginn. So gelangen Schnappschüsse von unwiederbringlichem, dokumentarischem, aber auch menschlichem Wert, die gelobt, aber natürlich auch kritisiert wurden. Und mit jedem neuen Kameramann, der mir zugeteilt wurde, mußte ich von vorne anfangen zu kämpfen, der Grund, warum mir der unersetzliche Heinz Huber so oft es ging, Dieter Mährlen und für den Ton Jörg Bartholdy zuteilte.

Ich habe es ihm mit einem erhöhten Filmmaterialverbrauch »gedankt«, die Reste davon sind entweder auf dem Müll gelandet oder liegen als »Rushes« noch irgendwo im Archiv des Süddeutschen Rundfunks herum, sie könnten unwiederbringliches Dokumentarmaterial bedeuten. Immerhin, wenn ich auch etwas mehr als andere Kollegen für meine Filme an Rohfilm verdrehte, den Rekord hält doch Peter Scholl-Latour, der für eine Sendung über die französische Kirchengeschichte gleich 45000, in Worten: fünfundvierzigtausend Meter Film verdrehte. Gesendet wurden davon dann nicht einmal ein paar hundert.

Das Interview sollte im fahrenden Auto, seine Antworten während einer Rundfahrt durch die Ewige Stadt gedreht werden. Die Idee war ein wenig verrückt, wenn man an den römischen Verkehr, den temperamentvollen, um nicht zu sagen, rücksichtslosen Macho-Fahrstil der Italiener und unsere bescheidenen Möglichkeiten dachte.

Da war noch nichts bekannt von einer Steadycam, dieser Vorrichtung, die heute eine Handkamera mit einem Stabilisator ruhig wie vom Stativ gedreht macht, nein, der Kameramann mußte diese mit einem Bauchtanz oder Verdrehungen seines Hinterteils ersetzen, um Wackler und Unschärfen der Kamera zu vermeiden. Aber Dieter Mährlen machte das vorzüglich und da, wo es trotzdem Unschärfen oder unkonventionelle Bildeinstellungen ergab, sorgte es (meiner Meinung nach) für filmkünstlerische Atmosphäre.

Doch das passierte auch Frisch, dem kühlen, anscheinend so ruhigen und überlegten Eidgenossen, er konnte einfach nicht reden, stotterte, antwortete mit tremolierender Stimme: Lampenfieber.

Meine Fragen kamen zu schnell, zu forsch, wohl auch ein wenig zu arglos und übermütig, ich ärgerte mich selbst, mit welcher Selbstsicherheit und Unbekümmertheit ich auf den sensiblen Dichter losging und änderte sofort meine Taktik.

»Wir machen eine Probe«, sagte ich, und dann ging alles bestens. Wieder einmal war ich beeindruckt, was die Filmkamera für ein Machtinstrument ist. Himmlisch und teuflisch, eine Waffe, besonders in der Hand einer Frau. Es kam mir aber gar nicht in den Sinn, das zu mißbrauchen, im Gegenteil, ich wurde selbst das Opfer, indem ich mich in meine »Subjekte« verliebte, oft nur für ein paar Minuten, manchmal wochen-, monate-, oder gar jahrelang. Die weiteren Dreharbeiten dokumentierten nun eine perfekte und glänzende Zusammenarbeit.

Ich konnte von Max Frisch einfach alles verlangen. Ob das nun eben die halsbrecherische Fahrt im offenen Cabriolet durch Rom, ein Frage- und Antwortspiel war, bei dem ich ihn jedesmal in einen anderen Rahmen, vor eine der berühmten Sehenswürdigkeiten setzte, ob das nun der »Fellini«-Brunnen oder das Colosseum war.

Überall machte Max Frisch schmunzelnd, pfeifenrauchend und offensichtlich höchst amüsiert mit. Das ganze schien ihm mehr zu gefallen als das hochgestochenste Fachgespräch und Interview. Das zeigte sich auch daran, daß er mich an dem Tag, als wir mit allem fertig waren und nur noch die stummen Aufnahmen fehlten, fragte, ob ich Lust hätte, mit ihm eine Fahrt ins Blaue zu unternehmen.

Natürlich hatte ich Lust, denn längst hatte mich der Dichter mit seinem Rom-Bazillus angesteckt. Ich ließ ihn bestimmen, wohin die Fahrt gehen sollte – ich kannte den Weg, den er einschlug: es ging in Richtung Meer, nach Ostia.

Eigentlich schätzte ich es gar nicht, wenn ich das Opfer männlicher Fahrleidenschaft wurde. Aber hier handelte es sich nicht um einen jungen Rowdy oder einen verhinderten Playboy mit Machogehabe, sondern um eine berühmte und intelligente Respektsperson, die zugleich – und das machte das Ganze vielleicht erst so recht pikant – der Starautor meines ungetreuen Liebhabers und Vater meines Kindes war.

Ostia zeigte sich ausgestorben um diese Jahreszeit, die Bade- und Feriensaison hatte noch nicht begonnen. Es fand sich trotzdem ein kleines Restaurant, wo wir uns auf die Terrasse setzen konnten. Ich weiß nicht mehr genau, was wir miteinander redeten, auch nicht mehr, was für ein Getränk er für mich bestellte. Ich weiß nur noch, daß wir mehrere Stunden so verbrachten, vertieft und angeregt durch ein eifriges – und unschweizerisches Tête-à-tête. Immer wieder überlegte ich, was er wohl sagen würde, wenn ich ihm eröffnete, daß ich die Geliebte seines Verlegers gewesen sei und diese Liebe mir noch immer zu schaffen machte. Aber daß sie gerade jetzt, in diesem Moment, anfing zu heilen. Vielleicht hätte er mir dann auch gerne – dasselbe? – über sich und Ingeborg Bachmann erzählt.

Die Stimmung, als die Luft kühler und die Schatten länger wurden, war dazu angetan, daß wir offenbar dasselbe fühlten: »Es ist stets wieder etwas Wunderbares, dieser Schauer erster Vertraulichkeit, etwas wie ein Zauberstab über alle Welt, die plötzlich wie zu schweben beginnt, etwas so Leises, was doch alles übertönt.« (Max Frisch, »Mein Name sei Gantenbein«, 1964)

Plötzlich überflog ein Schatten seine Stirn, die Augen wurden so ernst, als kehre er von einem Stern auf die Erde zurück. Er blickte auf die Uhr. »Um Gottes willen, wir sind ja viel zu spät. Ingeborg wartet«, sagte er. Er war ärgerlich, nicht mehr. Beim Bezahlen und Aufstehen zeigte er keinerlei Hast, keine Nervosität, keine Spur von schlechtem Gewissen. Nein, er ließ nicht alles liegen und stehen, um zu seiner Freundin zu eilen. Im Gegenteil. Auf der Heimfahrt vergaß er sie wieder. Strahlend wandte er sich mir zu, schaute mich wieder mit diesem Schalk hinter den Brillengläsern an. Aber wir hatten auch ziemlich viel getrunken, es war wie ein Rausch, und ich war glücklich, als er mir zuschrie um das

Motorengeräusch zu übertönen: »Ich habe mit Ingeborg verabredet, daß wir gemeinsam zu dritt einen Apéritif nehmen – auf der Via Veneto ... Sie haben doch Zeit?«

Der Rest der Fahrt verlief schweigend, er mußte jetzt sehr aufpassen, es herrschte schon abendlicher Stoßverkehr. Schließlich sahen wir Ingeborg Bachmann am Straßenrand stehen. Frisch konnte nur anhalten, sich hinüberbeugen und ihr die Türe aufmachen. Das Manöver mußte in Sekundenschnelle geschehen, um nicht lebensgefährlich zu werden. In deutschen Landen wäre so etwas undenkbar, aber die flexiblen Italiener wichen einfach blitzschnell, wenn auch laut protestierend, aus.

Ich bot mich an, nach hinten auf den Notsitz umzusteigen, trotz des Wahnsinnsverkehrs ließ der Fahrer das zu, um seiner Freundin den angestammten Platz neben sich zuzugestehen, eine Geste, die wohl wortlos um Verzeihung bat. Es zeigte sich, daß diese Vorsicht notwendig war. Wir verursachten zwar ein kleines Chaos, mit hupenden, schreienden und fluchenden Machos, die dicht und bedrohlich auffuhren, nur um dann mit drohenden Fäusten und kreischenden Reifen doch noch elegant auszuweichen und Max Frisch das Idiotenzeichen mit dem Zeigefinger gegen die Schläfe zu machen. Kaum war ihm das Entkommen aus dieser Hölle gelungen, und das Geschrei und der Stadtverkehr hinter uns verstummt, bemerkte ich, daß Ingeborg Bachmann nicht wegen der brenzligen Situation an dem vereinbarten Treffpunkt, sondern wegen unserer Verspätung so außer sich war.

Sie fing an, auf Max Frisch einzureden, zuerst leise und beherrscht, dann immer lauter und schnell und hemmungsloser, steigerte sich hinein in eine richtige, wütende Eifersuchtsszene.

Ich drückte mich in das harte Polster des engen Notsitzes hinein und hätte am liebsten eine Tarnkappe aufgehabt. Ingeborg vergaß ganz, daß ich da war oder übersah mich ob ihrer Enttäuschung und ihrer Wut.

Max Frisch blieb ruhig, wie eben ein Mann – oder sollte ich sagen, ein Schweizer? – der in einer solchen Situation ruhig und hilflos bleibt. Im Gegensatz zu seiner Freundin hatte er mich wohl nicht vergessen, es mußte ihm sehr peinlich sein.

Ingeborg hörte nicht auf zu schreien und gegen die Scheibe zu klopfen: »Laß mich raus – laß mich raus!«

Er versuchte sie zu beruhigen und seinen Arm um ihre Schultern zu legen. Doch sie wies das mit einer solch brüsken Bewegung zurück, daß er fast die Gewalt über das Steuer verlor. Ich sah schon die Schlagzeile in der »Bild«-Zeitung. »Wenn du mich jetzt nicht rausläßt, springe ich hinaus!« drohte sie und fingerte an der Türfalle herum. Längst waren wir inzwischen aus der Stadt heraus, irgendwo, hoch oben, in einem kleinen Gehölz. Wahrscheinlich war die äußerliche Ruhe von Frisch auch nur gespielt, und er regte sich innerlich nicht weniger auf, sonst hätte er sich wohl nicht so verfahren. »Wie willst du denn von hier in die Stadt zurückkommen?« fragte er.

Sie antwortete nicht, sondern drückte die Falle herunter. Glücklicherweise fuhr Frisch inzwischen langsamer, die Gegend war fast menschenleer. Er lenkte das Fahrzeug an den Straßenrand, und Ingeborg sprang hinaus. Mit erhobenem Kopf und ohne sich umzusehen, stöckelte sie davon.

Schweigend fuhren wir zurück in den lärmenden Stadtverkehr.

»Es tut mir leid«, sagte er schließlich, und ich antwortete fast gleichzeitig. »Es tut mir leid. Ich hoffe nicht, daß ich daran schuld bin.«

»Machen Sie sich keine Sorgen«, sagte er. »Ingeborg ist sehr weiblich und sehr leidenschaftlich und sie wurde in ihrem Leben viel und oft verletzt.«

»Auch von Ihnen?« hätte ich gerne gefragt. Aber das wäre nun doch zu vorwitzig und indiskret gewesen. Und ich wußte von meinem Vater, wie sehr ein richtiger Schweizer solche persönlichen Fragen haßt.

Wir gingen dann doch noch auf einen Aperitif in das Lokal an der Via Veneto. Max Frisch legte, wie er sagte, jetzt erst recht großen Wert darauf. Vielleicht deshalb, weil er ahnte, daß Ingeborg dann auch noch erscheinen würde. Schnell, scheu lächelnd, einen Gruß oder eine Entschuldigung murmelnd, setzte sie sich hin. Es wurde kein Wort mehr über den Vorfall geredet. Offenbar waren die beiden an solche turbulenten Zwischenfälle gewohnt.

Ich sagte Max Frisch an einem der letzten Tage, daß ich mich bei ihm bedanken und ihn einladen wollte, zusammen mit Ingeborg, ins beste Restaurant von Rom. Das schien mir noch das wenigste, um mich für Strapazen der Filmaufnahmen erkenntlich zu zeigen.

Er sagte zu, und es wurde ein gelungener, ja, unvergeßlicher Abend, bei dem ich nur eines bereute, es nicht im Film festzuhalten. Aber das feudale Diner bei Kerzenlicht war ja streng privat. Im übrigen kann ich mich nicht einmal mehr erinnern, vielleicht hatte ich so etwas sogar geplant. Sicher ist es aber auch da am Veto der scheuen Schriftstellerin gescheitert, die ihr Verhältnis mit Frisch nur widerwillig der Öffentlichkeit preisgab.

Aber Bilder von dem »seriösen« Dichter, flankiert von zwei jungen, interessanten Frauen bei schummrigem Kerzenlicht und Champagner, im luxuriösesten Römerlokal, hei, das wäre ein filmischer Leckerbissen gewesen und hätte heute Seltenheitswert. Ein einziges ist mir davon geblieben: der nachstehende Brief und eine bittersüße Erinnerung. »Schade, daß Sie schon fahren müssen«, sagte Max Frisch, und »Kommen Sie doch bald wieder«, meinte Ingeborg. Wie gut wir uns schließlich verstanden und wie nahe wir uns kamen, erfuhr ich, als der Piper Verlag mir schrieb, jemand mir wohlgesonnenes hätte verraten, daß ich an einem Roman arbeite. Man würde sich dafür interessieren. Es konnte sich nur um Ingeborg Bachmann handeln.

*

13. Juni 1961
Liebe Corinne,
es sagt niemand etwas gegen die Einladung von Herrn Frisch und von Ingeborg Bachmann: aber für einen Wirtschaftsprüfer kann es ein sehr kritischer Punkt werden, daß an diesem Essen jemand teilgenommen hat, der für die gleiche Zeit auch noch Spesen vom Süddeutschen Rundfunk bekam. Dieser Eindruck ist sofort weg, wenn wir sagen, daß wir DM 10,– von diesem Essen absetzen, etwa den Betrag, der für das Nachtessen nach dem Spesensatz üblich wäre …
Mit freundlichen Grüßen gez. Horst Jaedicke

Es war unschwer zu erraten: ich bekam jetzt den anderen Wind, der unter Jaedicke wehte, zu spüren. Er hatte einfach für meine Art, Filme zu machen und durchzusetzen, kein Verständnis, keine Antenne, wie Heinz Huber, Martin Walser und selbst Jedele sie besaßen.
Es fing damit an, daß ich für meine nächste Pariser Reise, ausgerechnet für das Thema über Elsa Maxwell und die Dreharbeiten auf dem glatten Pariser Gesellschafts-Parkett nicht Dieter Mährlen, sondern Justus Pankau zugeteilt bekam. Die Vetternwirtschaft mit den ewig selben Leuten müsse aufhören, hieß es von oberster Stelle, aber ich wußte, daß auf Jaedicke Druck ausgeübt wurde von Dieter Mährlens jüngeren Kollegen, die auch einmal »so schöne Reisen machen wollten wie er«. Daß wir ein durch harte Arbeit und viel Mühe aufeinander eingespieltes und zusammengeschweißtes Arbeitsteam waren, war kein Argument mehr.

Ich hatte mit Justus Pankau noch Glück, wir verstanden uns gut, und er verspürte schon lange den Drang, sich auch als Kameramann mit anspruchsvoller Bildgestaltung zu bewähren. Nur war er bis jetzt allein für harte Reportagen und halsbrecherische Aufnahmen von Tagesaktualitäten eingesetzt worden. Es fiel ihm leichter, die lebensgefährliche Einstellung vom Geländer des Fernsehturms herab als im »Maxim's« zu drehen. Es gelang mir nicht, ihn dazu zu bringen, und einige der wichtigsten Aufnahmen von Elsa Maxwell und ihren Freunden, dem Herzog und der Herzogin von Windsor, gingen auf ewig verloren. Am liebsten hätte ich selbst die Filmkamera in die Hand genommen, aber die war so schwer, daß ich sie nicht einmal bis auf Taillenhöhe aufheben konnte. Auch die Geschicklichkeit und das geschulte Auge für kostbare Momentaufnahmen eines Dieter Mährlen besaß Pankau nicht. So blieb von den Szenen, als mir der Herzog von Windsor, immerhin der ehemalige König von England, persönlich die Hand schüttelte und von seinen »Cousins« in Deutschland erzählte, nichts als die Erinnerungen übrig, die ebenfalls verblaßten.

Im nachhinein sieht es so aus, als seien meine erfolgreichsten und besten Programmbeiträge und Filme erst nach Jedeles Weggang und unter der Ägide von seinem damals noch provisorischen Nachfolger Jaedicke entstanden. Er hatte überhaupt keinen Verdienst daran, im Gegenteil, die meisten waren noch unter Jedele vorgeplant gewesen. Um die anderen, insbesondere die aufsehenerregenden »Pferdetransporte«, mußten Huber und ich bis fast zur Selbstaufgabe kämpfen.

Es war das erste Mal, daß Horst Jaedicke in Anbetracht des Aufsehens, den die grausame und brutale Reportage nach der Sendung auslöste, seinen Irrtum einsah und sich bei mir und Heinz Huber dafür in seiner gewohnt jovialen Art entschuldigte.

Doch das wurde dann wieder aufgehoben, als er mir meinen Film »Beruf Primaballerina« massakrierte.

Ich hatte mir von diesem ganz besonders viel versprochen, weil er, wie gesagt, die Verschmelzung von Bild, Ton, Musik und harter Gesellschaftskritik in geradezu ideale Weise zeigte. Weil Tschaikowskys Musik dazu paßte, als wäre sie speziell dafür komponiert worden. Das fiel mir auf, als ich für die Einleitung einen Polizisten filmte, der verkehrsregelnd auf dem Karlsplatz in München stand. Der Atem stockte mir vor Aufregung: Der machte seine schneidigen Bewegungen genau im Takt meiner Musik! Gleich ließ ich die Sequenz entwickeln und legte am

Schneidetisch das Tonband mit der Musik darunter. Ich hatte mich nicht geirrt: der Polizist war wie ein Meisterdirigent auf einem Podium, er dirigierte den Verkehr mit seinen weißen Handschuhen genau im Takt. Das war genial und befriedigte mich, als hätte ich ein weiteres Kind geboren, immer und immer wieder schaute ich mir im Schneideraum die Szene an. Der Film war schon fertig geschnitten, vertont und getextet und zur Abnahme durch den Direktor bereit, als mich die Hiobsbotschaft von Huber in der Schweiz erreichte. Jaedicke hatte tatsächlich das Wegschneiden der Anfangsszene mit dem Polizisten verlangt! Er hatte die filmische Auflösung mit dem musikalischen roten Faden trotz der verblüffenden Synchronizität des dirigierenden Polizisten nicht einmal bemerkt.
Ich wurde vor Ärger und Empörung geradezu hysterisch, schon bei Hubers verzweifeltem und ratlosem Telefonat. Ich gab keine Ruhe und fing an, Gott und die Welt, Walser, Ertel und Jaedicke selbst zu mobilisieren. Schließlich ließ mich Jaedicke wissen, er werde zwei Parteien – eine für und eine gegen die Kürzung – den Film anschauen lassen. Was ich absurd und dilettantisch fand. So kam es schließlich zu einer hanebüchenen Abstimmung: Heinz Huber, Martin Walser und Dieter Ertel entschieden gegen die von Jaedicke geplante Verstümmelung, Jaedicke, der Gottschalk-Nachfolger Prager und noch zwei weitere Vertrauensleute des neuen Direktors stimmten dafür.
Der Filmbeitrag, von dem ich mir soviel versprochen hatte – auch in bezug auf Heinz Huber, der dringend für seine Abteilung mehr Gewicht und Durchsetzungsmöglichkeiten gegenüber dem immer fester an seinem provisorischen Sessel klebenden Direktor brauchte –, wurde gesendet, doch für mich war es, als hätte man mir ein Glied meines Körpers, und nicht nur eine zehnminütige Filmsequenz amputiert. Das änderte sich auch dann nicht mehr, als Jaedicke versuchte, den Schaden, den er angerichtet hatte, wiedergutzumachen und mich mit einem neuen Film, in den ich die herausgeschnittene Sequenz mit dem dirigierenden Polizisten wieder einbauen konnte, zu versöhnen. Er habe nicht ahnen können, daß mir daran soviel liege, sagte er naiv. Der Film hieß »Lärm« und war ein noch konsequenter durchgearbeitetes Experiment: Ich verzichtete auf jeglichen Kommentar, nur die krasse Gegenüberstellung der lieblichen Schwanenseemusik mit dem ohrenbetäubenden und infernalischen Lärm von Bohrmaschinen, Lastwagen und sonstigem Verkehr, rhythmisch abgesetzt, sollte dem Zuschauer den Mißstand

unserer heutigen Gesellschaft vermitteln und für Kritik sensibilisieren. Nach der Sendung riefen mich Jaedicke und später auch Ertel an, um mir zu gratulieren und zu sagen, nun sei mir tatsächlich ein ganz eigener, persönlicher Stil des Filmfeuilletons gelungen.
Der Ehrlichkeit halber muß ich gestehen, daß es mir doch immer wieder gelang, mich mit Jaedicke zu versöhnen und er immer bereit war, Fehlurteile hinterher wieder zurückzunehmen.
Und ich müßte lügen, wenn ich behaupten wollte, ich sei dann schließlich wegen den veränderten Arbeitsbedingungen, dem rauheren Klima und den erbitterten Kämpfen mit dem neuen Direktor von meinem »Haussender« weggegangen.
Vielmehr hing das mit meiner desolaten privaten Situation zusammen, die ich einfach nicht in den Griff bekam, um durch sie Halt und Kraft für meine berufliche Tätigkeit zu erlangen. Den Mann, den ich liebte, konnte ich nicht haben und sah ihn immer weniger, diejenigen, die hinter mir her waren, um mich als Dauerfreundin oder gar unter die Haube zu kriegen, interessierten mich nicht, und für Interessengemeinschaften oder Kompromisse war ich sowieso nicht gemacht. »Seien Sie doch nicht so absolut«, sagte mir später der Leiter des Pariser Büros, Dr. Weissenfeld.
So nahm der Entschluß, von Stuttgart wegzugehen, 1961 immer mehr Gestalt an, der Zeitpunkt war denkbar gut, von überall bekam ich die verlockendsten Angebote.
Rüdiger Proske wollte mich nach Hamburg holen, eine große Illustrierte mich als Korrespondentin nach Japan schicken, das von Adenauer gegründete »Neue Fernsehen« bot mir gar die Leitung der Feuilletonredaktion an und Dr. Clemens Münster vom Bayerischen Rundfunk ließ mich zu einer Besprechung nach München kommen.

ACHTES KAPITEL

Zwischenspiel – Das literarische Terzett

Von all den Begegnungen meines gewiß nicht begegnungs- und ereignisarmen und nicht einfachen Lebens waren zwei die ergreifendsten und entscheidendsten, sie stellten an Intensität und Tiefgang alles bisherige (und zukünftige) in den Schatten und auf den Kopf: meine Beziehung zum anderen Geschlecht, mein Weltbild und meine Kenntnisse von den Männern und damit von der Liebe, aber auch der Liebe zur Literatur wurden durch sie geprägt: die Begegnungen mit dem Dichter und Siegfried Unseld – sie hingen unweigerlich mit der Literatur zusammen, und wir wurden alle drei auf eine geheimnisvolle und schicksalshafte Weise verstrickt, ohne das eine oder das andere, das heißt, den einen oder den anderen jemals ganz voneinander trennen zu können. Gemeinsam spielten wir als wahrhaftig »literarisches Terzett« eine unbestritten zu Herzen gehende, gleichzeitig sehr schmerzende und beglückende Melodie, lange bevor das deutsche Fernsehen die sehr erfolgreiche Sendereihe »Das literarische Quartett« erfand. Wonach der Bezug darauf nicht nur zufällig erfolgt.

Seit einigen Monaten war ich jetzt als »erste weibliche Redakteurin« des deutschen Fernsehens am Stuttgarter Sender und seit einigen Wochen mit dem Dichter nicht mehr nur beruflich-kollegial, sondern intim befreundet. Seitdem sah ich alles durch seine Brille; wir stimmten in unseren Ansichten über das Fernsehen, die Programme und Projekte, über meine Filme und insbesondere die Mitarbeiter, die gesamte Stuttgarter Fernseh-Crew in einer fast lächerlichen Kongenialität überein, so daß ich mich manchmal nicht wie seine Geliebte, sondern wie seine Zwillingsschwester fühlte, nur daß er das, was ich oft gar nicht auszusprechen wagte, ungeniert beim Namen nannte. Sein Urteil war scharf und gnadenlos, und am herrlichsten fand ich seinen grausamen Spott.

Über meine Zürcher-Episode mit Jedele, wie er unseren Direktor respektlos nannte, lachte er erbarmungslos.

Es fiel mir auf, daß er für alle meine Freunde und Kollegen, die verheiratet waren, um so beißendere Verachtung und mitleidigen Spott an den Tag legte, je mehr ich sie schätzte. So, als hätten sie ihm persönlich etwas angetan, oder besser gesagt, als könne er junge, brave und treue Ehemänner – eben, die Ehe und damit sich selber nicht leiden. So, wie er es mir anhand seiner alten und häßlichen Ledermappe demonstrierte: »Die ist wie meine Ehe«, sagte er, »ausgeleiert, zerschlissen und verbraucht.« War es da nicht selbstverständlich, daß er in mir damit Hoffnungen weckte?
Niemand im Sender wußte oder ahnte auch nur etwas von unserer Intimität, auch Gisela und Heinz Huber nicht, meine besten Freunde, denen ich sonst alles anvertraute und schon gar nicht Hans Gottschalk oder die Klatschtante Peter Dreessen, selbst der Direktor, Dr. Jedele nicht, der sonst das Gras wachsen hörte, wenn es um das Privatleben seines unentbehrlichen Beraters ging.
Ich hoffte, durch den Dichter Ruhe und einen sicheren Hafen zu finden, als Basis für meine so gut gestartete Fernseh- und Filmarbeit. Wie jedermann brauchte ich ein intaktes Privatleben als Kraft- und Ruhespender einer beruflichen Karriere. Die Beschreibung seiner Ehe war nicht dazu angetan, mir irgendwelche Zweifel an Erwartungen für die Zukunft zu nehmen. Und im übrigen war es mir von Anfang an nicht um eine Heirat gegangen, sondern um eine einzigartige Ausnahme-Beziehung zweier »Auserwählter« durch ein gnädiges Schicksal. Das war echte Wahlverwandtschaft wie von Goethe beschrieben: »Diejenigen Naturen, die sich beim Zusammentreffen einander schnell ergreifen und wechselseitig bestimmen, nennen wir verwandt.« Ich hätte die »Wahlverwandtschaften« weiterlesen sollen: »Mir sind leider Fälle genug bekannt, wo eine innige, unauflöslich scheinende Verbindung zweier Wesen durch gelegentliche Zugesellung eines dritten aufgehoben und eines der erst so schön verbundenen ins lose Weite hinausgetrieben ward«, sagt Goethes Charlotte.
Es fing damit an, daß er mir von seiner und Jedeles Chefsekretärin erzählte, die effizient, ergeben und sanft war, mit einem blassen, großflächigen Gesicht, einem breiten Mund und ewig lächelnden, freundlichen Augen. Eine unauffällige, adrette Vorzimmerdame, der die bedingungslose Zuverlässigkeit aus Mund und Augen und sogar den Ohren tropfte. Für mich derart »effacé«, nicht wahrnehmbar, daß es mir undenkbar schien, auf sie eifersüchtig zu werden, auch wenn sie auffal-

lend oft, wenn der Dichter bei mir im Büro war, wie aus dem Boden gewachsen vor uns stand.

Schon Dreessen hatte es mir erzählt, aber auch der Dichter selber aus seinem Buch zitiert: Lore war seine Geliebte gewesen und hatte in einem ziemlich scheußlichen Hinterhofzimmer in Hamburg ein Kind von ihm abgetrieben, eine dramatische Geschichte, die dem scheinbar Unsensiblen sehr zu Herzen ging.

So sehr, daß er mir eines Abends erklärte, er müsse noch einmal zu ihr. Ich bedeckte augenblicklich meinen nackten Oberschenkel mit dem zerknitterten Rock und setzte mich steif gradauf, nur um ihm und der bitteren Wahrheit: »Du mußt jetzt gehn – zu ihr – sie wartet doch schon ...«, zuvorzukommen. So wie ich gewartet habe, dachte ich.

Er hauchte mir einen symbolischen Kuß zu und tastete mit müder Bewegung nach seiner Brille. »Bleib da. Ich komme wieder.«

Er tippte mich nur an, schon wieder lag ich auf dem Rücken, nahm ihm die Brille von der Nase. Das Wort »bleib« entwischte mir, ich biß mir auf die Lippen, augenblicklich setzte er sich auf.

Er nahm mich mit der Hand am Kinn und drückte seine Stirn gegen meine: »Du sollst nicht so gut im Gedächtnis behalten, was ich manchmal zum Fenster hinausspucke, abgemacht?«

Ich lehnte meine Wange an die seine, damit er spürte, daß ich weinte.

»Ich bin sogar lieber dein Spucknapf als gar nichts von dir«, hauchte ich.

Er nahm sorgfältig, als wären sie aus zerbrechlichem Porzellan, meine Arme von seinem Hals weg, stand auf und zündete sich eine Zigarette an. Ich versuchte, meinen zerdrückten Rock zurechtzustreichen, während er jetzt hastig und unsorgfältig seine Hemden und die Unterwäsche in den Schrank räumte.

»Laß mich das machen«, sagte ich und stellte mich neben ihn. »Du bist in Eile, ich aber habe Zeit.«

Er nahm das Angebot dankbar an. »Ich muß noch bei Micha im Studio nach dem Rechten sehen – Liebes, wir sehen uns nachher ...«

Ich riß mich zusammen, um mich großmütig und verständnisvoll zu zeigen, so wie er es liebt. »Ich lege den Schlüssel in den Milchkasten«, sagte ich und, »wir sehen uns dann später.«

Er küßte mich schnell und flüchtig und ging. Ohne sich die Hände zu waschen, dachte ich, trotzdem er mich berührt hat, aber es muß seinen Händen doch ein Geruch anhaften, also nimmt er etwas von mir mit und hat es bei sich – es haftet ihm an – auch bei der anderen. Gott sei Dank,

ich schaffte es, während ich die Reisetasche ausräumte, den Kopf oben zu behalten. Gefaßt sah ich der Tatsache entgegen, daß er jetzt die andere abholte, mit dem kleinen Auto, auf dessen hinterem Sitz wir auch schon und im Anfang immer …
Ich schrak zusammen: In seiner Wäsche, im frischen, weißen Hemd, den Socken, den nach Fliederseife riechenden Taschentüchern – überall fand ich, sorgfältig versteckt, kleine, weiße Zettel. Allein der Anblick, aber dann erst recht die Lektüre machten mir eine Gänsehaut: Seine Frau wußte ganz offensichtlich, daß er eine Affäre hatte, und sie wußte wohl auch, mit wem. Sie hatte ihn im Schlaf meinen Namen rufen gehört. Sie warf ihm vor, sich an ihr und seinen Kindern zu versündigen.
In dieser Nacht lernte ich zum erstenmal dieses zerstörerische Gefühl kennen, das man Eifersucht nennt und das bei mir ohne Zweifel ein Trauma meiner frühen Kindheit, eine Schädigung meines Selbstbewußtseins war: meine Mutter war die erste wichtige Bezugsperson, auf die ich eifersüchtig wurde, als sie mich alleinließ und belog.
Als junge Frau war ich bisher davon verschont geblieben, noch nie hatte mich ein Mann betrogen. Ich war so naiv, anzunehmen, ein verheirateter Mann sei seiner Frau nur untreu, wenn die Ehe ohnehin zu Ende sei. So war denn der Zettelfund ein erster Schock, aber er brauchte ja nicht unbedingt eine richtige Untreue zu bedeuten. Vielmehr begann ich mich jetzt auf sein Kommen vorzubereiten, die ominösen Zettel versteckte ich wieder an ihren Platz. Sollte er selber damit fertig werden. Doch er kam nicht.
Die immer deutlicher werdende Gewißheit, daß er nun offensichtlich doch wieder bei ihr blieb und mit ihr ins Bett stieg, verursachte mir Bauchweh und Schüttelfrost. Als er dann schließlich auftauchte, stritt er alles ab, und ich war noch so bereit, ihm zu glauben, besonders weil er reuevoll und zärtlich zu mir war, und Peter Dreessen mir gegenüber einmal behauptetet hatte, ein Mann könne nicht zweimal hintereinander mit einer Frau schlafen. Noch wollte ich an die Untreue meines Dichters nicht glauben. In seinem Buch klingt das so:

»Plötzlich wolltest du angelogen werden, und ich bin sicher, Du hättest alles geglaubt. Aber so ein Virtuose ist man eben auch wieder nicht. Man kann nur lügen, wenn man wenigstens die Hälfte davon, was man lügt, selber glaubt.«

Von nun an geschah etwas Merkwürdiges. Statt daß meine Liebe zu dem Ungetreuen aufhörte und ich die Konsequenzen zog, fing ich an, um ihn zu kämpfen und zu leiden wie noch nie zuvor: meine Liebe und Leidenschaft hatte vor allem anderen Priorität. Um sicher zu sein und mich selbst noch mehr zu quälen, freundete ich mich mit allen Frauen, die ihn interessierten, an.

»Gaby verlangte also Treue von mir, obwohl sie doch gleichzeitig Untreue Alissa gegenüber verlangt. Es tat mir gut, sie nun auch in diese vielbödigen Moralen verstrickt zu sehen.«

Ich wußte jetzt immer genau, wann, wie und wo er mich belogen und betrogen hatte, doch hörte dadurch meine Liebe zu ihm nicht auf, im Gegenteil, ich wurde ihm geradezu hörig.

»Keinesfalls darf jetzt passieren, was selbstverständlich wäre, denn für mich wäre etwas anderes selbstverständlich als für Gaby, bei mir langt die Kälte nicht zum Gehen und die Wärme nicht zum Bleiben, es ist Dein Pech, Gaby, daß Du mich mehr brauchst als ich Dich, das gibt mir eine Überlegenheit über Dich, eine niedere Art von Überlegenheit vielleicht, das ändert aber nichts daran, daß ich mir Dir gegenüber fast alles leisten konnte, ich konnte ruhig auf dem Stuhl sitzen und Dich zappeln lassen, konnte zuschauen, wie in Dir Stolz und das andere, es wird schon Liebe gewesen sein, wie sich das stritt in Dir, und mit einer Handbewegung konnte ich diesen Streit entscheiden.«

Ja, ich brauchte ihn, dessen war ich mir wohl bewußt. Aber nicht auf diese zynische, verächtliche Weise, wie er das beschrieb. Hätte ich damals schon diesen Text von ihm gelesen, ich hätte … ja, was hätte ich wohl? – mich noch mehr wie eine Ertrinkende gegen den Untergang unserer Liebe gewehrt.
Ich dachte es voller Grimm und warf es ihm auch hemmungslos an den Kopf: schuld an seiner gnadenlosen Untreue und Überlegenheit war nicht ich, sondern der durch den Krieg herrschende Frauenüberschuß. In normalen Zeiten wäre der Dichter ein Beethoven, Schubert oder Hölderlin geworden, deren Liebesleben unglücklich und unerfüllt blieb, so daß sie deshalb ihre unsterblichen Werke schufen – in normalen Zeiten hätte nicht der Dichter mit mir, sondern ich hätte mit ihm auf

so grausame Weise Katz und Maus gespielt. Und dann hätte er auch genialere Werke geschaffen als bloß seine Schlüsselromane.
Dieses Jahr wurde das turbulenteste, aufregendste, gleichzeitig schwerste und leichteste, schmerzvollste und glückbringendste Jahr meines Lebens. »Dein sanfter Zynismus Hubers Urteil über Deinen Film betreffend ist nicht nötig, da Dein Film gut ist! Wenn Du dieses und jenes Füllsel herausnehmen würdest, wäre er sogar ausgezeichnet«, schrieb er mir zu »Die sanften Diktatoren«, was zeigt, wie sehr er bei mir Anteil nahm. Und in einer Widmung gab er sein Geheimnis preis: »Für Corinne, die einzige Frau die ich kenne, die mehr geliebt wird als sie weiß.« Immerhin, ein Satz, von Hand geschrieben, für die Ewigkeit. Nicht nur der Schmerz über die Unvollkommenheit unserer Liebe, sondern auch immer stärkeres Bauchweh zwang uns fast zur gleichen Zeit zu einer Operation. Bei ihm war es ein Magengeschwür – ich erinnere mich noch gut daran, wie er einmal in Stuttgart am Bahnhof vor Schmerzen gekrümmt, nicht mehr reden konnte –, bei mir eine akute Blinddarmentzündung. Mit seiner Krankheit und seinem Spitalaufenthalt durfte ich nichts zu tun haben, er wurde von seiner Familie, Mutter, Frau und Kind entschieden abgeschirmt.
Als er genesen war, wollte er mich zu einer literarischen Tagung nach Berlin mitnehmen, statt dessen landete ich im Krankenhaus, und als er mich besuchen kam, brachte er statt einem Blumenstrauß einen jungen schnauzbärtigen Grafiker mit, den er mir als Günter Grass, der mir seine Zeichnungen zeigen wolle, vorstellte. Ich war enttäuscht und wütend, daß er nicht allein gekommen war und sagte zu dem unliebsamen Störenfried, er solle doch lieber schreiben, statt zeichnen, auch ich hätte das Zeichnen zugunsten des Schreibens aufgegeben. Ich konnte nicht ahnen, daß meine selbstsüchtig hingeworfenen Worte prophetisch waren: Günter Grass schrieb ein Jahr später den wichtigsten deutschen Nachkriegsroman »Die Blechtrommel«.
Daß ich in ähnlicher Weise wie er zusammengeklappt, und mir fast zu gleicher Zeit der Bauch aufgeschlitzt wurde, das beeindruckte den Dichter ganz gewaltig, auch wenn es (für ihn) literarisch nichts hergab. Dafür beschrieb er in seinem nächsten Roman ausgiebig seine eigenen körperlichen – und meine seelischen – Leiden, was bei ihm ungefähr auf dasselbe herauskam.
Jedesmal, wenn ich nach Zürich fuhr, machte ich einen Umweg. Der Dichter wohnte mit seiner Familie in einem alten Haus, das mich an die

Barackensiedlung in der »hinteren Länggasse«, dem Armenquartier von Bern erinnerte, an der mein Schulweg vorbeiführte. Im Hausgang, der zu der Parterrewohnung führte, sah es aus wie im Hinterhof meines »Champigny-Baus« an der Stuttgarter Neckarstraße: liebenswert, aber leicht vergammelt. Fern jeglicher gepflegter und aufgeräumter Gemütlichkeit, aber einem deutlichen Stich ins Kleinbürgerliche, quoll das Heim des begnadeten Worthelden schon damals über von Büchern, herumliegenden Spielzeug und Kindergeschrei, während der Garten, in den ein paar Treppenstufen aus der Wohnung direkt hinunterführten, aus nichts anderem als blühendem und wucherndem Unkraut und im Winde flatternder Wäsche bestand, wo ich verstohlen nach verräterischen Spuren suchte.

Selbstverständlich hatte ich ihm geglaubt und nie darüber nachgedacht, daß der Dichter – trotz seiner ausgeleierten Ledermappe, mit der er seine Ehe verglich – nach wie vor mit seiner Frau im Ehebett schlief.

Schadenfroh, aber nichtsdestoweniger eifersüchtig, erinnerte ich mich daran, daß er ja katholisch war, den Glauben seiner Mutter zuliebe respektierte und sich »niemals scheiden ließe«.

Verzweifelt schlotterte ich im Gästezimmer einer einsamen Nacht entgegen, als es leise an die Türe klopfte. Es war seine Frau, die auf mein »Herein« nicht die Türe aufmachte, sondern davor stehenblieb und leise rief, er wolle, daß ich zu ihnen hinüber in das Eheschlafzimmer komme.

»Warum?« fragte ich.

»Ich weiß es nicht«, antwortete sie. »Sie sollen einfach kommen. Wir müssen etwas besprechen.«

»Ich bin zu müde«, gähnte ich und zog die Decke über die Ohren. Mein Herz klopfte so laut, daß ich es hören konnte. Es raschelte vor der Türe, dann wurde es still.

Nach einer Weile klopfte es von neuem: »Hallo, sind Sie noch wach?« hörte ich die flüsternde Stimme wieder.

Diesmal war ich kategorischer. »Sagen Sie ihm, ich komme nicht«, zischte ich. »Ich will jetzt schlafen und wenn nötig, können wir es morgen besprechen.« Ich drehte mich zur Seite und schlief erstaunlicherweise augenblicklich ein. Ich konnte nicht umhin, eine Ehefrau, die sich von ihrem Ehemann so demütigen ließ, zu bedauern und mich darüber erhaben zu fühlen.

Ich habe nie herausgefunden, was der Sinn dieser nächtlichen Einladung wirklich war und mich gehütet, mir vorzustellen, was daraus geworden wäre, hätte ich sie befolgt. Ich kannte inzwischen die schamlose Beobachtungswut des Dichters, wenn es darum ging, Erfahrungen zu sammeln, die er später in seinen Romanen und Theaterstücken verwendete, man wußte bei ihm nie, wo die Grenze zwischen echtem Gefühl und Sezierlust war, er sammelte Gefühle wie andere Briefmarken, um herauszufinden, was das überhaupt war. Jedenfalls zog ich es vor, ab jetzt im Hotel zu übernachten, wenn ich in die Schweiz fuhr.

Anfang des neuen Jahres war Peter Dreessen mit seiner Personality Sendung über Lotte Lenya, der Witwe von Kurt Weill, der die Musik zu Bert Brechts Dreigroschenoper komponiert hatte, an der Reihe. Lotte Lenya hatte bei der Uraufführung 1927 die Polly gespielt, und die Rolle war ihr auf den Leib geschrieben. Sie war schon zu Lebzeiten eine Legende. Lotte Lenya kam mit ihrem zweiten Mann, einem amerikanischen Verleger, aus den Staaten nach Stuttgart geflogen. Hier gab sie im großen Konferenzzimmer im fünften Stock des Funkhauses eine Pressekonferenz. Ganz Deutschland stand kopf durch den Besuch der illustren Landsmännin, die zum erstenmal nach ihrer Emigration in ihr ehemaliges Heimatland zurückkehrte.

Am Abend lief Peters Livesendung über die Bildschirme. Wie immer saß man nachher noch im »kleinen Termin« zusammen. Ich freute mich, weil auch der Dichter dabei war.

Doch kam gleich eine herbe Enttäuschung: er setzte sich nicht neben mich, sondern der reservierte Platz neben ihm wurde ganz selbstverständlich von der jungen Bärbel von Ehrenstein, Schwester meines bevorzugten Chefcutters Guntram, eingenommen. Bärbel wurde allgemein als naives, ein wenig unbedarftes Bayernmädel gehandelt, das mit seinen blauen Kinderaugen und den üppigen Formen einen Hauch von Erotik und madonnenhafter Unschuld ausströmte, die meiner Meinung nach kein richtiger Mann wirklich ernst nehmen konnte.

Durch ihren Bruder hatte die blutjunge Münchnerin eine Stelle als Cutter-Assistentin bekommen, deren Hauptaufgabe darin bestand, für die Regisseure und ihre Cutter Kaffee zu kochen und Filmteile an den Galgen zu hängen oder Abfälle aufzurollen. Es hieß, daß sie ihre Tätigkeit am Schneidetisch auch dafür benutzte, um bei der Vorführung ihrer Werke mit den Redakteuren oder Regisseuren Händchen zu halten. Immer wieder schickte ich meine Blicke zu der oberen Tischhälfte hinauf, wo das Direktionsgremium vollzählig um den illustren Gast aus

Amerika saß und Bärbel mit strahlenden Kulleraugen meinen Platz besetzte.
Einen kleinen Trost erfuhr ich dann dadurch, daß neben mir der Mann von Lotte Lenya saß, er war ebenso wie ich einfach vergessen worden. Doch schien er diese Rolle gewohnt, er fing an, mich in ein lebhaftes Gespräch zu verwickeln, durch das ich meinen Groll über die Zurücksetzung ein wenig vergaß.
Warum ich nur hinter und nicht vor der Kamera arbeite, wollte er von mir wissen, man würde sich so eine Gelegenheit in Amerika nicht entgehen lassen, er arbeite viel mit den großen Hollywood-Studios zusammen und wisse das. Dafür sei ich viel zu scheu und introvertiert, antwortete ich ihm und er sagte: »Greta Garbo ist auch introvertiert. Noch nie sah ich einen scheueren und introvertierteren Menschen.« Er sei mit ihr befreundet, fügte er hinzu.
Mir verschlug es den Atem. Auf der einen Seite war schon der Vergleich mit der »Göttlichen« ein ungeheures Kompliment, auf der anderen Seite schien sich mir da eine Möglichkeit zu einer sensationellen Personality-Sendung zu bieten, was noch viel wichtiger und aufregender war.
Ob er glaube, er könne sie für ein Interview und Filmaufnahmen gewinnen und mir die Verbindung zu der Unnahbaren schaffen? fragte ich kühn. Er begeisterte sich sofort für die Idee und versprach mir, gleich nach seiner Rückkehr die Verbindung mit der Garbo aufzunehmen. Er war gerade daran, seine Visitenkarte aus der eleganten Brieftasche zu kramen, da wurde ich leider abgelenkt: die Herrschaften um Lotte Lenya standen auf und verabschiedeten sich.
Ohne sich nach mir umzusehen, verließ der Dichter das Lokal, und in seinem Schlepptau folgte ihm Bärbel, als ob sie zu ihm gehörte.
Mir begann das Blut im Hals zu pochen, es war mir, als verliere ich den Verstand. Unfähig, um mich herum noch etwas zu sehen oder wahrzunehmen, stürzte ich hinaus – ich hatte nur noch einen Gedanken: meinen Dichter und seine Bärbel nicht aus dem Blickfeld zu verlieren. Die einmalige Chance, eine Personality-Sendung mit Greta Garbo zu machen, war jedenfalls vertan. Und ich kam nie mehr dazu, dies zu bereuen, als ich es versuchte, war es zu spät. Lotte Lenya war mit ihrem Gatten längst nach Amerika zurückgekehrt.
Ich weiß nicht mehr, wie ich nach Hause kam. Blind vor Tränen stolperte ich heim. Der Gedanke, daß mich der Dichter betrog – und dann erst noch mit der unbedarften Bärbel, verwirrte und umnebelte meinen

Verstand. Ich konnte und wollte es nicht begreifen, hatte ihm bis jetzt alles, vor allem die banale Ehemännerausrede, er schlafe schon lange nicht mehr mit seiner Frau, geglaubt. Auch daran, daß unsere Begegnung und Verbindung etwas Höheres und Größeres und »Gottgewolltes« sei – nach seinem Ausspruch »daß es dich gibt!«, hatte ich mich eisern gehalten, wozu auch bedingungslose Treue gehört. Ausgerechnet er durfte mich nicht betrügen!

Die Erkenntnis, er würde es dennoch tun – und dann auf diese banale, billige Weise, wollte mir nicht in den Kopf. Der Gedanke war so unfaßbar und neu, daß ich mit Herzklopfen, Durchfall und Schlaflosigkeit darauf reagierte. Alles andere trat in den Hintergrund, damit ich nur noch ein Ziel verfolgen konnte: mir unverzüglich Gewißheit zu verschaffen. Innerhalb kurzer Zeit hatte ich es aus der zutraulichen Bärbel heraus: ja, sie hatte mit dem Dichter in dem kleinen Stammhotel, nahe am Bahnhof, geschlafen. Und mit Grauen mußte ich es zur Kenntnis nehmen: irgendwie hatte er ihr Hoffnungen gemacht. Das hübsche Kind glaubte allen Ernstes, der große Dichter würde sich für sie scheiden lassen.

Ich hütete mich, von meinen eigenen Gefühlen und Illusionen etwas zu verraten. Vielmehr nutzte ich die Gelegenheit, um mit ihm bei der nächsten Gelegenheit ein Hühnchen zu rupfen. Als er einsah, daß es sinnlos war, weiter zu leugnen, sagte er: »Ach, was willst du, es war doch nur zum Fenster hinausgespuckt.« Dann griff er mir mit der Hand in die Bluse. Und ich war so verrückt und ließ ihn gewähren.

Er wollte aus mir eine erfolgreiche und disponible Schriftstellerin, ich wollte aus ihm, dem »Salonkommunisten«, einen Weltmann, oder zumindest das, was man unter Gentleman verstand, machen. Ich verlangte zwar nicht, daß er mir zum Geburtstag oder sonstwie einmal einen Blumenstrauß schenkte, in dem, wie in einem Hollywood-Melodram, ein verstecktes Kästchen mit einem Schmuckstück hing – das wäre geradezu lächerlich (warum eigentlich?) gewesen, aber er hätte mich und meine Mutter zumindest zu der Tasse Tee einladen können, die wir zusammen tranken. Sollte der Dichter zufällig diese Zeilen lesen, dann weiß er, was ich meine: ein kleines, lächerliches Erlebnis, das der Erwähnung nicht lohnt und das ich trotzdem nie ganz verwunden habe.

Anfang 1958 fuhren wir für drei Tage nach Arosa und wohnten in dem kleinen, hübschen Hotel gegenüber dem Kulm, in dem Hazy Osterwald

mit seinem Sextett jeden Abend zum Tanz aufspielte. Wir hüteten uns jedoch, dort aufzukreuzen, unser Wochenende war streng geheim.
Als mich einige Zeit später der Dichter in seinem kleinen Auto nach Hause fuhr und wir noch eine Weile unten am Straßenrand vor dem Hölderlin-Hochhaus standen, sagte er: »Als Suhrkamp-Autor kann ich doch nicht mehr fürs Fernsehen arbeiten.«
Auf der einen Seite sah ich das als Verrat, auf der anderen beneidete ich ihn. Wie einfach, wie vorgegeben war doch für einen Mann das Leben! Ich dagegen laborierte noch immer daran herum, zumindest das Private mit dem Beruflichen in Einklang zu bringen. Immer wieder zeigte sich durch die Liebe und mein privates Unglück, wie sehr ich absorbiert und verletzlich war, wie sehr die Gesellschaft noch auf männlichen Gesetzen und frauenfeindlichen Gegebenheiten ruhte.

*

Vom Bodensee kommt seine Frau zu einer Lesung nach Ulm – aus Stuttgart ich, seine Geliebte. Deshalb mag ich da nicht hingehen. Ich bin Außenseiterin, ausgeliefert dieser Gesellschaft, die ihm huldigt und mir feindlich gesinnt ist. Ich spüre diese Feindseligkeit körperlich wie die Angst, eingeschlossen zu sein und fliehen zu müssen. Dann wird alles blind vor meinen Augen, die Lesung und ihr Dichter irreal, wie ein Theaterstück, in dem eine fremde Puppe agiert. Ich kann ihn nicht mehr mit mir in Zusammenhang bringen, das Geschehen nicht mehr als Realität empfinden; ich sitze da wie ein vor Angst gelähmter Beobachter, der sich bedroht und angegriffen und ausgestoßen fühlt. Wenn ich ihm das erkläre, denkt er, ich sei verrückt. Deshalb mag ich es ihm nicht erklären, ich kann gar nicht. Ich nehme an, er ist froh, daß ich letztendlich nicht erscheine.
Die Lesung ist in einem kleinen Saal, schmucklos modern, mit diesem kalten Neonlicht, das alles nackt und noch häßlicher macht. Ich sehe es vor meinem inneren Auge:
Seine Frau sitzt in der vordersten Reihe, und anschließend wird er *sie* beglückwünschen, eine kleine Entschädigung dafür, daß er sie betrügt. Oh, ich kenne sie, diese Säle, diese Lesungen. Zu Beginn, als wir uns noch nicht richtig kannten, schleppte er mich überall mit und es war alles anders, umgekehrt: manchmal verlor er in der Lesung für einen Moment den Faden, wenn er mich zu lange anblickte und Röte über sein Gesicht flog. Das war so aufregend schön, daß es mir die Ängste nahm

und die Wirklichkeit mich umfing wie die schützenden Arme einer Mutter.
Aber das dauerte nur so lange, wie unser »Verhältnis« noch unschuldig war, in dieser schönsten Phase der Liebe, in der alles noch offen ist und die Frau von dem Mann auf Händen getragen wird, egal als was für ein Flegel er sich später entpuppen wird.
Alles an ihm ist anders, als ich es einmal erträumte, und doch mache ich alles, was er sagt – auch diese Reise nach Ulm in der Finsternis. Von Stuttgart bis Ulm ist es genau eine Stunde, ich bin um halb neun abgefahren. Was das für mich bedeutet, kann er nicht ermessen. Kein Mensch ist in dem Abteil erster Klasse, ein »Luxus«, der für ihn ebenfalls an mir fremd und unverzeihlich ist. Aber für mich ist Luxus nicht »Luxus«, sondern der einzige Trost in der Einsamkeit. Ich weiß, woher das alles kommt, aber ich mag es ihm nicht sagen. Ich habe Angst vor der Dunkelheit, und wenn ich so wie jetzt in ein finsteres Loch hineinfahre, dann ist es für mich, als ob ich aufhörte zu existieren. Und da ist eben ein plüschiges Erstklassepolster ein ganz und gar (nicht) billiger Trost: es vermag einem etwas Wärme und Schutz vorzugaukeln – und wäre das Licht nicht so armselig und scheußlich, es könnte sogar beruhigend sein. Natürlich kommt das alles aus meiner Kindheit. Es haben mir Nestwärme, Geborgenheit, die Präsenz der liebenden Mutter gefehlt.
Hinzu kommt eine Sucht, darüber zu reflektieren, das Nichts intellektuell zu bewältigen. Es ist wie eine chemische Gleichung: Angst erzeugt noch mehr Angst. Je mehr ich sie analysiere, je tiefer ich in sie eindringe, desto unbegreiflicher, verwirrender und unfaßbarer erweist sie sich. Denn hinter dem Nichts lauert das Nichts. Vor einem All, in dem wir Lebenden wie Tote herumschweben, davor habe ich Angst. Es ist diese Nacht, die das Nichts ist, in das man als verlassenes Kind hineinfällt, anstelle der Körperwärme der Mutter und Geborgenheit.
Meine Liebe zu dem Dichter ist ambivalent: Die Liebe gibt mir Nestwärme, Geborgenheit, gleichzeitig Angst. Ich muß durch diese Angst hindurchfahren wie jetzt im Zug durch die Nacht, aber am Ende des Tunnels steht er. Das gibt mir Kraft, durchzuhalten, all die unsichtbaren Gespenster abzuwehren, ihnen zu trotzen. Mich mit ihnen auseinanderzusetzen, sie zu begreifen, zu Freunden zu machen. Dieser »Luxus« ist mir tiefes Bedürfnis wie Hunger und Durst, vielleicht mehr, körperlose Sinnlichkeit. Gibt es das?

Ich sitze jetzt schon eine halbe Stunde in der Bahnhofsgaststätte, und der Feind lauert sprungbereit hinter den leeren Tischen und Bänken. Die deutschen Bahnhofgaststätten sehen alle gleich aus, häßlich, bieder und trostlos. Hier eine Nacht allein zu verbringen, das erlebe ich nicht. Unvorstellbar. Warum kommt er nicht? Mein Widerstand, die geborgte Kraft wird schwächer. Wenn er nicht bald kommt und mich hält, versinke ich in den dunklen Fluten. Ich habe kein Vertrauen. Keine Sicherheit. Ich friere, obschon die Gaststätte überheizt ist. Die Banalität des Ortes, der Beleuchtung, der Einrichtung, der Menschen ist grenzenlos.
Doch dann hört mein Pulsschlag auf zu hämmern, die drohenden Schatten weichen zurück, kuschen aufheulend in der Ecke wie geschlagene Hunde, die ein herrischer Meister zurückpfeift. Es wird heller, wärmer, aus einer Ecke tönt ein Lachen, es ist, als hätte mir jemand die Hand gereicht.
Der Dichter ist nach der Lesung endlich gekommen. Zu spät natürlich, mit diesem heuchlerischen, schuldbewußten Hundeblick, der Schläge erwartet, wo Streicheln am Platz ist oder umgekehrt. Er kann ja nicht ahnen, durch was für eine Hölle ich für ihn gegangen bin. Auf seinem Gesicht liegt noch der Ausdruck des Triumphes seines Erfolges. Unter den Zuhörern befinden sich immer einige Stützen der deutschen Kulturlandschaft, von der »Süddeutschen Zeitung«, dem »Spiegel« und selbstverständlich mehrere des Süddeutschen Rundfunks, denn der Dichter ist ja Lieblingskind von Dr. Jedele und Dr. Unseld. Seine Brillengläser blitzen, als er mich sieht, und es ist ganz und gar entzückend zu sehen, wie der große Wortheld einmal mehr wegen mir ganz allein errötet – als könnte er es nicht glauben, daß ich da bin. Er hat schöne Hände, die mich erotisch ansprechen, empfinde nur wollüstige Schauer, wenn ich diese Hände ansehe, weiße Handrücken mit schwarzem Flaum.
Die Serviermaid verliert nur einen Routineblick an ihn: »Ein Bierle?« – »Nein, wir gehen gleich.« Verachtung für den Geizkragen. Dabei hat er es nur eilig, mit mir allein zu sein. Für mich immer der schönste Moment: bevor der Vorhang aufgeht und der Schauspieler auf die Bühne tritt. Lampenfieber, Spannung, Herausforderung. Alles ist noch offen.
Die Nacht ist unfreundlich, fade und finster, ein lauer Wind, der eine leere Büchse durch die Straße treibt, ein häßliches unwirkliches Geräusch wie hohles Gelächter von bösen Geistern, die sich hinter den

schwarzen Baumskeletten verstecken, ihre dünnen Arme gegen den Himmel gereckt, an dem ein grellweißer Mond wie verrückt mit den Wolken um die Wette zu rennen scheint. Ich versenke meinen Kopf tief in den Pelzkragen meines Fohlenmantels. Der Dichter bleibt vor seinem weißen VW stehen, als der Mond zusammen mit einer Straßenlaterne mich einen Augenblick lang vorteilhaft ins Licht bringt. »Herrgott«, sagt er nur und sein Blick wird dunkel und begehrlich, so daß es mir heiß durchs Blut jagt. Dieses »Herrgott« aus seinem Mund ist mehr als eine Liebeserklärung, bedingungslose Ergebung.

Wir sitzen in der schützenden, kleinen Welt seines Autos, ein kleines rotes Licht am Schalterbrett erleuchtet ganz sanft den allernächsten Umkreis, seine Hand, die den Schlüssel in das Schloß steckt und die andere, die ins Dunkel verschwindet, um meine zu ergreifen, die mir in den Nacken fährt und meine Haare streichelt, scheu, forschend, beinahe als hätten wir uns noch nie berührt.

Wir küssen uns intellektuell, nicht leinwand-, aber literaturreif. Seine Lippen sind weich, ich mag seine Zunge jetzt nicht spüren – noch nicht – und bereite ihr Widerstand.

Da er weiß, daß ich ebenso nach ihm fiebere wie er nach mir, stört es ihn nicht, daß ich ihn jetzt vorerst einmal zurückstoße. Es ist halb elf Uhr, und wir wollen noch nach Frankfurt. Er möchte aber nicht vernünftig sein, kommt in Fahrt, greift in meinen Ausschnitt. Um Gottes willen, laß uns abfahren!

Er drückt aufs Gas, fährt wahrhaftig mit einem ungeschickten Hopser los. Er, der brillante Autofahrer, macht einen lächerlichen Fehler, wie ein Anfänger, oder »wie eine Frau«. Mir bereitet es teuflisches Vergnügen. Ich werde lustig, als hätte ich Sekt getrunken. Es schmeichelt mir – er schmeichelt mir. Die Nacht wird zu meinem Komplizen. Was eben noch feindselig schien, wird jetzt freundlich und mir zugetan, wir sind wie in einer guten Stube.

Er redet. Von seiner Lesung. Ohne Anspruch auf Lob oder Eitelkeit. Wenn er eitel ist, dann kann er es geschickt verbergen. Er beschreibt die Leute, seine Frau, die Intellektuellen, besser, giftiger, erbarmungsloser als in seinen Büchern. Für mich allein, nicht für ein großes Publikum. Er spürt – er will unsere Verwandtschaft.

Ich bin für ihn all das, was er nie hatte: Überfluß, Schönheit, Ästhetik, die große Welt, die ihn magisch anzieht und gleichzeitig abstößt wie alle seine Gesinnungsgenossen. Ja, der Dichter ist für mich der Salonkom-

munist wie Brecht und Teo Otto, Brechts Freund und mein Lehrer am Zürcher Schauspielhaus. Teo reagierte auf mich genau gleich.
Um zwei Uhr morgens sind wir in Frankfurt angekommen. Eines dieser üblichen Mittelklassehotels, wie sie mir, wenn ich allein bin, die Luft nehmen: an der lärmigen Hauptstraße gelegen, billig, häßlich, mit nackten Böden und blankgescheuerten Treppen und trübem Licht.
Dieses hier ist ein wenig besser, oder kommt mir nur so vor – der Besitzer, rundlicher, speckgesichtiger Slawe mit rollendem Akzent, unterwürfigem Charme, er reibt sich die Hände. Sieht es mit einem Blick: das ist kein Ehepaar. Will uns das »Fürstenzimmer« geben. Ich sehe das Zimmer nicht. Meine Wärme, mein Komfort, mein »Luxus« kommt von innen. Mit ihm allein zu sein, für zwei Tage, da nimmt man selbst nackte Glühbirnen und quietschende Betten in Kauf. Das Schlafen mit dem Dichter ist: richtige Liebe. Er schaut sich alles an. Das brennende Licht ist sein Komplize, wie beim Frauenarzt. Später wird er auch das beschreiben, meine Haut, meine Brust und mir einen anderen Namen geben. Mich stört das nicht.
In dieser Beziehung brauche ich keine Komplexe zu haben. Ich bin ansehnlich. Und von einem Dichter angesehen zu werden ist wie Liebkosung. Im übrigen kann er dazu auch wunderbar liebkosen. Nur reden kann er nicht. »Ich liebe dich«, das bringt er nicht über die Lippen. Manche wollen es von ihm erzwingen – zu viele. Dann streikt er. Als ich es ihm vorsage, wiederholt er es ohne zu zögern: »Ich liebe dich.« – »Daß es dich gibt«, fügt er hinzu.
Das ist mehr als ein Geständnis oder eine Liebeserklärung. Ein ungeheures Kompliment, das mich auszeichnet von anderen. Bis ich bemerke, daß er das jeder sagt: Der Schauspielerin, die seine Texte rezitiert, als wären sie Evangelium. Der verlassenen Geliebten, die ihm eine Abtreibung und der wir seinen ersten Roman verdanken. Er hat mit dem Buch seine Vergangenheit bewältigt und ist dafür sogar preisgekrönt worden. So einfach ist das. Sie ist noch heute nicht darüber hinweggekommen, wird nie darüber hinwegkommen. Er hat dafür einen Literaturpreis bekommen.
Er ist nicht sehr groß. Einsachtundsiebzig, wenn's hochkommt, aber wenn ich neben ihm stehe, überrage ich ihn fast. Vielleicht wegen den hohen Absätzen. Im Bett ist das schön. Man kann sich spüren von oben bis unten. Manchmal habe ich das Gefühl, ich liege mit einem Mädchen zusammen im Bett. Ich sage es ihm, es gefällt ihm. Er möch-

te gerne Mädchen sein, sieht gern schöne Männer wie Micha, den er »liebt«.
Aber sexuell aktiv ist er nur mit Frauen. Er kann es sogar mit einer nach der andern, wie ich zu meinem Leidwesen herausgefunden habe, als er von Lore zu mir kam und von mir zu Bärbel ging. Ich litt wie ein Hund, bin aber selbst schuld, wenn ich seinen Unschuldsbeteuerungen glaube. Lore ist noch heute davon überzeugt, die große Liebe seines Lebens zu sein, obschon er sie längst verlassen hat und mir sagt, daß er nur noch mit ihr ins Bett fällt, wenn sie ihn mit aller Kraft hineinzieht.
Immerhin hat sie ihm zum ersten literarischen Ruhm verholfen. Aber warum quäle ich mich mit diesen Beobachtungen, die mich nur unglücklich machen, seinen Wahrheiten, die ich nicht wissen will. Ich will, daß er lügt – denn ich verlange ja, daß er mir treu ist.
Manchmal ärgere ich mich darüber, daß ich ihn sexuell nicht mehr gefangennehmen kann. Er ist mir keinesfalls ergeben, das Schlafen mit einer Frau ist für ihn kein eigentlicher Höhepunkt. Mit beinahe jeder landet er im Bett. Der Gedanke ist unerträglich, macht mir zu schaffen.
Ich möchte gerne etwas haben, das die anderen nicht besitzen, ihm nicht bieten können. Es ist seltsam, als ob gerade das ihn an mir störe. Ich komme immer zuletzt dran.
Wer zuletzt lacht, lacht am besten, sagt meine Mutter.
Wir sind früh aufgestanden. Ich kann nicht richtig schlafen, will festhalten, genießen, es ist eher ein seliges Dösen. Der Lärm der Straße ist unvorstellbar, schon ab fünf Uhr morgens, als ob die Straßenbahn, die schweren Lastwagen durch unser Zimmer führen.
Ich benutze die Gelegenheit, um mich von ihm loszureißen. Er schläft jetzt tief, seine Hände haben keine Kraft mehr, um mich festzuhalten und lassen mich entgleiten. Ein wenig schmerzt das auch. Sein Unterbewußtsein ist ausgeschaltet. Wo ist er jetzt mit seinem Geist?
Es gibt natürlich kein Bad und keine Dusche. Ich habe auch keinen Schlafrock oder Bademantel. Muß mich gleich anziehen, um über den Flur zur Toilette zu gehen. Im Zimmer wieder ausziehen, um mich an dem Waschbecken zu waschen. Keine Seife. Verdammt, die habe ich vergessen. Noch immer nicht gewohnt, in diesen miserabel eingerichteten Hotels abzusteigen. Ich lasse ausgiebig warmes Wasser laufen, Gott sei Dank, es ist wenigstens heiß. Plätschere jetzt lange in der gespaltenen Waschschüssel herum, als wäre es ein Bad, tauche die Arme ein, überflute immer wieder das Gesicht, Hals, dann den Schoß, heiß,

kalt, heiß, kalt. Wie ich fertig bin und mir mit dem schäbigen Handtuch das Gesicht abtrockne, fällt mein Blick auf ihn. Er liegt reglos, aber seine Augen sind geöffnet, schauen mir zu. Automatisch halte ich das Handtuch vor mich. Zuviel Aufmerksamkeit ist mir lästig. Ich mag es nicht, wenn man mir zuschaut, wie ich mich wasche, fühle mich unfrei. Mein Körper gehört schließlich mir. Mein Geruch auch. Mein Geruch, an dem noch seiner hängt. Ich brauche wenig Kosmetika, besitze aber eine Fülle davon: süße, betörende Gerüche von Cremes und Salben, die an Sommer erinnern, Blumen, Schmetterlinge und Heu.
Seine Augen fallen ihm wieder zu – schon ist er weit weg von mir. Ich gehe aus seinem Blickfeld hinaus, lösche das grelle Licht. Ziehe mich an, langsam, sorgfältig, ich habe ja viel Zeit. Bis ich fertig bin mit allem, vergehen mehr als eineinhalb Stunden. So liebevoll habe ich schon lange nicht mehr mit mir selbst die Zeit vertrödelt, Kämmen, neue Frisur ausprobiert, Wimpern getuscht, Lippen nachgezogen, Tagescreme, Handcreme, Hautcreme, Fußnägel, Fingernägel, Ohren, Schmuck, alles Dinge, die sonst bei mir in der Schublade oder Beauty-Case liegen bleiben, habe ich ausgiebig betrachtet, ausprobiert, gefeilt und lackiert. Ich tue das nur, wenn ich wirklich Zeit dafür habe. Und seit ich den Dichter kenne, habe ich ungeheuer viel Zeit – ich muß ja dauernd auf ihn warten. Er kommt immer zu spät, außer Atem, muß die Zeit für mich zusammenstehlen. Die Gewißheit, daß er da liegt und schläft ist berauschend. Liebe ist nicht eine Aktivität des Körpers, sondern der Seele, des Innenlebens. Dieser trübe Morgen. Fade Stille auf einer kleinen Insel, um die der Lärm der fernen Großstadt braust. Der große Dichter im Bett, mit unschuldigem, kindlichem Ausdruck, hilflos mir ausgeliefert. Ein Szenario ganz eigenartiger Prägung und speziellem Reiz.
Es passiert mir nur ganz selten: ich lache laut, wie ein Schauspieler von einem »fou-rire« übermannt, der es auf der Bühne fürchtet. Der Dichter wacht auf, schaut mich an. Er sieht müde aus, seine Augen rötlich entzündet. Mein Lachen erstirbt wie bei einem ertappten Schulmädchen. In seinem Ausdruck sehe ich die Unruhe, den Blick nach hinten, wo unsichtbare Verfolger lauern. Er würde es nie zugeben, aber in diesem Moment möchte er lieber in seinem braven Ehebett sein.
Er streckt die Hand nach mir aus, zieht mich zu sich, schaut mich an, küßt mich. Sein Atem ist verbraucht, riecht nach abgestandenem Rauch, nach Müdigkeit, aber auch nach unserer Liebe.
Das Frühstück wird unaufgefordert aufs Zimmer gebracht, ich springe

beim Klopfen auf und stelle mich ans Fenster. Auch ich bin dieser Heimlichtuerei nicht gewachsen. Wie ich mich umdrehe, steht er am Waschbecken und putzt sich die Zähne. Als hätte er meine Gedanken gelesen.

Ich fange an, das Frühstück herzurichten. Das Geschirr ist scheußlich, die Farbe zum Teil abgewaschen, die Glasur hat Sprünge, was einmal ein Goldrand war, sieht aus wie versehentliche Spritzer. Noch schlimmer der Frühstücksfraß selbst. Das einzige, was der Wirt noch tut, ist, warmes Wasser zu kochen. Und auch dieses läßt er bestimmt aus irgendeinem Apparat heraus. Alles andere ist maschinenverpackt, auch der Kaffee, Butter und Marmelade sowieso: streng abgezählt, 20 Gramm Butter, eine Scheibe Schwarzbrot, ein Brötchen, zwei Scheiben Knäckebrot und ein Zwieback. Ich hätte lieber Tee gehabt, aber ich nippe ohnehin nur an der Tasse. Schenke dem Dichter Kaffee ein, während er sich noch rasiert. Er steht in Hemd und Unterhose da, seine Haare sind wild und wirken grau und stumpf wie die Gesichtsfarbe, um so weicher und hilfloser ist sein Blick. Hemmungen seines Aussehens wegen hat er nicht, er weiß, er ist auch im Hemd, mit bloßen Füßen, den etwas zu kurz geratenen Beinen, dem unförmigen Leib für mich unwiderstehlich attraktiv. Zärtlichkeit durchflutet mich, das Verlangen, ihn in die Arme zu nehmen und zu streicheln wie eine Mutter.

Statt dessen summt das Telefon. Er geht so schnell an den Apparat, daß es mich beleidigt. Es ist mir gar nicht der Gedanke gekommen, daß er hier etwas anderes als mich erwartet, daß diese Reise nicht mir, nicht uns, sondern seinen Geschäften dient. Er braucht mir nichts zu sagen – ich kann aus seinen knappen Antworten am Telefon alles erraten. Im Gegensatz zu ihm muß bei mir die Verzweiflung echt und sichtbar sein, er versucht es mir schonend beizubringen. Aber ich höre sein einfühlsames Gestotter nicht. Ich falle hinein in dieses dunkle Loch der Angst: in einigen Minuten wird er mich verlassen, ich werde in dieser großen, fremden Stadt allein sein.

»Iß doch was«, sagt er und streicht mir ein Brötchen, was mich unter anderen Umständen zu Tränen gerührt hätte, denn er ist ja gewohnt, daß man ihn bedient, er kann sich selber nicht einmal einen Kaffee kochen. Doch ich rühre das Essen nicht an, versuche ihm zuliebe ein wenig an der Tasse zu nippen.

»Wir sehen uns wieder um 19 Uhr, hier im Hotel«, sagt er säuselnd, schmeichelnd. Ich starre durch ihn hindurch, gelähmt, stumm, versu-

che, krampfhaft zu lächeln. Um 19 Uhr? Das sind mehr als zehn Stunden. Was soll ich bis dahin machen?
»Ich bin im Suhrkamp-Verlag … aber bitte, ruf mich dort nicht an.« Sein Gesichtsausdruck ist demütig, schuldbewußt, flehend. Diesem renommierten Verlag gegenüber ist er nicht souverän. Er hat Hochachtung davor, eine geradezu hündische, blamable Hochachtung, finde ich. Wenn er ein wirklich großer Schriftsteller ist, braucht er die nicht.
Aber auch er hat eben Kindheitsschädigungen. Die Kohlensäcke haben nicht nur seine Hände markiert. Damit kann man sich zwar politisch anbiedern, aber es macht noch keine Weltliteratur. Irgendwo hat er mir aber trotzdem geholfen. Es geht mir ja nicht darum, daß er sich bei Suhrkamp meiner geniert, sondern nur daß ich weiß, wo er im Notfall zu finden ist. Daß die große Nacht nicht einfach von mir Besitz ergreifen, mich überfallen kann und ich nicht in der großen Leere lande.
Dann fällt die Angst wieder von mir ab wie ein nasser Überwurf. Ich kehre von weit her – wie aus einem Vorzimmer des Todes ins Leben zurück. Der Dichter hat von meinen inneren Kämpfen, die tausend Lichtjahre dauerten und in Wirklichkeit nur ein paar Augenblicke, nichts, beinahe nichts bemerkt. Er sieht es als Hochmut, Arroganz, gemischt mit einer typisch weiblichen Unterwerfung und Anhänglichkeit, die nicht dazu angetan ist, ihn zu beeindrucken, gar umzustimmen. Im Gegenteil, er bekommt Angst vor mir, vor meiner Liebe zu ihm, die ein lästiges Gewicht wird im Moment, wo sie sich nicht mit leeren Versprechungen begnügt.
Auf der anderen Seite berührt ihn mein Innenleben. Er nennt es liebevoll, aber auch ein wenig spöttisch »dein Gedankengericht«. Er ist angezogen davon, obschon er es nicht errät in seiner ganzen Qual.
Seine Probleme sind eher greifbarer Natur. Sein Selbstbewußtsein ist ganz anders als das meine geschädigt. Er hat das Bedürfnis, sich hervorzutun und andere zu quälen. Ich quäle mich dauernd selbst, lege überhaupt keinen Wert auf Selbstbewußtsein oder die Lust, andere zu besiegen. Ich kann einfach nicht glauben, daß man mich liebt, wenn man mich betrügt. Und da man mich betrügt im Moment, wo man mich verläßt, betrügt mich jeder.
Der Dichter gestattet mir, daß ich ihn bis fast vor das Verlagsgebäude begleite – er möchte tatsächlich nicht mit mir gesehen werden. Aber vielleicht bilde ich mir das auch nur ein. Ich bin es, die sich vorzeitig, fast brutal verabschiedet. Ich weiß ja jetzt, wo er ist, sehe das Gebäude

am Mainufer, auch für einen Ortsfremden todsicher wieder zu finden. Meine Stimmung wird fröhlich, fast übermütig, das ist die Kehrseite meiner Zustände, die Erleichterung, eine fast euphorische Leichtigkeit des Seins.
Er will mich nicht gehen lassen. Seine übernächtigten Augen hinter den zwinkernden Brillengläsern suchen meine, werden dunkel, dringen in mich ein, so daß es jubelt in mir.
Ich werde dadurch noch mutiger, küsse ihn schnell vor allen Leuten auf den Mund. Drehe mich dann brüsk um. Er hält meine Hand fest, drückt sie, streichelt mit dem Daumen meine Hand-Innenfläche – wären wir jetzt nicht auf einer belebten Straße, wir würden augenblicklich gemeinsam hinfallen im Liebesrausch.
Der beste Moment, um sich zu verabschieden, denn er gibt mir auch Vertrauen. Der Dichter ist jetzt dermaßen verliebt in mich, daß er sogar für einen Moment den wichtigen Verlag vergißt – ich muß ihn geradezu in diesen hineinstoßen.
Dann bin ich allein. In den Wogen dieser lärmigen, brodelnden, anonymen Großstadt. Ich war erst einmal in Frankfurt, kurz nach dem Krieg, mit meiner Schwester, zu einer Filmpremiere.
Ich werde mitgerissen, unhöflich angestoßen, aufgesogen von diesem Strom, der unaufhörlich fließt, in alle Richtungen, verloren derjenige, der sich einfach treiben läßt.
Ich weiß nicht wo ich hingehen soll, bin nach kurzer Zeit völlig desorientiert – glücklicherweise habe ich mir den Namen des Hotels aufgeschrieben. Der Verkehr ist atemberaubend; der Fußgänger ein verlorenes Huhn, das nur in der Herde Chancen hat, von den rasenden Vehikeln wahrgenommen zu werden. Ich lasse mich treiben, über Straßen, Plätze, komme in das berühmt-berüchtigte Bahnhofsviertel, wo eine alleinstehende Frau schon am Morgen früh als Nutte gilt und belästigt wird. Mein Entsetzen verleiht mir Flügel und erschreckt selbst den hartnäckigsten Freier. Ich fliehe atemlos und lande in einem Warenhaus. Ich liebe Warenhäuser, sie sind immer wieder meine erste Zuflucht in fremden Städten. Da wird man aufgenommen, auch ohne Geld, bekommt gratis und unaufgefordert Schutz und Behaglichkeit, Wärme und einen gewissen Luxus: Spannteppiche auf dem Boden, hell das Licht und verschwenderisch, einladend alles: der Kunde ist hier Freund und – auch wenn er nichts kauft – König.
Schon sind zwei, drei Stunden vergangen, wie im Nu. Ich fange an,

durch die Entspannung die Müdigkeit der durchwachten Nacht zu spüren. Seit 24 Stunden habe ich nichts gegessen, aber Hunger verspüre ich keinen. Nur Schwäche … Kitzeln. Es ist kein Schmerz, einfach störend, unangenehm. Ich lasse mich mittreiben und hinausspülen auf die Straße, es muß jetzt früher Nachmittag sein. Ich suche nach einer Uhr: erst Viertel nach eins. Viel früher, als ich dachte. Noch fast sechs Stunden, es scheint mir hoffnungslos. Was soll ich tun?
Ich schlendere so langsam und unschlüssig, daß es auffällt. Werde angesprochen. Sie sehen meine Kraftlosigkeit, meine Hilflosigkeit und versuchen sie auszunützen. Fast fehlt mir der Widerstand, die Freier abzuweisen. Ein phantastischer Gedanke durchfährt mich. Wenn ich jetzt einfach mit einem mitginge – mit ihm verschwinde, auf Nimmerwiedersehn?
Ich schüttle mich zurecht, nehme mich wie einen übermütigen und tolldreisten Jagdhund an die Leine. Aber der Gedanke verfolgt, fasziniert mich. Folge jetzt zwanghaft meinen Gedanken. Male mir es aus: es wird mein nächstes Hörspiel werden: Frau bricht aus dem etablierten Bürgerdasein aus, Requiem für einen Bullen. Oder für eine Ehe. Der ewige Konflikt, der unlösbare Zwiespalt. Liebe oder Freiheit. Der große Irrtum: Liebe ist nicht Freiheit. Sie ist Zwang, Abhängigkeit, Hörigkeit, ja, Krankheit. Sonst ist es eben nicht Liebe! Mancher, der mich hier anspricht, ist jünger, schöner, vielversprechender als der Dichter. Sie lassen mich kalt bis in die verborgensten Winkel meiner verwundeten Seele. Anregen tun sie nur meine Phantasie. Ich male es mir genüßlich aus, während ich ihnen auf der Straße davonlaufe: Er kommt zurück ins leere Hotelzimmer, ich bin nicht da. Einfach verschwunden, nicht mehr aufzufinden. Ihren Paß, Handtasche und so weiter hat sie nicht mitgenommen. Er ist beunruhigt, fassungslos. Die Polizei wird eingeschaltet, eine Suchaktion gestartet. Sie bleibt unauffindbar. Der Dichter, die Freunde, Angehörigen weinen ihr nach. Ich kann mich so sehr in die Geschichte hineinversetzen, daß ich nicht mehr weiß, wo ich bin, wo ich hingehe. Weiter, immer weiter, der Nase nach – bei Rot über die Straße, beinahe werde ich überfahren. Die Gegend wird einsamer, die Straßen leerer. Tränen laufen mir über die Wangen. Plötzlich stehe ich auf einem Friedhof. Riesige, beängstigende, monotone Menschenablage, wie bei einem Film, in dem plötzlich der Ton ausfällt. Ich gehe wieder hinaus, laufe zurück durch die große Straße, in das tobende und lärmende Auto- und Menschenmeer, das mich auf-

fängt wie eine Windböe ein federleichtes Blatt und es hineinspült in den reißenden Strudel eines rauschenden Stroms. Erst zwei Uhr.
Mir scheint, als wären seit unserem letzten Zusammensein Jahre vergangen – als würden vor dem nächsten Jahre liegen. Da ich von den mächtigen Wogen so brutal mitgerissen werde, habe ich kaum Zeit, mich mit Gedanken über Wasser zu halten, ich schwimme einfach mit, Kopf nach unten, schnappe hie und da nach Luft, ohne mich noch richtig zu wehren – ich treibe ja ohnehin dem Untergang entgegen, ohnmächtig, halb betäubt, in einem Zustand zwischen Tod und Leben.
Trotz dieser scheinbaren Willenlosigkeit lande ich in einem Kino – um dem Lärm, der Masse dieser wilden Fluten zu entkommen. So ein Leinwandgeschehen kann manchmal Wunder erwirken. Man ist in der Sonne, wo eigentlich Winter herrscht, es ist Tag, wenn längst die dunkle Nacht regiert. *La Notte*, von Antonioni. Ich habe den falschen Film gewählt. Das bin ich ja selbst, die da herumirrt, gequält, betrogen von dem Mann, hilflos, verletzt im tiefsten Grund der Seele. Ich starre auf diese Frau, die an meiner Stelle agiert, identifiziere, verwechsle mich mit ihr – nein, *La Notte* ist nicht auszuhalten, gefällt mir überhaupt nicht, ich hasse den Mann, der solche Filme macht. Vorzeitig, wie eine Fliehende, verlasse ich das Kino, die Nacht, um dem sterbenden Tag in die Arme zu fallen.
Außer Atem, mit Herzklopfen komme ich im Hotel an, vielleicht habe ich wirklich etwas verfehlt. Die Stille nach dem Sturm ist atemberaubend und fällt wie Tonnenlasten über mich her. Düsterer Empfangsraum, leer, grau, nach hundert undefinierbaren schlechten Gerüchen riechend, die hier, im fensterlosen Raum, als einzige Spuren Hunderter anonymer Vorüberziehender in der ewig ungelüfteten Luft hängenbleiben, fade, bedrückend banale und ereignislose, spannungslose Frühnachmittagsstimmung, gähnende Leere dazu. Ich stehe wartend vor dem Empfangsbüro, kein Mensch zu sehen, nichts rührt sich, am Schlüsselbrett baumelt vollzählig und erbarmungslos das Heer numerierter Zimmerschlüssel.
Ich schaue mich um, rufe leise, niemand ist zu sehen. Wie ein Dieb gehe ich an das Schlüsselbrett-Heiligtum, nehme den Schlüssel. Du bist übermüdet, sage ich mir, hast vier Stunden Zeit, was ist logischer und selbstverständlicher als Schlaf. Ausruhen, ihm erfrischt und gestärkt und schön entgegenzukommen. Schlaf ist das beste Schönheitsmittel, das weiß jeder, und ich sehe bestimmt fürchterlich aus.

Corinne Pulver

Mit Siegfried Unseld

Mit Jean Cocteau

Steitgespräch: Marcel Reich-Ranicki und Martin Walser

Martin Walser

Mit Schwester Lilo Pulver und Helmut Schmid

Die Töchter Ninon und Manon

Bei den Dreharbeiten zu
»Eine kleine, große Reise«: Martin Walser, Michael Pfleghar und Helmut Jedele

Mit Gunter Sachs

»Jeanne oder die Lerche«: Lilo Pulver, Corinne und Regisseur Wirth

Mit Karl Lagerfeld

Mit Max Frisch

Bei den Dreharbeiten zu »Pferdetransporte«

Paul Motzko

Ich mache alles mechanisch und so, wie es mein Gedankengericht vorschreibt. Schuhe, Strümpfe und Kleid werden ausgezogen, Lippenrot und Wimperntusche abgewischt, Fettcreme aufs Gesicht geschmiert, die ungestümen Haare mit Klammern aufgedreht – dann lege ich mich ins Bett. Nicht in unser gemeinsames auf der rechten, sondern das leergebliebene auf der linken Seite. Am nächsten Morgen werden die Zimmermädchen nichts zu klatschen haben. So und nun komm, Schlaf, du Erlöser, dich brauche ich jetzt wie niemand – wie nichts anderes auf dieser Erde.
Ich falte die Hände und bete, so wie ich es als Kind machen mußte: »Lieber Heiland mach mich fromm, daß ich zu dir in den Himmel komm, Amen.« Das ist alles, was mir von meiner Mutter geblieben ist, sie hatte nie Zeit, länger an meinem Bett zu sitzen. Deshalb ist diese automatische Geste, Hände zusammenfalten, gedankenlos die Worte murmeln, für mich noch heute wie Daumenlutschen, ein kindlicher Zustand der Trostsuche und Absicherung, aus schlechter Gewohnheit und Ersatzlust. Ich wiederhole das sinnentleerte Gebet ein dutzendmal, ziehe die Decke über den Kopf und kuschle mich ins Kopfkissen. So und nun komm endlich, Schlaf, leg die Gnade des Vergessens über mich, der Ruhe, der Pause, des Sieges über die Qual der Angst.
Wie viele tausend Male bin ich so dagelegen, habe den Schlaf herbeigewünscht, mit allen Mitteln herbeizuzwingen versucht: Schafe zählen, das Einmaleins durchexerzieren, Yoga-Entspannungsübungen gemacht oder sonstige Allerweltsheilmittelchen probiert? Sich vorstellen, daß man in die Luft gehoben wird, von einer starken Faust, auf dem Rücken liegend, nur im Kreuz gehalten, alles, Arme, Beine, Kopf völlig entspannt wie ein Toter hängenlassen. Doch das alles fruchtet natürlich nichts.
Unerbittlich, mitleidlos nehmen die dunklen Schatten jetzt von meinen Gedanken Besitz, fallen wie Tonnengewichte über mich her, Fluten, die mich in den Abgrund ziehen, ich vermag nicht, mich zu wehren, hilflos liege ich da.
Schon als Kind habe ich damit angefangen, darüber nachzudenken und mich mit der Angst auseinanderzusetzen, ihr zu trotzen, heimlich mit der Taschenlampe unter der Bettdecke Abhandlungen gelesen über die Angst, von Philosophen und Psychologen, und die Beschäftigung damit hatte mich beruhigt, solange ich las. Als würde mir ein unsichtbarer Geist – vielleicht der verstorbenen Autoren – die Hand reichen und mich beschützen. Natürlich habe ich dann allmählich bemerkt, daß

meine Angst anders war als die der anderen, meinen Altersgenossinnen, sie fürchteten sich vor Strafe, vor Schlägen, »man« fürchtet sich in der Nacht vor Dieben. Ein Bauer, bei dem ich im »Landdienst« weilte, sagte: man braucht sich vor nichts zu fürchten, solange man Hände, Fäuste, Fußtritte hat, um sich zu wehren. Dafür hat der Herrgott uns diese Waffen gemacht. Ich blieb also allein mit *meiner* Angst. Nur mein Vater, meine Großmutter schienen sie zu kennen: davor hatten sie am meisten Angst: vor der Angst selbst. Ich habe mir alles ganz anders vorgestellt.
Punkt 19 Uhr verlasse ich das »Fürstenzimmer«, frisch gebadet, gekämmt, gestärkt, voller wunderbarer Angriffslust: er wird nichts merken, denn ich komme die geschwungene Treppe hinunter, langsam, würdevoll und selbstbewußt wie die französische Chanson-Legende Mistinguette selig im Casino de Paris, nicht um des Beifalls eines tausendköpfigen Publikums willen, sondern nur um Zeit zu gewinnen.
Aber die Wirklichkeit ist immer anders als unbewußt gehegte Wunsch- und Tagträume. Wie ich eine Viertelstunde später herzklopfend wieder das Zimmer betrete, ist er noch nicht da. Statt ihm gähnende Leere, Dunkelheit, Stille. Dahinter, wie zuckende, nervöse Schadenfreude die Lichter der Großstadt, der Lärmteppich der Infernostraße.
Infernostraße. Warum hat noch nie jemand eine solche Ausfallstraße so genannt? Statt dessen heißt sie, als ob es das noch gäbe, in der Stadt, eine Landstraße! Ich stürze mich auf den Lichtschalter, mache auch das Licht über dem Waschbecken, die eine Nachttischlampe an. Ich gehe im Zimmer auf und ab, das Herz poltert in meinem zugeschnürten Hals, mein Innerstes droht zu zerspringen. Wut und Beschämung lassen meine Wangen glühend werden, es lodert in mir, noch ist der Zorn nicht in Angst umgeschlagen.
Und das nennt er Liebe! Läßt mich den ganzen Tag, mehr als zehn Stunden warten und bringt es auch dann nicht einmal fertig, pünktlich zu sein. Welch ein Gentleman! Da wäre nun wenigstens ein Strauß Blumen, ein glitzerndes Schmuckstück, ein verschwiegenes kleines Etui – kurz, irgendeine kleine Überraschung als Versöhnungsgeste fällig!
Aber das gibt es für ihn nur in veralteten, »kitschigen« Filmen. Wenn überhaupt. Fern sind wir hier von solch männlicher, besser gesagt: konventioneller Höflichkeit. Der Dichter würde allein den Gedanken daran mit Hohn und Spott quittieren.
Zu der Wut, dem Protest, dem empörten Zorn gesellt sich jetzt ein Rieseln in meinen Gliedern, wie Ameisen im Blut, von den eiskalten Fin-

gerspitzen den Hals, den Rücken hinunter, ich spüre es deutlich, wie eine elektrisierende Gänsehaut, das Gefühl, den Verstand, den Boden unter den Füßen, das Gleichgewicht zu verlieren.
Aber ich bleibe stehen, stumm, wartend, gelähmt, und wie er dann endlich kommt, sage und schreibe über eine Stunde zu spät, da kann ich mich nicht mehr rühren, ihm nicht das an den Kopf schleudern, was ich mir vorgenommen habe. Ich blicke nur in dieses vertraute Gesicht, und mich überkommt ein großes, melancholisch-verzweifeltes Mitleid, nicht mit ihm, sondern mit mir selbst, mit meinem Zustand, meiner hoffnungslosen Trauer, meiner Unfähigkeit, ihn – nicht – zu lieben. Er nimmt mich in die Arme, küßt mich, streichelt mich, nicht rationell und voller kühler, modischer Verfremdung und Sachlichkeit, sondern lieb, altmodisch, weich und zärtlich, wie nur er es kann. Ich glaube ihm, daß es ihm leid tut. Aber gerade weil es ihm leid tut, werde ich wieder wach. Wo ist er gewesen? Nicht bei Unseld im Verlag. Ich habe angerufen.
»Wo warst du?«
»Geschäftlich.«
»Bei einer Frau?«
»Ja. Bei Ingeborg Bachmann.«
»Der Lyrikerin?«
»Ja.«
»Was sucht sie in Frankfurt?«
Eifersucht durchfährt mich wie ein spitzer Dolch. Blanke, häßliche, aber auch totale Eifersucht. Sie verscheucht die Angst. Ingeborg Bachmann: für mich damals noch teuflisches Phantasiegebilde. Sie ist berühmt, studiert, verkehrt als ihresgleichen in diesen intellektuellen Kreisen. Ist sie gut?
Er setzt seine Brille wieder auf, die tanzenden Reflexe darauf werden augenblicklich zu meinen Feinden. Natürlich ist sie gut. 1949 widmete »Der Spiegel« ihr ein Titelbild. Von da an war sie gemacht. Der Neid macht mich rasend. Aber das meine ich nicht.
»Ist sie gut im Bett?«
Er weicht mir aus. Ich hake mich fest.
»Du hast mit ihr geschlafen.«
»Ja, einmal, nicht heute.«
»Ah, nicht heute. Warum hast du sie dann gesehen? Warum bist du so spät gekommen?«
Einmal ist nicht keinmal, sondern einmal ist die aufgemachte Türe. Der

geöffnete Schoß. Ihre Brüste. Hat sie schöne Brüste? Die Wut zerreißt mich. »Wie alt ist sie?«
»Sie ist älter als du.«
Eine kleine Atempause im Wahnsinn des Eifersuchtswettrennens. Sie ist älter als ich. Aber wieviel? Ich bin jung. Also spielt Alter keine Rolle.
»Was macht sie in Frankfurt?« Hast du dich hier mit ihr getroffen, verabredet? Bin ich auf eine Lügenreise mitgekommen?
»Ich habe sie zufällig getroffen. Im Verlag.«
»Warum darf sie dahin und ich nicht? Ich schreibe auch. Habe auch ein fertiges Manuskript im Kasten.«
Er lächelt traurig und greift nach meinem Busen. »Du bist lieb.«
Ich stehe auf, gehe aufgeregt im Zimmer auf und ab. Ich will nicht lieb sein. Ich will wichtig sein, wichtig, wie die Lyrikerin in deinen Gedanken. Sie hat einen Doktortitel, ich nicht. Dabei wäre es ohne Examen gegangen. Vier Jahre Primarschule und immer die Beste.
Ich bin fast ohne Schulwissen aufgewachsen, ohne daß das irgend jemand merkte oder gar störte. In vielen Belangen, die mich ohnehin nicht interessierten, habe ich deshalb ganz beschämende Lücken, anderes habe ich allein nachgeholt, bin eine reine Autodidaktin geworden. Heute bereue ich es, besonders wenn ich Rivalinnen wie Ingeborg Bachmann sehe. Ihr Doktortitel, ihr Hochschulstudium, ihre Bücherweisheit und die männliche Schulung ihres Geistes haben ihr alle Pforten und alle wichtigen Betten geöffnet.
»Liebst du sie, weil sie berühmt ist?«
»Ich liebe sie nicht. Ihr Problem ist ihre Häßlichkeit, aber sie hat eine schöne Haut.«
Mich schaudert. Haut heißt Bett, Haut heißt Brust, Haut heißt Haut an Haut, miteinander schlafen. Ich bin wahnsinnig eifersüchtig auf sie. Dabei müßte ich Mitleid mit ihr haben.
»Sie hat ungeheure Probleme und ist unbefriedigt.«
»Und das hat sie dir gesagt? Das ist Liebe!«
»Nein, das ist Einsamkeit.«
»Du kannst ja auch einfach Mitleid mit ihr haben. Aus Mitleid mit ihr ins Bett fallen. Wenn sie doch eine so schöne Haut hat.«
»Nein, das kann ich nicht. Das ist selbst mir zuviel.«
Er nimmt die Brille wieder ab. Seine Augen sind traurig, wie immer übernächtigt, entzündet, jetzt aber begehrlich und dunkel. Unwiderstehlich.

»Wir sind zusammen zum Essen eingeladen. Von Walter Höllerer, dem Literaturprofessor.«
»Mensch, warum hast du das nicht gleich gesagt?« Das ist ja mehr als Trost, alles verzeihende, alles auslöschende Sühne. Wenn er mich hat warten lassen, dann ist das nichts, im Vergleich zu dieser gewaltigen Entschädigung. Augenblicklich wird es hell um mich, berauschend leicht, wie Tonnengewichte fallen alle vorhergehenden Sorgen und Nöte ab von mir, Ingeborg Bachmann versinkt in ihrer Einsamkeit.
Der Dichter zieht mich an sich, aber wir sind spät, ich muß ihn daran erinnern, ich reiße mich von ihm los.
Einige Zeit später gehe ich in Stuttgart durch die Hölle: Der Dichter erklärt mir, er sei den Sommer über in Amerika.
Ich war wütend, verzweifelt, verletzt zugleich: Er hatte mir weder davon etwas gesagt, noch mich gefragt, sondern ich wurde vor vollendete Tatsachen gestellt. Und dann kam Unseld.

*

Damals, als meine Schwangerschaft feststand, rief Siegfried besorgt an, um mit mir einen Termin zu vereinbaren. Er müsse mich sprechen, aber nicht am Telefon. Sein Ton klang nicht danach, als ob es die Sehnsucht sei, die ihn zu mir trieb. Auf den Gedanken, daß er vielleicht eine Abtreibung vorschlagen wollte, kam ich nicht. Als er das nach meinem verstockten »Kannichtverstehn« schließlich einsah, gab er es auf. Er bat mich, es nicht an die große Glocke zu hängen, doch dann war er es, der den Mund nicht halten konnte.
Ich hatte es ja schon immer gesagt: wenn es darauf ankommt, dann sind Männer die weitaus größeren Klatschmäuler als Frauen.
Und später: da sahen wir uns noch einmal und wir wurden beide weggetragen in diesem heißen Taumel der Liebe, in dem es nur noch die Sprache der Lust und der Sinne und keine vernünftigen Erwägungen mehr gab. Am Morgen setzte er sich nackt in meinen Designersessel und tippte eine Garantie für mich in die Maschine, »hiermit bestätigte ich … der Vater zu sein«, ohne daß ich ihn darum gebeten hatte.
Später gingen wir zusammen in die Stadt, wo ich in einem Juwelierladen einen Ring aussuchen durfte, aus einer Wahl, die er selbst schon getroffen hatte, ein Goldring mit einem größeren Diamant, einer mit drei, einer mit fünf Brillanten. Ich wählte denjenigen mit drei aus, und Siegfried ließ seinen Namen und das Datum eingravieren.

Von nun an wurde dieser Ring als eine Art Liebespfand mein ständiger Begleiter, und wenn ich auch nie wirklich abergläubisch war: er zeigte einen Riß in der Innenseite als ich mich von ihm trennte. Später fiel er mir auf dem Dachboden unseres damaligen Hauses in eine tiefe Spalte, aus der er nicht mehr herauszuholen war, es sei denn, man hätte das ganze Haus abgebrochen.
Bis jetzt waren die 300 Kilometer Entfernung zwischen uns kein Handicap, aber gleichzeitig auch ein Ansporn gewesen. Jetzt wurden sie zu einer Distanz, die uns notgedrungen einander entfremdete.
Kurz vor Weihnachten beichtete ich die Geschichte meiner Schwester, die unverzüglich zum Suhrkamp-Verlag nach Frankfurt fuhr, um »die Sache in Ordnung zu bringen«. In dieser Beziehung war Liselotte, wie sie selbst gerne betonte, »sehr konservativ«. Ziemlich kleinlaut kam sie zurück und hatte nun ihrerseits etwas zu beichten: alles was sie erreicht hatte, war, daß der Vater meines Kindes auch mit ihr ins Bett gehen wollte. Sie war so entsetzt, daß sie es mir nicht vorenthalten konnte.
Ich mußte nun erst recht lernen, alles allein zu tragen und hätte mir etwas mehr Aufmerksamkeit, Verständnis und Fürsorge von Unseld gewünscht. Ich war zwar durchaus unabhängig und emanzipiert, gewohnt, in allen geschäftlichen und beruflichen Belangen für mich selbst zu entscheiden und zu sorgen, doch jeden Morgen ohne eine Menschenseele zu erwachen und auch die Wochenenden in der Einsamkeit zu verbringen, das war schwer und machte mir manchmal angst.
Doch allmählich lernte ich mit mir selber, meinem Zustand und der neuen Situation richtig umzugehen, besonders als ich das werdende Leben in mir im vierten Monat mit einer einzigartigen Bewegung zu spüren begann und wie ein Wunder erlebte: der Mutterinstinkt, die unendliche Zärtlichkeit und Verbundenheit mit diesem in mir entstehenden Leben und Wesen wurden mit einem Lustgefühl, das jeden Orgasmus in den Schatten stellte, geweckt.
Ich habe das von anderen Frauen schon öfter gehört, besonders von erfolgreichen Karrierefrauen, die in der Arbeit Trost oder Ersatz für Enttäuschung und Unglück in der Liebe suchten: ich kam durch mein Kind, durch die Mutterschaft erst auf die Welt, oder wurde neu geboren: was mir bei meiner eigenen Geburt fehlte, das fand jetzt seine Erfüllung, ich war nie mehr allein. Das Gefühl der Kommunikation, dem Draht zu den anderen Menschen und der Bezug zu ihnen, der formte sich erst jetzt und ich hatte nie mehr Angst.

Der Liebeskummer allerdings, der war etwas anderes und den vermochte dann später das Baby nicht ganz zu heilen, er blieb, als unterschwellige, stets präsente Melancholie und Traurigkeit, für die nächsten Monate bis zur Geburt und später noch mehrere Jahre, als wichtigster, zumindest intensivst gelebter Teil meines Lebens bestehen.
Der Dichter erstarb vor Ehrfurcht und Bewunderung, als ich ihm die Neuigkeit erzählte, er war nicht etwa eifersüchtig, sondern eher wie ein Komplize, als ob er bedauerte, keine Frau zu sein: diese Intimität mit seinem verehrten Verlegerfreund war die einzige, die ihm versagt blieb. Seine merkwürdige, fast servile Ergebenheit Unseld gegenüber ging mir auf die Nerven, aber ich verstand sie und teilte sie bis zu einem gewissen Grade.
Er änderte sich entsprechend auch mir gegenüber, was vorher eher eine Frage seiner Libido war, das wurde jetzt eine echte Verbindung, fast ein Dreiecksverhältnis, wie Siegfried es mit Eifersucht registrierte und demonstrierte, die auch in seinen Briefen immer wieder zum Ausdruck kam.

*

Als meine Tochter achtzehn wurde, bestellte uns Siegfried Unseld in das noble Genferhotel »Le Président«.
Er kannte meine Vorliebe für Luxusherbergen und wußte, daß das bei mir nicht Snobismus oder Angeberei, sondern Proustsche Suche nach dem Komfort der Seele und verlorenen Kinderwunschträumen bedeutete. Er hatte mir den deutschen Proust, und ich hatte ihm ein Stück französische Lebensart geschenkt – er verfehlte bei keiner Begegnung, es unserer Tochter unter die Nase zu reiben: »Das habe ich – wie das Wedeln beim Skilaufen – von deiner Mutter gelernt.«
Überhaupt war er – im Gegensatz zu Martin Walser – immer bereit und geradezu begierig gewesen, bei mir von meiner »schweizerischen Urbanität« sprich »Eleganz« (Walser) etwas abzuschauen; als ich ihn wegen seiner grauen »deutschen Einheitsanzüge« verspottete, ging er mit mir auf die Königsstraße in ein Herrenmodegeschäft und kaufte sich – auf meinen Rat – einen anthrazitfarbenen Seidenanzug.
Unseld hatte seine Tochter zum letztenmal als Kind gesehen und wollte nun die junge Frau aus verschiedenen Gründen kennenlernen.
Während er uns mit Champagner, Hummer, Gänseleberpastete, Rauchlachs und anderen Köstlichkeiten aus der französischen Küche

(die er ebenfalls früher bei mir als Extravaganz bezeichnet hatte) verwöhnte, wandte er sich an unsere gemeinsame und sehr schöne, aufblühende Frucht der Liebe: »Ich habe dich nicht gewollt«, sagte er. »Aber es war der Wunsch und der Wille deiner Mutter und den habe ich respektiert. Sie war ohne Zweifel der Zeit voraus.«
Darauf folgte Schweigen. Meine Tochter stocherte lächelnd in dem Crevettensalat, und er prostete ihr zu: »Deine Mutter ist die größte Schriftstellerin unserer Zeit, nur leider ist sie die einzige, die das weiß.« Ich schielte nach meiner Tochter und lachte, so hell und künstlich, wie man das nur tut, wenn es etwas – vielleicht Weinen, vielleicht Erstarren oder Enttäuschung – zu übertönen gilt. Hatte sie den Seitenhieb bemerkt? Nein, sie stocherte weiter höflich lächelnd in ihrem Crevettencocktail und prostete ihm ebenfalls brav und artig zu, als er sie mit geradezu animalisch verliebtem Unseldschen Blick betrachtete: »Sie hat meine Schönheit und Deine Intelligenz«, prustete er – jedenfalls, das Eis war gebrochen, das war eben sein manchmal zu sehr treffender Humor, mit dem er nicht nur wie ein Elefant im Porzellanladen in anderer Seelen- und Nervenhaushalt herumtappte und Kostbares zerschlug, sondern zeigte, daß er im Grunde selbst ein höchst empfindlicher, mit einem entsprechenden Gedächtnis ausgestatteter Elefant war. Er hatte kleine Blessuren, ob die nun von mir oder anderweitig herkamen, auch nach achtzehn Jahren nicht vergessen, so daß das, was ich bei ihm getroffen hatte, offenbar seine Achillesferse war.

*

Vielleicht wäre alles doch noch anders gekommen, wenn Peter Suhrkamp nicht gestorben wäre. Siegfried Unseld übernahm daraufhin den Verlag. Ich war luzide genug, um einzusehen, daß für mich die Sache gelaufen war. Ich wußte es sofort und ich kannte ihn zu gut, für ihn, den designierten Kronprinzen, ging jetzt ein Traum in Erfüllung, aber in Wirklichkeit, eine gewaltige Aufgabe und ein Lebenswerk, das fing jetzt erst recht an. Der Verlag war jetzt wichtiger als alles andere, sogar als Frau und Kind.
Auf mich warteten »nur« die Traumwohnung meiner Schwester über den Dächern von Schwabing, der Ruf, der München vorausging, daß es »die Weltstadt mit Herz« sei, und last – but not least, ein stolzer und ansehnlicher Festanstellungsvertrag.
Ab 1. Januar 1962 residierte ich also in München.

NEUNTES KAPITEL

München

Wenn Horst Jaedicke meinte, ich hätte »die schönste Wohnung von Stuttgart«, dann war das gewiß »die hübscheste Wohnung von München«, in die ich jetzt einzog. Kunststück: schließlich handelte es sich um die Traum-Residenz eines Filmstars. Meine Schwester hatte Himmel und Hölle in Bewegung gesetzt, um sie zu bekommen. Denn selbst für eine berühmte Filmschauspielerin war das nicht so leicht bei der damaligen Wohnungsnot, die in ganz Deutschland herrschte.

Das noble Appartementhouse bildete noch eine Rarität in München, besonders in dieser gesuchten Vorzugslage in Schwabing – es gehörte zu diesen architektonischen Sünden der 50er Jahre, die mit viel Beton und wenig Geschmack zu schnell aus dem Boden gestampft wurden, um eine anspruchsvollere Klientel zu bedienen.

Wie eine strahlend weiße Krone in einem alten Gebiß stach das helle Gebäude aus den klassischen Sandsteinfassaden der verschont gebliebenen Bürgerhäuser, ein Gemisch aus moderner Bauhausvorlage à la Max Bill oder Walter Gropius und banaler Mietskaserne.

Atemberaubend großzügig war nur die Eingangshalle: so riesig, als würden dort Empfänge oder Pressekonferenzen abgehalten, mit einer imposanten Fensterfront, einer Grünpflanzenanlage und einem stets auf Hochglanz polierten Imitationsmarmor-Kunststoffboden. Beidseitig führten geschwungene Treppen mit zierlichem Messinggeländer in die höher gelegenen Wohnetagen hinauf. Das strömte tatsächlich einen Hauch von dieser Phantasie und Vornehmheit aus, die den Appartements genauso fehlten wie meiner Wohnung im Stuttgarter Hölderlin-Hochhaus. Die Wohnung lag in der obersten Etage, hoch über den Dächern von München, mit einer riesigen Dachterrasse, die ebenso wie die bis zum Boden reichende Fensterfront um alle Räume herumführte. Die gleiche herrliche Dachwohnung gegenüber bewohnte eine der vielen geschiedenen Frauen von Baron Heinrich von Thyssen-Bornemisza, dem reichsten oder zweitreichsten Mann Deutschlands, eine temperamentvolle, deutschradebrechende, nicht mehr ganz taufrische Ungarin, die eine Schwester von Marika Rökk hätte sein können. Sie schloß mich gleich bei der ersten Begegnung vor ungefähr einem Jahr ins Herz, als sie mit geübtem Blick erkannte, daß ich hochschwanger und offensichtlich nicht ganz glücklich war. Es sollte – in Anbetracht ihres vielen Geldes und geringen deutschen Sprachkenntnissen, eine eher tragikomische als echte Freundschaft daraus werden. Dafür braucht es eine kleine Erklärung:

Ich hatte mich gerade im Haus am Genfersee häuslich und bis zur Niederkunft endgültig eingerichtet, als meine Schwester aus München anrief. Ich müsse sofort mit dem nächsten Zug nach München kommen, es gebe da für sie ein großes Steuerproblem. Gewohnt, ihr überallhin zu folgen, wenn sie mich brauchte, setzte ich mich sofort in den Zug. Die achtstündige Fahrt war eine Strapaze, nicht nur durch die »anderen Umstände«, in denen ich mich befand, sondern auch ein wenig durch die Angst, ins Ungewisse zu fahren. Ich kannte München viel zu wenig. Liselotte holte mich am Bahnhof ab und brachte mich gleich in den »Königshof«, ihr Lieblingshotel am Stachus, dem sie bis auf den heutigen Tag die Treue bewahrt hat. Schon auf der Hinfahrt erklärte sie es mir noch einmal: sie müsse sofort, aus Steuergründen, ihren Wohnsitz wieder in die Schweiz verlegen. Aber dann könnte sie die Wohnung in München nicht behalten. Ich sei doch einverstanden, meinerseits in Deutschland Wohnsitz zu nehmen und die Wohnung auf mich zu überschreiben? Bei meinem bescheidenen Einkommen spiele das keine Rolle, sie dagegen müßte ihre ganzen Gagen dem Fiskus überlassen. Ich verstand nur Bahnhof und war natürlich einverstanden.

Es gab bei mir ja auch nichts zu holen, und ich wußte nicht einmal, was Steuern waren. Diese Sorglosigkeit und Unbekümmertheit in finanziellen Belangen sollten mich hier in München noch teuer zu stehen kommen. Jetzt aber bedeutete mir meine Unterschrift, die ich wohlgemut unter den Wohnungsvertrag setzte, weit weniger ein Problem als die Tatsache, daß Liselotte mir erklärte, sie sei von Helmut Käutner zum Essen eingeladen, um ein neues Filmprojekt zu besprechen. Ich solle hier im Hotel auf sie warten.

Eine Art Panik überfiel mich. Die Aussicht, hier in dieser fremden Stadt, die ich nur von Kurzbesuchen kannte, als meine Schwester noch in der Pension Erna Morena am Englischen Garten wohnte, allein in

dieser teuren Hotelsuite zu verbringen, ließ mich die Müdigkeit und Strapaze der langen Zugreise spüren, auf der ich mich auch schon einsam und verlassen fühlte. Ich konnte mich nicht beherrschen und ließ meinen Tränen freien Lauf. Meine Schwester sah mich entgeistert an: »Was hast du? Gefällt es dir nicht in diesem schönen Hotel?«
»Kannst du mich nicht mitnehmen?« fragte ich heulend und schneuzte meine Nase.
Noch fassungsloser starrte mich Liselotte an: so, als hätte ich von ihr etwas ganz Unmögliches verlangt. »Du bist halt einfach eine Klette«, sagte sie und ließ mich allein. Natürlich wußte ich, wie wichtig für sie die Verabredung mit Helmut Käutner war. Aber warum nahm sie mich nicht einfach mit? Es war nicht das erstemal, daß sie mich versteckte und auch nicht, daß sie mich »eine Klette« nannte.
»Sie unterschied sich schon als Kind von mir durch einen ausgesprochenen Familiensinn. Sie liebte unsere Mutter abgöttisch und konnte auch kurze Trennungen kaum ertragen, während ich mich stundenlang allein beschäftigte«, schrieb sie in das Vorwort unserer gemeinsamen »Lachstory«.
Die Besprechung mit dem renommiertesten damaligen deutschen Filmregisseur war dann nicht unbedingt ein Erfolgserlebnis, und solange ich da war, holte sie das Versäumte nach. Die Situation kehrte sich um: jetzt war sie froh, daß ich sie tröstete und für sie (und ihre Wohnung) da war. Wir fuhren hinaus nach Schwabing, wo sie mir ihr zukünftiges Traumdomizil zeigte und mir Baronin Ilona von Thyssen vorstellte. Ich ahnte nicht, daß sie einmal meine Wohnungsnachbarin werden würde.
Doch dann kam alles anders, Liselotte lernte ihren Mann kennen und rief mich jeden Tag mit derselben atemlosen und imperativen Frage an: Soll ich ihn heiraten oder nicht? Es wäre geradezu Sadismus gewesen, ihr davon abzuraten. 1961 heirateten sie, und Liselotte wollte die Schwabinger Traumwohnung nicht aufgeben, aber auch nicht mehr bewohnen. Es war geradezu Ehrensache für mich, meine ganzen beruflichen Pläne danach zu richten und von allen Angeboten für eine neue Stelle an einem anderen Sender München zu wählen. Nach dem trockenen, zugeknöpften und frauenfeindlichen Stuttgart schien mir das lebendige, bierselige und klatschsüchtige München verwirrend und vielversprechend – wie eine Weltstadt. Würde sie für mich dieses Versprechen halten?
Der Weg zur Arbeit erwies sich in der verkehrsreichen Großstadt als

Glücksfall, ich konnte den Sender des Bayerischen Rundfunks durch den Englischen Garten, der am Ende meiner Straße lag, zu Fuß erreichen. Als mir das dann doch zu lange dauerte und mir die Zeit dazu fehlte, schaffte ich mir ein Fahrrad und schließlich ein Auto, einen dunkelbraunen VW-Käfer aus zweiter Hand, der noch aus den Anfangszeiten dieser legendären Wagenmarke stammte, an.

Die Fahrprüfung hatte ich in Stuttgart auf die gleiche haarsträubende Weise bestanden, mit der mir als junge Fernsehregisseurin so vieles – Gereimtes und Ungereimtes – in den Schoß fiel. Die drei Prüfungsexperten, inklusive dem stolzen Fahrlehrer, der mit mir immer nur auf der Autobahn halsbrecherisches Geradeaus geübt hatte, redeten die ganze Zeit nur über meine Fernsehtätigkeit und meine berühmte Schwester, es schien für sie geradezu Ehrensache, von mir keine schweren Prüfungsaufgaben wie rückwärts fahren, Einparken und so weiter zu verlangen. Ich erhielt den Führerschein, ohne daß ich richtig schalten, geschweige denn fahren konnte. Die Katastrophe folgte auf dem Fuß; als mir mein Bruder sein Auto während den Ferien mit meinen Eltern am Genfersee lieh, gerade zu der Zeit, als ich Siegfried Unseld kennenlernte. Bei einer Spazierfahrt, die Papa so liebte, übersah ich beim Einbiegen in eine Hauptstraße die Vorfahrt und kollidierte mit einer daherkommenden Isetta. Ein fürchterlicher Knall und die nicht mehr abstellbare, heulende Hupe alarmierten die ganze ländliche Umgebung. Ein weißhaariger Mann lag blutüberströmt neben seinem Fahrzeugwrack am Boden.

Als ich mit kurzen Shorts und schulterfreier Bluse braungebrannt aus dem Führersitz, hinter mir mein Vater und meine Mutter und zu guter Letzt noch mein zotteliger Riesenhund aus dem nur vorne auf der linken Seite eingedrückten Wagen kletterten, wurden wir Zielscheibe des wütenden Spottes und Volkszornes, es fehlte nur wenig, und die gaffenden Leute hätten uns tatsächlich angegriffen. Zum Glück kam innerhalb kurzer Zeit ein Sanitätswagen und die Polizei. Ein flotter, junger Uniformierter setzte sich sofort ein als unser Beschützer, während er mich während der Protokollaufnahme mit strahlendem blauem Blick nicht mehr enden wollend verschlang. Er glaubte mir aufs Wort, als ich mit entsprechendem Unschuldsblick versicherte, ich hätte beim Stop gewartet und nach links geschaut, bis nichts mehr kam. (Was übrigens der Wahrheit entsprach, aber ich hatte zu lange gebraucht, um den Gang einzulegen und loszufahren.)

Merkwürdigerweise passierte mir dann einige Jahre später genau derselbe Unfall in der Münchner Innenstadt, nur daß mein Opfer diesmal nicht eine Isetta, sondern eine Taxe war, der ich vorne rechts mit meinem VW-Käfer, schwer und robust wie ein Kriegstank, gewaltig die Karosserie eindrückte, wie beim Eiertütschen mit einem Osterei.
Als ich meinen Bruder aus dem Urlaub anrief und kleinlaut darüber informierte, daß ich einen Unfall hatte und sein Auto »ein wenig« kaputt sei, antwortete er lakonisch, das habe er vorausgesehen.
Ich war dann immerhin so selbstkritisch, daß ich noch einmal Fahrstunden nahm, bis ich eine ganz akzeptable und später in Paris sogar eine sehr gute Autofahrerin wurde, dann aber nach der Geburt meiner zweiten Tochter aus ganz anderen Gründen endgültig aufgab.
Schon bei der Einfahrt zeigte sich der Unterschied des Bayerischen Fernsehens zum gemütlichen Stuttgarter Sender auf eindrückliche Weise: da war kein Pförtner, der einen schon von weitem erkannte und mit ein paar freundlichen Worten begrüßte, sondern man mußte durch die Einfahrt an einem niedrigen, modernen Gebäude vorbeifahren, in dem mehrere Türwächter die Barriere bedienten, die nur aufging, wenn man einen Spezialausweis hatte. Es war leicht frustrierend, daß man mich hier auch nach der Nennung meines Namens nicht erkannte, und ich die ersten Tage wie ein ganz gewöhnlicher Außenstehender meinen Wagen außerhalb auf dem Besucherparkplatz abstellen mußte, bis ich dann schließlich meine Bewilligung bekam. Auch dann dauerte es noch eine Zeitlang, bis ich mich nicht mehr ausweisen mußte, sondern die Sperre nach bloßer Erkenntnis meines Gefährtes aufging.
Auch in der Redaktion herrschte in München ein ganz anderes Klima – und das war das eigentliche Geheimnis, welches den Stuttgarter Sender damals und vielleicht bis zu einem gewissen Grade auch noch heute einzigartig machte; man war wie eine große Familie, in der sich der eine für den anderen, seine Arbeit und Ideen interessierte, man machte das Programm gemeinsam – und zog am gleichen Strang. Im Bayerischen Fernsehen dagegen war alles viel größer und anonymer, es herrschten lauter kleine Könige und solche, die es werden wollten, jeder arbeitete und werkelte fleißig und ehrgeizig für sich und kümmerte sich keinen Deut um das, was der Kollege oder gar eine Kollegin machte. Es herrschte gegenüber Frauen, die sich in Männerbastionen drängten, eine unausgesprochene, aber spürbare Feindseligkeit, die sich aber auch ganz generell gegen das »Ausländische«, Unbayerische richtete.

Das Programm bestand somit aus einem Puzzle von mehr oder weniger erfolgreichen und aus dem Münchner Geist entstandenen Produktionen und ihren Protagonisten, was manchen einfach nur durch ihre Bildschirmpräsenz zu Ruhm verhalf. Innerhalb der Abteilungen und Redaktionen wie der unsrigen, blieb das, was der einzelne machte, weitgehend von dem des andern getrennt, einen Teamgeist wie in Stuttgart gab es nicht, obwohl wir von der Dokumentarabteilung, »Kultur, Gesellschaft und Politik« mit offenen Türen in den Räumen arbeiteten, eher wie in einer Zeitungs-, als in einer Kultur- oder gar Filmredaktion.
Mich störte das aber nicht, im Gegenteil, man arbeitete so wenigstens physisch zusammen, es herrschte immer reger Betrieb, Geschwätz, Kommen und Gehen, und es kam niemandem in den Sinn, von mir Rechenschaft oder gar ausführliche Beschreibungen meiner Vorhaben zu verlangen. Zwei junge Kollegen, die aus Stuttgart kamen und dort erst Assistenten waren und hier in München politische Redakteure wurden, Dr. Hans Lechleitner und Eberhard Leube, umschwärmten mich und sorgten dafür, daß ich mich nicht zu verlassen fühlte. Wir wurden Freunde fürs Leben, wie man so schön sagt, aber daß ich mir innerhalb des Bayerischen Rundfunks nie solche intimen Beziehungen und kongeniale Partner schaffen würde, das schien mir klar. Vielleicht hatte ich auch einen gewissen intellektuellen Hochmut aus Stuttgart mitgebracht, eine Verachtung gegenüber der krachledernen, burschikosen Bier- und Dirndlseligkeit, die hier in München die Mode, Gesellschaftsleben und das Frauenideal bestimmten. An interessanten Vertreterinnen, wie etwa der komischen Nudel Elfie Pertramer, Helen Vita, deren Mann Paul Baumgartner ich noch von der Schweiz her kannte, Anneliese Friedmann, Anette von Arnim, Ursula v. Kardoff, und so weiter fehlte es nicht. Eine merkwürdige Scheu und Obstination, mich auf mein Kind und mein glückloses Privatleben zu konzentrieren, hinderte mich daran, intime Freundschaften, vorwiegend mit Frauen, aufzubauen. Kurz, ich hatte sehr viel Zeit nachzudenken, und eines machte mir besonders zu schaffen. Da wurde nämlich mein Film über Max Frisch zum besten Filmfeuilleton des Jahres 1961 erklärt:

»Corinne Pulver, der das Fernsehen ausgezeichnete Feuilletons verdankt, hat in diesem Portrait den Dichter Max Frisch nicht nur zu höchst bemerkenswerten Aussagen über sein Werk und seine Person veranlaßt, sondern ihn in seiner Umgebung präzis und unter interessanten Blickpunkten gezeichnet. Ein Feuilleton von dokumentarischem Wert und überzeugender Darstellungskraft.«

Diese schmeichelhafte Auszeichnung bekam mein Film, als ich schon in München war, doch dem war eine häßliche Sache im »Spiegel« vorausgegangen, die ich noch lange nicht verdaut hatte. Der Kolumnist Martin Morlock hatte den Film buchstäblich in der Luft zerrissen.
Immer wieder mußte ich daran denken. Der Verriß im renommierten »Spiegel« traf mich nach all den Lobgesängen und der allgemeinen sehr positiven Bewertung meines Films wie ein Donnerschlag.
Nicht weil ich Kritik nicht vertragen hätte, im Gegenteil; daran war ich als Frau in einem Männerjob längst gewöhnt und war auch immer bereit, etwas dazuzulernen. Ohne Auseinandersetzung mit meinen männlichen Kollegen hätte mir etwas gefehlt. Aber sie mußte gerecht und fair sein. Diese hier aber war ungerecht. Sie gab denen recht, die schon damals behaupteten, dem »Spiegel« gehe es nur darum, zu verreißen und zu vernichten. So kam es mir vor. Wäre die Kritik in irgendeiner kleinen, unbedeutenden Provinzzeitung erschienen, sie hätte mich nicht verwundert und nicht aufgeregt.
Aber sie stand ausgerechnet im »Spiegel« und war geschrieben von keinem Geringeren als »Telemann«, alias Martin Morlock. Und im »Spiegel«, in den am Montagmorgen die ganze Nation blickte, war zu dieser Zeit seine Seite der große Renner, die sich keiner, der etwas mit Fernsehen zu tun hatte oder sich dafür interessierte, entgehen ließ, weil sie so treffend und brillant, so giftig und amüsant war. Kein Zweifel, da war einer am Werk, der sein Métier, das Schreiben und das Kritisieren, aus dem Effeff verstand … Nicht nur traf er mit seinen ironischen und bösen Kommentaren das, was jeder gebildete und einigermaßen anspruchsvolle Fernsehzuschauer (das gab es damals noch) auch so empfand, sondern seine Kolumnen waren dazu noch kleine Kabinettstückchen der Schreib- und Fabulierkunst. Aber wie alles, was von »links« war und vom »Spiegel« kam, entging auch er nicht der Gefahr des Kritisierens um des Kritisierens willen, der »l'art pour l'art«.
Ich wußte nur zu genau, welche Wichtigkeit dem »Spiegel« und insofern der Kolumne von »Telemann« gerade in meinen beruflichen Kreisen beigemessen wurde, auch wenn das jeder abstritt. Es konnte tatsächlich »vernichten«, wie das erboste Politiker oder Wirtschaftska-

pitäne, aber auch Vertreter aus dem Kulturbetrieb von sich immer wieder behauptet hatten und ich es vehement bestritt.
Jetzt war ich an der Reihe und die Sache sah ganz anders aus. Da war vor allem auch der ferne Max Frisch, und es war mir klar, daß »Telemann« die zarte Beziehung, ja, die Freundschaft mit dem geschätzten Dichter in Frage stellen konnte.
Einige Tage mit Bauchweh und Nächte ohne beruhigenden Schlaf quälte ich mich mit den Bleigewichten, die mir das Hirn, die Gefühle und den Appetit lähmten, herum. Was könnte ich gegen diesen Eierkopf, diesen Meister-Schreiber, der wahrscheinlich ein blutarmer Stubenhocker und heimlichfeisser impotenter Oberlehrer-Typ war, tun?
Eine Gegendarstellung war sinnlos, der »Spiegel« würde sie ohnehin nicht drucken. Ein Brief an »Telemann« persönlich würde vorzugsweise im Papierkorb landen. So beschloß ich, meine Hemmungen zu überwinden und ihm per Telefon den Fehde-Handschuh zuzuwerfen. Meine noch immer aufgestaute Empörung und Wut halfen mir dabei.
Es war erstaunlich leicht, ihn in der Redaktion an den Draht zu bekommen. Seine Stimme war freundlich und angenehm. Er könne sich sehr wohl vorstellen, warum ich anrufe, sagte er, bevor ich nur ein einziges Wort zu stammeln brauchte. Ein wenig ein schlechtes Gewissen hätte er schon, gestand er ohne Umschweife, er habe nämlich die Kolumne gegen den Rat einiger seiner Kollegen gedruckt. Ja, man habe sogar darüber abgestimmt. Zwei seien dagegen gewesen, drei dafür. Noch nie sei man sich über eine Kolumne von ihm so uneinig gewesen, aber das Thema habe ihn nun einmal gereizt. Und ein Lob hätte der »Spiegel« natürlich niemals abgedruckt. Wie er das wieder gutmachen könne?
Ich traute meinen Ohren nicht. Aber gebauchpinselt, erleichtert und versöhnt war ich doch. Irgend etwas in der Stimme, in der Art, wie der böse Macho mit mir redete, bezirzte mich.
Ob er mich zum Kaffee einladen könne, damit wir noch einmal ausgiebiger darüber reden? Er wohnte nämlich nicht in Hamburg, sondern in Herrsching am Ammersee, nur einen Katzensprung von mir entfernt. Nur zu Redaktionsbesprechungen fahre er nach Hamburg hinauf.
Es war ein Samstag, als er an meiner Wohnungstür in Schwabing klingelte. Zum erstenmal war ich so richtig stolz auf meine neue Nobeladresse, von der ich bis jetzt eher einsam und privat todunglücklich »profitierte«. Entsprechend hatte ich mich für »Telemann« schön ge-

macht, ganz einfach weil er vom »Spiegel« und eben ein gefürchteter Kritiker war. Das faszinierte mich mehr als der berühmteste Filmstar. Ich machte die Tür auf, und einen Moment schauten wir uns sprachlos an. So hatte er sich eine Fernsehredakteurin und ich mir einen bösen »Spiegel«-Mann nicht vorgestellt. Er war ein Riese, der mit dem Kopf fast an den Türrahmen reichte, wohl an die zwei Meter groß mußte er sein. Er stand da in meiner kleinen Dachwohnung und füllte fast den ganzen Raum aus.
Ich hatte sie für meine Schwester eingerichtet, die das haßte, während ich es leidenschaftlich liebte, sie ließ mir dafür völlig freie Hand. Alles war mit dem kargen Bauhaus- und Knoll-International-Stil möbliert, wie ich ihn von Max Bill und meinen Stuttgarter Freunden übernommen, aber mit weiblichem Touch für extravagante Farben und kostbare Materialien angereichert hatte. Das Schlafzimmer hätte in einem Hollywoodfilm Staat gemacht: große, durchgehende Fensterfront mit Blick auf die Ludwigstraße an der einen, nichts als ein riesiger, antiker venezianischer Spiegel (bei einem Möbelgeschäft als »alter Kitsch« für wenig Geld erstanden) auf der anderen Seite. Der Clou aber war der dicke, weiche Spannteppich, der die ganze, große Bodenfläche bedeckte, ich hatte lange danach gesucht: er war nicht rosa, nicht hellblau, nicht rot oder grün, sondern schwarz. Ein französisches Bett, ein fellbezogener Nierensessel und eine riesige, schwere Muranovase kamen darauf ganz besonders, wie ein Bild in einer Ausstellung, zur Geltung.
Die Vase war übrigens meist bestückt mit einem Verehrerbukett, ganz hartnäckige und vertraute, wie August Everding oder Hans Helmut Kirst paßten ihre Dimensionen der Übergröße meiner Vase an, während andere, geduldigere oder romantischere oder sparsamere, wie etwa der gute Dr. »Rudi« Loos mir anstelle von Rosen, Lilien und Rittersporn – meiner Lieblingskombination – kleine Nelken- oder Veilchenbuketts in Konfitürengläsern einstellten.
»Telemann« brachte jedenfalls schon einmal einen zu kleinen Blumenstrauß mit. Das sagte ich ihm lachend, nur um ihm einen Blick in mein Wunderschlafzimmer zu gewähren.
Die eigentliche Sensation der Wohnung wäre die große Dachterrasse gewesen, hätte nicht das Münchner Wetter meinen Bemühungen, sie zu bepflanzen, einen Strich durch die Rechnung gemacht. Immer wieder wehten Wind und Regen die Geranien, Petunien, Koniferen, Zwergtannen und Palmen herunter oder zerzausten sie. Es war einfach

hoffnungslos und sah aus, als wäre ich zu faul, mich richtig darum zu kümmern (was leider auch noch stimmte). Kurz, die herrliche Terrasse war nicht ein Schmuckstück zum Vorzeigen und ich war froh, daß es heute regnete.

Wir gingen zusammen in die Reitschule beim Englischen Garten, wo 1945 schon Bertolt Brecht gesessen hatte, um einen Kaffee zu trinken. Dafür war er ja hergekommen, und ich hatte mir das Gespräch sehr hochgestochen und fachsimpelnd vorgestellt: es ging mir vor allem darum, ihn von meiner Professionalität und Fachkenntnis zu überzeugen. Fernsehen, Film und das Programm sollten unser Thema im allgemeinen und meine Frisch-Sendung im besonderen ausmachen.

Ich hegte die Hoffnung, dem »Telemann« so zu imponieren, daß von ihm dann einmal eine andere, bessere Kritik käme, wenn er mich und meine Arbeit, meinen Kampf für einen eigenen Stil und eine persönliche Filmhandschrift begriffen hatte.

Das gelang mir scheinbar spielerisch, sehr schnell kamen wir dann auf mehr private Belange zu sprechen, und einmal mehr mußte ich erkennen, daß ein gefürchteter Wortheld, ein »blut- und gefühlsarmer Bücherwurm« sehr wohl ein Genießer und ein »homme à femmes« sein konnte.

Wir blieben im Kaffee Reitschule länger als geplant sitzen, und als wir uns nach mehreren Stunden erhoben, gingen wir trotzdem nicht auseinander. Ich fragte ihn, ob er noch einmal mit mir in die Wohnung zurückkommen wollte, hier könnte er meine kleine Tochter sehen.

Es war Mitternacht vorbei, als er schließlich meine Wohnung verließ und mir beim Abschied tief in die Augen schaute. Am nächsten Morgen, einem Sonntag, klingelte das Telefon. Martin Morlock meldete sich an. Ich hatte es gewußt, ich hatte es gehofft, denn auch bei mir hatte ein kleiner Funken gezündet, wenn es auch eher ein Gefühl des Wohlbehagens, der Geborgenheit war.

Trotz meiner kleinen Tochter, der schönen Wohnung und dem »Traumberuf« waren die Wochenenden für mich nach wie vor schrecklich, und mir graute jedesmal davor. Ich war noch zu verletzt, um mich in das gesellschaftliche Leben zu stürzen, obwohl ich überhäuft wurde mit Einladungen, verlockenden Angeboten für Konzert-, Theater- und Partybesuche. Ich sagte konsequent ab, auch meiner kleinen Tochter zuliebe. Es war mir unmöglich, sie am Abend allein zu lassen, wenn sie in der Wohnung allein war. Aber wenn sie dann schlief, oder wenn ich mit ihr

so ganz allein war, dann fehlte mir trotzdem immer etwas, dann fühlte ich mich traurig und verzehrt vor Sehnsucht und Einsamkeit.
Deshalb kam mir der Besuch von »Telemann« am Samstag und sein Telefonanruf nur allzu recht. Innerhalb einer Dreiviertelstunde war er da. Und schon wieder brachte er Blumen, diesmal groß genug für meine Riesenvase. Das rührte mich besonders, weil es an einem Sonntag gar nicht einfach war und schon ein bißchen Phantasie verlangte. Mit ihm zusammen war der Sonntag ein Hochgenuß. Gemeinsam mit meiner Tochter machten wir einen langen Spaziergang durch den Englischen Garten, dann lud er uns zum Essen ein. Doch dafür war meine Tochter noch zu klein, und ich zog es vor, wieder in meine Wohnung zurückzukehren und dort einen kleinen Imbiß zuzubereiten. Da die Kinderfrau frei hatte, suchte ich alles, was ich fand, im Kühlschrank zusammen.
Wieder blieb er bis weit nach Mitternacht. Von nun an kam Morlock jeden Abend. Und jedesmal brachte er Blumen mit.
Wir verstanden uns immer besser, kein Wunder, denn jeder Satz, jedes Streitgespräch bekam seine hintergründige, doppelte Bedeutung. Es war einfach hinreißend, wie in einem Ping-Pong- oder einem Schachspiel mit ihm zu diskutieren und geistreich über Gott, die Welt, das Fernsehprogramm und die lieben Kollegen zu lästern – wir vergaßen darüber die Tage, die Stunden und uns selber. Ich gewöhnte mich nun an diese täglichen Besuche, bei denen er immer bis nach Mitternacht blieb, ich wollte sie gar nicht mehr missen und träumte schon im voraus davon. Von mir aus hätte das ewig so weitergehen können, sein Kommen, unsere geistreichen, hitzigen und eindringlichen Gespräche, getragen von einer allumfassenden Zärtlichkeit. Doch als er mich eines Tages wirklich berührte, fing ich an zu weinen. Es war einfach stärker als ich.
Er zog sich an und war sehr kühl. »Mach dir nichts draus, das kann es schon mal geben.«
»Nein«, protestierte ich. »Ich liebe dich!« schrie ich fast hysterisch vor Angst, er könnte mich jetzt verlassen. »Es ist wahr, ich kann jetzt einfach nicht. Aber das heißt doch nicht, daß ich dich nicht liebe.«
Ich glaubte mir selbst kein Wort. Aber ich wollte den Freund nicht verlieren, ihn nicht so blamieren. Und selber brauchte ich Trost. Eine Wunde hatte neu zu bluten angefangen.
»Mein Gott, du liebst ihn ja noch immer.«
Als er Jacke und Mantel anzog und zur Türe ging, lief ich ihm nach: »Wann sehen wir uns wieder?«

»Ich rufe an.«
Er hat nie mehr angerufen. Er ist nie mehr – mit Blumen – vor der Wohnungstüre gestanden, ich habe außer seinen Kolumnen und später einem Bericht über seine Herzoperation nie mehr etwas von ihm gehört. Die Stunden, die Tage, ja die Wochen, die wir zusammen verbracht hatten – sie waren irgendwo – im Englischen Garten, auf meiner Dachterrasse, in meinem Hollywood-Schlafzimmer, auf dem schwarzen Spannteppich, ohne jegliche Spuren verpufft, Schall und Rauch geworden, wie jede meiner Freundschaften mit einem Mann. Daß er nicht mehr kam, daß er nie mehr an meiner Wohnungstüre klingelte, ein Riese mit einem winzigen Blumenstrauß in der Hand, das machte mir noch mehr als seine ungerechte »Spiegel«-Kolumne zu schaffen. Mir war, als schriebe er sie, diesmal mit Herzblut an der spitzen Feder, ein zweites Mal.
Ein einziger Lichtblick war mein neuer Chef, Dr. Hans Heigert, durch den sich meine ganze Situation denn auch schlagartig änderte, als er mich meinen ersten Filmbeitrag machen ließ und dieser ein Volltreffer in jeder Beziehung wurde. Heigert, späterer Chefredakteur der »Süddeutschen Zeitung«, war für mich eine Art zweiter Heinz Huber geworden, voller Verständnis und noch ein wenig gewandter und liberaler im Umgang mit mir, er gab mir für meine Arbeit völlig freie Hand. Privat nahm er mich öfter mit zu Zusammenkünften der Münchner Intelligenzia, Journalisten, Publizisten, Schriftstellern und sonstigen Größen des Geisteslebens, für die ich aber leider auch noch nicht reif war: Hochkarätige Gesprächsrunden im Kreise gepflegter, gebildeter und rechthaberischer älterer Herren erzeugten in mir oft diese Art von quälender Klaustrophobie, die ich immer in einer fremden und kahlen Umgebung empfand und die mich daran hinderte, mich an den Gesprächen wirklich zu beteiligen. Mein unerbittlicher Stalldrang ließ mich verstummen und nicht gerade als Vertreterin einer emanzipierten Kämpferin um Mitspracherecht und Gleichberechtigung erscheinen.
Dr. Heigert merkte nichts davon und schlug mir bald einmal vor, einen Film über »Playboys« und den – in Deutschland noch weitgehend unbekannten – Kultort St. Tropez zu machen.
Ich kann nicht behaupten, daß ich von dem Angebot sofort begeistert war. Zu den sogenannten Playboys hatte ich eine eher zwiespältige Beziehung. Einerseits faszinierten mich der Luxus, die Schönheit der Häuser, die Autos und die Frauen, mit denen sie sich umgaben, ihre kühne

Unbürgerlichkeit und ihre Extravaganz – andererseits störte es mich, daß das alles nur eine Frage von – nicht selbstverdientem – Geld war, auch die damit verbundene Negierung aller konventionellen Regeln und ihre Oberflächlichkeit. Das solle ich eben alles zeigen, meinte Hans Heigert, und natürlich lockte mich eine neuerliche Reise nach Frankreich. St. Tropez, damals noch ein kleiner Fischerhafen, war die Geheimadresse des intellektuellen »tout Paris«, Françoise Sagan, Simone de Beauvoir, Jean-Paul Sartre, Juliette Greco hatten den Zauberort entdeckt und natürlich – die damals im Zenit ihres Ruhmes und ihrer Schönheit stehende – Brigitte Bardot. Es war eine ungeheure Auszeichnung, dorthin zu fahren und einen Film zu drehen.
An einem Abend im Mai reiste ich mit meiner Mutter und der kleinen Ninon im reservierten Schlafwagenabteil aus München ab. Zwei Wochen Recherche hatte mir Heigert eingeräumt, denn natürlich verlangte er von mir kein Exposé. Ich mußte den Ort und die Playboys, die in Frage kamen, zuerst einmal kennenlernen.
Einen hatte ich schon von München aus aufgeboten, er hieß James Graser und war in München damals eine Lokalberühmtheit, führte einen von der Schickeria frequentierten, teils exquisiten, teils berüchtigten Nachtclub, der ihm den Ruf eines Playboys eintrug. Im Vergleich mit den Großen seiner Zunft, einem Gunter Sachs, Profiri Rubirosa oder dem erst kürzlich in seinem Sportwagen tödlich verunglückten Ali Khan war er aber nur ein kleiner Fisch, ein »Mini-Playboy«, wie ich ihn denn in meinem Film auch nannte. Daß James Graser sich sofort einverstanden erklärte, auf Abruf gleich in seinem schneidigen Ferrari, samt obligater, großbusiger und wasserstoffblonder Freundin in St. Tropez aufzukreuzen, das war klar, aber er war nur eine pittoreske Figur am Rande, auf die großen, die »richtigen« Playboys hatte ich es abgesehen. Es lag an mir, sie aufzutreiben und zum Mitmachen in meinem Film zu überreden.
In dieser Jahreszeit, im Mai, war der kleine Ort noch ausgestorben und von jeglichem Touristenrummel verschont. Wir wohnten in einem kleinen, wunderhübschen Hotel direkt am Hafen, das zusammen mit den alten Fischerhäusern, zu deren Fassaden es gehört, das klassische Bild von St. Tropez ergab, wie man es von Postkarten kennt.
Ich hatte unser Zimmer aufs Geratewohl, einfach nur mit der Auflage: Aussicht aufs Meer und direkt am Hafen, per Telefonauskunft bestellt. Besser hätte es die ortskundige Brigitte Bardot auch nicht gefunden, ein

typisches Steingebäude mit einigen schönen Teppichen auf dem roten und ein wenig unregelmäßigen Fliesenboden, mit dicken Mauern, die im Sommer Kühle und im Winter Wärme ausströmen, und dieser himmlischen Luft und dem Geruch nach Frische, wie es sie nur in Meeresnähe ergibt. Unser Zimmer bestand ebenfalls aus einem hübsch dekorierten, französischen Doppelbett und Waschkommode auf demselben originalen Fliesenboden, einem kleinen Badezimmer und einem Balkon mit der atemberaubenden Aussicht. Direkt darunter befand sich der Eßsaal, mit derselben Aussicht und komfortablen Terrasse, in Vitrinen und auf schön dekorierten Tischen waren die herrlichsten Kompositionen von Fischen und sämtlichen Meeresfrüchten ausgestellt. Ich konnte mich sofort an die Arbeit begeben, ohne meine kleine Tochter vernachlässigen zu müssen. Denn ein großer Teil meiner Art, einen Film vorzubereiten, bestand aus reiner Kopfarbeit. Was Dr. Jedele zu seinem Ausspruch führte, ich sei »ehrgeizig und faul«. Tatsächlich legte ich mich, zwecks Anfertigung meines Drehplanes, nun jeden Morgen in meinem winzigen Bikini am Strand in die Sonne. Ein Lautsprecher verbreitete dezente Musik – kein Mensch hätte mir angesehen, daß ich fieberhaft nachdachte. Das erste Resultat war bereits abendfüllend: als aus dem besagten Lautsprecher der erste Satz von Bachs »Wohltemperiertem Klavier« erklang, mit einem dezenten Rhythmus versehen und neu auf den Markt gebracht von Jacques Loussier unter dem Titel »Play Bach«, überfielen mich ein wohltuender Schauer und Gänsehaut, wie man es bei höchstem Kunstgenuß empfindet.
Die Musik als Untermalung und Leitmotiv meines Filmes stand schon einmal fest. Und sie trug denn auch nicht wenig zum Erfolg meiner Fernsehsendung bei. (Ein merkwürdiger Zufall wollte es, daß der Zukunftsforscher Robert Jungk in einem Beitrag, der am Tag vor meinem Film im deutschen Fernsehen gesendet wurde, ebenfalls die »Play-Bach«-Musik als Untermalung verwendete, aber glücklicherweise einen anderen – meiner Ansicht nach – weit weniger schönen und gelungenen Satz.)
Nun, da ich den Aufbau meines Filmes dank der Musik sehr schnell beieinander hatte, konnte ich darangehen, die schwerste und unangenehmste Arbeit in Angriff zu nehmen: nämlich Gunter Sachs hinterherzulaufen und ihn für die Aufnahmen mit allem Drum und Dran zu überreden. Ich besaß nur seine Telefonnummer und eine Menge Klatschnachrichten aus Illustrierten und Boulevardzeitungen zur Hand

und wußte nicht einmal, ob er bereits in seiner unauffindbaren Dornröschenvilla war. Ich hatte Glück, er kam schon beim ersten Versuch ans Telefon und ließ sich, als ich ihm sagte, ich sei bereits in seiner Nähe, zu einem Treffen überreden. Er komme am nächsten Morgen zum Hafen und hole mich ab.

Noch am selben Tag rief ich in München an und gab Hans Heigert für das Filmteam grünes Licht. Ich wollte profitieren von der Gunst der Stunde und sagte, der Material- und Dienstwagen solle eher gestern wegfahren als morgen.

Mein Chef war hochzufrieden durch die Nachricht, ich hätte für die Recherchen weit weniger als die dafür eingeplante Zeit gebraucht und dürfe sie ruhig an die Drehzeit anhängen, meinte er. Drei Wochen waren für das delikate Thema eingeplant. Wenn die Ernte ebenso reich ausfallen würde wie das dafür vorbereitete Terrain, dann müßte sie geradezu sensationell werden.

Am nächsten Tag schrillte neben meinem Bett das Telefon. Monsieur Sachs hole mich ab, sagte die Hotelbesitzerin.

Ich nutzte die Zeit, um mich für einen verwöhnten Frauenhelden und Playboy schönzumachen. Ich fragte meine Mutter um Rat, welches der St.-Tropez-Kleider wohl angemessen sei oder mir am besten stehe. Eifrig plappernd und Küßchen verteilend nahm meine kleine Tochter an der Beratung teil. Nach etwa einer Stunde ging noch einmal das Telefon.

Monsieur Sachs warte noch immer, sagte die freundliche Hotelbesitzerin. Mir wurde heiß und kalt. Hatte ich sie falsch verstanden, oder sie sich nicht eindeutig ausgedrückt?

Jedenfalls blieb mir keine Zeit, lange darüber nachzudenken, zu sehr überfiel mich jetzt die Angst, die Aufnahmen mit dem berühmtesten Playboy Deutschlands könnten mir durch meinen Leichtsinn und meine Unaufmerksamkeit durch die Maschen gehen. Ohne überhaupt noch etwas anderes zu machen, stürzte ich die zwei Treppen hinunter zum Empfang. In kurzen Shorts und einer schicken Kapitänsmütze über dem wind- und sonnengebräunten Gesicht, erhob sich Gunter Sachs aus einem Sessel und drückte mir die Hand. Ich hätte ihn schon gerade ein wenig länger warten lassen, als er es sonst bei Frauen gewöhnt sei, bemerkte er mit einem charmanten Lächeln in den Winkeln seiner Augen, die mir in dem Moment unverschämt dunkelblau vorkamen. Ich entschuldigte mich ohne Vorbehalte und genierte mich wie schon lan-

ge nicht mehr. Ich hätte nicht erwartet, daß er so einfach und ohne vorherige Anmeldung daherkam, versuchte ich ihm das Versehen zu erklären, aber entweder nahm er es als typische Ausrede einer unpünktlichen Frau, oder es schien ihm nicht so wichtig zu sein, er ging gar nicht auf meine Entschuldigungen ein. Ja, es schien sogar, als ob ich mir mit meiner Ungehörigkeit Respekt bei ihm verschafft hätte. Er nahm mich an der Hand und sagte: »Kommen Sie mit.«
Unten ließ er mich dann wieder los, ging vor mir her, bis zu einem rötlichbraun schimmernden Mahagoni-Boot, das inmitten der auf- und niederschaukelnden Fischerboote angebunden dalag. Ohne noch ein Wort zu sagen, hüpfte er hinein, streckte mir seine Hand entgegen und sagte wieder: »Kommen Sie.«
Ein junger Mann mit braungebranntem Oberkörper, schwarzen Haaren und blauen Augen stand am Steuer und machte Gunter Platz, damit er das Kommando übernehmen konnte.
Ich solle nach hinten gehen und während der Fahrt nicht aufstehen, wurde mir gesagt, ohne daß ich überhaupt den Mund aufmachen konnte, es wurde einfach über mich verfügt. Dabei wollte ich gar nicht mitgehen. Ich hatte mich von meiner kleinen Tochter gar nicht richtig verabscheidet. Zudem war ich seit meiner Kindheit nie mehr auf einem Schiff gewesen, und was ich mir damals sehnsüchtig erträumte, ein privates Luxusboot, das machte mir jetzt eher angst. Selbst eine so vornehme Motorjacht würde draußen auf dem Meer zu einer kleinen Nußschale werden.
Das alles fuhr mir blitzartig durch den Kopf, als Gunter mir noch einmal strengstes Sitzenbleiben während der Fahrt befahl: Es hätte heute hohen Wellengang, meinte er, und Aufstehen ohne notwendige Erfahrung könnte sogar einen Genickbruch zur Folge haben. Das waren ja schöne Aussichten, dachte ich und klammerte mich an das Geländer zum Vordersitz, an dem Sachs jetzt mit unnachahmlicher Eleganz und Nonchalance die Führung übernahm.
Er habe das Kapitänsbrevet, rief er, und warnte noch einmal: »Achtung, jetzt gehts ins offene Meer hinaus.«
Auch ohne diesen Hinweis hätte ich das wohl bemerkt; kaum an dem Pfeiler des kleinen Hafens vorbei, flog das Boot mit einem Satz in die Luft und auf die Meeresoberfläche zurück, als ob es sich nicht um Wasser, sondern um eine Betonplatte handelte, und ich verstand wohl, daß man sich auf diese Weise das Genick brechen konnte.

Die Fahrt dauerte nicht lange, Gunter fuhr mit großem Bogen um das Ende der Halbinsel herum, um dann auf der anderen Seite, wo der eigentliche, große Sandstrand von St. Tropez und ein verstecktes Villenviertel lagen, wieder anzulegen.
Ein Bootssteg führte zu einem schönen, mit Palmen und Tropenblumen bepflanzten Park, in dem Gunters Haus lag: eine weiße, elegante Sommervilla, die er für mehrere Jahre gemietet hatte.
Doch zu meinem Erstaunen stiegen wir nicht aus, sondern etwa ein Dutzend junge Frauen, eine hübscher als die andere, in kleinen, farbigen Bikinis oder Badeanzügen über den schlanken, zum Teil noch reichlich blassen Körpern, sowie auch zwei attraktive, junge Männer stiegen lachend zu uns ein, wobei sie Gunter mir lässig vorstellte. Eine namens Brigitte machte ihm Vorwürfe über sein Zuspätkommen. Lachend wies er auf mich: Sie ist die Schuldige.
Während sich Gunter jetzt wieder ans Steuer stellte und ohne weiteren Kommentar wieder in See stach, wurde ich von dem Kreis fröhlicher und schöner junger Menschen aufgenommen, als ob ich ganz selbstverständlich zu ihnen gehörte.
Der Wellengang war hier weit weniger hoch als auf der anderen Seite, und je weiter wir hinausfuhren, desto ruhiger wurde das Meer, was einige der attraktiven Damen dazu benutzten, sich hinten auf das Sonnendeck zu legen.
Keine zog dabei ihren Badeanzug aus, die Mode des Oben-ohne oder gar der gänzlichen Nacktheit war noch nicht geboren. Im Gegenteil, als wir später an einer kleinen Insel vorbeifuhren, auf der sich Anhänger der Nackt-Kultur am Strand und an den Felsen tummelten, spottete Gunter, die würden zurückkehren zu der Affenkultur, eine Einstellung, die er später mit seinen Fotobänden nackter Mädchen ganz gewaltig revidierte.
Ich war hin- und hergerissen zwischen Widerwillen und Faszination, die diese Meerfahrt in einem wunderschönen Luxusboot ohne Zweifel ausübte und der man sich nicht entziehen konnte, das eine hob das andere immer wieder auf: der Ärger, einfach überrollt und ohne zu wollen mitgenommen worden zu sein, wurde immer wieder reduziert durch den Luxus und die Schönheit – der Genuß dieser Fahrt immer wieder verdorben durch die Angst und Sorge, ohne meine kleine Tochter und meine Mutter hier ins Ungewisse zu rasen. Zumindest hatte ich eine gute Kleiderwahl getroffen: ich konnte mein Oberteil des Kleides so ab-

knöpfen, daß daraus ein sehr attraktiver Badeanzug mit »heißen« Höschen, wie man enganliegende und kurze Shorts damals nannte, und einem trägerlosen Oberteil entstand, das meine durch die täglichen Berufsmeditationen an der Sonne inzwischen dunkelbraune Haut vorteilhaft zur Geltung brachte.
Doch traf ein, was ich von Anfang an befürchtet hatte: plötzlich war Nebel da, und vor uns tauchte der Riesenrumpf eines Kriegsschiffes auf, das sofort Warnsignale entsandte: er sei zu nahe herangefahren, wenn er nicht sofort umdrehe, werde sein Boot beschlagnahmt, ertönte es von weit oben durch einen Lautsprecher in kriegerischem befehlendem Ton, und es dauerte eine Zeitlang, bis unser Kapitän die Botschaft überhaupt verstand. Es fiel ihm schwer, die Wahrheit zuzugeben, er hatte sich verirrt. Ich wurde ganz starr vor Entsetzen, es war wie in einem bösen Traum, in dem man vor lauter Angst auch die Sprache verliert. Ich sagte einfach nichts mehr und war überzeugt, unser letztes Stündlein habe geschlagen, was mich dann aber wie immer nach einer überstandenen Angst stärker und lockerer machte, als Gunter wieder in die Sonne fuhr und die Orientierung sowie sein Ziel wiederfand: eine kleine, paradiesische Insel, Porquerolle, ein berühmtes Ausflugsziel und ebenso Geheimtip unter Prominenten und reichen Franzosen. Noch nie im Leben sah ich solch durchsichtiges, kristallklares Wasser von solch magischer, türkis-blaugrüner Farbe, auf dessen Grund man ein Mosaik aus Muscheln, Steinen und leise wehenden Wasserpflanzen wie in einem Riesenaquarium bestaunen konnte. Hier legte der nun wieder souveräne und offensichtlich glückliche Kapitän unseres Prachtbootes an. Wir wurden mit großem Hallo empfangen, unter einem großen schattigen Baum war ein Tisch schon gedeckt und reserviert für an die zwanzig Gäste: unschwer zu erraten; die Vergnügungsfahrt hierher war nicht zufällig, sondern von unserem Gastgeber vorbestellt und geplant. Er hatte mich ganz bewußt – und auf Playboy-Art – entführt. Aber ich konnte das Feinschmecker-Menü mit seiner Bouillabaisse, den frisch gefischten Krabben, Meerigeln, Muscheln und anderen Delikatessen nicht richtig genießen, sondern fühlte mich hier, durch das nicht ungefährliche Meer und über hundert Kilometer von meinem Kind und Mutter getrennt wie eine Gefangene.
Ich hielt gerade noch an mich, solange das übermütige Essen dauerte, dann nahm ich meinen diktatorischen Sonnyboy zur Seite; ich könne auf keinen Fall bleiben, mein Filmteam komme heute abend an, log ich ihm

vor. Doch er hörte mir gar nicht zu, eben waren seine Freunde und einige der Bikini-Schönheiten laut singend, lachend und händeklatschend ins Wasser gelaufen, wo sie einander anspritzten, untertauchten und um die Wette schwammen. Gunter lief ihnen nach.
So hausierte ich mit meinen Sorgen und Nöten bei dem Hotelpersonal, fremden Gästen und den zurückgebliebenen Nicht-Schwimmerinnen unseres Bootes herum, und landete schließlich auch bei Brigitte, die als Gunters Verlobte galt. Sie saß auf dem Bootssteg, bürstete sich ihr langes, blondes Haar und war sehr nett zu mir, als ich ihr zwar nicht die Wahrheit, aber doch meine Notsituation, ganz dringend zurückzumüssen in bewegten Worten erklärte. Sie habe auch keine Lust, hier die Nacht über zu bleiben, gestand sie mir. Als Gunter dann mit seinen Gespielinnen zurückkam, sagte er ganz von selbst, wir würden nicht bleiben, sondern gleich zurückfahren. Er hatte, ohne es zu zeigen, meine Intervention sehr wohl gehört, oder aber er ahnte es, als er seine Freundin und mich so vertraut zusammen sah.

*

Am nächsten Tag holte mich Gunter Sachs wieder ab und von nun an jeden Tag, bis wir mit unseren Dreharbeiten begannen. Meine Lehre in Sachen Playboy-Welt wurde tatsächlich atemberaubend. Da nahm mich Gunter am nächsten Abend zu einer Einladung des griechischen Reeders Niarchos mit und hatte geboten, ein Abendkleid anzuziehen. Das besaß ich zwar nicht, aber ein in seiner Einfachheit extravagantes Modell der bewährten Irma Weber genügte der Sache vollauf: aus hellblau und weiß kariertem Baumwollstoff, eng anliegendem Oberteil mit kühnem Ausschnitt und weit schwingendem, dreifach gepolstertem Pettycoat, wie es damals Mode war.
Niarchos hatte zur Feier seiner Akquisition der Jacht seines Schwagers und Rivalen Aristoteles Onassis gebeten, der zwar weit bekannter und populärer, aber als weniger reich galt.
Jedenfalls bedeutete es offenbar einen Triumph für Niarchos, die schwere Millionenjacht seines Intimfeindes zu übernehmen, er hatte sie gänzlich umgebaut und wollte sie an diesem Abend einem erlesenen Publikum vorstellen.
Noch nie hatte ich etwas so Luxuriöses, Prachtvolles und – natürlich Teures gesehen, es war wie eine schwimmende Villa, geradezu ein Palast. Die Füße versanken in dicken, weichen Spannteppichen, die Wän-

de waren aus Mahagoni, das Mobiliar antik, das Licht der Kristalleuchter gebrochen wie von tausend Diamanten, und alles, bis zum letzten Wasserhahn und Nagel, aus purem Gold. Entsprechend natürlich auch die Gäste, ihre Namen hätten einen Gotha der Oberen Zehntausend oder die Hofberichterstattung einer Glanzpapier-Klatschpostille gefüllt.

Mich reute nur eines: Ich durfte hier nicht filmen, das war von Anfang an zwischen Gunter und mir Ehrensache. Nur da, wo es abgemacht und von ihm genehmigt war, würde ich drehen. Natürlich ging es mir durch den Kopf, das Wohlwollen des mir wohlgesonnenen Niarchos auszunützen und ihn hinter dem Rücken von Gunter dazu zu überreden, bei ihm für das deutsche Fernsehen filmen zu dürfen. Doch hätte ich mir damit das Vertrauen und damit den Zugang zu meinem Hauptdarsteller verscherzt. Und ich war weder ein Paparazzo noch ein Sensationsjournalist. Ich sah mich als ernsthafte Filmemacherin und nicht als Prominentenjägerin, sosehr die Exklusivaufnahmen auf der Onassis-Jacht mit den weltberühmten Gästen eine kleine Sensation und wohl auch ein Zeitdokument gewesen wären. Das blieb von nun an mein Problem, auch später, als Sachs die verborgenen Perlen von St. Tropez reihenweise aus ihren unzugänglichen Verstecken fischte, und ich mich trotzdem eisern an unsere Abmachung hielt, etwa bei dem Filmproduzenten Otto Preminger, oder als Gunter die persische Ex-Kaiserin Soraya kennenlernte. Er nahm mich überall mit, so auf ein riesiges, altes, ehemaliges Passagierschiff, das Otto Preminger, der Produzent so vieler großer Hollywoodfilme, gerade erstanden hatte. Auf dessen Deck saß er ganz allein inmitten der vielen Holzbänke, nur mit einem gefüllten Whiskyglas, das ihm ein weiß behandschuhter Diener servierte und ihn dann von weitem aufmerksam überwachte. Die beiden Männer waren allein auf dem Schiff, das zweihundert Reisenden Platz geboten hätte, eine Szene wie aus einem Hollywood-Film.

Als Gunter die legendäre, scheue Soraya zum erstenmal zu sich einlud und auch sogleich anfing, ihr den Hof zu machen, war ich – aber leider ohne Filmkamera – dabei.

Jeden Tag brachte ich in Gunters offenem Sommerhaus zu, ich gehörte jetzt sozusagen zu dessen Belegschaft, nicht weniger als Brigitte, die geduldig darauf wartete, mit ihrem vielbeschäftigten Verlobten wenigstens für ein paar Stunden in der Nacht allein zu sein. Doch da pflegte er bis zum Morgengrauen mit einer Herrenrunde Skat zu spielen, denn in solch gehobenen Kreisen gibt es keine Gleichberechtigung für die Frauen und keine Emanzipation: da regiert einzig und allein das Geld; streng getrennt, in dem zum Spielsalon umfunktionierten Salon, war das »starke« Geschlecht um einen kleinen, runden Tisch versammelt, das Licht einer nackten Lampe bahnte sich nur mühsam einen Weg durch den Rauch. Wie im schönsten Humphrey-Bogart-Film waren sie nächtelang auf das knallharte Kartenspiel mit atemberaubenden Einsätzen konzentriert; während davor, im keusch-romantischen Gartensalon die zu Statuen erstarrten, bildschönen Frauen still und sanft wie zahme Rehe auf ihren Begleiter warteten – das Diktat war unerbittlich, spurte eine nicht, dann wurde sie fallengelassen oder auf Eis gelegt. Ich machte es mir zunutze, um diesem illustren Kreis von ausgezeichneten Damen die Geheimnisse ihres Luxuslebens und den Preis, den sie dafür bezahlten, zu entlocken. Da gehörten die Noch-nicht-Ehefrau von Viktor Emanuel, dem Sohn von Umberto, des letzten Königs von Italien, Tochter eines Genfer Bisquit-Fabrikanten, Wasserskimeisterin und Ex-Geliebte von Gunter, die rassige Silvia Casanova, die man als »weiblichen Playboy« bezeichnete, bekannte Fotomodelle und »Fräuleinwunder« aus Deutschland ebenso dazu wie die Ex-Kaiserin aus Persien oder die junge, fünfte Ehefrau von Profirio Rubirosa.

Oft lag ich auch neben Soraya in einem Liegestuhl in der Sonne, es wäre mir ein leichtes gewesen, sie um die begehrten Filmaufnahmen oder auch nur ein Interview zu bitten. Ich wunderte mich sehr darüber, wie scheu und klein und unscheinbar Soraya im Badeanzug oder auch in Straßenkleidung war, einmal traf ich sie auf der Promenade am Hafen, sie wurde von niemandem erkannt. Erst wenn sie schwarzen Lidschatten um ihre grünen Augen legte und sich ihre schwarzen Haare sorgfältig um das blasse Oval ihres Gesichtes frisierte und toupierte, bekam sie den berühmten Katzenblick, den man von Bildern aus den Illustrierten und ihrer Hochzeit mit dem Schah her kannte. Soraya sprach fließend Deutsch, denn ihre Mutter war eine Deutsche, die mit ihren wasserstoffblonden Haaren nicht gerade wie die Schwiegermutter eines Kaisers aussah. Sorayas Vater war ein persischer Teppichhändler, der dann durch seinen mächtigen Schwiegersohn in den Adelsstand gehoben wurde. Doch das alles zu wissen, nützte mir nichts – ich blieb dem Versprechen, das ich Gunter gegeben hatte, bis zum letzten Filmmeter, den wir bei ihm verdrehten, treu. Gunter dankte es mir, indem er mich stets als erste über den Stand seiner neuen Beziehung unterrichtete: er

hatte ernsthaft die Absicht, Nachfolger von Reza Schah von Persien zu werden und um die Hand der Ex-Kaiserin anzuhalten. Bilder von dem angeblichen Brautpaar gingen bereits um die Welt. Die treue Brigitte blieb noch immer wartend sitzen, sie wurde vorläufig auf Eis gelegt und ließ es sich von dem Mann ihres Lebens gefallen, nicht das erste- und auch nicht das letztemal. (Ein paar Jahre später verkündete mir Gunter mit Tränen in den Augen, Brigitte, zu der er reuevoll zurückging, sei an Krebs erkrankt und müsse bald sterben. Nachdem auch diese Neuigkeit von den Klatschzeitschriften genügend ausgeschlachtet war, verließ Gunter seine Brigitte wieder, und soviel ich weiß, lebt sie noch heute – es ist anzunehmen, daß ihre tödliche Krankheit nicht Krebs, sondern Liebeskummer war.)
Ich erkannte sehr schnell, daß der verwöhnte Frauenliebling, der angeblich die schönsten Frauen der Welt wechselte wie das tägliche Handtuch, eine Art Minderwertigkeitskomplex entwickelt hatte, weil er »nur« ein Playboy war. Er hatte einen ungeheuren Drang, sich selbst und der Welt zu beweisen, daß er etwas anderes und »Besseres« sei. Deshalb suchte er auch den Kontakt zu Frauen – und hatte sogar die Fähigkeit, sich in sie zu verlieben –, die besonders und außergewöhnlich oder auch einfach im bürgerlichen Sinn »etwas« waren.
Auf diesem Plan baute er sein Werben um Soraya und später auch um Brigitte Bardot, aber auch sein erstaunliches Entgegenkommen mir gegenüber auf. Bei mir war es das Filmen, das Fernsehen und die schon oft beschriebene Kamerafaszination, die ihn an mir und für mich interessierten. Natürlich mußten aber diese Frauen für ihn auch jung, schön und begehrenswert sein.
Ich erinnere mich, daß wir in St. Tropez einmal in einem der Prominentenrestaurants am Nebentisch von Brigitte Bardot saßen, die sich im Kreise einiger junger Leute lebhaft unterhielt, ohne an uns auch nur einen Blick zu verschwenden. Mit ihrer blonden Löwenmähne, die ihr bis zur Taille reichte und dem weltberühmten Busen, der sich unter einem kleinen Shirt wie in ihren Filmen abzeichnete, sah sie ganz bezaubernd aus. Sie war auf dem Höhepunkt ihres Ruhmes, und ich fragte Gunter, ob er sie nicht einfach ansprechen wolle. Schließlich war er, ebenso wie sie, hier in dem noch nicht überlaufenen Ferienort eine Lokalberühmtheit. Doch den sonst so forschen und mutigen Playboy verließ der Mut angesichts des Sexsymbols. Das würde er niemals wagen, gestand er mir und das sei auch wenig stilvoll, so steckte er mich mit seiner Tiefstape-

lei in eigener Sache an. Später ärgerte ich mich: wie gut hätte sie in meinen Film gepaßt, ebenso wie Soraya und der alte Niarchos mit seinen Gästen.
Vielleicht hatte Gunter von da an die gleichen Gedanken, jedenfalls warf er über Brigitte Bardots Villa in St. Tropez einige Jahre später so lange von einem Kleinflugzeug rote Rosen ab, bis sie einwilligte, ihn zu ehelichen. Aber da stand sie nicht mehr ganz im Zenit ihres Ruhms, und auch von ihm behaupteten böse Zungen, er suche nur Publicity, um endlich den lästigen Beinamen »Playboy« loszuwerden.
Als mein Filmteam eintraf, war für die Aufnahmen schon alles vorbereitet. Ich fürchtete mich ein wenig davor, mit einem mir völlig unbekannten Kameramann zu arbeiten und mit den Erklärungen und Regieanweisungen von vorne anzufangen. Das beruhte durchaus auf Gegenseitigkeit. Man habe ihn vorgewarnt, sagte er, ich gelte in der Branche als schwierig. Für mich sei das ein Kompliment, antwortete ich ihm, das würde man nur bei einer Frau so nennen. Bei einem männlichen Regisseur hieße diesselbe Eigenschaft »professionell«. Aber genau wie bei Dieter Mährlen änderten dann spätestens die Kritiken über unseren Film seine Meinung, als seine Kameraarbeit wie noch nie zuvor lobend herausgehoben wurde und schwarzweiß in der Zeitung stand.
Meine Treue und Diskretion in Sachen Drehverbot wurde von Gunter Sachs mehr als belohnt. Er war zu allen Schandtaten vor der Kamera bereit – und als Tüpfelchen auf dem i bot er dann noch den berühmtesten der lebenden »Playboys«, Profirio Rubirosa, auf, den er für einige Tage zu sich in seine Sommerresidenz einlud. Der charmante Mittvierziger, gegen dessen Frauen und Werdegang der Opel- und Kugellagererbe Sachs ein kleiner Provinzcasanova war, zeigte mit seiner Bereitwilligkeit, über seine Bettgeheimnisse und Affären mit Weltstars zu erzählen, was es heißt, mit der Bezeichnung »Playboy« locker und mit Klasse umzugehen. Er war völlig frei von Komplexen oder Verfolgungswahn gegenüber Journalisten, und wir durften ihn zusammen mit seinem Freund ausgiebig filmen.
Ich selber führte während dieser aufregenden vier Wochen ein Doppelleben: tagsüber und teilweise auch nachts völlig gefangen in der Welt dieser Reichen und Schönen und selbst ein wenig Nutznießerin ihres süßen Lebens, kehrte ich jeweils zurück zu Kind und Mutter, um in der Abgeschiedenheit des bescheidenen Hotels mich ganz der kleinen

Tochter zu widmen, die mir von ihren Schwimmversuchen und dem herrlichen Sandstrand erzählte und glücklich einschlief, wenn sie wußte, daß ich da war. Ich klapperte auf der Terrasse ein neues Hörspiel für einen Theaterwettbewerb in meine Maschine und schaute den unvergleichlichen Sonnenuntergängen zu, wenn die Sonne am immer röter werdenden Himmel scheinbar im Meer versank. Dann wurde es so kalt auf meiner Terrasse, daß ich selbst in dieser Sommerzeit einen warmen Pullover überziehen mußte.

Um nichts in der Welt hätte ich mein Leben als junge Mutter gegen das Luxusdasein meines Gastgebers und seiner Gespielinnen tauschen mögen, dessen wurde ich mir bewußt, als ich mit Gunter Sachs, Soraya und dem Troß von jungen Leuten, die er dauernd um sich hatte, ein Nachtlokal besuchte. Selbst die Vorstellung, ich säße jetzt an Sorayas Stelle händchenhaltend und tuschelnd mit dem schönen Gunter in einer diskreten Nische, ließ mich meine Meinung nicht ändern, obschon ich gerne tanzte und auch Nachtklubbesuche nicht verachtete. Aber meine kleine Tochter war im niedlichsten Alter, und ich wollte keine unnötige Minute von dem Zusammensein mit ihr verlieren. Das zeigte sich auch in einem kapitalen Schnitzer, den ich mir erlaubte, was meine berufliche Karriere betraf. Ich war eingeladen worden, nach Berlin zu fliegen und dort an den Filmfesttagen zusammen mit der Vorführung einiger meiner Filme einen Vortrag zu halten, wie ich es schon mit Erfolg in Hamburg gemacht hatte. Ein attraktives Foto von mir im Prospekt der Berliner Festspiele sowie mein Name in großen Lettern zeigte, daß ich drauf und dran war, mir in der Filmbranche einen Namen zu machen. Gunter Sachs wollte mit mir zusammen fliegen, um einen Boxkampf mit Bubi Scholz zu besuchen, und er lud mich dazu ein. Die zwei Tage Abstecher nach Berlin waren von langer Hand geplant worden, und ich hatte auch von meinem Chef Hans Heigert dafür grünes Licht bekommen. Doch da überfiel mich in dem traumhaften St. Tropez ein geradezu krankhafter Widerwille gegen den Streß einer langen Flugreise, eine Folge von nicht mehr zu meisternden Wahn- und Zwangsvorstellungen. Ich war plötzlich überzeugt, meine Tochter nie mehr wiederzusehen und mit dem Flugzeug abzustürzen. So telefonierte ich fieberhaft herum, arrangierte meinen Abend so, daß eine Schauspielerin, meine Freundin Magaret Carl, für mich nach Berlin flog und dort meinen Text zu den Filmausschnitten vorlas.

Der Leiter der Filmfestspiele, der mich persönlich eingeladen hatte

und mit einer Ehrengarde am Flugzeug abholen wollte, war so entsetzt über meine kurzfristige Absage, daß er es mir nie mehr verzieh. Was bei einer Maria Callas oder einer Schauspielerin als Starallüren galt und zu Ruhm und Wichtigkeit beitrug, das war bei mir fehl am Platz.
Trotzdem bereute ich es nicht eine Sekunde, meine kleine Tochter kam für mich immer vor allem anderen, auch vor meiner Karriere. Und ich kann diesen eisernen Grundsatz nur allen alleinerziehenden Müttern empfehlen, sonst kommt ein kleines Kind unweigerlich zu kurz. Mit reicher Beute kehrten wir denn auch nach München zurück, wo ich mich alsbald an die Fertigstellung machte und in dem Schneideraum verschwand. Gunter Sachs folgte mir nach München, wo er eine kleine Wohnung und weiter draußen eine Jagdhütte besaß. Er hatte seine schöne Ex-Kaiserin zwar noch nicht aufgegeben und gab nach wie vor seine Verlobung mit ihr bekannt, doch das hinderte ihn nicht daran, an meinem Film intensiv Anteil zu nehmen und mich immer öfter zu Essen in Biergärten oder Nobelrestaurants einzuladen. Nicht nur an mir und seinem Film, sondern auch am Metier des Filmemachens war sein Interesse erwacht.
Vielleicht waren es auch seine Macht und Einstellung gegenüber Frauen, die ihm nicht erlaubten, sich einer hübschen, jungen Filmregisseurin unterzuordnen, sondern sich zu sagen: was die kann, kann ich auch. Jedenfalls begann er kurze Zeit später, selber Filme zu drehen und Fotobände herauszugeben, was ihm bei seinem Reichtum ein leichtes wurde, denn schön zu fotografieren oder zu filmen, ist eigentlich keine Kunst. Erst die Verarbeitung und das Einbeziehen in ein Thema macht sie dazu.
Mein Film wurde unter dem Titel »Die Playboys kommen erst um acht« zur besten Sendezeit unmittelbar nach der Tagesschau ausgestrahlt. Er entpuppte sich als ein sogenannter Straßenfeger, der die Zuschauer von der Straße und vor den Fernsehapparat fegte. Am nächsten Tag stand in der »Abendzeitung« in der Kolumne des Klatschkolumnisten Hannes Obermaier, genannt »Hunter«, ein groß aufgemachter Artikel mit Foto über meine Sendung und die anschließende Party, meine Gäste wurden aufgezählt: Baronin Ilona von Thyssen mit Hans Donner, Rückversicherungs-Direktor Hans Adamy (das Appartementhaus gehörte der Schweizer Rückversicherung, deren Direktor und Mitbewohner Herr und Frau Adamy waren), die Schauspieler Harald Leipnitz und Hans Clarin, August Everding von den Kammerspielen und viele mehr – eine

Aufzählung von Münchens Reichen und Prominenten, als wäre nicht Gunter Sachs, sondern ich selbst der »Playboy«.
Ich ahnte damals nicht, was für eine wichtige Rolle diese an sich eher harmlose Klatschkolumne in der »Abendzeitung« für Münchens Society spielte, sie ging weit über bloße Nachrichten über gesellschaftliche Anlässe und Berühmtheiten hinaus, sondern war der Gradmesser über Sein oder Nichtsein. Ich sollte das auch sogleich in eigener Sache spüren, noch vor der Resonanz meines Filmes.
Am Tag nach dem Erscheinen der Kolumne klingelte es kurz vor acht Uhr an meiner Wohnungstüre. Glücklicherweise war ich durch meine Tochter Frühaufsteherin geworden, geduscht, gekämmt und angezogen. Zwei Männer standen vor der Türe, bei deren Anblick ich sofort ein ungutes Gefühl hatte, sie waren dunkel gekleidet und hatten versteinerte, käsiggelbe Gesichter, der eine hinkte und der andere hatte nur einen Arm. Es war leicht zu erraten, daß es sich um Kriegsversehrte handelte, als sie nach kurzer Vorstellung Einlaß begehrten und dann in mein Wohnzimmer hinkten. Wir sind von der Steuerfahndung, hatten sie gesagt.
Ich war guten Mutes und ließ sie, um Freundlichkeit bemüht, herein. Doch nun begannen sie mit mir eine Art Kreuzverhör, daß es mir angst und bange wurde und ich mir später die Bemerkung nicht verkneifen konnte, sie kämen mir wie Nazi-Schergen vor. Das trug natürlich nicht gerade zu einem besseren Verständnis bei.
Der eine hatte die »Abendzeitung« dabei und las mir »Hunters« Kolumne vor: »Baronin von Thyssen, der Industrielle Hans Donner aus Finnland (der dort als der reichste Mann des kleinen Landes gilt), Direktor Adamy, und so weiter, – also – wo haben Sie Ihr Geld versteckt?«
Ich lachte: »Sie verwechseln mich mit meiner Schwester, ich bin kein Filmstar und habe nur mein festes Monatsgehalt, das ich korrekt versteuere. Mein Steuerberater in Stuttgart kann Ihnen darüber Auskunft geben.«
Die Männer schauten sich um: »Und diese Wohnung, dürfen wir die mal sehen?«
Mich überlief es heiß und kalt. Tatsächlich hatte ich für meine Schwester die Wohnung filmstargerecht und nach meinem Geschmack für damalige Verhältnisse recht extravagant eingerichtet. Besonders das Schlafzimmer, das die beiden jetzt mit offenem Mund in Augenschein nahmen.

Das gehört alles meiner Schwester, sagte ich wahrheitsgemäß. Doch nachdem sie sich noch die exquisite Dachterrasse, meinen modernen Wohn- und Büchersalon, die Eßnische, Küche und Badezimmer angeschaut hatten, die alle nicht von schlechten Eltern waren, setzten sie sich wieder hin und fuhren fort mit ihrem Kreuzverhör. Immer wieder wollten sie wissen, wo ich mein Bankkonto und mein Geld verstecke. Immer wieder antwortete ich: »Sie verwechseln mich.«
Doch ebenso stur und unbeeindruckt wiederholten sie ihre Fangfragen: »Wir haben Sie schon in dem und dem Film und im Fernsehen gesehen.«
»Das müssen Sie schon beweisen«, hörte ich nicht auf, zu beteuern. Doch dann zog einer triumphierend einen gelben Zettel hervor: »Hier, hier haben wir den Beweis, daß Sie lügen. Sie haben vor zwei Jahren ein Hörspiel nicht versteuert, zweitausend D-Mark sind in Ihrer Steuererklärung nicht angegeben. Das haben wir herausgefunden. Das nennt man Steuerhinterziehung. Jetzt geben Sie auch die restlichen Summen zu, die Sie nicht versteuerten!«
Ich erkannte, daß ich in der Falle saß. Tatsächlich hatte ich meinem Steuerberater die zweitausend D-Mark Honorar von Radio Bremen nicht angegeben, aber nicht um sie zu hinterziehen, sondern weil ich Steuern und Steuererklärungen nicht wichtig nahm und deshalb auch nicht so genau war. Meine Einnahmen waren ja auch viel zu bescheiden, um eine Vergeßlichkeit als Hinterziehung einzustufen.
Doch die beiden Männer waren weder mit Erklärungen noch mit Protesten und schließlich kleinlauten Bitten zu erweichen. Ich würde von ihnen jetzt nicht mehr in Ruhe gelassen, bis ich mein Geld deklariere, sagten sie, als sie schließlich gingen. Und das war nicht eine leere Drohung, sondern in den nächsten Wochen, ja, Monaten mußte ich kennenlernen, was es heißt, in den Fängen der Justiz gefangen zu sein.
Es nützte nichts, daß mein Steuerberater in Stuttgart versuchte, mir zu helfen und das Versäumnis zu erklären. Es wurde mir eine hohe Buße, oder sogar Gefängnisstrafe in Aussicht gestellt und ich war gezwungen, mir einen Anwalt zu nehmen. Glücklicherweise verschaffte mir Helmut, der Mann von Liselotte, einen Experten in München, der gleichzeitig Steuerberater und gewiefter Jurist war, mit einem Draht in Münchens Polizeipräsidium. Er fuhr mehrere Male mit mir nach Stuttgart, um sich sämtliche Unterlagen bei meinem bisherigen Berater und in

der Buchhaltung des Süddeutschen Rundfunks zu besorgen. Ich merkte bald, daß er bei mir nicht nur eine berufsbezogene Beziehung suchte, und es war gar nicht leicht, seine Annäherungsversuche zu neutralisieren, wenn er auf der Autobahn in seinem schnittigen Mercedes aufs Gas drückte und gleichzeitig mit der freien Hand mein Bein entlangfuhr. Aber schließlich zeitigte sein fachliches Können seine Früchte und er holte mich aus der unangenehmen Sache heraus: zehntausend D-Mark Buße oder Gefängnis, wenn ich die Raten nicht pünktlich bezahlte, wurde von dem Gericht entschieden. Es dauerte einige Zeit, bis ich meiner Schwester klarmachen konnte, daß diese ganze ärgerliche Geschichte eigentlich durch den Wohnsitzwechsel, den sie von mir verlangt hatte, entstanden war. Nie und nimmer hätte man mir in der Schweiz einen solchen Verdacht wegen zweitausend nicht angegebenen D-Mark angehängt, sie mußte damals viel besser als ich gewußt haben, wie streng Steuerangelegenheiten in Deutschland behandelt wurden und wieviel sie sich damit erspart hatte, daß sie beizeiten wegzog.
Liselotte sah es ein und bezahlte mir die restlichen Raten der übertriebenen Strafe.
Erfreulicher waren dann die Reaktionen und Kritiken auf meinen Film, auch wenn es offenbar bei mir nie ohne zu dem Licht oder den Lichtblicken gehörenden Schatten ging, von nun an veränderte sich in München mein Leben.

»... Dieses Feuilleton bestach durch eine subtile Bildaussage, die Atmosphäre (Gruppierungen, Kopfdrehen, Handbewegungen, Gangstudien) treffsicher einfing, man wagte gar nicht, wegzuschauen. Die schnittrhythmische Genauigkeit und Musikalität imponierte, alles saß am rechten Fleck.« (Funk-Korrespondenz Köln, 19. Sept. 1962)

Nicht erst seit dieser Sendung, aber besonders danach, wurde ich jetzt zu Parties, offiziellen Festlichkeiten, Konzerten und Theatervorstellungen und anderen ehrenvollen Anlässen eingeladen. Nie wieder bekam ich so viele Heiratsanträge, wozu mein Nobelschlafzimmer zwar der geeignete Rahmen, aber keineswegs Erfüllung meines persönlichen Glückes war. Im Gegenteil, der schwarze Spannteppichboden schien eher symbolisch, als Vorbote der Trauer gewählt.
Ähnlich wie bei Peter Dreessen oder Gunter Sachs wurde meine Woh-

nung ein offenes Haus und Durchgangsstation: ich war, zumindest was menschliche Präsenz anbelangte, nie mehr allein. Es entwickelte sich fast eine Art Hofstaat, Freunde und Freundinnen, die ständig um mich waren und auf die ich mich bedingunglos verlassen konnte.

Da war zuerst einmal Renate Struwe, eine Cutter-Assistentin aus Stuttgart, die es dermaßen auf unseren verheirateten Chef-Cutter Guntram von Ehrenstein abgesehen hatte, daß sie ihren Posten räumen und nach München umziehen mußte, wo sie beim Bayerischen Rundfunk zur Cutterin avancierte. Das hinderte sie keineswegs, um ihren geliebten Guntram weiterhin und auf scheinbar verlorenem Posten zu kämpfen, aber gleichzeitig wurde sie mir eine Vertraute, die es verstand, sich auf eine sehr geschickte und nicht unangenehme Weise unentbehrlich zu machen. Sie erreichte schließlich mit hartnäckiger Geduld und eiserner Ausdauer das, was sie wollte, bekam ihren Guntram, eine uneheliche Tochter (nach meinem Vorbild) und wartete weitere zehn Jahre, bis sie endlich ganz offiziell Frau von Ehrenstein wurde. Sie hatte einen ganz eigentümlichen, gleichzeitig anpassungsfähigen und starrköpfigen Charakter, was sie bei vielen Mitarbeitern, insbesondere meinen Heiratskandidaten und Freunden unsympathisch machte, mir aber oft als willkommene Abschreckung oder Wachposten diente.

Sie wußte selbst genau Bescheid über das, was man über sie sagte und sie meinte dann nur, das sei kein Wunder, denn ihr Vater sei der illegitime Sohn des letzten deutschen Kaisers gewesen. Sie zeigte mir Fotos von ihm; die Ähnlichkeit war tatsächlich verblüffend.

Einen, den Renate besonders abschreckte und der sie deshalb, ihrer Figur entsprechend, nur »das Knöchelchen« nannte, war der Arzt und Psychiater Dr. Rudolf Loos. Er machte sich bei mir, besonders in der Betreuung und Beratung meiner Mutter, ebenfalls unentbehrlich. Ich hatte ihn durch meine Schweizer Freundin Eva Häfeli kennengelernt, deren Vater er zeitweise betreute und die er ehelichen wollte. Rudi, wie Eva ihn nannte, hatte dann ab sofort nur noch für mich Augen und machte mir, in einer kleinen, jugoslawischen Kneipe um die Ecke, einen formellen Heiratsantrag. Vor allem meiner kleinen Tochter wollte er ein guter Vater werden. Auffallend, daß bei vielen Männern alleinstehende Mütter ein Beschützer-Syndrom auslösen – ähnlich wie der Drang, Prostituierte zu einem bürgerlichen Lebenswandel zu bekehren.

Trotz meiner Absage blieb Dr. Loos für die nächsten zwei Jahre mein

treuer Begleiter und Helfer, der mir oftmals meinen bis unters Dach bepackten VW-Käfer in die Schweiz oder nach Paris fuhr, während ich mit meinem kleinen Kind den Zug nahm – weil es bequemer und weniger gefährlich war. Das »Knöchelchen« machte sich über ihn lustig, weil er mir sosehr ergeben und dienstbereit war, während er wiederum die sklavenhafte Anhänglichkeit von Renate verspottete. Wenn zwei sich streiten, lacht der Dritte, heißt es und ich profitierte in hohem Maße davon. Übrigens half mir dann die jederzeit zu allen Schandtaten bereite Baronin, den verliebten Rudi mit seiner reizenden Susi zu verkuppeln, er wurde ganz bestimmt viel glücklicher mit ihr, als er es mit mir geworden wäre.
Aber vorher machte der Psychiater noch mein ganzes Liebesleben mit. Erst kürzlich erhielt ich noch einen Brief von Dr. Loos und seiner Frau aus München, in dem er mich an unsere Zeit dort und wie ein gewisser Dr. August Everding mit einem Rosenstrauß ganz offiziell um meine Hand angehalten hatte, erinnerte.
August Everding kannte ich von den Münchner Kammerspielen, als meine Schwester dort, bereits ziemlich schwanger, die Rosalinde in Shakespeares »Wie es euch gefällt« probte.
Es war Ende 1961, Liselotte wohnte noch in der Schwabinger Wohnung, aber bald zog sie in den Königshof, weil für sie alles zu anstrengend wurde.

»Aber die Proben wurden nun zur Qual. Ich mußte die Erfahrung machen, daß die Rolle der Rosalinde fast so groß ist wie die der Jeanne in der ›Lerche‹ und daß die Übelkeit bei der Arbeit eher schlimmer wurde als besser.
Und ausgerechnet jetzt begann Helmut in Südafrika einen neuen Film. Wir hatten gerade Hauptprobe, als er sich von mir verabschiedete. Es war sicher gut, daß ich vor lauter Kostümen und Requisiten gar nicht zur Besinnung kam, denn nun standen mir Weihnachten und Neujahr ohne ihn bevor«, schreibt sie in ihren Memoiren.

Natürlich sprang ich da ein, denn ich hatte ja sowohl im Alleinsein wie im Kinderkriegen Erfahrung.
So saß ich denn bei den Proben stets im Zuschauerraum, als sich eines Tages im Dunkeln jemand neben mich setzte. Ich wußte zuerst nicht, wer er war, aber die Art, wie er mit mir redete, gefiel mir und wir be-

gannen eifrig über alles zu lästern, über Gott und die Welt, das Theater und das Fernsehen, sogar über meine Schwester, die mit der Rolle in ihrem Zustand sichtbar überfordert war. Es wollte einfach nicht zu ihr passen, daß sie, die Hauchzarte, »Zaundürre«, wie sie selbst sich nannte, nun um die Taille immer dicker wurde. »Fast jeden Tag müssen mir die Garderobieren mein Kostüm etwas weiter machen«, stöhnte sie später nach der Premiere.

Als das Licht im Zuschauerraum bei dieser ersten Begegnung wieder anging, schaute mich mein Nachbar mit neugierigen, hellen und wachen Augen hinter seinen funkelnden Brillengläsern an: »Ich bin August Everding, der gute Geist dieses Theaters, und wer sind Sie?«

Ich wußte nicht, ob er sich lustig machte, oder ob ich ihm als Schwester von Liselotte einfach entgangen war, jedenfalls antwortete ich korrekt und sah, daß in ihm etwas vorging, als ihm klar wurde, wie frei und ungeniert er seinen Spott auch an den heiligsten Dingen mit mir zusammen ausgelassen hatte. Aber das blieb auch so und verband uns, zuerst bis zu der Premiere, und vor allem nachher, als ich am 1. Januar 1962 ganz nach München zog.

Everding war so geistreich und so frech, daß er mich sehr an Walser erinnerte und ich mich bald, wenn wir zusammen ketzerten, wohl und geborgen fühlte. Er war, was Intelligenz und Geist und Respektlosigkeit anbelangte, ganz nach meinem Geschmack. Wie immer dachte ich nicht daran, daß meine geradezu intime Art, die Gespräche und das Zusammensein mit ihm zu genießen, etwas anderes als Freundschaft und Sympathie auslösen könnte. Und selbst als er dann ernsthaft anfing, mir den Hof zu machen, gefiel es mir.

Doch dann meldete sich bei mir wieder das, was schon meine Schwester als ihren »Männergeschmack« bezeichnete: wir konnten uns nur in schöne, starke und große Vertreter des anderen Geschlechts verlieben, sozusagen in das Gegenteil von unserem Vater, der kleinwüchsig und zart war.

Ich ärgerte mich selbst über mich und versuchte, meinen inneren Widerwillen zu überwinden, wenn August Everding jetzt immer öfter versuchte, unseren geistigen Kontakt auch in handgreiflichen umzuwandeln. Aber er war ein Zwerg, mit einem imposanten, großen Kopf auf einem kleinen Körper, ohne jegliche Muskelkraft, ohne physische Attraktivität oder gar Sexappeal. So mußte ein Genie – ein Beethoven – ausgesehen haben, dachte ich, deshalb war er vielleicht so glücklos bei den Frauen. Doch alles half nichts: ich konnte meinen Körper nicht zu etwas, was er nicht wollte, zwingen. Es war an einem Abend in Everdings Wohnung in einem schönen Altbauhaus, in die er mich zusammen mit seiner Freundin, einer Medizinstudentin, und Hans Gottschalk eingeladen hatte.

Gottschalk war sehr bald betrunken und johlte und grölte herum, ließ sich auf den Boden fallen, so daß er bei der angehenden Medizinerin den Berufsehrgeiz weckte und sie sich energisch mit ihm herumschlug. Everding hatte auf eine solch günstige Gelegenheit offenbar nur gewartet und winkte mich schnell die kleine Wendeltreppe hinauf, die in das Obergeschoß führte. Hier warf er mich auf eine schmale und züchtige Holzliege, die eher wie die Ruhestätte eines Priesters als eines Frauenhelden aussah. Er küßte mich heftig und versuchte, sich in Ermangelung des notwendigen Platzes halb auf mich zu legen. Ich ließ es mir eine Weile gefallen, doch als es mir dann zu gefährlich wurde, setzte ich mich auf und murmelte eine Entschuldigung, die dem kühnen Eroberer klarmachte, daß mir das zu weit ging. Wir begaben uns wieder hinunter, wo Gottschalk noch immer mit der offiziellen Freundin meines Anbeters herumturnte.

Das nächste Mal versuchte der zukünftige Generalintendant der bayerischen Bühnen altmodisch und offiziell um meine Hand anzuhalten.

Ich lag mit Grippe und körperlich geschwächt in meinem Bett, als er in mein Hollywood-Schlafzimmer mit seinem Strauß Riesen-Baccara-Rosen trat, diese auf meine Bettdecke legte, meine Hand ergriff und vor dem niedrigen Bett mit einiger Mühe auf die Knie fiel. »Willst du meine Frau werden?« hauchte er todernst und setzte sich dann, meine Hand nicht loslassend, auf den Bettrand.

»Ich möchte Bedenkzeit«, antwortete ich, aber als ich wieder gesund war, sagte ich nein. Er nahm es mir nicht übel und wir blieben Freunde, bestimmt wäre ich keine so gute Frau Generalintendant und Mutter seiner Kinder geworden, wie die Medizinerin, die er dann heiratete.

Und das wiederholte sich immer wieder, ich war nicht fähig, mein Privatleben in den Griff zu kriegen und für die berufliche Tätigkeit Ruhe in einem sicheren Hafen zu finden, so wie ich es gebraucht hätte und es für das sogenannte »starke Geschlecht« seit Jahrhunderten Selbstverständlichkeit war.

Ich versuchte es noch mehrere Male, wie etwa mit Horst Dallmayr,

einer Art Kronprinz à la Martin Walser im Bayerischen Rundfunk, der an mir einen Narren gefressen hatte und auch – als geschiedener Mann – frei gewesen wäre.
Als er lungenkrank wurde, besuchte ich ihn in einem Sanatorium nahe München und später in Lugano, wo er mich auch mit einem Strauß Baccara-Rosen in einer für uns gemieteten »Hochzeits-Suite« im teuersten Hotel empfing. Doch im entscheidenden Moment fing ich an zu weinen und sagte: »Ich kann es nicht.«
Er brachte mich dann trotzdem noch an den Bahnhof.
Soweit ließ es Hans-Helmut Kirst, der Erfolgsautor des Bestsellers »0815« gar nicht kommen, er erwies sich als tadelloser und vorsichtiger Gentleman vom Scheitel bis zur Sohle und alter Schule: er lud mich vorerst zu edlen Nachtessen in Münchens besten Feinschmeckerlokalen ein und ließ mich seine Kenntnisse der feinen Lebensart durch erlesene Mahlzeiten oder Vorlesungen in seinem Landhaus ahnen. Als er merkte, daß ich darauf nicht wie erhofft reagierte, gab er es auf.
Inzwischen immer einsamer und ausgehungerter nach Liebe inmitten Münchens brodelndem Sündenbabel, wurde ich schließlich Opfer einer Wette, die zwei alte Freundinnen aus Stuttgart schamlos ausbrüteten, wie es sonst eigentlich nur unter Männern üblich ist: Lore Maloch, die erste und tragische Geliebte von Martin Walser, und Inge Lulay waren von Dr. Jedele und Hans Gottschalk zur »Bavaria Atelier« mitgenommen worden, wo sie als Direktionssekretärinnen Vertrauensposten einnahmen und immer unentbehrlicher wurden.
Mit beiden verband mich eine mehr oder weniger enge Freundschaft, die ich auch dazu benutzte, mich mit dem nötigen Klatsch und Nachrichten aus den Interna der Bavaria und des Fernsehens zu versorgen. Ebenso ließ ich mich immer, wenn ich für meine Filme etwas brauchte, von der kleinen, gewitzten Inge Lulay beraten. So vermittelte sie mir für meinen »Playboy-Film« als Sprecher den schon bekannten, jungen Harald Leipnitz, recht hübsch und sehr begabt, wie Inge mir versicherte, den ich nur vom Hörensagen kannte.
Was ich nicht wußte: Die beiden munteren Damen, durch die Zusammenarbeit mit dem zynischen Gottschalk und dem leutseligen, klatschsüchtigen Jedele an eine Art schwarzen Humor und abgebrühte Vogelperspektive aus der Direktionsetage gewöhnt, wetteten, daß der notorische Sonnyboy und Schürzenjäger Leipnitz mich herumkriegte.
Die Endfertigung eines Filmes, das heißt, die Sprachaufnahmen und

das Zusammenmischen von Originalton, Musikuntermalung und Kommentar, war für mich der absolute Höhepunkt einer Arbeit. Ich genoß sie, wie der berühmte Hollywood-Filmregisseur Ernst Lubitsch es angeblich von seiner Regiearbeit sagte: wie einen andauernden Orgasmus – wenn mich auch dieser rein körperliche Vergleich störte. Aber ein Schauer der Wollust durchfuhr mich schon, wenn Gunter Sachs auf seinem Motorrad schön wie ein junger Gott zu den Klängen von Johann Sebastian Bach heranflog. Da wurde das richtige Sprechen meines Kommentars und das Dazumischen schon ein Akt voller erotischer Sinnlichkeit. Das war schon in Stuttgart, bei meinem »Cocteau-Film« so gewesen, als ich mich dann auch prompt in den damaligen Sprecher Heinz Baumann mit seiner prachtvollen Baßstimme verliebte. Es war daraus eine kurze, heiße und unglücklich endende Affäre entstanden, die mitentscheidend war für meinen Entschluß, Stuttgart zu verlassen.

Jetzt war also Harald Leipnitz an der Reihe.

Im Gegensatz zu Heinz Baumann hatte er eine hellere, nicht unbedingt zum Sprechen eines Filmtextes geeignete Stimme.

Gleichzeitig fehlte ihm auch jegliche Routine, es war fürchterlich, wie er meinen Kommentar nach Schauspielerart »gestaltete«. Ein ewiges und typisch deutsches Problem: die meisten Sprecher vermochten nicht, wenn sie im Bild nicht erschienen, den richtigen, natürlichen Ton zu finden. Dazu hatte auch Peter von Zahn mit seiner pompösen Art, seine »Windrose-Reportagen« zu sprechen, beigetragen. Ich lehnte sie völlig ab und wurde wirklich »schwierig« in dem, was ich einem Sprecher abverlangte. Immer und immer wieder mußte der arme Harald Leipnitz von vorne anfangen, nachdem ich ihm den Text mit der richtigen Betonung vorgesprochen hatte.

Selbst die Techniker an der Vorführmaschine und am Mischpult fingen an zu meutern, sie verstanden nicht, warum ich nicht schon beim ersten Mal zufrieden war, schließlich hatte der Sprecher den Text fehlerfrei und ohne Versprecher heruntergeleiert. Aber sie waren, wie die Leute vom Kopierwerk, nur an die technische Seite des Bildes, des Tons oder der Sprachaufnahmen gewöhnt. Wenn das Bild scharf, der Ton klar und der Kommentar fehlerfrei war, dann stimmte bei ihnen die Chose. Von künstlerischem Licht oder Bildeinstellung, von natürlich und professionell gesprochenem Kommentar wußten sie nichts und wollten sie auch nichts wissen.

Schließlich ließ ich die letzte Version gelten, obschon ich nicht wirklich hundertprozentig zufrieden war, aber dafür müßte ich Spielfilme machen, wurde mir gesagt. Erschöpft blickte mich Harald Leipnitz mit seinen treuherzigen, blauen Vergißmeinnichtaugen an und fragte, ob er mich zum Trost oder zur Erholung zum Essen einladen dürfe.
So als ob Lore und Inge für ihre Wette schon vorgearbeitet hätten, klappte alles wie am Schnürchen, der hübsche Leipnitz entwickelte einen bezaubernden Charme und es gelang ihm, was schon lange keinem mehr gelungen – aber wahrscheinlich auch längst fällig war: wir verliebten uns ineinander, und es wurde für ein paar Wochen eine Beziehung daraus, die genauso hübsch und wenig tiefgründig war, wie der treuherzige Schwerenöter selber. Denn natürlich war er verheiratet, besaß ein hübsches Eigenhäuschen, Frau und Kind. Aber das gestand er mir erst dann, als es zu spät war.
Jeden Abend kam er nach der Vorstellung bei mir vorbei, schlief mit mir und lullte mich in seinen Armen ein, ehe er nach Hause ging. Wenn er einmal nicht kommen konnte, rief er mich an. Solange er diese Regel einhielt, ging alles gut.
Erst als er anfing, auszubleiben und merkwürdige Ausreden erfand, hörte das Intermezzo auf. Ich hatte ohnehin genug von der Heimlichtuerei und von Anfang an gewußt, daß ein Schauspieler nicht zu mir paßte. Damit tröstete ich mich, als sein Wegbleiben dann doch eine schmerzliche Lücke hinterließ. Es war eben doch nur das Resultat einer Wette gewesen, aber ich tat meinen neugierigen Widersacherinnen nicht den Gefallen, es ihnen gegenüber zuzugeben, erst Jahre später klärte ich sie auf, als ich darüber auch nur noch lachen und mich wundern konnte.
Anfang August 1962 klingelte es an meiner Wohnungstüre. Als ich aufmachte, stand mein Schwager, Liselottes Wundermann Helmut vor mir, das Gesicht rußgeschwärzt und einen zerfetzten Autoreifen in der Hand. Es war ihm anzumerken, daß er unter Schock stand. Bei 180 Stundenkilometern auf der Autobahn sei ihm ein Reifen seines Jaguars geplatzt. Er habe unerhörtes Glück gehabt, daß ihm weiter nichts passiert sei, ob er sich bei mir duschen und sich zurechtmachen könne?
Später lud er mich zum Essen in Münchens berühmtes Hofbräuhaus ein und nahm mir das Versprechen ab, Liselotte nichts von dem Unfall zu sagen. Sie lag noch im Wochenbett und hatte ihm den flotten Sportwagen geschenkt.

Unvorstellbar ihre Reaktion, wenn alles nicht so glimpflich verlaufen wäre. Wir unterhielten uns dann ausgiebig über seinen neugeborenen Sohn und ich schlug ihm vor, da dieser doch am 1. August, dem Schweizerischen Nationalfeiertag, geboren war, ihn Wilhelm Tell zu nennen. Das müßte doch so recht in Liselottes Sinn, die für jede Blödelei so schnell und mit Begeisterung zu haben war, sein.
Helmut sagte, er werde das gleich telefonisch durchgeben in die Klinik nach Genf, aber dafür war es schon zu spät, erst am nächsten Morgen rief er an. Liselotte sei begeistert und habe sich halb totgelacht, meldete er mir dann, nachdem er mit ihr gesprochen hatte, aber als es dann soweit war, schien Wilhelm Tell doch ein wenig zu unseriös, es blieb bei dem gewählten Vornamen Marc und Tell wurde noch hinzugefügt.
Wenn ich das hier alles berichte, könnte es vielleicht so aussehen, als ob mein Leben in diesem Münchner Jahr nur aus einem heillosen privaten Chaos und weniger aus meiner Familie und Beruf bestand. Aber das täuscht, in Wahrheit lebte ich keusch und brav, an erster Stelle stand nach wie vor mein kleines Kind, an zweiter mein Beruf und erst danach kamen die mehr oder weniger kuriosen und nicht sehr glücklichen Männergeschichten, die mich stets wie ein Schatten begleiteten, ich fühlte mich nach wie vor verlassen und sehr allein.
Ich begann zu ahnen, daß München vielleicht doch nicht eine Weltstadt, schon gar nicht eine mit Herz, sondern eher, nicht viel anders als Stuttgart, ein großes Dorf war. Zumindest schien es für mich durch die vielen Erfahrungen erwiesen, hier dominierten die Männer, es war eine ausgesprochene Männerstadt und Frauen hatten sich anzupassen, wollten sie nicht darunter leiden. Eindeutig sah man das schon in der Mode, auch elegante und reiche Damen, wie etwa meine Freundin, die neben mir wohnende Baronin, trugen mit Vorliebe Lodenmäntel, Jägerhüte und gestickte Bauernjacken, das Dirndl gab es für jede Gelegenheit und alle Preislagen, angefangen vom burschikosen Trachten, mit »der schönen Aussicht«, bis zum exklusiven Designer-Modell für den Abend, auch ich hatte mir eine Luxusausgabe aus reiner Seide erstanden. Aber gerade das wollte ich ja nicht, mich hier anpassen und integrieren. Wenn ich jeweils zu Fuß oder mit dem Fahrrad durch den Englischen Garten flanierte, dann mußte ich immer daran denken, daß ich hier eigentlich alles hatte, was man sich nur wünschen konnte und mich nur eines störte, wie Everding und auch Horst Dallmayr es mit grimmigem Humor

sagten: »München ist eine herrliche Stadt, nur schade, daß so viele Münchner da wohnen.«
Ich sollte das dann auf unerwartete Weise erfahren.
Als ich bei Heigert in die Redaktion eintrat, hatte ich ihm auf seinen Wunsch meine Vorschläge und Ideen für neue Sendungen unterbreitet. Eines meiner Lieblingsthemen war eine Serie über »Verbrauchte Bräuche«, ich wollte ein wenig in Dieter Ertels »Zeichen der Zeit«-Manier, aber mit meinem eigenen Stil, so eingefleischte und eben »verbrauchte« Traditionen wie Hochzeit, Geburt, Beerdigung und andere unter die Lupe nehmen. Nach dem Erfolg des »Playboy«-Filmes bekam ich dafür grünes Licht. Ich wählte als erstes die »Hochzeit«. Ein junges Brautpaar war einverstanden, ihre Zeremonie mit allem Drum und Dran von A–Z filmen zu lassen.
Es war ein schwieriges Unterfangen, nicht in die Versuchung zu kommen, das zu machen, was ich eben bei Ertel und seinen »Zeichen der Zeit«-Beiträgen so vehement kritisierte und bekämpfte, nämlich in der Art des »Spiegel-Vernichtungs-Journalismus« schon mit dem Vorsatz, Negatives zu zeigen, an die Sache heranzugehen.
In Frankfurt drehten wir auch schon gleich eine Sequenz für die »Beerdigung« mit, als sich das ergab, nämlich die Kanzel in der Abdankungshalle, unter der für den Pfarrer eine Ampel angebracht war, die ihm grünes Licht gab, wenn er reden und rotes, wenn er aufhören sollte. Ebenso filmten wir, wie die Gräber mit einem Bagger ausgehoben wurden. Diese Massenabfertigung beim Abschied von den Toten wollte ich so schockierend und grausam als möglich zeigen. Vielleicht hätte ich besser mit der Beerdigung als erstem Film dieser Serie angefangen. Denn es war ganz klar, daß bei der »Hochzeit« die Kritik und gelegentlich auch der Spott fehl am Platz sein würden, wenn wir nur eine Feier – und dazu noch eine recht sympathische, zeigten. Ich habe den Film nie mehr gesehen und weiß nicht, ob noch etwas davon existiert, und so kann ich auch nicht beurteilen, ob ich da vielleicht tatsächlich des Guten, besser gesagt, des Schlechten etwas zuviel tat. Jedenfalls traf dann nach der Sendung von oberster Stelle, der bayerischen katholischen Landesstelle, ein zweiseitiger Protestbrief ein, dem Hans Heigert noch seine eigene Ablehnung beifügte. Die Serie werde nicht fortgeführt, sagte er.
Ich war auf eine solche negative Kritik nicht gefaßt und klappte völlig zusammen, konnte nicht mehr schlafen und befand mich in Weltunter-

gangsstimmung. Ich hätte jetzt eine starke männliche Schulter oder zumindest den Trost von verständnisvollen Kollegen wie Huber, Ertel und Walser gebraucht. Daß aber hier selbst mein Chef so kategorisch gegen mich war, das nahm ich sehr persönlich. Vor allem, daß er es mir nicht sagte, sondern brieflich mitteilte. Das war ja fast wie eine Kündigung, jedenfalls der Freundschaft.

Wahrscheinlich hätte sich aber alles wieder eingerenkt, wäre nicht etwas ganz anderes dazwischengekommen. In St. Tropez hatte ich für den Theaterwettbewerb des Desch-Verlages mein Hörspiel »Requiem für einen Bullen« als Bühnenstück umgearbeitet, es war in die engere Wahl gekommen, mit dem Vermerk, es habe »Schnitzlersches« Format.

Ich meldete das meinem Auftraggeber Oswald Döpke, dem Hörspielleiter von Radio Bremen, der schon mein viertes Hörspiel bei mir bestellte (und dem ich indirekt meine Steuergeschichte verdankte), der hochbeglückt sagte, er werde sofort nach München kommen und mir einen interessanten Freund vorstellen, der mich schon lange von weitem studiere und mit mir große Dinge plane.

Der Mann hieß Hans Herbert Westermann und entpuppte sich als scharfzüngiger, witziger und respektvoller Kollege, der sich gerade für das neugegründete Zweite Deutsche Fernsehen als Chefredakteur hatte anheuern lassen und jetzt für das ebenfalls neu zu gründende Pariser Büro eine Mannschaft zusammenstellte. Er bot mir den Posten einer ersten Redakteurin an.

Paris – der Traum – die Sehnsucht, ja, das Ziel, seit mir meine französische Großmutter die Stadt ihrer Kindheit und Jugend in den wehmütigen Erinnerungen, Erzählungen und »Poésies« nahegebracht und mich mit ihrer eigenen Nostalgie angesteckt und verzaubert hatte – jetzt war ein Traum in greifbare Nähe gerückt: Denn was H. H. Westermann mir als Stellung und finanzielle Bedingungen anbot, das war wahrhaft königlich: fester Anstellungsvertrag, mit Pension und Altersversicherung, den Pariser Verhältnissen angepaßtes Auslandsgehalt, Beteiligung an den Wohnungs- und sonstigen Zusatzkosten, ja, sogar ein Darlehen, falls ich mir eine Wohnung kaufen wollte, würde das ZDF gewähren.

Wenn das meine arme Grand-maman sehen könnte! Trotzdem konnte ich mich nicht sofort entschließen. Zu sehr hatte ich mich auf München eingestellt und auch dort waren die Vorteile nicht von Pappe, von der quirligen Baronin, die an mir und vor allem meiner Tochter einen Nar-

ren gefressen hatte, über Dr. »Rudi« Loos bis zu Renate Struwe und all denen, die zu meinem »Hofstaat« gehörten. Ich wurde von ihnen nach Strich und Faden verwöhnt.
Und das allerwichtigste: Dr. Heigert hatte wieder eingelenkt, es wartete eine neue, faszinierende Aufgabe auf mich: mein Freund Hans Lechleitner, ein Wien- und Ostländer-Spezialist, hatte für mich eine Serie über Wiens Geistesleben und Intellektuelle organisiert. Die Daten, an denen mich all die großen Wiener Berühmtheiten wie der Kritiker Torberg, der Schriftsteller Heimito von Doderer, Erich Graf Wickenburg, Universitätsdozent Dr. Jedlitschka, Otto Schenk und weitere empfangen wollten, waren schon festgelegt.
Doch auf der anderen Seite sägte Hans Herbert Westermann mit zäher Hartnäckigkeit und unermüdlichem Einsatz an mir. Immer wieder kam er nach München, um mir noch einen zusätzlichen Vorteil, noch eine finanzielle Aufbesserung anzubieten.
Dabei war ich innerlich schon längst weich gekocht, zu sehr hatte ich die Devise meiner Großmutter übernommen: »Mon passeport est suisse, mais mon cœur est français«, sagte sie. Und zu meiner Schande muß ich gestehen: den letzten Ruck mich zu entscheiden, gab mir dann noch meine Flugangst. Ich sagte Wien der vielen Flugreisen für die Serie wegen ab und Paris zu, dorthin würde ich – selbst wenn geflogen werden müßte, immer und überallhin meine kleine Tochter mitnehmen können. Der Gedanke, sie müsse mich verlieren und ganz ohne Eltern aufwachsen, erschreckte mich zutiefst. Die Mutterschaft bestimmte doch sehr vieles und hatte immer Priorität in meinem Beruf, auch wenn ich längst mit ihm verheiratet war, wie ich gerne betonte.
Ich reiste nicht nach Paris, sondern ich zog mit meinem Kind nach Paris, um dort wieder etwas ganz Neues aufzubauen. Die Wohnung in München behielt ich, so wie ich diejenige in Stuttgart und auch diejenige mit meiner Mutter zusammen in Zürich behalten hatte, ich konnte mich von meinen alten Nestern einfach nicht trennen, eine Manie, oder ein Luxus, den ich jedesmal teuer bezahlte. Aus der Zürcher Wohnung wurden viele schöne Sachen beim Umzug einfach weggeworfen, die Stuttgarter Bleibe vermietete ich möbliert – und »um ein Exempel zu statuieren in dem ausländerfeindlichen Schwabenbabel« an zwei türkische Studenten, die dann nach zwei Jahren auch prompt verschwanden, ohne die letzten Monate zu bezahlen. Und was mit der Münchner Traumwohnung geschah, das hatte ich alles noch vor mir. Der Baronin

überließ ich die Schlüssel, sie benutzte sie, nach freundlicher Anfrage, des öfteren für ihre Besucher – und später dann, ohne mich zu fragen. Doch soweit war es, wie gesagt, noch nicht, ich behielt mein Münchner Pied-à-terre, und es sollte noch große Bedeutung für mich bekommen, auch wenn Paris jetzt endlich nach der großmütterlichen, auch meine eigene Heimat wurde.

ZEHNTES KAPITEL

Paris

Corinne Pulver verläßt Deutschland« – »Corinne Pulver dreht Deutschland den Rücken« – »Corinne Pulver hat die Schnauze voll« – so oder ähnlich lauteten eines Tages, gegen Ende des Jahres 1962 die Schlagzeilen, die völlig überraschend für mich in den großen Boulevardzeitungen erschienen und dann von den anderen Zeitungen und Zeitschriften übernommen wurden.

Ein Lamento von Vorwürfen und Kritik an die Adresse des Ersten Deutschen Fernsehens, die mir in den Mund gelegt wurden, folgten.

Was war geschehen? Wie kam es dazu?

Es fiel mir nicht schwer, es zu erraten, waren doch die ersten Beiträge in der Berliner »BZ« und der »Bild-Zeitung« signiert von Wolfgang Rademann.

Ich hatte den Journalisten an der Hochzeit meiner Schwester kennengelernt und sie vor ihm gewarnt: du willst vermeiden, daß euch die Presse die Bude einrennt und sich – wie bei Maria Schell – bis unter den Altar versteckt, und lädst dir gerade den verruchtesten ein.

Doch Liselotte meinte, Angriff sei in so einem Fall die beste Verteidigung. Das hatte ihr ihr Presseagent Horst Krüger-Franke, mit dem sie inzwischen eng befreundet war, geraten. Lade dir einen oder zwei der wildesten Bilder- und Klatschjäger ein und du kannst sie steuern, von ihnen Zurückhaltung und Anstand verlangen. Denn still und heimlich wollte der Filmstar Liselotte Pulver dann doch nicht in den Hafen der Ehe einsegeln, sie hatte sich den Traummann des Jahrhunderts geangelt und das sollte die ganze Welt erfahren; ein richtiges Presse-Ereignis werden.

So bot Krüger-Franke Wolfgang Rademann auf, mit dem er schon lange zusammenarbeitete und der Liselotte, oder besser gesagt: sie ihn, auch schon länger kannte. Er wurde später Deutschlands erfolgreichster Fernsehproduzent mit den Serien »Traumschiff« und vor allem

»Schwarzwaldklinik«, aber das war viele Jahre später, Rademann mußte dafür bei den Fernsehanstalten mehr als zehn Jahre hausieren, ehe sich das ZDF entschließen konnte, die Serie »Schwarzwaldklinik« zu übernehmen. Es wurde eine der erfolgreichsten Fernsehserien Deutschlands überhaupt.

Doch an Liselottes Hochzeit war Wolfgang Rademann noch Revolver-Journalist für eine Boulevard-Zeitung, einer, den man heute Paparazzo nennen würde.

An Liselottes Traumtag zeigte er sich aber von Fuß zum Scheitel als Gentleman, es war ihm ja auch gegeben, zusammen mit einem Fotografen und dem Vermarkter Krüger-Franke exklusiv zu berichten. Ich habe mich immer darüber gewundert, warum der später so erfolgreiche Fernsehproduzent Liselotte nicht für seine Serien einkaufte, zum Beispiel als Partnerin von Schwarzwaldklinik-Professor Klaus-Jürgen Wussow – aber Liselotte warnte mich: sagt man Wolfgang Rademann ein einziges Mal einen Termin ab, meldet er sich nie wieder. (Eine Erfahrung, die ich dann viel später selber machte.)

Heute aber war schon alles traumhaft; Liselotte hatte sich für die Hoch- und Jubelfeier eine – durch unseren Bruder »Buebi« inspirierte – Traumidee à la Hollywood einfallen lassen und ein ganzes Dampfschiff der vielbelachten »Schweizer Flotte« (die nur aus Ausflugsschiffen besteht) inklusive deren damals berühmten Küchenchefs gemietet, auf dem dann, essend und schmatzend und champagnerselig die Hochzeitsgesellschaft auf dem ganzen Genfersee herumfuhr.

Und hier hatte ich als Tischnachbar und Gesprächspartner Wolfgang Rademann, der sich mir als Kollege vorstellte. Wir kamen sofort ins Fachsimpeln und Plaudern, unterhielten uns glänzend stundenlang und es war klar, daß wir im Laufe unserer Erörterungen auch auf unsere beruflichen Schwierigkeiten zu sprechen kamen. Es war ja schließlich mein letztes Jahr in Stuttgart und mir passierte gerade das, was Rademann dann selber im Fernsehen erlebte, ich brachte meine erfolgreichste Sendung, die aufsehenerregenden »Pferdetransporte«, bei Jaedicke erst nach verbissenem Kampf und monatelangem Nervenkrieg durch. Sicherlich hatte ich Rademann dann auch den Weggang Jedeles und seiner Crew und das allgemeine Bedauern darüber, den »Niedergang der Qualität«, wie man es allgemein damals in Stuttgart zu nennen pflegte, ausführlich und blumig, eben nach »Kollegenart«, geklagt.

Jedoch das war mehr als ein Jahr her und schon längst nicht mehr aktuell. Hätte Rademann das bei meinem Weggang von Stuttgart nach München, oder schon vorher, als Bericht über den Weggang Jedeles und dessen Folgen in seiner Sensationsmanier publiziert, dann hätte das für mich, aber vor allem für Stuttgart und sein (neues) Klima sogar hilfreich sein können.
So aber bedeutete es für mich – jedenfalls empfand ich es so – eine kleine Katastrophe. Es sah so aus, als ob ich tatsächlich im Streit von München wegging und das ganze Fernsehen ins Pfefferland, oder gar zum Teufel wünschte.
Aber ich ging ja nicht weg von Deutschland, sondern ich ging für Deutschland nach Frankreich. Und München hatte ich im Frieden mit allen und – ja, überhaupt gar nicht richtig verlassen. »Ich hab noch einen Koffer in Berlin«, sprich: München, wie Hildegard Knef damals sang. Ich schrieb Rademann einen Brief und stellte ihn zur Rede.
Er habe es doch nur gutgemeint, sagte er.
Ich bat ihn, das unbedingt zu berichtigen und er tat mir den Gefallen, aber wie das bei solchen Sensationsblättern ist: Die Berichtigungen werden so schlecht plaziert und so uninteressant gestaltet, daß kein Hahn mehr danach kräht.
Ich glaube nicht, daß diese Art von Publizität, nämlich glatte Falschmeldungen, die ich bis jetzt eigentlich nur durch meine Schwester kannte, mir wirklich geschadet hat. Aber der Ruf, die »böse Schwester« von der allgemein so beliebten und liebenswerten Liselotte zu sein, gründete sich wohl auf diese Ereignisse. Gegen das, was jetzt auf mich zukam, war es allerdings noch völlig harmlos.

*

Die Gründung des zweiten Programms des deutschen Fernsehens, die nach einigen mißglückten Versuchen wie etwa Konrad Adenauers »Freie Fernsehen GmbH« (die mir schon eine Offerte als Chefredakteurin für die Feature-Abteilung gemacht hatte) schließlich stattfand, war ein einziges Chaos aus Dilettantismus, Ignoranz und Arroganz: Man hatte die Mitarbeiter, Verantwortlichen und insbesondere die Abteilungsleiter, Redakteure, Direktoren bis hin zum Intendanten wie Kraut und Rüben eingekauft: nach politischen, akademischen, journalistischen – nur nicht nach fernsehgemäßen Kriterien – und alle auch ohne die geringste Bewährungsprobe gleich mit Festanstellungsvertrag,

Altersversicherung, Rentenanspruch und anderen Vorteilen ausgestattet und unkündbar in ihre Chef- und anderen Sessel einbetoniert. Ohne nach Qualifikation, Kenntnissen oder gar Persönlichkeitsstruktur gefragt zu haben, wurden damit subalterne Angestellte, ehrgeizige Hintermänner und altgediente Veteranen ebenso wie bereits vom Zahn der Zeit angenagte Fernsehmumien auf die höchsten Stühle des Konkurrenzprogramms gehievt.

Man hatte aus den Erfahrungen des Ersten Programms und dessen »Kinderkrankheiten« nichts gelernt, sondern wie in der Steinzeit des neuen Mediums wollten Direktoren, Chefs, Abteilungsleiter und Redakteure alles wieder neu erfinden, weil sie sich bis jetzt damit nicht befaßt hatten und von den goldenen Pionierzeiten, als es noch um die Liebe und den Erfindergeist für das Programm, und nicht um die Befriedigung des persönlichen Ehrgeizes ging, nichts wissen wollten. Es waren Journalisten, Zeitungskorrespondenten, politische (meist rechtslastig) und wirtschaftliche Funktionäre. Akademiker mit Doktor- und anderen Titeln zählten mehr und hatten bessere Chancen auf Chefposten als die, die vom Fernsehmetier etwas verstanden.

Die größte Fehlbesetzung, oder sagen wir mal: das größte Unglück war der Intendant, von dem es bald »wie der Herr, so 's G'scherr« hieß. Ohne Zweifel war der verdiente und freundliche alte Herr und Honorarprofessor aus politischen Gründen zu diesem hohen Posten gekommen, und die, die ihn gewählt hatten, dachten nicht eine Sekunde an den Zuschauer oder das Programm.

Die einzige »unsterbliche« Leistung, die ebendieser Professor Dr. Holzamer vollbrachte, war das häßlichste, wenn auch größte deutsche Haupt-Sendegebäude, ein uniformer, großkotziger Betonklotz, der wie ein Riesenzeigefinger als Mahnmal architektonischer Biederkeit und Geschmacklosigkeit in der weiten, freien Natur – oder sagen wir es prätentiöser: in der dem Sender gehörenden Parklandschaft – durch das darumliegende Autobahnnetz gen (mit)verschmutzten Himmel ragte. Wie um die zeitgemäße Geschmacksverirrung noch zu sanktionieren und ihren Ewigkeitswert zu statuieren, heißt das ganze »Lerchenberg«.

Eine nähere Beschreibung, wie diese Glanz- bzw. Fehlleistung entstand, ist in dem deutschen Nachrichtenmagazin »Der Spiegel« nachzulesen.

Ahnungslos kam ich in diese Verhältnisse, in dieses Chaos hinein, oder besser gesagt, ließ ich mich hineinziehen. Am 10. Oktober 1962 schrieb ich an den Intendanten folgenden Brief:

Sehr geehrter Herr Professor Holzamer,
ich bestätige Ihnen hiermit den Erhalt des Angebotes als erste Redakteurin beim Zweiten Deutschen Fernsehen und ich möchte dieses Angebot annehmen.
Ich bitte Sie, hinzuzufügen, daß dieses Angebot sich für die Tätigkeit im Ausland handelt und daß für eine evtl. Umsiedlung nach Deutschland neue Regelungen getroffen werden müßten. Ich hatte das seinerzeit mit Herrn Westermann so besprochen.

Daraufhin bekam ich den in diesem Sinne abgefaßten Vertrag, unterzeichnete ihn und schrieb an Hans Herbert Westermann:

... Ist es nötig, daß ich noch einmal nach Mainz komme? Im weiteren und in aller Eile: da es vermutlich ja sein muß, was halten Sie von einer monatlichen Routinesendung in Form eines »literarischen Salons«, mit aktuellen kulturellen und literarischen Berichten, eingebaut auch in Kurzfeuilletons, Diskussionen mit und über Schriftsteller und Intellektuelle, als Parallele zu Deutschland auch mit Deutschen, also in Art eines Magazins, aber anspruchsvoll und doch attraktiv, kurz, eben ein »literarischer Salon« ...?

Statt einer Antwort lud mich Westermann zu einem Essen in eines der Münchner Feinschmeckerlokale ein. Er lege Wert darauf, mir meinen zukünftigen Partner und Leiter des Pariser Büros vorzustellen, erklärte er.
Ich fiel aus allen Wolken. Leiter des Pariser Büros? Ich hatte gemeint, dafür habe er mich eingekauft und sein monatelanges Werben angelegt. Zugegeben, von Politik verstand ich noch immer recht wenig und politische Berichterstattung interessierte mich nicht. Aber hatte ich nicht bis jetzt immer und stets ganz vehement gegen die Politisierung des Programms gekämpft?
Für die Beiträge der Tagesschau genügte doch der mit mir engagierte Hartmut Stein, dessen Vater ein bekannter Berliner Publizist war, und Spezialbeiträge, wie etwa ein Interview mit Staatspräsident de Gaulle hatte ich schon im voraus für mich selbst reserviert.
Paris war zwar sehr schön und ein langgehegter Traum, aber ich hatte nicht die Stadt, sondern die Aussicht, hier jetzt endlich mein Alternativ-Programm verwirklichen zu können, gewählt. Wurde mir, der

»ersten Redakteurin«, jetzt doch noch ein »Leiter« vor die Nase gesetzt?

Nein, ich glaubte es nicht, ich konnte mein Engagement nach Paris nicht dermaßen falsch verstanden haben. Mein Partner, hatte Westermann ja noch dazu gesagt. Daran klammerte ich mich jetzt: wenn dieser Partner und sogenannte Leiter ein Heinz Huber, ein Hans Heigert, oder gar ein Walser oder Everding war, dann würde so ein blöder Titel keine Rolle spielen, dann würden wir gemeinsam am gleichen Strang ziehen und ich ihn mit meiner Energie und Begeisterung für meine Ansicht, wie Fernsehen – und insbesondere Berichte eines Außenbüros – sein sollte, anstecken.

Bei Kerzenschein und gehobener Schnulzenmusik wurde mir dann mein zukünftiger Partner und Leiter des Pariser ZDF-Büros vorgestellt: Er hieß Dieter Wolff und war bis jetzt Frankreich-Korrespondent für irgendeine Provinzzeitung, ich glaube, sie hieß »Ruhr-Post«, gewesen.

Mein Eindruck war spontan und ließ sich den ganzen Abend nicht mehr verscheuchen: »Was, für dieses Würstchen hast du dich so extra schöngemacht?«

Doch es ließ sich nicht mehr ändern, und ich beschloß, es mit Diplomatie und geschickt geheuchelter Sympathie zu versuchen. Ich tröstete mich mit der Sicherheit, daß ich weit mehr von Fernsehen verstand als er, und das zeigte sich denn schon, als wir uns zum erstenmal in Paris zur gemeinsamen Zusammenarbeit trafen.

Halb amüsiert, halb ärgerlich mußte ich konstatieren, daß unser Pariser Studio oder Büro aus einer Suite in dem Hotel Mac Mahon, an der gleichnamigen Avenue, in der Nähe des Arc de Triomphe bestand; nicht eine Luxusherberge, eher ein Hotel mit dem verwinkelten, leicht verstaubten Pariser Charme, voller roter Samtportieren, Lüsterchen und Spiegeltüren, wie es ohne Zweifel meinen Sinn für französische Ambiance berührte, aber für ein Fernseh-Außenbüro unpassend und – in dieser Vorzugslage – sicher auch zu teuer. Dieter Wolff hatte es ohne irgend jemanden zu fragen gemietet, solange wir noch nicht in das vorgesehene, im Bau befindliche Time & Lifebuilding an der Avenue Matignon ziehen konnten.

Hier residierte Dieter Wolff inmitten von Telefon, Fernschreiber, Kisten, Kartons und Filmbüchsen, die sich auf dem Boden, den rotsamtenen Napoleon-III-Fauteuils und bis ins Badezimmer stapelten. Für mich und Hartmut Stein gab es nur zwei zierliche Stühle, wie ich sie bei

Christian Dior gesehen hatte und die ebenfalls zuerst noch leergeräumt werden mußten, bevor ich mich setzen konnte. An einen Schreibtisch oder gar eine Schreibmaschine war nicht gedacht, dafür aber stand in einer Ecke das für Dieter Wolff wichtigste Arbeitsutensil: eine Kiste mit dem teuersten schottischen Whisky. Jedem Gast wurde als erstes ein schweres Kristallglas mit dem funkelnden Getränk angeboten, ob es sich um Mitarbeiter oder um andere Besucher handelte. Diese Gewohnheit, das Geld des Senders, das immerhin aus Zuschauergeldern und Gebühren stammte, für Spesen, Repräsentationskosten und andere getarnte private Zwecke, Einladungen und stundenlange Auslandstelefongespräche zum Fenster hinauszuwerfen, hatte allerdings Tradition. Auch bei dem von Peter Scholl-Latour geleiteten ARD-Büro des ersten Fernsehprogramms, aber sie wurden wenigstens mit einer entsprechenden Leistung gerechtfertigt und den erfolgreichen Reportagen des Auslandsbüros und Auslandskorrespondenten wieder wettgemacht.
Dieter Wolff dagegen blamierte sich daneben mit Arroganz und Unkenntnis so lange, bis ihm das Handwerk durch eine Kontrollkommission gelegt wurde. Aber bis es soweit war, dauerte sein Herren- und Schlemmerleben auf Kosten des Senders einige Jahre. Und er war lange nicht der einzige, sowie in ARD- wie in ZDF-Auslandsbüros war bekannt, daß Mitarbeiter, die aus Deutschland kamen, auf Spesen fürstlich reisten, wohnten und speisten und abends in den leerstehenden Büros stundenlang privat nach Deutschland telefonierten. Ein ARD-Journalist, blauäugig und schön wie Alain Delon, steht noch heute bei seinem Sender mit dreißigtausend Mark Spesenschulden in der Kreide.
An einem der ersten Tage schimpfte Dieter Wolff wie ein Rohrspatz über eine Cutterin aus Mainz. Er habe bei ihr einen Film bestellt, und sie habe ihn gleich zweimal geliefert. Er war gerade dabei, ihr per Telefon die Leviten zu lesen, als ich mir die Lieferung ansah. Ich mußte meinem Chef erklären, daß es sich bei den »beiden Filmen« um das Bild und den dazugehörenden Ton handelte. Es unterstanden ihm in seiner Position Kameramänner, Tonleute, Cutter, Redakteure und andere Mitarbeiter, aber er konnte noch nicht einmal beim Film das Bild vom Tonband unterscheiden.
Trotzdem wußte er alles besser. Alles, was ich an eigenen Filmfeuilletons, Interviews und auch kleineren Reportagen und Berichten über das, was in Paris vor sich ging, Neuigkeiten aus Kultur, Gesellschaft und Mode vorschlug, lehnte er ab. Statt dessen schickte er mich zu Presse-

konferenzen, Cocktails und Tagungen, die ihn selbst nicht interessierten. Da es sich meist um politische, wirtschaftliche oder einfach diplomatische Zusammenkünfte und Tagespolitik handelte, an denen es nicht einmal etwas zu filmen gab, wußte ich nicht, was ich da eigentlich sollte und fing an, mich gegen diese Art Tätigkeit für das Pariser Büro zu wehren. Ich war nicht hergekommen, um für uns Kontakte zu schaffen und eine Art Botschafter- oder Diplomatentätigkeit auszuführen, sondern um Filme zu drehen und dem deutschen Fernsehpublikum Paris mit seinen Geheimnissen und seiner ganzen, damals noch weitgehend unbekannten »französischen Kultur« näherzubringen. Mein Frust und meine Unverträglichkeit mit Dieter Wolff wurden schließlich so groß, daß ich beschloß, mich direkt nach Mainz, an die höchste verantwortliche Stelle zu begeben, so wie ich es bis jetzt von Stuttgart, Zürich her und sogar München gewohnt war. Eine solche persönliche Intervention in eigener Sache – wenn es ums Programm ging – wurde da jedem zugestanden.

Ich schrieb an Professor Holzamer einen Brief, und er ließ mich zu sich in das oberste Stockwerk eines noch nicht fertiggestellten Neubaus in Mainz kommen. Mit Herzblut erklärte ich ihm meine Probleme. Er beschwichtigte mich und versprach, sich der Sache ganz persönlich anzunehmen.

Am 17. Januar 1963, siebzehn Tage nach meiner Arbeitsaufnahme in Paris, schrieb mir H. H. Westermann:

... in diesem Zusammenhang erlauben Sie mir die Bitte, künftig den Intendanten zu verschonen ... Sie haben in Mainz wie alle Kollegen Gelegenheit gehabt, die für alle Einzelfragen zuständigen Mitarbeiter der Verwaltung kennenzulernen. Bitte informieren Sie sich in der Pariser Redaktion, wenn Sie eine Auskunft brauchen ...

Das war ein ungewohnter Ton, Westermann fiel mir doch buchstäblich in den Rücken. Schließlich ging es ja nicht um ein Privatvergnügen, sondern um gute Programmbeiträge, ich wollte mein Geld wert sein.

Nichts änderte sich. Im Gegenteil. Keinen meiner Vorschläge konnte ich durchbringen, und das wurde allmählich nicht nur für mich, sondern für das Pariser Büro eine Katastrophe, denn einmalige und wertvolle Zeitdokumente gingen damit verloren: ein Filmportrait mit Edith Piaf, das ich vorschlug. Es war mir gelungen, bis zu ihr durchzukommen. Sie sei zwar nicht mehr kamerawürdig, trotzdem wollte sie mich mit einem Team empfangen. Es wurde mir nicht gewährt, nicht einmal H. H. Westermann, den ich einzuschalten versuchte, konnte es für mich durchsetzen, obschon er die Idee gut fand. Kurze Zeit danach starb Edith Piaf, drei Stunden später Jean Cocteau, der Tod der Freundin, des »Spatz von Paris«, hatte ihm das Herz gebrochen. Solche Themen schwebten mir vor und ich konnte mir nur noch die Haare raufen, wenn mir, wie bei Edith Piaf, Unwiderbringliches durch die Lappen ging.

Ich wohnte die ersten Wochen mit meiner kleinen Tochter und meiner Mutter bei Freunden im Hotel du Lys, um von hier aus eine Wohnung und ein Kindermädchen zu suchen. Meine kleine Tochter, inzwischen dreieinhalb Jahre alt, brachte ich auf Anraten in eine nahe gelegene Vorschule, »la Maternelle«. Hier nahm mich die Vorsteherin einmal zur Seite: »Wir haben Ihre Tochter gefragt, warum sie so oft nachmittags in der Schule fehle. Sie antwortete: ›Weil ich mit meiner Mutter ins Kino muß.‹«

Man nahm es mit Humor und ich erklärte, daß ich aus beruflichen Gründen viele Filme ansehe und sie tatsächlich da schon mitnehme.

Bei der Aufgewecktheit meines Kindes könne das sicherlich nichts schaden, nur sei Schuleschwänzen kein eigentliches Lernfach, sagte mir die Leiterin der Schule, die noch nicht einmal ein Obligatorium war.

Meine Situation und die Lage im Pariser Studio entspannte sich ein wenig, als ich eine Wohnung, ein Kindermädchen und endlich auch einen eigenen Arbeitsplatz samt Schreibmaschine im Büro vorfand.

Wir zogen ein in das Time & Lifebuilding an der Avenue Matignon. Das ZDF hatte es auf Anraten Dieter Wolffs mit viel zuviel Geld erworben, und ich konnte darüber nur den Kopf schütteln: das Büro war nicht umsonst in einer Zeitungs- und Zeitschriften-Verlagshochburg und hatte nur repräsentativen, um nicht zu sagen großkotzigen, keinen praktischen Wert. Es gab nur zwei ineinandergehende, kleine und kahle, hochmoderne Räume nebst einer kleinen Küche und Abstellraum, nur Dieter Wolff und die Sekretärin verfügten über einen eigenen Schreibtisch, während ich den meinigen mit Hartmut Stein und allen, die gerade etwas zu schreiben hatten, teilen mußte.

Mit einem Außenbüro einer Fernsehanstalt oder gar einem Studio hatte diese Nobeladresse nichts zu tun. Und das verdankte man wiederum einem absoluten Greenhorn, das noch vor kurzer Zeit unbekannter Korrespondent für eine kleine Provinzzeitung gewesen war. Warum hatte

man nicht wenigstens den erfahrenen und kompetenten Peter Scholl-Latour zu Rate gezogen?
Aber die beiden deutschen Fernsehprogramme betrachteten sich eher als Konkurrenten oder gar als Feinde, denn als verantwortlich für den Dienst am Kunden.
Das erste Programm mit Peter Scholl-Latour hatte sich ideal eingerichtet: in einem großen Geschäftskomplex hinter (aber mit der Adresse) den Champs Elysées, einer gegen den Hinterhof gelegenen, geräumigen Wohnung, die ein großes Chefzimmer-Studio, zwei weitere kleinere Räume für die beiden Sekretärinnen, Schneideräume, einen Archiv- und Kameraraum und noch diverse kleinere Winkel mit viel Platz aufwies. Meine Abneigung gegen das moderne, amerikanische Bürohaus, für dessen Erstellung eines der schönen, klassischen Sandsteingebäude geopfert werden mußte, erwies sich als nicht ganz unbegründet.
Einige Jahre später (als das ZDF schon umgezogen war) ereignete sich genau in dem Stockwerk, in dem unsere ehemaligen Büros lagen, ein Brand. Eine allzu pflichtbewußte Sekretärin lief zurück, um einige wichtige Aktenordner zu retten, da wurde ihr etwas zum Verhängnis, was mich schon immer gestört hatte: die Etage war nicht über die verschlossene Treppe, nur durch den Lift zu erreichen. Dieser blieb in dem Feuer stecken, die Angestellte verbrannte. Eine weitere Geldausgabe, die zum Himmel schrie, leistete sich Wolff, als er, da ja der Platz fehlte, mit einer kleinen, bankrotten französischen Produktionsfirma einen mehrjährigen Vertrag abschloß. Die astronomische Summe, die er dafür bezahlte, ließ später der Prüfungskommission die Haare zu Berge stehen. Allerdings bewahrte er zumindest die Filmfirma vor dem Ruin, es waren alles junge, sympathische Leute, die sogar vom Filmmetier etwas verstanden, aber mit dem willkommenen Retter aus Deutschland reines Schindluder trieben und sich mit all dem Geld, was das ZDF in sie hineinstopfte, nicht sanieren, aber schadlos halten konnten. Auch ich profitierte davon: die kleine Produktionsstätte, untergebracht in einer Baracke am Stadtrand, war ganz nach meinem Gusto, hier hatte ich alles, was ich zum Schwelgen im Filmemachen brauchte: ein Büro, einen Schneideraum, Schneidetisch mit französischem oder deutschem System, Klebepresse, Hobel und Galgen, und ich muß es gestehen: hier wütete ich mit dem gedrehten Material nach Belieben. Nicht ein einziges Mal kam Dieter Wolff hierher, um zu sehen, was ich mache, er setzte keinen Fuß in dieses sympathische Holzhaus, über dessen beschei-

denes Aussehen und Lage er die Nase rümpfte. Bald kümmerte ich mich gar nicht mehr darum, ob für meine Filme Sendeplätze vorhanden oder eingeplant waren, ich drehte, wenn Wolff mir ausnahmsweise ein Thema genehmigte, soviel Material wie für einen Spielfilm und begann, mit den Franzosen eine Zusammenarbeit zu planen. Dafür wurden mir regelmäßig, auch an Sonntagen, die ich hier in Paris oft unerträglich still und einsam fand, Blumen ins Haus gebracht, kleine Aufmerksamkeiten und andere Geschenke.

Denn jetzt fand ich endlich auch meine Traumwohnung. Jeden Tag studierte ich vom kleinen Hotel aus die Annoncen im »Figaro« und lief mir dann die Schuhsohlen ab, um das, was in Frage kam, anzusehen. Es waren abenteuerliche Angebote dabei, wie etwa eine Riesenwohnung mit 300 Quadratmeter Wohnfläche am Boulevard St-Germain-des-Près – eine Art Schloß auf einer Etage. Ideal, dachte ich, so etwas Verrücktes hatte ich mir in Paris ja gewünscht.

Als aber dann der Wohnungsbesitzer die Bedingung stellte, mich und meine kleine Tochter als Diener verkleidet umsorgen zu dürfen, da wurde es selbst mir ein wenig zu gespenstisch, aber wiederum mußte ich daran denken, was es doch aus dieser Wunderstadt alles für herrliche Sujets und Dinge zu berichten gäbe. Immer wieder schlug ich Wolff und Stein und den Redaktionen in Mainz solche Filmthemen vor, keines wurde angenommen, man verstand nicht einmal, was ich meinte. Über die Tagespolitik, aktuelle Ereignisse, allenfalls Mode, Eröffnungen von Kunstausstellungen oder Theaterpremieren sollte ich berichten. Dafür war ich angestellt worden ...?

Fassungslos wie über die Filme, die ich machen wollte, waren meine Kollegen auch angesichts meiner Wohnung, für die ich mich schließlich entschied: ein Riesenappartement mit sieben großen Zimmern, in einem historischen Gebäude auf einem kleinen, versteckten Platz hinter dem Panthéon, das die ganze dritte Etage des imposanten Hauses einnahm, mit einer Vorderfront gegen die Straße und zwei Seitenflügeln, wieder so eine Art Stadtschloß auf einer Etage – die kleinen, modernen Studios, die meine Kollegen und anderen ZDF-Mitarbeiter bewohnten, hätten dreimal darin Platz gehabt. Für mich war es der absolute Traum, endlich hatte ich das, was meinen Sehnsüchten und meiner Pariser Großmutter würdig war, gefunden. So oder ähnlich, aber wahrscheinlich noch viel größer, mußte sie, ihren Erzählungen gemäß, in der vornehmen Wohnung am Boulevard Haussmann aufgewachsen sein. Ja,

ein Traum, eine Sehnsucht, entstanden aus den bezaubernden Erzählungen einer heimwehkranken alten Dame, waren Wirklichkeit geworden.
Glücklich und voller Tatendrang, überzeugt, hier zumindest fürs Fernsehen, wenn nicht gar für die Literatur bedeutende Werke zu schaffen, zog ich in die großartige Wohnung ein. Ich brauchte den etwas verstaubten Luxus nicht, um damit zu protzen, sondern um mich zu erheben.
Nach der ersten Nacht, die ich ganz allein mit meiner kleinen Tochter verbrachte, ohne in der Riesenwohnung mit ihrem historisch-antiken Gepräge auch nur eine Spur von Einsamkeits- oder Verlassenheitsängsten zu spüren – klingelte es pünktlich um elf Uhr an der Haustüre. Ich hatte – wiederum per Annonce – ein neues Kindermädchen gefunden, das sich heute vorstellen wollte. Eine vollschlanke, wasserstoffblonde, vor Fröhlichkeit und Redseligkeit übersprudelnde Matrone überfiel mich mit einem Redeschwall aus Französisch, Deutsch und Englisch. Nach fünf Minuten kannte ich ihren ganzen Lebenslauf, nach zehn willigte ich ein, es mit ihr zu versuchen, und nach einer weiteren Viertelstunde trennte ich mich schweren Herzens von meiner Tochter. Ich mußte ins Büro und wir wollten eine Probe machen, indem ich sie mit »der Neuen« allein ließe.
Zum erstenmal machte mir das Kind eine richtige Szene. Es schrie und zeterte und warf sich mit Schaum vor dem Mund auf den Boden. Meine eigenen Hysterieanfälle, wenn meine Mutter mich als Kind verließ, kamen mir in den Sinn. Ich war schon daran, meinen Termin im Büro umzuplanen, als mir Friedel, wie ich die neue Hilfe nennen mußte, zu verstehen gab, sie werde das schon schaffen und mich mit sanfter Gewalt zur Türe hinausschob.
Voll schlechten Gewissens fuhr ich ins Büro und rief sofort zu Hause an. Es sei alles okay, hörte ich, kaum hätte sich die Wohnungstüre hinter mir geschlossen, hätte mein Kind aufgehört zu weinen und spiele jetzt mit ihr ganz zufrieden.
Von nun an wurde Friedel für mich eine liebenswerte und originelle Hilfe und Wohnungspartnerin, die mir auch manchen wertvollen Rat gab. Ich solle mein Licht nicht so sehr unter den Scheffel stellen, predigte sie, und selbstsicherer, moderner und eleganter auftreten, so wie es sich bei meiner Position gehöre und mein Aussehen es verlange.
Das mußte ich mir, die ich in Stuttgart als »elegant« und bestgekleidete

Funkhaus-Mitarbeiterin bezeichnet wurde, ausgerechnet hier in Paris sagen lassen!
Aber Friedel war eine sehr energische und resolute Person. Vor allem war sie nicht auf den Mund gefallen und in Sachen Würmer-aus-der-Nase-Ziehen konnte ich von ihr auch noch etwas lernen. Bis heute noch befolge ich ihren Rat, mich, wenn ich heimkomme, immer sofort umzuziehen und meine schönen Sachen gleich auf einen Bügel zu hängen und zu schonen.
Friedel war auch dafür verantwortlich, daß ich mich anläßlich eines Besuchs bei Siegfried Unseld in Frankfurt, als er mir seine Frau vorstellen wollte, ziemlich overdresste, das heißt, extra schön und auffallend kleidete. Das muß ich kurz erklären:
Friedel war nach ihrer Scheidung nach Australien ausgewandert, wo ihre Tochter Brigitte aufwuchs. Seit kurzer Zeit verheiratet mit einem Franzosen, zogen Mutter und Tochter hierher, nach Paris, wo Brigittes Schwiegereltern wohnten und die frisch verehelichte Deutsch-Australierin-Pariserin, die perfekt die drei Sprachen beherrschte, sofort einen lukrativen Job fand.
Eigentlich wollte sie Modezeichnerin und Schneiderin werden, was man bekanntlich auf Französisch vornehmer Haute Couturière nennt, tatsächlich träumte Brigitte davon, ein eigenes Modeatelier zu eröffnen. Doch ihre Schwiegereltern und ihr Mann sahen das ein wenig anders, sie sollte sich besser auf die Familie und Kinderkriegen konzentrieren, denn alle, Schwiegerpapa und Ehemann, waren äußerst gut situiert.
So beschränkte sich Brigitte darauf, nebenher ihr Talent auszuleben und eigene Modelle zu schneidern, da kamen ihr meine Schwester, der Filmstar, und ich, die Fernsehregisseurin, als Modelle und Kundinnen gerade recht.
Als Liselotte sagte, sie werde der englischen Königin vorgestellt werden und brauche dafür ein Kleid, riet ich ihr, Brigitte dafür zu engagieren. Liselotte, die sich von mir in Kleiderfragen gerne beraten ließ – und der ich ja in Rom mit meinen gleichen Maßen das Hochzeitskleid ausgesucht hatte, nahm ohne Zögern an. Brigitte machte sich an die Entwürfe, und ich suggerierte ihr die Farbe: auf meinem ersten Ball, mit siebzehn Jahren, hatte ich mir ein Kleid aus grauem Tüll machen lassen. Es war die Sensation des Abends gewesen, an dem alle Greenhorns im lieblichen Jungfrauenalter in Rosa oder Hellblau oder allenfalls noch Weiß erschienen waren. »Grau ist die exquisiteste Farbe für ein Abendkleid«,

sagte ich, dazu muß es fein und hauchdünn wie aus hauchzarten, durchsichtigen Spinnweben werden und weit und bauschig wie eine Kumuluswolke schwingen und gleichzeitig die Wespentaille der Trägerin raffiniert zur Geltung bringen. Natürlich war Grau nicht die Farbe für eine vollschlanke und nicht mehr ganz taufrische Matrone, jung und zart und zerbrechlich schlank wie Liselotte mußte sie sein, um einen solchen dezenten Farbton tragen zu können.

Brigitte war begeistert: »Ça, c'est Paris«, sagte sie, an den anglo-amerikanischen Bonbonfarben-Geschmack gewöhnt. Zweimal mußte sie zur Anprobe nach Berlin zu meiner Schwester fliegen, bis die Schneiderin und sie zufrieden waren, dann wurde die Vorstellung bei der englischen Königin in der grauen Tüllwolke mit pinkfarbiger Rose am Gürtel ein Bombenerfolg. Ob man es glaubt oder nicht: aber an ihrem nächsten Ball erschien die Königin ebenfalls in grauem Tüll.

Für meinen Besuch in Frankfurt gab ich Brigitte für die Wahl meines Kleides freie Hand. Sie ließ sich von ihrer Mutter beraten, die uns beiden einpaukte, ich könnte für diesen pikanten Anlaß nicht schön und provozierend genug aussehen.

So schneiderte Brigitte mir ein raffiniertes Exklusivmodell in meinen Lieblingsfarben auf meinen Leib, ein ärmelloses, enganliegendes Seidenkleid in zartem Türkisblau, darüber, bis über die Hüften fallend, eine lose fließende Bluse aus feinstem, durchsichtigem Seidenvoile in grellem, aggressivem Türkis-Grün-Blau, das meine schlanke Figur ebenso wie meine grünen Augen und rötlichen Haare vorteilhaft zur Geltung brachte. Das dachte dann allerdings hauptsächlich Unselds Frau: Da hätte ich ja etwas angerichtet, sagte er mir später, mit vorwurfsvollem Schmunzeln in seinen Mund- und Augenwinkeln, seine Frau plärre seitdem ununterbrochen, sie wolle auch ein Kleid aus türkisfarbigem Seidenvoile.

Sonst war privat in den ganzen neun Monaten, die ich in der feudalen Wohnung an der Place de l'Estrapade Nummer 1 mit meiner kleinen Tochter und der mich zur »Dame von Welt« erziehenden Kinderfrau verbrachte, absolut nichts los. Ich lebte zurückgezogen und brav und keusch wie eine Nonne in dieser Weltmetropole, die man die Stadt der Liebe nennt. Aber das machte mir nichts aus, in dem Moment, wo ich nicht mehr verliebt war, konnte ich mich ganz auf meine kleine Tochter und meine Arbeit konzentrieren; alle Affären, auch die mit dem Vater meines Kindes, hatte ich – auf teils sehr schmerzliche Weise – hinter

mich gebracht. Das war mir Paris wert: ein ganz neues Leben sollte hier beginnen, ja, vielleicht fing ich erst hier richtig zu leben an. Was natürlich nicht verhindern konnte, daß ganz Heerscharen von Besuchern durch meine Wohnung zogen: eine solche Adresse, mitten im Quartier Latin von Paris, das zog die Gäste wie ein Obstbaum voller reifer Früchte die Wespen und andere liebenswerte Schädlinge an.
Denn natürlich machte es mir auch Spaß, in der herrschaftlichen Unterkunft die großzügige Gastgeberin zu spielen, etwa für meinen Freund Rudi Loos, der in völlig unpassendem grellfarbigem Camping-Freizeitanzug kam, oder für die spitzbübischen Bavaria-Faktoten Lore Maloch und Inge Lulay, die meine Affäre mit Harald Leipnitz auf dem Gewissen hatten und denen ich nach der Ankunft mit dem Nachtzug ein Champagner-Frühstück offerierte und sie nachmittags, zum Schnittlauchpflücken in den Park des Sonnenkönigs, nach Versailles fuhr. Nur eines machte ich nicht mit, mit meinen Besuchern die Sehenswürdigkeiten von Paris zu besuchen und Fremdenführerin zu spielen, das mußte selbst der SDR-Intendant Dr. Hans Bausch, der mich anrief, um mit mir »Paris kennenzulernen«, allein tun. Und alle Einladungen – wenn ich denn schon eine zu einem Nachtessen annahm – endeten unweigerlich vor meiner imposanten Haustüre, die noch die Größe einer Kutscheneinfahrt besaß. Auch Unseld mußte das zähneknirschend einsehen: wir trafen uns mit unserer Tochter von jetzt an nicht mehr in Hotelzimmern oder gar meiner eigenen Wohnung, sondern gemeinsam außerhalb. Die einzigen, die zu meinen Privatgemächern Zutritt hatten, das waren die Leute, mit denen mich berufliches Interesse verband. Etwa der Maler Serge Belloni, mit dem ich eine kleine Story vorbereitete und der von dem »Cadre«, in dem ich lebte, dermaßen beeindruckt war, daß er mich von nun an wie ein schwanzwedelndes Hündchen verfolgte. Ich folgte ihm eines Abends in sein Atelier auf der Insel St. Louis, in das Haus, in dem auch die Prinzessin Bibesco, eine historisch hochinteressante Figur im russischen Exil, wohnte, die mich eigentlich viel mehr als der verliebte Maler interessierte. Er versprach mir, sie mir vorzustellen, um sie für eine Fernsehsendung zu gewinnen.
Doch zuerst sei er dran, meinte er. Tatsächlich übten sein Atelier, seine Landschafts- und Parisbilder, der Geruch nach Farben, Öl und Terpentin, die Staffeleien, fertigen und unfertigen Bilder – kurz – das künstlerische Durcheinander – diese Faszination und diesen Zauber auf mich aus, daß ich mich dazu hinreißen ließ, mit dem hübschen, jungen Künst-

ler – in seiner dunkelroten Samtjacke und den schwarzen Locken eher wie eine Reminiszenz aus einem früheren Jahrhundert, denn wie ein moderner Pariser Maler aussehend – zu schlafen.
Doch war er dann derart eingeschüchtert und gehemmt, zog zuerst brav und eher umständlich sein Präservativ an, daß es mir eher wie eine hübsche Teestunde bei einer alten Dame, denn wie ein Moment der Leidenschaft vorkam. Ich blieb völlig ungerührt und wies all sein weiteres Werben kategorisch und gnadenlos ab.
Dasselbe galt auch für den Franzosen G. Bringier, mit dem ich mir einen Einstieg ins französische Fernsehen verscherzte. Bringier und Hubert Knapp waren zu dieser Zeit zwei der renommiertesten Dokumentaristen des französischen Fernsehens, sie waren durch Filme berühmt geworden, wie ich sie selbst immer angestrebt hatte: 90 Minuten lang durften ihre Reportagen und Filmdokumentationen mit starken, atmosphärischen Bildern, abgestimmter Musik, Kommentar und Ton sein, das war das, was im deutschen Fernsehen von Anfang an fehlte: die Sendezeiten waren ganz allgemein für meine Filme und meinen eigenen Stil zu kurz.
Und das war ja hier in Paris, beim ZDF, nur noch schlimmer geworden. Die beiden Dokumentarfilmer aus Paris hatte ich durch Hans Lechleitner am Anfang meiner Tätigkeit beim Bayerischen Rundfunk in München kennengelernt. Sie waren mit einem Filmteam hergekommen, von dessen Größe und Mannschaft man nur träumen konnte und wir deutschen Redakteure arme Stiefkinder waren; es wurde alles, selbst diese gesellschaftspolitische Reportage, auf 35 Millimeter, das heißt, mit Spielfilmkameras gedreht. Entsprechend waren der Aufwand, die schweren Kameras, die viel ausgeklügeltere Lichtgestaltung und die sonstigen Geräte. Bringier und Knapp waren hergekommen, um für das damals legendäre Polit- und Gesellschaftsmagazin »Cinq Colonnes à la une« einen Beitrag über die Stimmung in Deutschland gegenüber Frankreich zu machen. Lechleitner hatte mich ihnen vorgestellt und empfohlen. Sie fraßen mich förmlich auf vor Begeisterung und wollten ein langes Interview mit mir filmen. Dazu lud ich sie ein in meine Wohnung, die sie dermaßen beeindruckte, daß sie sie für die nächsten Tage mit ihrer Riesenkamera, Tongeräten und Scheinwerfern völlig blockierten. Stundenlang wurde ich abwechslungsweise von Bringier und dann wieder von Knapp interviewt. Wiederum konnte ich – und Lechleitner, der immer dabei war – nur staunen. Das waren Tausende von Metern,

die sie hier mit der größten Selbstverständlichkeit und Nonchalance verdrehten. Aber gleichzeitig mußte ich auch zugeben: ihr Interview war hundertprozentig professionell. Immer wieder versuchten sie mich mit ihren Fragen in die Enge zu treiben, denn ihre Reportage war kein poetisches Filmfeuilleton zum Lobe Frankreichs, nein, ganz im Gegenteil, im Stil von Ertels »Zeichen der Zeit« wollten sie in Deutschland hauptsächlich negative Stimmen zu de Gaulle und seiner Algerienpolitik einsammeln.

Der Stellenwert des renommierten Magazins war damals dermaßen hoch, daß jeder, der in »Cinq colonnes à la une« erschien, am nächsten Tag auf der Straße erkannt wurde. Doch das kam für mich zu spät. Inzwischen war nach den Aufnahmen und der Sendung fast ein Jahr vergangen.

Aber jetzt saß Bringier in meiner ehrwürdigen Schriftstellerbibliothek neben mir auf dem grünsamtenen Sofa und wollte mit mir – wie ich meinte – den Zutritt in die verantwortliche Chefredaktion des Renommiermagazins besprechen. Ach wäre ich doch nur direkt zu einem der großen Vier, Pierre Sabagh, Pierre Lazareff (oder zu seiner Frau Helen, der legendären Chefredakteurin der Zeitschrift »Elle«) oder Pierre Degraupes gegangen: sie hätten mich gewiß mit offenen Armen empfangen.

Statt dessen fing der französische Kollege an, der in München so unterwürfig und ehrfürchtig gewesen war, mir meine Knie und dann meine Beine zu streicheln. Da es in solchen Momenten kein diplomatisches Entkommen gab, hatte ich beim französischen Fernsehen nicht mehr den Hauch einer Chance.

Aber das wollte ich ja eigentlich auch gar nicht, sondern vielmehr mich endlich beim ZDF mit einer eigenen Sendung oder Sendereihe profilieren. Hatte mir das H. H. Westermann nicht in den blumigsten Tönen vorgesungen und mir das Blaue vom Himmel herunter versprochen? Doch der frischgebackene Chefredakteur schien sich selber mit ungewohnten Schwierigkeiten, oder vielleicht auch nur mit neuen Mitarbeiterinnen herumzuschlagen. Die eine war, wie er mir geradezu vorwurfsvoll sagte, »wirklich jung«, so als wollte er damit andeuten, ich sähe zwar jung aus, sei aber doch schon über Dreißig (was wohl wiederum nur bei einer Frau eine Rolle spielen konnte). Wahrscheinlich war es ihm einfach zu mühsam, gegen den ebenso ehrgeizigen wie unfähigen Leiter des Pariser Büros anzukommen und sich ihm gegenüber durchzusetzen. So beschränkte sich meine Tätigkeit weiter ausschließlich auf Tagesschaubeiträge, Specials zwischen fünf und zehn Minuten, für die ich aus Mainz, wie etwa für den Bericht über den Zirkus des Schauspielers Jean Richard nahe Paris, zwar Lob, aber immer noch kein grünes Licht für meine Vorschläge bekam. Mein einziger Trost war der, daß ich mich täglich in die kleine Produktionsfirma an der Ausfahrt von Paris begab und dort ungestört in meinen Schneideraum verschwinden konnte. Nach wie vor begriff ich nicht, warum das ZDF sich nicht ein solches Studio, mit allen notwendigen Räumen, Apparaten und Geräten eingerichtet hatte, es hätten Millionen erspart und erst noch besser und effizienter gearbeitet werden können, aber man zog es wohl vor, einem Zeitungskorrespondenten aus der Provinz die Wahl zu überlassen, dem es nur um die Nobeladresse und das Prestige ging. Das Problem blieb für mich, daß Dieter Wolff nicht nur mich im besonderen, sondern Frauen in unserem Beruf ganz allgemein ablehnte. So sagte er einmal zu einem Leitartikel in der »Zeit« von Gräfin Dönhoff über ein deutsch-französisches Thema abschätzig, das sei eben »typisch Frau«, und deshalb wollte er mir auch die Wahl meiner Themen nicht zugestehen. Er lehnte sie, wie etwa »Edith Piaf«, einfach ab und versuchte immer wieder, mich für politische Sujets, die ihm zu wenig waren, einzuspannen. Diese Art der Zusammenarbeit, die ich nicht gewohnt war, belastete mich sehr, besonders weil der zwar gutmütige, aber unbedarfte Hartmut Stein Dieter Wolff geradezu sklavisch ergeben war und insbesondere dessen Leidenschaft für teuren Whisky teilte. Und da wie der Herr, so 's G'scherr ist, begannen auch die beiden Sekretärinnen, aber ganz besonders der französische Kameramann Alexandre und der Toningenieur gegen mich zu meutern, sobald ich nur versuchte, meine eigenen Vorstellungen und Ansprüche durchzusetzen.

Noch heute könnte ich vor Wut und Reue an die Decke springen, wenn ich daran denke, was nicht nur mir, sondern insbesondere dem Fernsehen entgangen ist an unwiderbringlichen Dokumenten und Interviews, die ich damals machen wollte und von denen nicht einmal Frankreich ausreichende Zeugnisse und Filmaufnahmen besitzt: von allen Großen der Literatur, Theater und Kunst und Kultur kleinere und größere, feine und ganz persönliche Berichte, von den Unsterblichen des Chansons, Jacques Brel, Leo Ferré, Yves Montand, Charles Trenet, Barbara, Patachou, Catherine Sauvage, Juliette Greco und eben – Edith Piaf – ganz zu schweigen.

So brachte ich schließlich mit Mühe meinen Vorschlag durch, einen Bericht über die Pariser Warenhäuser und einen weiteren über die »Große Wäsche«, sprich: die Säuberung der rußgeschwärzten Gebäude der Innenstadt zu drehen.

H. H. Westermann hatte mich in Mainz an Dr. Brobeil delegiert. Er sollte in Zukunft für meine Filme und Sendungen die Verantwortung übernehmen. Ich sah schwarz, denn Dr. Brobeil war mir bis jetzt nur durch seine Direktreportagen aus dem Vatikan bekannt, die Musterbeispiele von altmodischer und konventioneller Langeweile waren.

Doch biß ich in den sauren Apfel und fuhr mit meinem fertig geschnittenen und vertonten Rohschnitt nach Mainz, um in einem Schneideraum dem nicht mehr ganz taufrischen Verantwortlichen mein Werk vorzuführen. Eine Cutterin spannte den Film ein, rückte uns vor dem Schneidetisch die Stühle zurecht, und ich nahm mein Manuskript zur Hand, um zu dem Film meinen Text vorzulesen. Ich ärgerte mich, daß ich wie immer bei dieser Arbeitsphase Herzklopfen verspürte, aber so ernst war mir immerhin noch immer meine Arbeit.

Wie seinerzeit bei Jaedicke und meinem Film über den »Beruf Ballerina« mit der Tschaikowsky-Musik, war ich ganz besonders stolz auf den Anfang meines Films, in dem ich Bilder in Großaufnahme von Fassaden, die mit Sturzbächen von Wasser übergossen und von Hand mit Bürsten gewaschen wurden, zusammen mit einer passenden Musik nach deren Rhythmus zu einer Art Bildballett geschnitten hatte.

Nach nicht mehr als etwa dreißig Sekunden sprang Dr. Brobeil von seinem Sessel auf: »Zu lang, zu lang!« schrie er und raufte sich die noch auf seinem Schädel übriggebliebenen Haare. »Das muß auf mindestens die Hälfte gekürzt und geschnitten werden!«

Ich fühlte, wie mir das Blut zu Kopf stieg. »Bitte, Herr Dr. Brobeil«, sagte ich mit einer Stimme, mit der ich nur unter Schwierigkeiten meine Erregung verbergen konnte, »lassen Sie uns zuerst den ganzen Film anschauen. Nur dann können Sie über eventuelle Längen entscheiden.«

Doch Dr. Brobeil blieb stur, und als ich ihm erklärte, bis jetzt sei ich gewohnt gewesen, meine Filme als Rohschnitt immer ganz vorzuführen, bevor über Kürzungen oder Änderungen überhaupt gesprochen wurde, lief er aus dem Schneideraum.

Kurz darauf kam er wieder und brachte einen jungen Mann mit, den er mir als Herrn Piaggi, Schweizer Landsmann von mir und Regisseur, vorstellte. Piaggi werde nun seinerseits sein Urteil abgeben. Es gelang mir immerhin, meinen vollständigen Rohschnitt vorzuführen. Doch sagte am Schluß auch Herr Piaggi, er finde den Anfang und überhaupt den ganzen Filmbeitrag zu lang. Ich begann nun zum ersten- und zum letztenmal, um einen etwas größeren Filmbeitrag, von dem ich mir zwar nichts Umwerfendes versprochen hatte, der aber doch meine Handschrift tragen sollte, verzweifelt und als ginge es um mein Leben – es ging immerhin um meinen Platz im Zweiten Fernsehen – zu kämpfen. Mit dem Resultat, daß Dr. Brobeil sagte, in Zukunft solle ich meine Filme nicht mehr allein, sondern zusammen mit dem Anfänger Piaggi (der später beim Schweizer Fernsehen Regisseur für Unterhaltungssendungen wurde) machen.

Am 18. März schrieb Dieter Wolff an Dr. Brobeil einen Brief, in dem er ihn bat, sämtliche Absprachen, die mich betrafen, erst mit ihm zu besprechen. Mein Aufenthalt in Mainz hätte das Pariser Büro in terminliche Schwierigkeiten gebracht.

Nach der Sendung sandte ich an Dr. Brobeil bzw. die Fernsehdirektion ein Telegramm:

Meine Sendung wurde ohne mein Wissen in Wort und Bild verändert. Das macht ein maßgebendes Urteil unmöglich. Ist der Sinn einer Fernseh-Korrespondenz nicht der, ein fertiges Produkt abzuliefern und erst dann zur Diskussion zu stellen?
Frohe Ostern.

Als Antwort bekam ich zu hören, daß Herr Brobeil der Ansicht war, durch seine Umarbeitung den Film »gerettet« zu haben. Er sei sich nicht sicher, ob er mir überhaupt noch einmal eine Chance geben sollte. In Zukunft würde er von mir ein vollständig ausgearbeitetes Drehbuch verlangen, ansonsten sei ihm das Risiko zu hoch.

Das hatte ich nun also nach sechs erfolgreichen Fernsehjahren, in denen es mir gelungen war, einen eigenen Stil, neue, künstlerische Regeln, verbunden mit durchaus politischen und gesellschaftspolitischen, anspruchsvollen Kriterien einzuführen und durchzusetzen, eine moderne, weibliche Alternative zu schaffen: man setzte mir Anfängerinnen als Beispiel vor die Nase und einen altmodischen, verkalkten Kulturdoktor, der das neue Medium nach veralteter Schulmeister- und Akademikermanier vor neuen Ideen und Kreativität verschloß und allein seinem nir-

gends erprobten oder bewährten Geschmack vertraute. So einer war von nun an beim ZDF verantwortlich für Kultur!
Und ich hatte gemeint, gerade in diesem Sektor mitreden zu können und durch meine Stellung dem Programm neue Impulse zu verleihen, ja, gar das Fernsehen neu zu prägen!
Für das hatte man mich schließlich engagiert, für das hatte H. H. Westermann mich zum ZDF geholt.
Eine Diskriminierung, wie ich es beim ZDF erlebte, wäre heute wohl nicht mehr möglich. Denn es wurden, wie gesagt, gegen mich nicht nur Barrieren aufgestellt, die mich daran hinderten, frei zu arbeiten wie in Stuttgart oder München bei der ARD, sondern es wurde auch gewaltig intrigiert.
Das hing damit zusammen, daß bei dem Durcheinander, das in den diversen Abteilungen und Redaktionen herrschte, durch einen völlig überforderten Intendanten, der sich darum nicht kümmerte, sondern sich dagegen abschottete, wie ich persönlich erfahren hatte, jeder sein eigener Chef war und sich nur um seine eigene Karriere und den damit verbundenen Ehrgeiz kümmerte.
Immer wieder allerdings wurde ich schon vorher und hier erst recht – wo einige der Chefs fast meine Väter hätten sein können – mit dem Vorurteil, daß ich eine Frau – und dann auch noch jung und attraktiv – war, konfrontiert. Da niemand hier beim ZDF mehr die Leidenschaft, Fernsehprogramm und Filme zu machen, besaß, wie ich sie noch von der »Stuttgarter Schule« her kannte, konnte man sie auch nicht nachvollziehen. Die Kämpfe um meinen eigenen Stil und meine Selbstsicherheit wirkten arrogant und renitent.
Anders ist der Brief nicht zu erklären, den ich damals im Büro des Studioleiters fand und abschrieb. Daß Wolff ihn vielleicht sogar extra hatte liegen lassen, damit ich davon Kenntnis nahm, kam mir dabei nicht in den Sinn: Brobeil schrieb, er hätte aus Stuttgart gehört, ich könne weder interviewen noch anständig texten. Mein Anteil an der Bildgestaltung käme dem Ergebnis nicht gerade zugute, und er könnte in Zukunft auf meine Mitarbeit gut verzichten.

Am 29. 4. 63 schrieb ich an H. H. Westermann:
... Ich habe aus einem dummen und vielleicht unglücklichen Zufall einen Brief gelesen, den Dr. Brobeil an Herrn Wolff geschrieben hat. Ich schicke Ihnen davon eine Kopie, denn für mich ist dieses Schreiben so

ungeheuerlich, daß ich eine Rechtfertigung verlange und von Dr. Brobeil, was die angeblichen Behauptungen von Stuttgarter Kollegen anbelangt. Zudem möchte ich wissen, wie er überhaupt dazu kommt, dies an Wolff zu schreiben, denn das vergiftet das Klima und enthält Unwahrheiten; die sich natürlich auch auf das Arbeitsklima ausbreiten …
Selbstverständlich kann ich unter solchen Umständen mit Dr. Brobeil nicht zusammenarbeiten. Sie sehen, es ist wichtig, daß Sie bald nach Paris kommen.

Dr. Brobeil wurde von H. H. Westermann zur Rede gestellt, ein Gespräch mit Dieter Wolff fand in Paris statt, aber das änderte wenig an der Sache: die Chefs und Abteilungsleiter hatten das Sagen und verfolgten eine Linie, besser gesagt, ein Programm, die meinen eigenen Vorstellungen und Plänen, vor allem aber meiner Arbeitsweise völlig entgegenstand.
Immer wieder kämpfte ich um eine eigene Serie, ein eigenes Team für Feuilletons und Berichte in meinem Sinne, also eine eigene Produktion, ein Pariser Magazin, oder zumindest Kurzberichte, sogenannte »Specials« oder auch nur simple Berichterstattung für die Tagesschau. Doch überall, wo ich anklopfte, saßen bereits die kleineren und größeren Verantwortlichen und Chefs, manch einer hatte »zufällig« wie ich, den gleichen Vorschlag. So ging nicht nur für mich, sondern für das ZDF wichtige Zeit verloren, ich lag brach und damit das Geld, das man in mich investierte. Das geht auch immer wieder aus meinen Briefen, die immer mehr zu Notschreien wurden, hervor:

17. 4. 63 an Helmut Greulich
… Meine Sorgen, wie Sie schreiben, sind keinesfalls getilgt, im Gegenteil. Dr. Brobeil hat meine Sendung so zusammengestutzt, umgeändert und vergewaltigt, daß von mir nichts mehr übrigblieb.
Ich bin mir nun noch nicht im klaren, wie die Weiterarbeit mit ihm gehen soll und ich schreibe Ihnen deshalb noch einmal. Gibt es einen Weg, ihn davon zu überzeugen, daß solche Sendungen und gerade meine, nicht in ein Klischee eingereiht werden können, ja, daß ich eigentlich bis jetzt gerade durch meine spezifische Art, die Dinge anzupacken, Anerkennung bekam? Daß darin doch gerade der Sinn einer solchen Sendung liegt?

Helmut Greulich war zusammen mit mir in Stuttgart gewesen, aber viel später zu dem Team gestoßen und dort noch in einer untergeordneteren Position als ich, aber ich wußte, daß er mir gegenüber integer war und zu den Kollegen gehörte, die mich bewunderten und schätzten. Jetzt saß er im ZDF ungefähr an dieser Stelle, die ich einnahm, als ich nach Stuttgart kam, nur hieß sein Chef Dr. Brobeil und nicht Heinz Huber.

Seine Antwort an mich vom 23. 4. 63:
Das alles klingt nicht gerade erfreulich und es tut mir wirklich leid, daß Ihre Arbeit für Mainz unter so betrüblichen Auspizien beginnt.
Ich habe gestern abend mit Brobeil über Verschiedenes gesprochen und habe bei dieser Gelegenheit auch Ihre Probleme sondiert. Ich hatte den Eindruck, daß er sich vor dem, was Ihre spezifische Eigenart ausmacht, ein bißchen fürchtet; ...
Ich glaube nach der Unterredung, die ich mit ihm hatte, daß er Ihnen dafür freie Hand läßt ...

Das war sicherlich von Helmut Greulich gut gemeint, aber es nützte gar nichts. Im Gegenteil, Brobeil beharrte auf einem peinlich genauen Drehbuch, in dem jede einzelne Einstellung und jedes Wort an seinem festen Platz ausgearbeitet war. Ein Jean-Luc Godard, ein Truffaut, ein Philippe de Broca und all die modernen Filmemacher, welche das »Cinéma vérité« und damit die »nouvelle vague«, das Filmen durch Improvisation und nicht nach Drehbuch, erfanden und damit nicht nur Filmgeschichte, sondern eine neue Art des Filmemachens erfanden – sie hätten bei Dr. Brobeil keine Chance gehabt, sondern wären als Dilettanten und Ärgermacher in der Versenkung gelandet. Wenn ich mich auf sie berief – ohne mich im geringsten mit ihnen zu vergleichen oder sie nachzumachen –, nannte man mich anmaßend, größenwahnsinnig und überspannt. Dabei hatte ich nur parallel zu meinen französischen Filmkollegen (zu denen auch eine Agnès Varda zu zählen ist) meine eigene Technik gefunden, wobei noch hinzuzufügen ist, daß ich eben gerade nicht ein »Elite-Programm«, wie Dr. Brobeil und Helmut Greulich meinten, sondern ein »Genußfernsehen« anstrebte und auch realisierte, wie es später von den Privatsendern – wenn auch unter einem anderen Niveau – vorgemacht und von den staatlichen Fernsehanstalten viel beneidet und – vergeblich – imitiert wurde.

Unterdessen fuhr ich fort, unverdrossen, aber doch in meinem Selbstbewußtsein nicht unwesentlich geschwächt, um eine eigene Sendereihe, oder zumindest regelmäßige Filmbeiträge zu kämpfen.
Tatsächlich war wie immer in meinen niederschmetterndsten Momenten und Situationen ein unerwarteter Lichtblick über mich und meine verzweifelte Lage gekommen, der mich aufmunterte und wie ein Geschenk des Himmels einfach in den Schoß fiel. Aus Berlin kam ein Brief der »Modern Art Film« und ihres Produzenten Hans-Jürgen Pohland, der mit seinem ersten Spielfilm Aufsehen erregt hatte und nun als »jüngster Filmproduzent Deutschlands« Furore machte, was er mit neuen, spektakulären Projekten weiterführen und bestätigen wollte.
Er schrieb, er habe mich schon bei den Filmfestspielen von Berlin erwartet und ob ich Lust hätte, für ihn einen Spielfilm zu drehen. Natürlich fiel meine Antwort schnell und positiv aus, und schon kam er hergeflogen nach Paris.
Ich war gerade umgezogen, denn die Hoffnung, ich könnte in der prächtigen Wohnung an der Place de l'Estrapade bleiben, erfüllte sich nicht, obwohl ich mich in der Zwischenzeit angefreundet hatte mit der betagten Hausbesitzerin. Ihre Tochter kam mit Familie aus Amerika zurück und beanspruchte die Wohnung, das war ja von Anfang an so vereinbart gewesen.
Ich fand eine wesentlich kleinere, aber ebenso typische Pariser Wohnung, beim Boulevard St. Germain um die Ecke, an der legendären Rue des St. Pères, in der viele berühmte Leute, so auch der Schriftsteller Henri de Montherland wohnten. Hier spürte ich den Atem des Pariser Lebens sogar besser, es paßte eigentlich viel mehr zu mir, denn so zurückgezogen wie ich lebte, brauchte ich Lärm und den Trubel und das pulsierende Leben der Großstadt um mich herum viel eher als die Stille eines versteckten Platzes.
Allerdings verfügte ich hier über kein Gästezimmer und selbst Friedel mußte mit den zwei Mansardenzimmern vorliebnehmen.
Apropos Friedel: In einem Anfall von Großzügigkeit, die alle, die mich kannten, sowohl als große Stärke, wie auch große Schwäche ansahen – und die Friedel so geschickt bei mir auszunützen verstand –, hatte ich ihr meinen alten VW-Käfer zum Geburtstag geschenkt. Sie hatte schon lange mit ihm geliebäugelt, als ich Harald Leipnitz seinen weißen VW-Kombi »günstig« abkaufte, wobei ich nie herausfand, ob das »günstig« sich nun auf ihn, den Verkäufer, oder mich, die Käuferin bezog.

Es war mir schon ein wenig mulmig zumute, als ich ihr beim Frühstück, wie ein Lockvogel in der Luft vor ihrem offenen Mund den Autoschlüssel herumschwenkte, denn ich hatte eine Bedingung daran geknüpft: daß sie das Auto für sich behielt und nicht etwa ihrem Schwiegersohn gab, denn ich wußte genau, das war eigentlich ihr Plan. Nun, sie half mir dann beim Umziehen, indem sie Berge von meinen Schriftsachen, Ordnern, Büchern, Fotos und sonstigen Dokumenten in meinen tonnenschweren Oldtimer verstaute und dann für mehrere Stunden im Pariser Verkehr verschwand. Ich schwitzte Blut und litt Höllenqualen, wenn ich daran dachte, sie könnte einen Unfall haben und meine Preziosen damit verlorengehen; außer Atem, keuchend und schweißgebadet kam sie dann schließlich doch mit allem bei mir an, aber ich konnte leicht erraten, wie weit her es war mit ihren Fahrkünsten und ihrer Absicht, den VW für sich zu behalten.
Tatsächlich eröffnete mir Friedel kurze Zeit später, ihr Schwiegersohn habe eine Stelle in New York bei Elizabeth Arden angenommen, und sie ziehe selbstverständlich mit ihm und ihrer Tochter dahin. Eigentlich tat mir dann der Verlust meines alten Fahrzeuges mehr leid als derjenige meiner Kinderfrau, von der man zeitweilig nicht wußte, ob sie meine, oder ich ihre Angestellte war. Aber ich blieb lange Jahre mit ihr und ihrer Tochter befreundet.
Als Pohland kam, war sie aber noch voll und mit ihren gewohnten, präpotent-originellen Ratschlägen da. Ich hatte kein Gastzimmer, aber das störe ihn nicht, meinte der etwa Sechsundzwanzigjährige, der mehr wie ein aufgeblasenes Riesenbaby als wie ein großer Filmproduzent aussah. So legten wir im Salon eine Matratze auf den Boden und Friedel kochte ihm ihre Kohlwickel, die fast ihre einzige, aber tatsächlich bemerkenswerte Spezialität war.
Friedel hatte in Sidney ein kleines Restaurant geführt und oft fragte ich mich, ob es nicht eher im Urwald gewesen war. Eine meiner damaligen Leibspeisen, verlorene Eier, setzte sie mir so lange als hartgekochte Eier in einer Sauce vor, bis sie als Beweis anführte, so seien sie von ihr in ihrem Lokal gemacht worden und auch auf der Speisekarte gestanden. Es habe nie jemand reklamiert.
Ich ließ es darauf ankommen und wettete mit ihr und meinem Besuch aus Berlin, den sie wieder mit ihrer Art »verlorene Eier« abspeisen wollte. Er telefonierte auf meine Kosten in ganz Deutschland herum, bis er schließlich das richtige Rezept von seiner Großtante bekam: tatsächlich

würden richtige »verlorene Eier« im kochenden Essigwasser, ohne Schale, gekocht. Was wir bis jetzt als typische deutsche Spezialität angeschaut hatten, die kam übrigens aus Frankreich, wie so vieles aus der »französischen Küche«, hier stehen sie, meist auf Toast und als Entrée, unter dem Namen »œufs pochés« auf der Karte.
Mit verlorenen Eiern, einer Matratze am Boden meiner frisch bezogenen Wohnung und einer astronomischen Telefonrechnung fing die Zusammenarbeit mit dem Berliner Filmproduzenten an. Aber das gefiel mir: Pohland war ebenso besessen vom Film wie ich und völlig von der »nouvelle vague« infiziert. Einen Spielfilm in diesem »cinéma-vérité-Stil« strebte er an und verlangte er von mir. Schnell einigten wir uns auf ein geeignetes Thema, mein erfolgreiches Hörspiel »Tennis«, das haarscharf an einem renommierten Hörspielpreis vorbeiging (mit Auszeichnungen und Preisen hatte ich kein Glück), sollte die Grundlage für eine filmische Version sein. Als Pohland schließlich nach Deutschland zurückflog, schien es, als könnte einer gemeinsamen Zusammenarbeit, meinem ersten Spielfilm, nichts mehr im Wege stehen. Er meldete Themen und Namen sogar schon bei den Filmfestspielen in Cannes an.
Täglich rief er aus Berlin an, begeisterte sich für das Hörspiel und dann für mein Drehbuch. Ich hatte es mit Leichtigkeit in wenigen Tagen fertiggestellt, da die Vorlage ja schon ausgearbeitet dalag.
Bald wurde ich von meinem Produzenten nach Berlin eingeladen. Wir sollten zusammen einige Tennisplätze besichtigen, um zu entscheiden, ob sie als Drehort in Frage kamen. Ich war noch nie in Berlin gewesen, aber daß meine kleine Tochter und Friedel mitreisen würden, das war für mich selbstverständlich. Niemals hätte ich mein Kind in den Händen einer Angestellten zurückgelassen, vor allem nicht bei meiner so lebenslustigen und sogar ein wenig lebenshungrigen Kinderfrau, die zwischen ihrer Tochter im Hause von den Schwiegereltern in einem Pariser Vorort, ihrem Büro im Pariser Zentrum und unserer Wohnung am linken Seineufer herumirrte. Ob sie dann mein Kind allein in der Wohnung zurückließ, oder es in dem verwirrenden Paris mit sich herumschleppte, das war mir gleichermaßen unheimlich und ich hätte keine ruhige Minute gehabt.
Daß wir zu dritt nicht fliegen konnten, das war auch klar. Die Ausrede, das würde zu teuer, kam meiner Flugangst nur zu gelegen.
So fuhren wir im Schlafwagen 1. Klasse von Paris an, ein Erlebnis, das ebenso unheimlich wie lehrreich war. Die Schlafwagengesellschaft war

russisch, also noch von der anderen Seite des Eisernen Vorhanges. Zum erstenmal lernte ich die Trostlosigkeit und Häßlichkeit der kommunistischen Weltanschauung kennen. Der Schaffner sprach nur russisch, seine schroffe und abweisende Art machten einem angst. Die wurde noch verstärkt, als die Waggons abgeschlossen wurden, weil man durch die »Zone« fuhr. Es schien, als ob man sich plötzlich in Feindesland befände. Ich drückte meine Tochter an mich, als wir vom Fenster aus die uniformierten Volkspolizisten mit ihren schußbereiten Gewehren sahen, so, als ob sie mir mein Kind entreißen könnten. Die ganze Nacht machte ich in dem rumpelnden Zug, der oft aus unerklärlichen Gründen auf offener Strecke längere Zeit stehenblieb, kein Auge zu. Am Morgen spähte ich dann aus dem Fenster, denn wieder gab es vor der Grenze einen langen, endlos erscheinenden Halt, bevor der Zug dann wieder in den Westen und in Berlin einfuhr. Um so mehr genoß ich dann den Berliner Aufenthalt, für den Pohland für uns eine hübsche, kleine Wohnung gemietet hatte.
Pohland wollte unbedingt Liselotte für diesen Film. Ich sagte ihm, daß es dann aber an ihm läge, sie dazu zu überreden, ich würde vorderhand keinen Finger dafür rühren, es sei die Sache des Produzenten und nicht des Regisseurs, die Darsteller zu gewinnen. Es war klar, das verzögerte das Vorhaben ganz gewaltig, denn meine Schwester war wie eine Seife in nassen Händen, die einem immer wieder entgleitet, davon wußten mehr als ein großer Produzent oder sonstiger Fachmann aus der Branche ein Liedlein zu singen. So kehrte ich also wieder nach Paris zurück, diesmal die Tagesstrecke über Hamburg wählend, von nun an blieb Pohland mit mir im ständigen Kontakt.
Am 18. Juli, also drei Monate nach seinem ominösen Schreiben an Dieter Wolff, hatte sich meine Situation mit Brobeil und meiner Tätigkeit für das ZDF noch in keinster Weise verändert, außer daß ich für einen anderen verantwortlichen Redakteur, den »schönen« Hans Medlitzky, der ebenfalls aus Stuttgart, von der »Abendschau« kam und jetzt ebenfalls über mehr Programmgewalt als ich verfügte, einen kleineren Beitrag drehte.
Dr. Brobeil schrieb mir erneut, daß er ein ausgearbeitetes Drehbuch mit vollständiger Bildfolge und einem ausgearbeiteten Text wollte. Als Versuch war ein 15-Minuten-Feuilleton mit dem Titel »Der Sonntag der Pariser« geplant.
Die Meinung von Westermann und Helmut Greulich, Dr. Brobeil wer-

de seine Einstellung durch ihre Intervention ändern und mich frei, oder zumindest freier arbeiten lassen, war also eine freundliche Illusion, ich versuchte es noch einmal direkt mit Wolff:

... darf ich Sie in Zukunft auch bitten, mir etwas mehr Freiheit zu lassen, um Schnittermine etc. zu vereinbaren. Es versteht sich von selbst, daß ich Sie darüber stets umgehend schriftlich informiere, aber es vereinfacht die Arbeit sehr, wenn man alles selber disponieren kann.
Wäre es übrigens nicht möglich, daß wir in irgendeiner Form wöchentliche oder 14tägige Redaktionsgespräche führen könnten, in denen wir eine Stunde oder etwas mehr ungestört (nicht im Büro) über verschiedene Dinge uns unterhalten könnten? Ich war während 8 Jahren wöchentlich mindestens einmal aktiv an Programmsitzungen dabei und vermisse einen solchen Kontaktaustausch seitdem sehr ...,
schrieb ich am 8. August.

Doch war es schon von vornherein klar, daß Wolff einen solchen Vorschlag ablehnen würde, er hatte solche »Sitzungen« nicht nötig, sondern war vollständig Herr im Haus.
So wundert es denn nicht, daß ich mehr und mehr aufhörte, mich durchsetzen zu wollen, sondern des öfteren kränkelte, wieder zurück nach München floh und auch verlockende Angebote außerhalb des ZDF nicht abschlug.
So sah sie also aus, meine Pariser Tätigkeit, auf die ich mich mit soviel Entschlossenheit und Begeisterung gestürzt hatte: ich, die ich sonst nie krank war, schleppte noch im August eine nicht ausgeheilte Grippe herum, mußte an Stelle von Exposés und Drehplänen freundliche und unfreundliche, bittende und drohende Briefe schreiben, um endlich meine Ideen und Filme durchsetzen zu können und dem deutschen Fernsehen einen weiblichen, oder zumindest pariserischen Touch zu verleihen. Ich kam mir vor wie Madame de Staël, die von einem misogynen Tyrannen mundtot und ins Exil geschickt worden war mit dem Befehl: »Frauen sollten beim Strickstrumpf bleiben«, doch hieß der immerhin Napoleon!
Kein Wunder, daß ich nach allem, was mir da von außen angetragen wurde, wie nach den Sternen, aber immer mehr auch wie eine Ertrinkende nach dem Rettungsring griff.
Da kam mir Pohlands Spielfilmprojekt ebenso recht wie ein anderes un-

erwartetes Superangebot und – nach langen Monaten des Darbens und des keuschen Lebens, eine pikante, ganz heiße private Affäre.
Schon in München, als ich noch beim Bayerischen Fernsehen war, hatte mir Liselottes Presseagent Hans Krüger-Franke seinen Freund und Kollegen Josef von Ferenczy ins Haus geschickt. Das sei genau der Mann, den ich brauche, meinte er, der werde mich im ganzen Dschungel der deutschen Presseerzeugnisse einführen und mir einen Namen als Autorin und Journalistin machen. Ferenczy meldete sich daraufhin bei mir an und klingelte eines Tages an meiner Wohnungstüre. Herein kam ein geschniegelter, kleiner Herr im taillierten, hellbraunen Wildledermantel, strahlend vom perfekt gezogenen Scheitel durch die Brillantine-gezähmten schwarzen Locken bis zur gewichsten Sohle, wohlriechend und mit manikürten Händen meine Fingerspitzen zu seinen Lippen führend, um einen einwandfreien Handkuß darauf zu drücken. Er erinnerte mich sehr an die Baronin mit seinem sprudelnden ungarischen Akzent, aber vor allem seiner überbordenden Munterkeit und Herzlichkeit. Daß er es ernst meinte mit seinen Komplimenten, das war leicht zu sehen, seine Bewunderung für mich, mein Aussehen, meine Arbeiten und meine Wohnung besaß nicht den kleinsten Anflug von Zweideutigkeit, ich glaube, Ferenczy war der einzige Mann hier in München (außer meinem Chef Hans Heigert), der nicht sofort – und überhaupt nie versuchte, aus unseren beruflichen Beziehungen auch eine private zu machen. Er war ein treuer Ehemann, vielleicht war das ungarisch, aber sicher ein Geheimnis seines Erfolges.
Ich behandelte ihn damals anläßlich unserer Begegnung ziemlich von oben herab. Die Zeitschriften und Illustrierten, die er belieferte, schienen mir halbseiden und weit unter meinem Niveau zu sein. Ich wollte weder eine Gesellschaftskolumnistin noch eine Klatschtante oder schon gar nicht eine Mitarbeiterin irgendeiner Frauenpostille werden, das sagte ich ihm ganz gegen meine Gewohnheit offen und kühl in sein rosiges Gesicht.
Allenfalls für den »Spiegel« oder »Die Zeit« oder gerade noch für den »Stern« würde ich mitarbeiten und unter einer eigenen Kolumne ginge es nicht. Von Stuttgart geprägt und jetzt Mitarbeiterin von Hans Heigert, dem späteren Chef der »Süddeutschen Zeitung«, hatte ich ein großes Vorurteil gegen die gesamte sogenannte Yellow- und Springerpresse, und Ferenczy, der diese hauptsächlich repräsentierte, nahm es katzbuckelnd zur Kenntnis.

Aber wie gesagt, das war noch in München, wo weder mein Interesse noch mein Ehrgeiz allzu groß waren, neben meiner Fernseharbeit noch für Zeitschriften tätig zu sein.
Das änderte sich ein Jahr später, in diesem unerfreulichen Herbst, als ich das Angebot von Ferenczy, doch einmal mit der »Quick« Kontakt aufzunehmen, da sei man an mir höchst interessiert, wie ein Licht in einem Tunnel empfand.
Die »Quick« war jahrelang im Schatten von Henri Nannens »Stern« gestanden, jetzt hatte das neue, geniale Chefredakteurtandem Günter Prinz und Michael Hagen das lecke Schiff wieder flottgemacht und war daran, allen anderen Illustrierten, insbesondere eben dem »Stern«, auf und davon zu segeln. Die groß aufgemachte Serie »Jetzt spreche ich«, mit einer »Lebensbeichte« der vom Schah verstoßenen Ex-Kaiserin Soraya, erwies sich tatsächlich als Geniestreich von Günter Prinz (der später Chef der »Bild-Zeitung« wurde), gerade hatte die »Quick« den »Stern« mit ihrer Auflage überrundet, und das war natürlich ein hervorragender Moment, als ich das Büro der beiden jungen Chefredakteure in München betrat.
Es wurde sogleich Tacheles geredet und mir Handfestes angeboten. Ich sollte Feuilletons für die Quick machen in meinem Stil, diskret, angriffig, frech und süffig und doch nicht ordinär, sondern selbstverständlich fundiert, kritisch und geistreich. Und mit entsprechendem Bildmaterial illustriert müßten sie sein. Als erstes schlugen sie mir einen Bericht über die renommierte Nobelschule Salem am Bodensee vor, sowie einige ähnliche Privatinstitute in Deutschland mit dem gleichen Renommee.
Wenn diese Arbeit so ausfalle, wie man sie sich vorstelle, dann bekäme ich von der »Quick« einen Supervertrag, ließ man mich wissen. Man werde mich aufbauen wie eine deutsche Clare Booth-Luce, erklärte Günter Prinz.
»Die ist doch schon viel zu alt«, sagte ich spitz.
Aber sie kann schreiben, wurde ich belehrt, und bis heute ist mir diese kurze Unterredung haftengeblieben, als Beweis, wie vorwitzig man in der Jugend oftmals sein kann.
Clare Booth-Luce war eine der weltbesten und größten Journalistinnen, spätere amerikanische Botschafterin in Rom – mit ihr oder Oriana Fallacci verglichen zu werden und nach ihrem Vorbild aufgebaut werden zu wollen von einem der ehrgeizigten und skrupellosesten deutschen Zeitungsmacher, das war schon sehr schmeichelhaft. Ich bekam dann

meinen Vertrag und wurde eine, wenn nicht die höchstverdienende Redakteurin und Publizistin, ich kassierte zusammen mit dem ZDF-Honorar und den zusätzlichen Spesen monatlich an die 12000 Mark. Das war auf die Dauer mehr, als meine Schwester mit ihren Filmgagen bekam und für damalige Verhältnisse atemberaubend. Daß ich ohne die Einwilligung des ZDF gar keinen solchen Vertrag unterschreiben durfte, das kümmerte mich nicht.

Irgendwann einmal in diesem Spätsommer 1963 kam Liselotte zu einer Besprechung nach Paris, sie sollte mit dem großen Jean Gabin in einem französischen Film mit dem Titel »Monsieur« die weibliche Hauptrolle spielen, einer deutsch-französischen Ko-Produktion. Nach Paris mußte sie nach Amerika weiterfliegen, zu Drehaufnahmen für einen Film mit Bob Hope in Hollywood, für eine solch wichtige Sache hatte sie Helmut überredet, mit ihr zu kommen. Am Abend luden mich beide zu einem Essen hinter dem Arc de Triomphe an der Avenue des grandes armées ein, am Anfang des Bois de Boulogne, in ein Schlemmerlokal, das damals bei der Haute volée und Filmstars gerade groß in Mode war.

Ich bekam als Tischpartner den deutschen Schauspieler Bernhard Wicki, dem mit seinem Film »Die Brücke« als Regisseur etwas ganz Außergewöhnliches gelungen war: dem deutschen Film zu internationalem Ansehen zu verhelfen. Jetzt war er nach Paris gekommen, um hier mit Ingrid Bergman und Anthony Quinn die amerikanische Version von Dürrenmatts »Besuch der alten Dame« zu verfilmen.

Ich kannte Wicki nur von der Leinwand und von Liselottes Abenteuer während der Dreharbeiten ihres Filmes »Die Zürcher Verlobung« her, als sie mir erzählte, er habe sie unter dem Vorwand, krank zu sein, in sein Hotelzimmer gelockt und sich beim Versuch, sie zu verführen, eine Rippe gebrochen und aus der Nase geblutet, so daß der entsetzte Hotelportier einen Arzt zu Hilfe rief, und nur mit Mühe ein Skandal vermieden wurde. Nicht erst seitdem, schon immer war mir der »ordinäre« Wicki aus tiefstem Herzensgrund so richtig unsympathisch. Und jetzt sollte ich ihn also zu meinem Tischnachbarn in einem der vornehmsten Pariser Restaurants haben!

Der Abend war sternenklar und die Luft lau und voller hinreißender, pariserischer Geräusche und Gerüche, die von dem obligaten Austern- und Meeresfrüchtestand und der Musette-spielenden Musikerin stammten, man saß draußen, an langen Tischen. Ich genoß es wie immer sehr, mit Liselotte und ihrem Mann zusammenzusein, wir hatten uns unendlich viel zu erzählen und das Vierergespräch wurde fröhlich und immer fröhlicher, bis ich bemerkte, daß Wicki ein ganz bezaubernder und geistreicher Erzähler und gleichzeitig ein ganz abgefeimter Schwerenöter war. Daß er mit zwei der größten lebenden Hollywoodstars einen Spielfilm drehte, das erhöhte natürlich noch den Reiz, der ihn umgab und sich immer deutlicher in eine erotische Kraft verwandelte.

Er strahlte, je intensiver wir uns miteinander unterhielten, eine immer wildere, geradezu knisternde erotische Leidenschaft und Männlichkeit aus, die mir zeigte, daß es dabei sicher nicht bleiben würde, jetzt, wo auch er für die nächsten Wochen nach Paris kam. Meine Schwester und Helmut schienen nichts von alledem zu bemerken, sie waren völlig auf sich selbst und ihre Hollywoodreise konzentriert.

Eine Woche später kam auch prompt ein Anruf: Wicki war nach Paris zurückgekehrt und wollte mich zum Essen einladen. Wir gingen ins »Lotus d'or«, das damals beste chinesische Restaurant hinter der Place St. Michel, wo wir uns mit Frühlingsrollen, lackierter Setchuanente, süß-saurem Rindgeschnetzelten und schließlich mit flambierten Bananen- und Pfirsichbeignets und einem Roséwein aus der Provence dermaßen berauschten, daß es nur noch eine Frage der Zeit war, wie lange wir es noch aushalten würden, ohne einander in die Arme zu fallen. Im Hintergrund an einem der Tische saßen Yves Montand und seine Frau Simone Signoret, die uns beobachteten, so als ob sie sagen wollten: Ah, ihr Beneidenswerten, ihr habt es noch vor euch, während wir es schon lange hinter uns haben. Tatsächlich sahen beide, insbesondere aber die große Signoret nicht sehr glücklich aus, ihr Mann hatte sie bei den Dreharbeiten zu dem Film »Let's make love« mit seiner Partnerin Marilyn Monroe betrogen.

Simone Signoret, die in Frankreich ein Monument war und sogar in Amerika den Oscar bekommen hatte, zeigte, daß selbst das nicht genügt, um eine verletzte Frauenseele zu heilen. Und Marilyn Monroe, Sexsymbol und posthumer Mythos, war nicht imstande, Yves Montand – oder irgendeinen anderen Mann – zu halten, sie nahm sich kurze Zeit danach mit siebenunddreißig Jahren das Leben.

Übrigens: ich war noch nicht berauscht und verliebt genug, um nicht zu sehen, daß da eine wunderbare Fernsehstory winkte. Es wäre ein leichtes gewesen, mit Wicki zusammen einen Kontakt dafür zu schaffen. Aber nach Edith Piaf, Marcel Marceau und vielen anderen, mit denen

ich die Drehtermine nicht einhalten konnte, weil ich von Mainz kein grünes Licht dafür bekam, war mir das Risiko einfach zu groß, weder Westermann noch Wolff oder gar Dr. Brobeil waren imstande, mir dafür einen Programmplatz oder genügend Sendezeit zu verschaffen. Für einen Zehn- oder Fünfzehn-Minutenbericht hätte es nicht einmal gelohnt, das französische Traumpaar Montand/Signoret zu derangieren. Mir, aber insbesondere dem ZDF, ging allerdings wieder einmal ein ganz dicker Fisch, ein unwiederbringliches Zeitdokument, durch die Maschen. Da ich lange nicht die einzige Betroffene war mit diesen Problemen, zeigt das nur, auf was für einer Katastrophenwirtschaft – nicht durch einen »Männer-, sondern einen Dilettantenhaufen« – das ZDF in den ersten Jahren aufgebaut wurde. Vielleicht hing das auch damit zusammen, daß durch den Hitlerkrieg die besten deutschen Männer dahingerafft worden waren.
Während dem ganzen herrlichen Essen verschlangen Bernhard Wicki und ich uns mit den Augen, und als wir dann auf die Straße traten, da waren wir nicht mehr zu halten, fielen uns in die Arme und fraßen uns fast auf. Das fiel überhaupt nicht aus dem Rahmen, hier in der Rue St. Adré des Arts, in der rund um die Uhr die Liebe besungen und gefeiert wurde, und selten einer allein blieb. Eng umschlungen mischten wir uns hinein in das fröhliche und liebestolle Treiben, noch nie fühlte ich mich so pariserisch – und so daheim.
Wicki war der erste Mann, dem ich in der neuen Wohnung an der Rue des St. Pères die Türe zu meinem Schlafzimmer öffnete, nicht ohne vorher einen Blick in den kleinen Nebenraum zu werfen, in dem meine kleine Tochter schlief. Dann schloß ich – ebenfalls zum erstenmal leise – die Türe, die sonst immer offenblieb, ebenso schaute ich nach meiner Mutter, die die untreue Friedel vertrat, die zu ihrer Tochter und deren Schwiegerfamilie nach Vésinet zurückgekehrt war. Selbst der Alkoholgenuß konnte mich nicht von dieser mütterlichen Pflicht abhalten.
Aber dann ging die Leidenschaft, die für diesen großen und in seiner sinnlichen Wildheit schönen Mann nun in mir kochte, mit mir durch, so daß das alte, geschnitzte französische Holzbett mit seinen schimmernden Goldverzierungen (in dem die Mutter der Besitzerin, eine neunzig Jahre alte Frau, hier still ihr Leben ausgehaucht hatte) nur so ächzte und krachte und vielleicht zum erstenmal seinen Namen wirklich verdiente. Wicki war einfühlsam und entfesselt und gleichzeitig männlich und hochsensibel, ein Liebhaber, wie er im Buche steht. Ich liebte seinen

Mund, ich liebte auch seinen starken, männlichen Körper, wobei mir ein kleiner Defekt auffiel.
Ich weiß nicht einmal mehr, woher er das kleine Handicap hatte, aber alles funktioniere bei ihm tadellos, nur könne er keine Kinder haben, sagte er. Das störte mich zwar nicht, aber als Frau reagierte ich irritiert und neugierig. Wie mußte man sich fühlen, als Mann, mit einem solchen körperlichen Handicap? War das nicht auch genauso wie bei Curd Jürgens, wegen dessen »Kinderlosigkeit« meine Schwester ihm nach seinem Heiratsantrag einen Korb gab?
Aber ich dachte ja weder daran, Bernhard Wicki zu heiraten, noch hatte ich Lust, ein zweites Kind zu bekommen. Im Gegenteil, nicht immer aufpassen und rechnen zu müssen, bevor man mit einem Mann ins Bett stieg, das machte die ganze Sache nur noch schöner. Und daß mein entfesselter Liebhaber mit der Schauspielerin Agnes Fink verheiratet war, das wußte ich genauso wie jedermann. Er habe mit ihr telefoniert, teilte mir Wicki am nächsten Tag mit, sie lasse mich grüßen und habe gesagt, sie fände mich ganz besonders nett.
War die große Schauspielerin Agnes Fink nun so naiv, oder hatte sie mit ihrem fulminanten Mann ein Arrangement getroffen? Daß sie eher wie eine prüde alte Jungfer als wie eine sexbesessene Ehefrau eines leicht verführbaren Frauenlieblings aussah, das wußte ich noch von Stuttgart her, wenn sie jeweils für Gastspiele zu Jedele oder Gottschalk ins Büro kam.
Dafür war sie eine großartige Schauspielerin, die wohl alles Ungemach mit ihrem Mann auf der Bühne kompensieren konnte. Am nächsten Morgen ging Wicki in die Studios in Boulogne-Billancourt und ich wollte mit meinem Auto ins ZDF-Büro fahren. Noch völlig benommen von der turbulenten Liebesnacht und dem Überschwang meines Herzens ging ich zu der Stelle am Boulevard St. Germain-des-Près, an der ich regelmäßig meinen Wagen parkte. Daß es eine Bushaltestelle war, hatte mich bis dahin noch nie gestört, ich verließ mich auf meine ausländische Nummer und die berühmte Pariser Flexibilität. Mein Auto aber stand an diesem Morgen nicht mehr da. Ich suchte nicht nur an dem berühmten Boulevard auf und ab, sondern auch in meinem armen Hirn, ob ich etwa in meinem Alkohol- und Liebesrausch doch einen anderen Parkplatz gefunden hätte. Aber es war nichts zu machen, ich fand es nicht und war nun überzeugt, es sei gestohlen worden. Aufgeregt telefonierte ich zuerst ins Büro und dann der Polizei, von überall wurde mir ge-

raten, doch lieber nachzuforschen, ob es etwa abgeschleppt wurde. Zähneknirschend bekam ich dann die Bestätigung, ich mußte mein Vehikel außerhalb Paris, in der »fourrière«, abholen und erst noch eine gesalzene Buße bezahlen. Den ganzen Tag verlor ich damit, aber ich klagte dem Verantwortlichen derart mein Leid, daß er mir die Buße erließ.
Wicki schmunzelte verständnisvoll, als ich ihm später alles erzählte und gab mir nun seinerseits sein Mißgeschick bekannt, mit dem sein Auto Pariser Bekanntschaft gemacht hatte: Er knallte am Rond point, zwei Schritte von unserem ZDF-Studio entfernt, mit seinem dicken Jaguar frontal mit einem anderen zusammen und wachte, unverletzt, aber benommen, in einem Blechsalat von Totalschaden auf, als eine ihm bekannt vorkommende Stimme flötete: »Aber Berni, was machst du denn da?« Es war die als »Seelchen des deutschen Films« bekannte Maria Schell, die ausgerechnet in diesem Moment in Paris zu dieser Ecke kam!
Als Wicki wieder zurück nach Deutschland fuhr, weil die Dreharbeiten hier zu Ende waren und anderswo weitergeführt werden sollten, hatten wir eine ganz tolle und wunderschöne Affäre hinter uns, die noch lange nicht zu Ende schien. Wir verabschiedeten uns lange und herzzerreißend, und ich richtete es ein, daß auch mich die Unterhandlungen mit der »Quick« bald wieder nach München führten. Hier wohnte Bernhard Wicki mit seiner Frau in einem kleinen, hübschen Haus, in das er mich am Abend unseres Wiedersehens einlud.
Zuerst empfing er mich nicht alleine, ein gutaussehender, nicht mehr ganz junger, etwas verlebter Gast, Typ »alternder Playboy«, den er mir als seinen besten Freund vorstellte, begrüßte mich mit einem tiefen Blick. Es wurde mir auch gleich ein Glas Sekt eingeschenkt, nachdem ich den goldfarbenen Chivas Regal abgelehnt hatte. Es war nicht schwer zu erraten, daß Wicki, aber vor allem sein Freund, schon etwas angesäuselt waren.
Deshalb wurde das Gespräch denn auch sehr bald recht schlüpfrig und animiert, da ich sehr verliebt war, glaubte Wicki offenbar auch, ich sei für noch mehr als bloße Jungmädchenliebe bereit. Jedenfalls erklärte er mir sehr subtil, aber doch unmißverständlich, wenn ich Lust hätte, dann könne ich mit ihm und seinem Freund zusammen schlafen. Das sei unendlich »geil«, fügte er hinzu, wenn zwei Männer sich in einer Frau gleichzeitig spürten. Ich war durch den Sekt, aber besonders durch meine Gefühle beduselt genug, um nicht gleich in Ohnmacht zu fallen

und tatsächlich wie eine Unschuld vom Lande oder aus einem anderen Jahrhundert zu reagieren. Dankend lehnte ich deshalb ab, doch daß ich ziemlich schockiert war, das fiel dem sensiblen Wicki natürlich sofort auf. Er entschuldigte sich und gab dem Freund einen Wink, der augenblicklich verschwand.
Er hätte halt gemeint, so etwas mache mir vielleicht Spaß, entschuldigte sich Wicki immer wieder, es gäbe Frauen, die hätten an so etwas Freude und es sei durchaus nichts Verbotenes oder gar Perverses daran, sondern einfach nur ein etwas intensiveres Liebesspiel. Ich fing an zu weinen und warf ihm vor, er liebe mich nicht. Da nahm er mich an der Hand, ging mit mir in den ersten Stock und in ein Zimmer, in dem ein Himmelbett mit einem luftigen Baldachin aus weißem Schleierstoff dominierte, so leicht und luftig und jungmädchenhaft, daß es fast ein wenig kitschig wirkte.
»Das ist Agnes' Zimmer«, sagte Wicki, ehe ich überhaupt meinen Mund aufmachen konnte, und warf mich auf das Himmelbett, um mich sogleich tatsächlich in den siebenten Himmel zu verführen.
»So, das ist der Beweis, daß ich dich liebe«, sagte er nachher, als wir versöhnt und schmusend nebeneinander lagen, »noch nie betrat jemand anderes dieses Zimmer, schon gar nicht eine Frau. Ich hoffe, das ist dir Beweis genug.«
Tatsächlich hätte ich mir niemals das Ehe-Heiligtum – übrigens deutlich erkennbar als Einzel-, nicht als Doppelzimmer konzipiert, der herben und streng wie eine Klostervorsteherin wirkenden Schauspielerin so vorgestellt wie einen heimlichen, verborgenen Jungmädchentraum.
An einem der nächsten Tage kam Bernhard Wicki zu mir in die Wohnung, er hatte ein Gewehr umgehängt. »Ich habe ein Angebot für einen neuen Film in Amerika«, sagte er, »du kannst wählen.« Er schlug mir nun vor, regelmäßig »zur Jagd zu gehen«, das hieß, das würde er seiner Frau sagen, um unsere Zusammenkünfte regelmäßig zu gestalten. Wenn ich ablehnte, würde er den Film machen und nach Amerika gehen.
Die »Quick«, Wicki und die schöne Wohnung waren nun also genügend Grund, Paris untreu zu werden und mehr oder weniger nach München zurückzukehren. Doch ich hielt auf die Dauer weder das eine noch das andere aus, riet meinem Liebhaber, dessen Jagdlust mir überhaupt nicht paßte, seinen Film zu drehen, bat die »Quick« noch um etwas Bedenkzeit, bevor ich den verlockenden Vertrag unterschrieb, und kehrte

reumütig nach Paris zurück, um es noch einmal mit dem ZDF zu versuchen. Warum ließ mich die renommierte Illustrierte mit ihrem dynamischen Chefredakteurtandem das machen, wofür ich eigentlich zum Fernsehen gegangen war? Die Aufgaben, die an mich herangetragen wurden, eigneten sich ebensogut oder noch besser für meine Film-, als nur bloße Schreib- und Journalistentätigkeit. Also fing ich an, bei Wolff und Co. noch einmal zu hausieren. Was blieb mir bei der autoritären und unflexiblen Haltung dieser verantwortungslosen Verantwortlichen anderes übrig!

Am 19. Oktober schrieb ich an Dr. Brobeil:
In der Beilage sende ich Ihnen jetzt das Manuskript für »Sonntag in Paris«. Ich habe Ihnen eine vollständige Textangabe gemacht, möchte aber beifügen, daß sowohl durch Bild und Ton noch Modulationen eingeräumt werden, besonders im Text noch etwas anders formuliert werden kann. Doch nur innerhalb des genau angegebenen Rahmens. Ich bitte Sie sehr, das zu berücksichtigen, denn dieses Minimum an Unmittelbarkeit müssen Sie einem Dokumentarstreifen schon einräumen. Ich habe zu gleicher Zeit noch zwei Manuskripte, die ich Ihnen in der gleichen Form in den nächsten Tagen zusenden werde: »Paris hat schlechte Laune« und »Das Pariser Warenhaus – eine eigene Welt«.
Ich erwarte nun gespannt Ihre Antwort und danke Ihnen dafür bereits im voraus …

30. Oktober 1963
Sehr geehrter Herr Westermann,
… Im weiteren verlangen Sie von mir konkrete Vorschläge. Lieber Herr Westermann, ich sende seit neun Monaten nichts anderes. Ich habe mindestens zehn Vorschläge für Filmfeuilletons im Frühjahr schriftlich, mit Details und Textangaben nach Mainz geschickt. Ich habe Herrn Dr. Brobeil vor 14 Tagen ein vollständig ausgearbeitetes, wenn für mich auch nicht definitives Drehbuch geschickt … Ich habe Herrn Warner eine Sendung vorgeschlagen. Sie verlangen von mir nun doch nicht, daß ich diese Vorschläge alle ausarbeite, während bereits vorliegende nicht einmal diskutiert werden …

Meine Mutter, die seit dem Weggang der multikulturellen Friedel bei mir wohnte und meine kleine Tochter betreute, wenn ich ins Büro oder sonstwie arbeiten mußte, war der Aufgabe auf die Dauer nicht gewachsen und nervlich noch nicht so stark, um in der aufregenden Heimat- und Lieblingsstadt ihrer Mutter stabil und seßhaft zu bleiben. Ich schaute mich – noch in München durch Wicki und die »Quick« in Atem gehalten – nach einer neuen Hilfe um und gab dafür wie immer nach bewährter Methode ein Inserat auf. Die Baronin wollte mir bei der Wahl helfen, sie hatte große Übung mit Dienstpersonal.

Schließlich entschied ich mich mit ihrem Segen für eine merkwürdige Person, die wohl wieder einmal niemand außer mir aus all den Bewerbungen ausgewählt hätte, der Titel »Elsi, die seltsame Magd« der Jeremias-Gotthelf-Geschichte hätte wunderbar zu ihr gepaßt, auch wenn sie sich Johanna nannte.

Eine hochaufgeschossene, magere Rumänin Anfang Sechzig, mit graumeliertem, dauergewelltem Haar, wie ich es von meiner Mutter her kannte, als eine Dauerwelle noch Glückssache war, plumpen schwarzen Lederschuhen und einem verwaschenen Baumwollkleidchen und mit rollendem R deutsch radebrechend, stellte sie sich vor, keine Schönheit, aber mit irgend etwas, was einem zu Herzen ging. Dann konnte sie auch ein erstklassiges Zeugnis vorweisen, schwärmte von einer Stelle bei mir ebenso wie von Paris, und als sie zu der Baronin auch noch von Ergebenheit und Treue gegenüber einer »Herrschaft« sprach, da sagte sogar die in solchen Dingen erfahrene und schwergeprüfte ehemalige Ungarin, Johanna sei die richtige für mich.

Das bestätigte sich dann auch, als Johanna einige Tage nach mir mit Kisten und Koffern, Lampen, Büchern, einem Lehnstuhl und mehreren gerahmten Heiligenbildern in Paris ankam. Ich mußte für ihr Gepäck einen kleinen Möbelwagen bei »Hallo Frêt« bestellen – ihr ganzes Hab und Gut kam mit ihr zusammen an der Gare de Lyon an und ich war heilfroh, den ganzen Krempel oben in die zwei Mansardenzimmer verstauen zu können, wo sie außer sich vor Glück und Seligkeit einzog.

Die ganze Nacht sei sie durch Paris gelaufen, sagte sie strahlend am nächsten Tag, als sie pünktlich unten in der Küche erschien und darauf beharrte, mir das Frühstück auf einem Tablett ans Bett zu bringen. Das war mir neu, aber durch die vielen Sorgen und das gestörte Familienleben durchaus angenehm, glaubte ich doch damals noch, daß ich zu der Kategorie Nachtmenschen gehöre, die spät ins Bett kommen und spät aufstehen, ich schlief sehr schlecht und fühlte mich am Morgen oft un-

ausgeschlafen und holte das Versäumte nach – da kam mir der hartnäckige Vorschlag mit dem ergebenen Augenaufschlag, mir das Frühstück samt Posteingang ans Bett zu bringen gerade recht und wirkte wohltuend, wie eine indirekte Streicheleinheit.
Auch daß sie die erste Nacht bis zum Morgengrauen außerhalb der Wohnung verbrachte, mußte ich ihr nachsehen, angesichts der Verklärung, die ihr beim Aufzählen der Sehenswürdigkeiten und ihrer Begeisterung für diese Stadt auf dem Gesicht geschrieben stand, sie war einfach trunken vor Glück, Paris noch einmal in ihrem Leben in natura zu sehen und hatte die Stadt der Liebe auf ihre Weise umarmt, und irgendwie kam mir das ja sehr bekannt vor.
Mit Bitterkeit und Wut dachte ich wieder einmal daran, daß man mich das nicht in »Literatur«, meine Filme und Feuilletons, umsetzen ließ. Ich ärgerte mich nicht nur und schlug mich neuerdings nicht nur mit den Redaktionen des ZDF, sondern der – wie beim Ersten Programm – immer aufgeblasener werdenden Verwaltung herum:

An das ZDF, Buchhaltung, Mainz
Sehr geehrter Herr Weber,
ich beziehe mich auf mein gestriges telefonisches Gespräch, in dem mir von einem Herrn des Gehaltsbüros mitgeteilt wurde, ich hätte bereits im Dezember 1962 ein Monatsgehalt bezogen.
Ich möchte deshalb heute darauf hinweisen, daß ich mein erstes Gehalt am 3. Februar 1963 bekommen habe. Im Dezember bekam ich lediglich einen Vorschuß für die Reise und den Umzug nach Paris, zudem die Hotelkosten bis zum Bezug der Wohnung. Ich bitte Sie sehr, dies richtigzustellen. Zugleich möchte ich auch schriftlich mein gestriges Gespräch bestätigen, wonach ich
1. *gegen die Pfändung vom Finanzamt rechtzeitig Einspruch erhoben habe,*
2. *keine Pfändungsandrohung vom Finanzamt bekommen habe, sondern nur durch meinen Steuerberater verspätet darauf aufmerksam gemacht wurde,*
3. *den Betrag bis zur definitiven Klärung dieser Nachsteuer bereits dem Finanzamt zur Verfügung gestellt und überwiesen habe. Da auf meiner Bank Daueraufträge für Wohnungsmiete etc. laufen, bitte ich Sie, auf Grund dieser Angaben mir mein Gehalt auszuzahlen.*

Kein Wunder, daß ich da mit wehenden Fahnen in die offenen Arme der als genial und dynamisch geltenden »Quick«-Chefs lief, die mich mit Handkuß das machen ließen und von mir verlangten, wozu das ZDF seit meinem Beginn in Paris nicht imstande war und mir einfach vorenthielt.

Ich hatte deshalb nicht die geringsten Skrupel, als ich dann von München statt zurück nach Paris, zu den Olympischen Spielen nach Innsbruck fuhr, um hier für die »Quick« ein wenig hinter die Kulissen des gesellschaftlichen Treibens zu blicken und daraus meine zeitkritischen, amüsanten und frechen Berichte zu machen. Nicht so frech und vernichtend wie diejenigen von Kollege Hermann Zolling vom »Spiegel«, der mich ständig begleitete, um für das gefürchtete Hamburger Nachrichtenmagazin das gleiche wie ich für die »Quick« zu machen, aber auch nicht so brav und kriecherisch, wie ein Dr. Brobeil es von mir verlangte. Er hatte noch immer nicht begriffen, daß die Abteilung Kultur und Gesellschaft aus dem Lerchenberg, alias Paris, und nicht aus dem Vatikan kam. Zolling und ich gingen zu allen Anlässen zusammen, da gab es viel Pikantes und Amüsantes zu sehen, außer den Großen des Sports, wie etwa das russische Traumpaar Protopopoff und den deutschen Lieblingen und Zweiten, Marika Kilius und Hans-Jürgen Bäumler gaben sich die Schönen und Reichen dieser Erde hier ein Stelldichein, der Schah von Persien mit seiner Schahbanu, der jungen Farah Diba ebenso wie Königliche Hoheiten aus den Nachbarländern, Prinzessin Ira von Fürstenberg, Herbert von Karajan und Romy Schneider. Ich war mit meiner kleinen Tochter und Johanna in einem bescheidenen Hotel eingemietet, in dem man mir aber eine eigene Suite in einem Turm anbot, das war mir weit lieber als eine miese Bude unter dem Dach des luxuriösesten Grandhotels. Um meinen Abstecher nicht nur nach Innsbruck, sondern auch aus dem Vertrag zu rechtfertigen, hatte ich zur Vorsicht einen Krankheitsurlaub verlangt und mir auch gleich ein ärztliches Zeugnis besorgt. So ganz wohl war mir natürlich bei der ganzen Sache nicht, vorsorglich schlug ich dem ZDF die gleiche Arbeit vor, ohne natürlich zu sagen, daß ich den Vertrag für die »Quick« bereits in der Tasche hatte. Als Westermann mir dann kurz und bündig schrieb, ich müßte meine Vorhaben bei der Abteilung Sport anmelden, da fiel bei mir der Groschen. Aus dem ehemaligen interessanten und freundschaftlichen Kollegen, der den Mund so voll genommen hatte, um mich für das ZDF zu gewinnen, war nun einer dieser banalen, ehrgeizigen, verbissen um seine eigene Karriere und den Chefsessel kämpfenden Emporkömmlinge geworden, wie sie jetzt beim Fernsehen immer häufiger wurden. Sie hatten keine Zeit mehr, sich um das Programm und ihre Mitarbeiter zu kümmern.

Sehr geehrte Frau Pulver,
... Bevor ich den Vorgang der Rechtsabteilung übergebe, möchte ich Ihnen die Möglichkeit einräumen, das Vertragsverhältnis vorzeitig zum frühestmöglichen Termin zu lösen.
Ich erwarte Ihre Nachricht und bleibe mit freundlichem Gruß ...,

schrieb er mir am 31. Januar 1964 von der Chefredaktion Politik und Zeitgeschehen in Mainz.
Tatsächlich hatte ich einen Ausstieg aus dem lukrativen ZDF-Vertrag schon seit einiger Zeit erwogen, aber ich ließ mich natürlich nicht einfach auf diese Weise abservieren, selbst wenn meine neue Tätigkeit bei der »Quick« in den Chefetagen des Lerchenberges einige Verwirrung stiftete.
Und das war eben wieder die gute Seite an dem Durcheinander und Chaos im Mainzer Fernsehen, in dem es mehr Chefs und ehrgeizige Wichtigtuer gab als Mitarbeiter, die von dem Medium und seinem Programm etwas verstanden: die rechte Hand wußte nicht, was die linke tat und umgekehrt. An einem Abend traf ich in fröhlicher Stimmung in dem Lokal, in dem der Schah von Persien mit seiner Frau gerne den Gesangsvorträgen von Vico Torriani zuhörte, die oberste Direktionsrunde des ZDF an, welche die direkte Mannschaft von Holzamer repräsentierte, dem einzigen, der nicht da war. Mit Halli und Hallo wurde ich begrüßt und gleich zwischen den »schönen« Programmdirektor Wörner und einige weitere Mitarbeiter des Intendanten in die Mitte genommen, Champagner wurde für mich bestellt und Kaviar- und Lachsbrötchen angeboten. Doch dann war man baß erstaunt, als ich sagte, daß ich mich hier als Berichterstatterin für die »Quick« und nicht für den eigenen Betrieb, das ZDF, aufhalte.
Das gab mir die Gelegenheit, so richtig nach Herzenslust, oder besser gesagt, Herzenstrauer, meinen Kropf zu leeren und nicht nur meine Sorgen im besonderen, sondern die katastrophalen Zustände des ZDF-Betriebes allgemein zu beschreiben. Die Herren, insbesondere der schöne Direktor hörten sich aufmerksam und immer verblüffter die

Schauernachrichten an. Dann begannen sie, mir Abbitte zu leisten und mich zu überreden, zu bleiben und noch einmal ganz von vorne anzufangen. »Wollen Sie es nicht noch einmal ganz neu versuchen?« wurde ich von Wörner immer wieder gefragt.
Ich schüttelte den Kopf, ich sähe schwarz, erklärte ich, denn das Problem bestehe ja darin, daß alles schon wie in Beton festgegossen, unverrückt und die Kompetenzen der einzelnen Verantwortlichen und Abteilungsleiter unverrückbar in einseitig laufenden Schienen sei.
Trotzdem ließ ich mich noch einmal überzeugen und war einverstanden, den Versuch zu wagen. Denn hier, in der lockeren Atmosphäre der Winterspiele, dem erholsamen Zuschauen, oder auch selbst eifrig betriebenen Schlittschuh-, Ski- und Schlittenfahren, in der strahlenden Sonne und dem glitzernden Pulverschnee war es leicht, mit den Größen ins Gespräch zu kommen. Meine Berichte bei der Quick kamen gut an und trugen noch dazu bei, daß man jetzt auch in den Redaktionen und sogar im Pariser Büro plötzlich mir gegenüber einen anderen Ton anschlug. Es schien, als sollten sich jetzt endlich für mich Tür und Tor und vor allem eigene Sendeplätze im Programm aufmachen. Doch als es dann daran ging, die guten Vorsätze auch in die Tat umzusetzen, konnte keiner wirklich über seinen Schatten springen. Wie ich vermutet hatte, war alles schon im voraus durch die ehrgeizig vor sich hin wurstelnden und sich die besten Sendezeiten zuschiebenden Programm-Macher belegt. Am 1. April kündigte ich.

*

Wenn man es pragmatisch und mit rationalen Berufskriterien anschaut, dann war es vielleicht von mir ein Fehler, aus diesem lukrativen und finanziell unglaublich vorteilhaften Vertrag auszutreten, das sagen mir alle, wenn ich darauf zu sprechen komme.
Das ZDF hätte mich nicht rauswerfen können, es gab keinen wirklichen Grund dafür, denn für meine Tätigkeit für die »Quick« hatte ich vorher bei Westermann die Bewilligung eingeholt. Und ich hätte mich mit der Zeit auch mit dem Sender zusammengerauft, denn nach einigen Jahren wurde der ganze Laden mit seinen unfähigen Ladenhütern ausgemistet. Aber ich war weder an einem großen Gehalt noch an Altersrente und Krankenversicherung, einem dreizehnten Gehalt und atemberaubenden Zuschüssen für Spezialaufgaben interessiert. Im Gegenteil, ich hatte bitter erfahren müssen, wie unfrei und abhängig und gelähmt in der

eigenen Bewegungsfreiheit man in einem solchen stolzen Angestelltenverhältnis wird.
Und daß ich mich vor allem nicht in der Weltgeschichte herumkommandieren lassen würde, das bekam dann noch einen ganz besonderen Aspekt, der mich von der Richtigkeit meines Entschlusses noch zusätzlich überzeugte: ich wurde wieder schwanger. Erst viel später dachte ich an die mir entgangene finanzielle Chance. Aber ich hatte ja noch die »Quick«. Es war ein ganz besonderes Gefühl, jetzt wenigstens für dieses aufregende und dynamische Team ganz zur Verfügung zu stehen und frei zu sein. Ich fuhr zwar auch hier nun dauernd in der Weltgeschichte herum, aber ich hatte freie Hand, die Themen anzunehmen oder selbst vorzuschlagen, und immer richtete ich es so ein, daß wir nicht flogen, sondern den Zug und wenn nötig den Schlafwagen benutzten, immer kamen Johanna und meine kleine Tochter mit.
So reisten wir nach Venedig, um einen Bericht über und mit Ira von Fürstenberg zu machen, in ihrem elterlichen Landhaus etwas außerhalb der Lagunenstadt, das einem vor Neid und Ehrfurcht den Atem verschlug. Sogar ein kleines Theater war in das schloßartige Gebäude aus dem 17. Jahrhundert eingebaut. Ein andermal fuhren wir nach Kopenhagen, zu einer jungen Frau, die gerade durch eine zeitgemäße Pop-Gesangskarriere und einige aufsehenerregende Nacktaufnahmen Tagesgespräch war – dabei interessierte es mich mehr, mit meiner kleinen Tochter den berühmten Tivoligarten mit seiner Gespenster- und Achterbahn als die etwas vorwitzige und reichlich bekloppte Dame kennenzulernen, die ebenso schnell vom Bildschirm verschwand wie andere Eintagsfliegen. Aber manchmal hatte Günter Prinz schon damals rein marktwirtschaftliche Ideen, die er mir dann mit den schmeichelhaftesten Komplimenten, ich sei oder werde bald der große Star der »Quick«, schmackhaft zu machen versuchte.
Tatsächlich wurde ich zu dieser Zeit in der Redaktion der nun größten, deutschen Illustrierten auf Händen getragen; besonders da ich mit einigen Berichten, wie etwa dem über die frisch verheiratete Baronin Nadine de Rothschild, die es von der kleinen Schauspielerin zur Frau eines der reichsten Männer gebracht hatte und die ich mit dem Fotografen Hans Mack in ihrem Jagdschloß nahe Paris besuchte, großen Erfolg hatte und Aufsehen erregte. Tatsächlich konnte ich nun vor allem in Paris alle meine Vorschläge, die ich machte, sofort in die Tat umsetzen, ich bekam für alle grünes Licht, da ich Paris besser als alle Auslandskorre-

spondenten des deutschen Fernsehens zusammen kannte und für amüsante und kritische Hintergrundberichte geschult war.
Doch ich wußte: Für mich war das nur eine Übergangszeit. Ich wollte auf jeden Fall irgendwann zu meinen Filmen und Feuilletons zurück. In diesem Sommer war auch des öfteren Hans-Jürgen Pohland wieder da und verfolgte mich mit seinem Spielfilmwahn. Das Einverständnis meiner Schwester zu bekommen, war ihm noch immer nicht gelungen, aber für diesen Film »Tennis« hatte er sich nun einmal auf sie als Hauptdarstellerin festgelegt. Solange sie nicht zusagte, würde der Geldgeber nicht bezahlen, wir kannten das alte Lied. Er wollte mir einen anderen Vorschlag machen. Da sein Film nun einmal bei den Filmfestspielen von Cannes angemeldet war, wollte er einen anderen liefern. »Die Tote von Beverly Hills«, sollte er heißen. Ich solle mal das Drehbuch lesen. Doch mir war die Zusammenarbeit mit Pohland nicht mehr ganz geheuer. Nach meinen Erfahrungen schien er mir jetzt ein wenig wie ein junger Brobeil: zwar wurde er nicht müde, mir seine Bewunderung und heißen Gefühle zu demonstrieren, aber bei den Besprechungen der Dreharbeiten mischte er sich mit viel zuviel Schielen auf die formalen Mätzchen der neuen Spielfilm-Ära ein. Ich sagte ihm, ich könnte ihm Michael Pfleghar, der große Ambitionen für Spielfilme hatte, empfehlen.
So lud ich Pohland zusammen mit Micha, den ich seit unserer Stuttgarter Zeit immer wieder in München oder anderswo getroffen hatte, zu mir in die Wohnung ein, um sie miteinander bekannt zu machen, bevor wir dann zum gemeinsamen Nachtessen in das berühmte Lokal »Le pied de cochon« in den Pariser Hallen gehen wollten. Aber irgendwie begann der Abend merkwürdig, Pohland, Micha Pfleghar und ich hätten der Spottbezeichnung »die drei Parlandos« von Martin Walser alle Ehre gemacht, keiner von uns hatte offenbar Lust, ein einziges Wort zu sprechen, der ohnehin scheue und introvertierte Pfleghar nicht, der pausbäckige Pohland noch weniger und ich am wenigsten. Es packte mich eine dieser Versteinerungen, die meine Töchter später so erstaunten, ich hatte einfach keine Lust mehr zu reden und statt zu versuchen, wenigstens einigermaßen höflich zu sein, nahm ich eine Zeitung und fing zu lesen an.
Diese komische Situation, die von mir als Gastgeberin eigentlich unmöglich war und gegen die sich die beiden Copains von mir überhaupt nicht wehrten, dauerte etwa eine halbe Stunde. Es gelang mir tatsächlich, mich in die Lektüre zu vertiefen. Was fiel mir eigentlich ein?

Für mich war es ziemlich klar: der mollige, kleine Filmproduzent sah neben dem eleganten Pfleghar wie ein unreifer und dicker Schulknabe aus, der darüber nachdenkt, einen Bubenstreich auszuhecken, um die anderen zu ärgern und aufzufallen. Spontan war es über mich gekommen: Micha war einfach hinreißend, und ich wünschte den dicken Pohland zum Teufel. Schließlich war ich schon einmal ganz schön in Michael verliebt gewesen und es sah ganz so aus, als ob sich das hier in Paris, ausgerechnet in der Stadt der Liebe, wiederholte. Und Pohland, selbst noch immer und mehr denn je mit einer Art trotziger Beharrlichkeit in mich verliebt, mußte das, was da zwischen Micha und mir in der dicken Luft knisterte, bemerken.
Schließlich fuhren wir los, in Michaels blitzendem Sportwagen, in dem ich mich sinnigerweise zu seinen Füßen setzte. Pohland bekam nicht nur vom Wein einen roten Kopf, als wir später bei dem wortkargen Essen saßen. Erst als Micha sich dann von dem Filmprojekt sehr angetan zeigte und anfing, aus sich herauszugehen, weil Hollywood sein Traumziel und er in puncto Berufskarriere immer noch ein wenig ehrgeiziger als in der Liebe war, wurde die Situation entspannter und zum Schluß dann noch richtig nett, als ich spürte, daß Pfleghar oben mit Pohland Tacheles redete und unter dem Tisch nach klassischer Manier mit seinem Fuß meine Beine streichelte. Es war selbstverständlich, daß wir uns dann noch ohne den maßlos eifersüchtigen Berliner Filmproduzenten trafen. Pfleghar sagte, er wolle sich in Paris auch eine ständige Bleibe verschaffen und ob wir nicht zusammen eine Wohnung nehmen wollten. Wir beschlossen, das in München bei einem neuerlichen Abendessen zu besprechen. Hier wurde es dann eine hinreißende Sommernacht, die auf meiner Dachterrasse begann, mit einer heißen Umarmung, bei der ich in der Hoffnung, es sei auch für ihn das Maximum, fragte: »Was ist für dich Glück?« und er mir antwortete: auf dreitausend Meter Höhe einen röhrenden Flugzeugmotor unter sich zu spüren – was zwar ein wenig wie eine kalte Dusche, und typisch Pfleghar war, aber nichtsdestotrotz in meinem französischem Bett endete – worauf es mir plötzlich dermaßen schlecht wurde, daß ich den Geliebten nach Hause schickte. Am nächsten Morgen fegte ein Sturm mit Regen und haselnußgroßen Hagelsteinen über München und zertrümmerte meine ganze Fensterfront. Es gelang der armen Johanna nicht, die Tür zu meinem Schlafzimmer zu öffnen, so stark war der Druck. Voller Panik brachte sie meine kleine Tochter zu der Baronin, deren Wohnung auf

der anderen Seite, im Windschatten und von den Windböen geschützt war – als sie kam, um mir schreckensbleich zu helfen, saß ich unversehrt, aber in einer meterhohen Mauer von eiskalten Hagelkörnern in meinem Bett. Es dauerte mehrere Stunden, bis mein Schlafzimmer nicht mehr unter dieser schneeweißen Eisschicht und unter Wasser stand. Ich war von dem Sturm, der fast schon ein Hurrikan war und auf meiner Dachterrasse, aber auch auf allen Balkonen des Hauses die Blumen samt der Erde durch die Luft wirbelte und die ganze Pracht radikal zerstörte, Fensterscheiben, Ziegel und alles, was sonst nicht niet- und nagelfest war, wegriß und durch die Straßen fegte, im Schlaf überrascht worden und hatte nicht eine Sekunde Angst, sondern nur ein einziges Gefühl verspürt: das ist ein schlechtes Omen. So etwas konnte nichts anderes als ein Blitz vom Himmel mit einer obligatorischen Vorsehung sein. Während mich die Baronin in einen dicken Morgenmantel hüllte und mir in ihrem antiken Doppelbett einen heißen Tee servierte, nahm ich meinen kleinen Taschenkalender zur Hand: tatsächlich, ich hatte es zum zweitenmal in einer heftigen Liebesnacht vergessen zu kontrollieren: dieser Samstag war für mich der gefährlichste, das heißt, der Empfängnistag.

Diesmal gab es für mich gar kein Warten auf die nicht eintretende Monatsregel mehr, so sicher machte mich der in meine Wohnung eingefallene Sturm.

Von einem Tag zum anderen veränderte sich von neuem mein Leben, ich wollte mich ganz auf mein zweites Kind konzentrieren und nicht mehr durch eine Fernsehanstalt oder eine Illustriertenequipe gebunden sein. Ich fuhr noch nach Lausanne, zu einer letzten Reportage mit Curd Jürgens und seiner Frau im Hotel Beau Rivage, aber dann sagte ich alles ab, obschon gerade jetzt sowohl das ZDF sowie die »Quick« mit einem sagenhaften Angebot auf mich zukamen. Gunter Sachs war im Begriff, Brigitte Bardot zu ehelichen, wenn ich bereit wäre, mit ihnen auf die Hochzeitsreise zu gehen und darüber zu berichten, würde man mir jeden, auch den schwindelerregendsten Preis, bezahlen. Doch schon daran, daß mich das überhaupt nicht mehr interessierte, merkte ich, daß ich »in anderen Umständen« war. Ende des Jahres löste ich alle vertraglichen Pflichten, auch mit der »Quick«, endgültig auf, ohne natürlich den wahren Grund anzugeben. Daß ich ein zweites Kind erwartete, das ging niemanden etwas an, dachte ich und meinte damals noch, es könnte sogar ein Kündigungsgrund sein. Dem

wollte ich zuvorkommen, um bis zur Geburt meine völlige Ruhe zu haben.
Ich hatte fünftausend Franken gespart, was damals eine stattliche Summe bedeutete, die packte ich samt Kindermädchen und kleiner Tochter ein und verschwand für drei Monate nach Arosa, in die Berge. Als ich mein Geld auf die Bank brachte, schaute der Mann am Schalter mich voller Hochachtung an. Auch für ihn war die Summe, die ich auf ein Konto anlegte, nicht von Pappe. Es waren drei Monate völliger Abgeschiedenheit, in der ich am Morgen an der Schreibmaschine saß, während meine kleine Tochter die Skischule besuchte, am Nachmittag ging ich spazieren und am Abend früh ins Bett. Eine Klausur in Sonne und Schnee, die ich in vollen Zügen genoß und die nur von gelegentlichen Tränen unterbrochen wurde, die ich am Morgen auf dem Kopfkissen fand, wenn ich von Michael träumte, der jetzt in Japan an der Vorbereitung seiner »Tatsarazuka-Show« arbeitete, umgeben von zwei Dutzend blutjunger und bildschöner japanischer Tänzerinnen. Umsonst also, an seine Treue zu glauben oder gar auf ihn zu warten …
Nur einmal unterbrach ich meinen klösterlichen Aufenthalt in dem gemütlichen Holzchalet, als Josef von Ferenzcy mich nach Zürich, zu einer Besprechung im Hotel Baur au Lac bestellte. Er bemerkte nicht, daß ich im siebten Monat schwanger war, denn es umhüllte mich eine rotgefütterte Pelerine mit Samtkragen, aus feinstem Baumwollseidenloden. Auch dann nicht, als ich ihm mein angefangenes Manuskript »Tagebuch einer ledigen Mutter« zur Vermarktung übergab und mich unter einer fadenscheinigen Ausrede weigerte, zum Champagnerglas und Kaviarbrötchen, Hummer und Gänselebertoast zu greifen. Es kam ihm auch nicht der Hauch eines Verdachts.
So war ich mit meiner kleinen Familie auf eine herrliche Weise frei, sorgenlos und glücklich, nie mehr einsam, aber nicht ohne einem kleinen, bitteren Gefühl der Verlassenheit, wenn ich an den Vater – oder die Väter – meiner Kinder dachte. Erst zu der Geburt in Genf stieg ich wieder von den Gipfeln meiner anderen Welt in die Zivilisation und den realen Alltag hinunter.
Ein neuer Abschnitt meines Lebens, ohne das ZDF und ohne Mann, wie ich lauthals verkündete, begann. Der Gerechtigkeit halber muß ich anfügen, daß ich später sehr wohl und unter anderen, fähigen Leuten, wie etwa Dr. Kurt Flaake wieder interessante und schöne Fernsehfilme machte, diesmal aber unter garantierter Freiheit, in Ko- und Eigenpro-

duktion, so den vielumstrittenen Beitrag zum »Jahr der Frau«: »Die befreite Frau – Illusion und Wirklichkeit«, oder »Der dritte Tod der Nina Dyer«, über den Ursula von Kardorff eine ganze Seite in der Münchner »Abendzeitung« schrieb: »... das war beklemmend anzusehen, anzuhören, diese Fernsehschlußballade vom ›dritten Tod der Nina Dyer‹, vom armen, reichen Frauchen, das Tiere mehr als Menschen liebte und deren Hab und Gut nun unter den Hammer kam ... Corinne Pulver hatte die triste Geschichte raffiniert aufbereitet: Somerset-Maugham-Melancholie und ein Schuß Dürrenmatt ...«

ELFTES KAPITEL

Bitte umblättern

Ich lag – oder saß – noch glücklich und braungebrannt wie eine Mulattin in meinem Wochenbett, als aus Köln vom WDR und einem gewissen Kai-Dietrich Wulffen ein Schreiben eintraf: er habe mich überall gesucht, ob ich Lust hätte, mit ihm zusammen das neue Unterhaltungsmagazin »Bitte umblättern« auf die Beine zu stellen und in der Art meiner Filmfeuilletons zu gestalten. Anspruchsvoll und kulturell, spritzig und witzig und immer auch ein wenig frech-kritisch sollte und dürfte der neue Magazin-Beitrag für das Erste Programm sein, vorläufig alle Vierteljahr geplant zur besten Sendezeit gleich nach der Tagesschau.
Mir blieb vor Staunen der Mund offen. Hätte ich so etwas in einem Roman gelesen oder im Kino gesehen, es wäre mir unglaubhaft und kitschig vorgekommen. Denn keine Sekunde hatte ich mir über meine Zukunft Sorgen gemacht und alle Warnungen und Sorgen über meinen Leichtsinn, die ich von meiner Familie immer wieder hören mußte, in den Wind geschlagen. Die fünftausend Franken waren bis auf einen kleinen Rest aufgebraucht, die lukrativen Verträge mit dem ZDF und der »Quick« gekündigt, und bis zu meiner Niederkunft fühlte ich keine Veranlassung, mich um neue Arbeitsmöglichkeiten zu kümmern. Das war nicht Leichtsinn, sondern dieses ungeheure Vertrauen, das ich in meine Fähigkeiten und in meine »Berufung« hatte (wie ich es scherzhaft nannte) und das mir so oft als Selbstüberheblichkeit ausgelegt wurde. In Wahrheit war es einfach so etwas wie ein Glaube, nicht an einen Gott, sondern an einen Schutzengel für »Künstler«, der mich leitete.
Aber als der mich dann tatsächlich in meinem Wochenbett besuchte, da war ich doch sehr überrascht. Nicht nur daß der WDR-Produzent mich pünktlich nach der Geburt meines zweiten Kindes anschrieb, von der er unmöglich etwas wissen konnte, sondern daß der Vorschlag ziemlich genau das enthielt, was ich mir von Anfang an beim ZDF erträumte, näm-

lich ein eigenes kulturelles Magazin, in das man abwechslungsweise entlarvende Zeitkritik, gehobenen Psycho-Klatsch, Schlüsselloch-Humor und gleichzeitig anspruchsvolle Filmkunst und Poesie hineinpacken konnte. Daß dabei nicht ich, sondern Kai-Dietrich Wulffen als Verantwortlicher zeichnen würde, das störte mich nicht, denn die Hauptsache kam noch: er sicherte mir zu, daß ich hauptsächlich von Paris aus arbeiten könnte.
Umgehend sagte ich meine Mitarbeit zu, und nun ging es nur noch darum, den Arbeitsbeginn auszumachen, immerhin hatte ich erst vor ein paar Tagen ein Kind geboren. Die Geburt war kurz, von Mitternacht bis vier, aber in der letzten halben Stunde sehr heftig und eine richtiggehende »Zerreißprobe« gewesen. Ich brauchte unbedingt noch eine Erholungspause, in der ich mich auch um mein Baby kümmern wollte. Aber das sagte ich K. D. Wulffen natürlich nicht, sondern rechnete mir aus, daß ich in etwa sechs Wochen für eine Besprechung und den Drehbeginn wieder fit sein könnte.
Alles war diesmal anders als bei meinem ersten Kind, angefangen schon bei der Schwangerschaft, die man mir fast bis zu der Geburt nicht ansah, während ich das erstemal gut sichtbar zwanzig Kilo zugenommen hatte. Allerdings bekam ich beim zweitenmal dafür deutlich sichtbar sogenannte Schwangerschaftsflecken im Gesicht, die nach den on-dits darauf hindeuten sollen, daß das Kind ein Knabe wird. Deshalb fragte ich den Arzt auch zweimal unmittelbar nach der Geburt: »Sind Sie sicher, daß es ein Mädchen ist?« – Was allgemeines Gelächter bei den umstehenden Schwestern und der Hebamme auslöste. So sicher war ich die ganzen neun Monate lang gewesen, mein zweites Kind werde männlichen Geschlechts sein. Aber im Grunde war mir das natürlich ganz egal, im Gegenteil, ich predigte immer allen, die es hören oder auch nicht hören wollten, daß es für eine Mutter viel leichter und besser sei, Mädchen zu Frauen und nicht Buben zu Männern zu erziehen.
Anders war auch der Rahmen, in den ich nach der Klinik dann mit meinem Baby heimzog. Ihn häuslich zu nennen, das war wohl ziemlich übertrieben, ich hatte zwar eine Wohnung in München und eine in Paris, aber keine mehr in der Schweiz, wo ich jetzt mit zwei Kindern buchstäblich auf der Straße saß.
Immerhin konnte ich für die ersten Wochen in das Haus unserer Großmutter ziehen, das seit ihrem Tod allerdings ein Streitobjekt zwischen unserem Vater und dem Sohn seiner Schwester wurde und ent-

sprechend vernachlässigt war. Jetzt, wo es nicht mehr sonnigen Urlaub, sondern eher Notunterkunft bedeutete, hatte es seinen Charme weitgehend verloren, besonders weil es dauernd regnete und eine neue, halb verrückte Kinderschwester mich mit ihren »Gedichten« verfolgte, während Micha Pfleghar immer unpünktlich – meist erst nach Mitternacht – anrief und alte Wunden wieder aufriß.
Kurz und gut, die Harmonie, der Komfort eines behaglichen, schützenden Heimes, mit einer mütterlichen Kinderschwester, die mein Baby, aber auch mich betreute, die fehlte hier, in dem alten, nur mehr am Rande romantischen Landhaus total und ich bin sicher, daß das auch für Manon – anders als bei Ninon – spürbar war.
Ende Juni war dann unser Cousin mit seiner Familie angemeldet, wie es ihm als Mitbesitzer zukam, ich suchte und fand eine Wohnung in Versoix – das später für uns noch eine große Bedeutung haben sollte – in einem schönen, ebenfalls alten und halb leerstehenden Haus. Es lag am Quai, direkt am See, was eine einzigartige Aussicht am Tage und in der Nacht, sobald es dunkel wurde, Hunderte von Spinnen garantierte, welche sich wie ein krabbelnder, schwarzer Teppich über die weiße Decke legten. Manchmal fielen einzelne davon auch herunter, oder kamen an einem Faden bis aufs Kopfkissen oder ins Bett – zuerst meinte ich, wir hielten das nicht aus, doch dann mußte ich erstaunt feststellen, daß meine Töchter und ich – ja, sogar die jetzt wieder bei uns wohnende Mutter, sich an die verschrienen Krabbeltiere mit ihren langen und feinen Antennenbeinen gewöhnten. Sie waren harmlos und friedlich und sogar diskret, nur selten kam eine uns so nahe, ins Gesicht, daß es uns ein bißchen schüttelte, aber selbst das machte einem dann nichts mehr aus. Am Tag waren sie verschwunden, die Decke strahlte weiß und sauber in unversehrtem Glanz, am Abend kamen sie vollzählig wieder zurück. Ein merkwürdiges und, wenn man Sinn dafür empfand, faszinierendes Naturphänomen. Offenbar zog das Licht der Straßenlaternen dicht unter unseren Fenstern und die Nähe des Sees sie an, heute ist die Besitzerin gestorben, das Haus verkauft und renoviert, Spinnen gibt es da wohl ebenso wie Fledermäuse, Schwalben und Nachtigallen, die ich damals noch beobachten konnte, keine mehr.
Wie flott die Zusammenarbeit mit K. D. Wulffen gleich schon zu Beginn klappte, das zeigte sich für mich darin, daß er mich nicht zu sich nach Köln bestellte, sondern mich gleich zu Scholl-Latour nach Paris ins Außenstudio der ARD schickte. Mit ihm sollte ich mich arrangieren,

daß für meine Stories das Aufnahmeteam und überhaupt jegliche Hilfe zur Verfügung gestellt werden konnte.
Ich weiß – aus verschiedenen Gründen – noch genau, wie ich angezogen war, als ich 1965, genau wie ausgerechnet – nach sechs Wochen in das im dritten Stock an den Champs Elysées gelegene Pariser Büro eintrat, um bei Dr. Peter Scholl-Latour meinen Antrittsbesuch zu machen. Meine Kinder hatte ich in der »Spinnen«-Wohnung zurückgelassen, aber nicht ohne bestens für sie zu sorgen. Keine geringere als Liselottes bewährte Kinderschwester Rösli hatte mir eine Kollegin mit glänzenden Zeugnissen von dem legendären Berner Ausbildungszentrum, dem Säuglingsheim, als Aushilfe während meiner Abwesenheit besorgt. Es kostete mich ein Vermögen, aber es beruhigte mein Gewissen, damit ich mich voll und ganz auf den aufregenden Besuch bei einer der großen Figuren des deutschen Fernsehens konzentrieren konnte.
Ich betrat also in einem dunklen Wildledermantel und goldenen Sandalen an den nackten, braungebrannten Füßen das Studio, das sich vorerst als langer, schmaler Gang erwies, in dem, ungefähr in der Mitte, in einer offenen Türe, an einem Stativ ein junger Mann stand, der an einer Kamera hantierte. Ich fragte ihn nach dem Büro von Dr. Scholl-Latour, und bevor er darauf reagierte, fragte er, wer ich sei. Dann wies er mit dem Daumen nach hinten: »Gehen Sie einfach geradeaus, an allen vorbei bis zur letzten Türe. Das ist Dr. Scholl-Latours Büro. Gehen Sie einfach hinein, er ist noch nicht da, aber er wird gleich kommen.«
Ohne mich aufzuhalten oder mich über die fast ein wenig vorwitzige Art des jungen Mannes zu wundern, folgte ich seinem Rat und befand mich nach kurzer Zeit in Dr. Scholl-Latours Heiligtum. Dieses ließ auf Anhieb mein Herz höher hüpfen: es präsentierte sich genauso wie ich mir ein Außenbüro des deutschen Fernsehens in Paris vorgestellt und selber so eingerichtet hätte: ein großer, weiter Raum, dem man seine Funktion als Arbeitsraum eines versierten Reporters und Fernsehmannes mehr als Repräsentations-Protz ansah. Ein Blickfang gleich hinten an der Wand: eine fast die ganze Fläche einnehmende Land- und Weltkarte, mit allen, verschiedenfarbig eingezeichneten Kontinenten und in diesen steckten, hauptsächlich im südlichen Teil von Afrika, also im Nahen Osten, wie kleine Heere strammer Zinnsoldaten, mit ebenfalls verschiedenfarbigen Köpfen, Stecknadeln, die zeigten, wo die von dem »fliegenden Reporter« bereits besuchten und heimgesuchten (Kriegs-)-Gebiete lagen, nicht selten unter Lebensgefahr für das Filmteam und

vor allem: für sich selbst. Dafür war Dr. Scholl-Latour ja berühmt. Davor ein mit Büchern, Manuskripten, Filmbüchsen und sonstigem Papierkrieg überladener Schreibtisch und einer dieser typischen modernen Drehstühle von Knoll International. Direkt gegenüber die unvermeidliche Besucherecke mit Kanapee, Nieren- und anderen Sesseln aus dieser Zeit, ebenfalls von Knoll International, wie man sie in allen Chefetagen und Direktionszimmern des deutschen Fernsehens damals fand. In puncto Inneneinrichtung zeigte man damals eben keine Fantasie, selbst in Paris, das Büro von Scholl-Latour hätte in dieser Beziehung ebensogut in Köln, München, Stuttgart oder Hamburg sein können. Ich nahm Platz, wartete und war gespannt, der Bildschirm-Berühmtheit Scholl-Latour gegenüberzutreten.
Wie ein Sturmwind kam er dann hereingeweht, entschuldigte sich für seine Verspätung, lachte hölzern und wirkte ein wenig gehemmt. Das wunderte mich bei einem solch großen und für seinen Todesmut bei Reportagen inmitten brandheißer Kriegsschauplätze bekannten Mann. Aber später bestätigte sich dann diese Eigenart, die populäre Bildschirm-Berühmtheit war im persönlichen Gespräch sehr introvertiert und ging nur schwerlich aus sich heraus. Bei mir hatten solche Menschen eine doppelte Wirkung, war einer gehemmt im Gespräch mit mir, wurde ich noch gehemmter, insbesondere, wenn es um wichtige Entscheidungen ging. Das sollte sich bei Scholl-Latour und mir – erst viel später – noch zeigen. Jetzt aber waren wir beide offenbar von dem Überraschungseffekt – und wohl auch der Neugierde – aufgeweckt und mit besten Vorsätzen ausgestattet: Er kam mir mit unerwarteter Kulanz und Kollegialität, wie weiland meine Stuttgarter Kumpel entgegen: »Hier, dieses Büro gehört Ihnen«, sagte er, »bedienen Sie sich mit Telefon und Sekretärin, wie Sie wollen. Und was das Filmteam angeht, das Sie brauchen, bitte ich Sie einfach nur, sich mit mir abzusprechen, damit wir uns nicht in die Quere kommen, falls sich unsere Drehtermine überschneiden.«
Rein äußerlich erinnerte mich Scholl-Latour ein wenig an Siegfried Unseld, dic gleiche, etwas massige, aber sehr männliche Figur, ein ähnlich großflächiges, nicht unbedingt attraktives, aber von innen heraus durch ein Arbeitsfeuer und einen beruflichen Ehrgeiz »erleuchtetes« Gesicht. Nicht umsonst war Scholl-Latour, genau wie Unseld, auch ein »homme à femmes«, einer, der irgendwo versteckt eine angetraute Frau hatte, aber sich immer nur mit anderen, jüngeren und attraktiven zeigte. Ich

bemerkte sehr wohl, daß dies hier, bei unserer ersten Begegnung und seiner ganz ungewöhnlichen Freundlichkeit, auch ein wenig, wenn auch nur unterschwellig und verdrängt, eine Rolle spielte.
Noch im Juli kam ich dann wieder, um für den WDR in Paris und K. D. Wulffens Magazin die erste Story zu drehen. Unter dem Titel »Wer macht eigentlich die Mode mit?« sollte sie ebenso pfiffig hinter die Kulissen der mir nun schon vertrauten großen Modehäuser blicken, wie auch den ganzen Rummel als solchen aufs Korn nehmen, gleichzeitig attraktiv und mitreißend die neuesten Modeverrücktheiten zeigen.
Ich hatte das Thema vorgeschlagen, es war ganz nach K. D. Wulffens Geschmack.
Mit meiner ersten, nunmehr sechsjährigen Tochter Ninon zog ich vorerst ins bewährte Hotel du Lys in »mein« Zimmer. Die Wohnung in der Rue des St. Pères hatte ich behalten, aber an eine Amerikanerin untervermietet. Ich trug mich mit dem Gedanken, mir in einem noch nicht ganz fertigen Neubau an der Avenue Mozart, auf dem rechten Seineufer im zwölften Stockwerk wieder eine Dachwohnung mit einer 200 Quadratmeter großen Dachterrasse ein ganz neues Domizil zu verschaffen und hatte bereits den Vertrag unterschrieben. Bei meiner Rückkehr nach Paris in einigen Wochen würde ich da einziehen. Tagsüber brachte ich mein kleines Kind in eine Privatschule, den »Cours désir«, den schon Simone de Beauvoir besuchte. Zum ersten Drehtag mit dem neuen Filmteam vom Pariser Büro kam ich durch diesen Umweg, den Verkehr und den weiten Weg durch die verstopfte Stadt zu spät an den Treffpunkt, wo die Kamera- und Tonmänner mit ihren Assistenten auf mich warteten. Derselbe Mitarbeiter, der mir bei meinem Antrittsbesuch im Studio so keck den Weg gewiesen hatte und sich jetzt als Assistent des Kameramanns Rolf Friedrich erwies, meckerte und reklamierte, eine richtige Regisseurin habe nicht zu spät zu kommen. Ich fand das ziemlich unverschämt. Doch zeigte sich dann schon sehr bald, daß diese Art Extrovertiertheit und »nicht aufs Maul gefallen sein« mir sehr hilfreich wurde und sich mit meiner oft »schweizerischen« Zurückhaltung und Scheu wunderbar ergänzte. So nahm der junge Mann seinem Vorgesetzten das Gerät einfach aus der Hand, als sich dieser in den parfümierten Edelsalons des Modegottes Jacques Heim zu ungeschickt anstellte, um die Großaufnahmen von unten, von oben – nur nicht vom Stativ –, die ich für Aufnahmen der exquisiten Modelle verlangte – zu begreifen. Ich brauchte nur noch mit den Fingern zu schnipsen oder die

Modelle zu bestimmen und schon zauberte der flinke Kameraassistent geübt wie ein Kunstturner und frech wie ein Voyeur die gewünschten Bildeinstellungen und Aufnahmen her, er scheute sich auch nicht, sich dafür auf den Boden zu legen, um mir meine so beliebten Einstellungen von unten zu liefern.

Eine solch perfekte Zusammenarbeit, eine fast wortlose Übereinstimmung und »kongeniale« Kameraführung war mir bis jetzt noch bei keinem Mitarbeiter vorgekommen. Nicht einmal mit dem auf mich eingespielten Dieter Mährlen gingen die Dreharbeiten so reibungslos.

Klar, daß ich mir den Burschen in den nächsten Tagen, an denen wir noch in den renommierten Salons von Dior, Jacques Esterel, Patou und Yorn weiterarbeiteten, etwas näher ansah. Imponierend allein schon nur, wie der arme Rolf Friedrich, mehr an aktuelle Aufnahmen auf gefährlichen Kriegsschauplätzen mit seinem Idol Scholl-Latour (dem er, wie es hieß, auf den Reisen sogar die Hemden wusch) gewöhnt, seinen Assistenten machen ließ und vor ihm kuschte.

Er hieß Paul Motzko, ein junger, großer, etwas biederer, sehr »deutsch« gekleideter Mann mit einer gut sichtbaren Narbe über dem rechten Auge. Sie stammte aus einem nächtlichen Autounfall im Kongo, wo er für Scholl-Latour Filmaufnahmen machte, wie er mir erzählte. Auch der renommierte Leiter des Pariser Büros hatte längst die Qualitäten seines Kameraassistenten entdeckt und auf ihn ein Auge geworfen. Er wollte ihn weiterhin auf seine Reisen mitnehmen und ihn bald vom Assistenten zum Kameramann machen. So kam ich dem ehrgeizigen Kollegen bald einmal ins Gehege, denn immer häufiger »reservierte« ich mir den begabten Mitarbeiter und längst nicht mehr nur für berufliche, sondern auch für private Belange. Wir richteten es ein, daß wir alle meine Beiträge für das WDR-Magazin zusammen drehten, wofür ich von der Chefredaktion in Köln den Segen bekam, so daß Scholl-Latour zu Paul sagte: »Da habe ich ja eine scharfe Konkurrenz, wobei die Betonung auf ›scharf‹ liegt.«

Was nicht verhindern konnte, daß wir uns ineinander verliebten und nach einigen Hindernissen – Paul lebte mit seiner Frau in Scheidung – zusammenzogen.

Ich behielt meine alte Adresse im »Künstler-Viertel« St. Germain-des-Près, den Vertrag für die Wohnung auf der rechten, »vornehmeren« Seite löste ich wieder auf. Als mir Peter Scholl-Latour seine Wohnadresse nannte, staunten wir: es war genau dieser Loft mit Terrasse, für die ich

bereits den Vertrag unterschrieben, und dann wieder aufgelöst hatte. Indirekt verdankte ich es also ihm, daß ich nicht eine hohe Ablösungssumme bezahlen mußte.
Bevor Paul und ich definitiv zusammenblieben, galt es für mich, meine Beziehung zum Vater meines zweiten Kindes, Michael Pfleghar, abzuklären. Ich wollte mir, aber vor allem Paul, nichts vormachen: Ich war noch zwischen den zwei Männern hin- und hergerissen, meine jüngere Tochter war erst einige Wochen alt und ein Kind bedeutete für mich immer eine starke Bindung zum Vater. Nur weil Pfleghar in Japan war, hatten wir unseren Plan, zusammen in Paris eine Wohnung zu nehmen, noch nicht in die Tat umsetzen können. Würde er zu mir zurückkommen, ich würde mich ohne zu zögern für ihn entscheiden. Denn eben hatte sich Micha Pfleghar in Paris angesagt, um hier unter dem Schutzpatronat von Jedeles und Gottschalks Bavaria Atelier GmbH – (unter ihrer Ägide tatsächlich daran, das »Europäische Hollywood« zu werden) im »Casino de Paris« seine »Tatsarazuka-Tänzerinnen Show« vorzustellen und für eine Fernseh-Sensation zu sorgen.
Ich lud Paul ein, mit mir zur Premiere zu kommen, denn ich hatte von Micha nichts weiter als eine Einladung für das Evenement bekommen, was nicht darauf hinzuweisen schien, daß er sich für seine neugeborene Tochter interessierte. Außer einem Glückwunschtelegramm zur Geburt und nicht eingehaltenen Versprechungen, mich regelmäßig anzurufen, hatte ich nichts mehr von ihm gehört.
Das großangekündigte und mit vielen Vorschußlorbeeren bedachte Spektakel wurde tatsächlich ein Großereignis, an dem auch die gesamte Kultur- und Fernsehprominenz teilnahm. Ich ging vor der Vorstellung zu Micha in die Garderobe und nahm zum Schutz oder als Pretext Paul mit, um die beiden Rivalen einander vorzustellen. Micha war sehr höflich, aber auch sehr reserviert – die Aufregung über die bevorstehende Aufführung und ehrgeizige Bewährungsprobe stand ihm auf der Nasenspitze geschrieben. »Wie geht es dem Kind?« ließ er immerhin verlauten, und ich konterte schnell: »Ich hätte es dir am liebsten mitgebracht.« Woraus er den Vorwurf heraushörte, daß er sich ja sowieso nicht darum kümmere.
»Im Gegenteil«, meinte er, als hätte er meine Gedanken erraten, »wenn du mir die Tochter bringst, werde ich mich um sie kümmern.« Er sagte das ganz ernsthaft, aber dann wurde er gleich weggeholt. Die Vorstellung würde in wenigen Minuten beginnen.

Die Show der mehr als zwanzig bildhübschen und blutjungen Japanerinnen wurde die angekündigte Sensation, ein für Paris überwältigender Erfolg, den man anschließend noch in ein Nobel-Lokal nahe den Champs-Elysées feierte. Ich wurde an den Tisch der Bavaria-Leute, vis-à-vis von Pfleghars Mutter gesetzt. Diskret verzog sich Paul in den Hintergrund an die Theke.
Mehrere Male versuchte ich, mit der Großmutter meiner kleinen Tochter ins Gespräch zu kommen. Aber wie zur Salzsäule erstarrt, blickte sie an mir vorbei und gestattete mir nicht einmal, meinen Blick auf sie, geschweige denn ein Wort an sie zu richten. Unschwer zu erraten: eine uneheliche Enkelin war für sie kein Thema. Auch als ich sie am nächsten Morgen in ihrem Hotel anrief und fragen wollte, ob wir uns sehen könnten, winkte sie kategorisch ab. Aus ihrer Sicht war eine Vaterschaft ihres vergötterten Sohnes undenkbar. Es konnte nicht sein, was nicht sein durfte. Und da ich wußte, wie sehr Micha an seiner Mutter hing, konnte ich von ihm wohl auch nicht mehr viel erwarten. Er hatte sich nicht einmal zu einem kurzen Gespräch mit mir von seinen um ihn herumzwitschernden und -tänzelnden Japanerinnen trennen können.
Ich war geschockt und bat Paul, mir ein wenig Bedenkzeit und eine Erholungspause zu gönnen. Er kehrte für eine Weile nach Köln zurück, um auch seine persönlichen Familienverhältnisse zu klären. Ich wollte warten, ob Micha sich doch noch wie versprochen meldete, um auf seine kleine Tochter wenigstens einen Blick zu werfen. Den Vorwurf, ich sei schuld, daß aus uns zwei nichts geworden sei, mußte ich unter allen Umständen vermeiden. Tatsächlich ließ sich Pfleghar dazu bewegen, uns in der Pariser Wohnung zu besuchen. Er war wie verwandelt, voller Bewunderung für das kleine, niedliche und schweigsame Wesen in seinem luxuriösen Stubenwagen aus blaßvioletten Volants und Schweizer Spitzen und sagte: »Ja, man sieht es an der Nase, die kann nur von mir sein.« Dann lud er mich noch ein zu einem Essen in einem der typischen Touristenlokale, was mir wieder einmal zeigte, daß er sich weder für französische Eßkultur noch für Paris oder Frankreich, noch sonst irgendwie für Lebensart – sondern nur für seine Fernsehshows und Filmpläne wirklich interessierte. Wortkarg und fast verlegen stocherte er in seinem Essen herum – es wäre an mir gewesen, ihn aus seiner Reserve zu locken.
Aber dafür fehlte es auch mir an dem Schuß Ehrlichkeit und Mut, den ich bei Paul so bewunderte. Es schwante mir, daß ich mit letzterem of-

fenbar viel besser zusammenpaßte und mich bei ihm auch viel freier und geborgener fühlte, als mit diesem verwöhnten und erfolgreichen Kollegen und Vater meines Kindes, der ohne Zweifel ein Star war bei der Arbeit, mir jetzt aber eher wie ein geschlagener Hund gegenübersaß und sich auch gleich wieder ins Flugzeug setzte, um nach München, Las Vegas oder Hollywood zu fliegen.

Bis Weihnachten lebten Paul und ich wieder zusammen, gestört nur durch Anstrengungen seitens seiner Mutter und seiner Frau, die beide eine Wiederaufnahme des Ehelebens durchzusetzen versuchten. Erst als Paul mir erklärte, er werde für die Festtage nach Hause zurückkehren, nahm ich das ernst.

Zufällig hörte ich im Büro ein Gespräch zwischen ihm und Stefan Georg Troller, der für sein »Pariser Journal« ebenso das Studio des WDR benutzte und Paul die Leviten las, weil er noch wie ein Kind an Weihnachten zu Muttern zurückkehren wolle. »Ist ja nett, die Kleine«, fügte er – über mich – hinzu. Ich war sehr beleidigt, sowohl über die Art, wie der Kollege, der für mich bei meiner ersten Sendung über die Pariser Mode noch Botendienste erledigte und in einer schäbigen Mansarde wohnte, mich als »nette Kleine« bezeichnete, wie auch über Paul, der in den höchsten Tönen von den Weihnachtsfesten, wie nur seine Mutter sie arrangieren und feiern könnte, schwärmte. Ich beschloß, seine Heimreise als Test anzusehen. Gelang es der Mutter, ihn mit seiner Frau wieder zu verkuppeln, würde ich ihm den Laufpaß geben.

Am 24. Dezember fühlte ich mich dermaßen einsam und verloren, daß ich meinerseits beschloß, zu meinem Vater nach Bern zu fahren. Kein Taxi war an diesem hohen Tag zu bekommen. Kurz entschlossen nahm ich Ninon an die eine, Tragtasche mit Manon, Koffer und Beautycase in die andere Hand, um mit der Metro zur Gare de Lyon zu fahren.

Eine traurigere Zugreise hatte ich noch nicht erlebt, hinter den Fenstern konnte ich überall brennende Kerzen und Weihnachtsbäume erspähen. Mein Vater hatte mich nicht mehr erwartet, vergessen lag der Weihnachtsbaum noch draußen im Garten. Für ihn sei das ein Tag wie jeder andere, wenn er allein sei, meinte er, und die Stimmung war nicht gerade erhebend. Trotzdem fühlte ich mich geborgen im verwaisten Elternhaus, ich konnte hier nach Lust und Laune schalten und walten und zauberte rasch noch ein wenig weihnachtliche Atmosphäre mit Tannenzweigen, Nüssen, Mandarinen und brennenden Kerzen.

Nachdem ich meine beiden Kinder versorgt hatte, blieb ich mit Papa noch eine Weile sitzen. Das stille Haus, vor dem ich mich früher so fürchtete, umfing mich wie ein friedlicher und tröstender Hafen. Weihnachten war nie ein wirkliches Fest der Liebe und der Freude gewesen in meiner Kindheit, trotzdem blieb ein Gefühl von sehnsüchtiger Nostalgie in mir haften, so als könnte ich auch jetzt Wohlbefinden und Zufriedenheit nur durch Entsagung und ein paar heimlich vergossene Tränen genießen.

Am nächsten Morgen erwartete ich, wie versprochen, Pauls Anruf. Als er nicht kam, machte ich mir keine Sorgen. Nach einem Fest, das bei ihm nach rheinländischer Art so üppig und ausdauernd gefeiert wurde, wie er mir erzählte, konnte man sich eine kleine Vergeßlichkeit ohne böse Hintergedanken erklären.

Auch am darauffolgenden Tag blieb das Telefon still, ebenso am übernächsten und so weiter. Erst am dreißigsten Dezember, fast eine Woche später, kam der versprochene Anruf.

Aber was er sagte, hatte ich mir natürlich längst an meinen Fingern abzählen können: zu Hause in Köln war alles anders, da wurde er von seiner so prächtigen und dominanten Familie ganz einfach in sein altes Leben zurückgezogen. Darauf versuchte er gar nicht mehr, sich herauszureden: Ja, er habe mit seiner Frau geschlafen. Raffiniert eingefädelt von Ex-Frau und Mutter: es gab gar nichts anderes als das zur Verfügung stehende, einzige Zimmer.

Ich willigte ein, ihn noch einmal zu sehen. Denn am 2. Januar waren für mich in Köln für eine weitere Wulffen-Story Dreharbeiten eingeplant. Nicht mit Paul, sondern einer sendereigenen Filmequipe. Im Aussichtswagen »Rheingold« fuhr ich schon am Neujahrstag den Rhein hinunter und in Richtung Köln. Die beiden Kinder waren bei Vaters Haushälterin Viola bestens versorgt. Wie so viele Väter holte er bei seinen Enkelkindern nach, was er bei seinen eigenen Kindern versäumt hatte. Paul holte mich am Bahnhof ab, wir wollten noch ein letztesmal zusammen essen, denn daß er zu seiner Frau und dem kleinen Sohn zurückkehrte, besser gesagt, sie mit ihm nach Paris, das war jetzt ausgemachte Sache.

Die für ihre Lebensfreude bekannte Stadt mit ihrem berühmten Dom, dem Karneval und »Kölsch« war mir fremd, und wie so viele Kollegen fand ich sie schrecklich. Mein Schwager Helmut hatte mir schon bei der ersten Begegnung mit Paul schadenfroh erzählt, im ganzen WDR, dem größten Fernsehsender Deutschlands, gebe es keinen einzigen Kölner

in höherer Stellung, dermaßen schlecht und unzuverlässig sei ihr Ruf. Doch all diesen negativen Eindrücken zum Trotz, wurde diese Abschiedsvorstellung dann eine heiße, wilde, unvergeßliche Kölner Nacht. Paul erzählte mir, er sei seit dem Anruf bei mir nicht mehr zu Hause gewesen und habe die ganze Silvesternacht auswärts, in irgendwelchen Lokalen verbracht. Was seine Frau dabei denke, sei ihm egal.
Er habe sich entschieden, am übernächsten Tag werde er mit ihr und seinem kleinen Sohn nach Paris zurückkehren und einen Neuanfang versuchen. Aber was er bis dahin tue, das gehe sie nichts an, er müsse zuerst mit der neuen Situation fertig werden. Ich war voll und ganz einverstanden, für mich zählte nur seine Gegenwart, der gerade stattfindende Moment.
Da es unser letztes Zusammensein werden sollte, »begossen« wir es reichlich. Paul zeigte sich generös und bestellte eine Flasche vom besten Sekt, Champagner war damals in deutschen Gaststätten noch nicht zu erhalten, dafür sorgte erst viel später ein Film von uns und die Einführung der Mode französischer Eßkultur. Ich, die Alkohol im allgemeinen und deutschen Sekt im besonderen nur schlecht vertrug, achtete nicht darauf, und nach dem Essen war ich genau in dem Zustand, wo es einen, wenn man verliebt ist, mit aller Macht zum anderen, in seine Arme, seine Wärme und mit ihm ins Bett treibt, ihm ging es ebenso. Als Trost hatte ich mir einen heimlichen Wunsch erfüllt, um den Verlust von meinem Liebsten und das Alleinsein in der gleichen Stadt zu ertragen: Ich hatte mir im Dom-Hotel, dem teuersten in der Stadt, zu Füßen des imposanten Bauwerks und mit Blick auf den Rhein, ein Zimmer bestellt.
Doch wir hatten nicht mit der strengen Moral und der Prüderie des rheinischen Sündenbabels gerechnet, die außerhalb des Karnevals herrschte: der Nachtportier verwehrte uns ganz schlicht und einfach den Zutritt. »Sie haben ein Einzelzimmer, da müssen Sie auch allein hingehen«, beschied er, so als ginge es darum, das Hotel zu betrügen.
»Dann geben Sie uns halt ein Doppelzimmer«, verlangten wir wie aus einem Munde, doch auch da schüttelte er den Kopf.
»Wir gestatten unter solchen Umständen keine Herrenbesuche«, bestimmte er und wimmelte uns ab.
Es hatte gar keinen Sinn mehr, es mit der Ausrede, »wir sind verheiratet« zu versuchen. Der gewiefte Aufpasser hatte uns längst als bis über die Ohren verliebtes und ziemlich betrunkenes Liebespaar erkannt.

Paul nahm mich an der Hand und nun begannen wir, eine andere Unterkunft zu suchen. Es war bereits weit nach Mitternacht und die besseren Hotels geschlossen um diese unchristliche Stunde. Wir scheuten uns nach der ersten Erfahrung, die Nachtglocke zu bedienen und uns zuerst lang und breit ausweisen zu müssen. Es war schon fast fünf Uhr morgens, als wir endlich in einer lärmigen und eher zwielichtigen Absteige ein Zimmer fanden, eine Art Stundenhotel, zu überhöhtem Preis, aber dafür brachte man uns noch eine Flasche Sekt auf das Zimmer. Durch die Müdigkeit und die Verzweiflung war unsere Stimmung auf Null gesunken und wir drohten, ohne einen weiteren Schuß Energiespender, einfach einzuschlafen.
Der Effekt des Alkohols war denn auch eine sinnliche Überreizung, die eine Art schmerzenden, aber unheimlich intensiven, geradezu verzweifelten Beischlaf erzeugte.
Dann schliefen wir für kurze Zeit ein, hatten uns aber zur Vorsicht wecken lassen. Mit einer Taxe fuhr mich Paul dann noch bis zu meiner Arbeitsstätte, jetzt galt es, wieder in den nüchternen Alltag zurückzufinden. Nur flüchtig, benommen von der wahrhaftig schaurig-schönen Nacht, winkte ich ihm noch zu, für mich war das Kapitel beendet, ich würde ihn in der nächsten Zeit nicht wiedersehen.
Unausgeschlafen, mit brummendem Kopf und vor Zärtlichkeit noch klopfendem Herzen, ging ich an meine neue, wahrhaft umwerfende Aufgabe heran: auf mich warteten sage und schreibe 25 – in Worten: fünfundzwanzig – Mann, um mit mir die nächste Magazinstory zu drehen, eine Reportage über den deutschen Duft- und Kosmetikkonzern 4711. Was war K. D. Wulffen und seiner Produktion eingefallen, mir ein solches Team, als ginge es um einen Spielfilm, zu organisieren?
Auf eine Weise war ich entsetzt, auf eine andere geschmeichelt, allein zehn Mann standen da für die Beleuchtung, Kabelträger dazu, Assistenten, Scripts und Aufnahmeleiter, drei Kameras und Assistenten und ebenso viele für den Ton.
Sie alle warteten auf meine Befehle und schauten mich ergeben und bewundernd an. Nein, ich konnte mich seit dem Beginn meiner Zusammenarbeit mit dem Kölner Sender nicht beklagen, man zeigte mir Respekt und bedingungslose Anerkennung meiner Arbeit. Als ich zum erstenmal in die Rheinmetropole kam, um die allererste Story »Wer macht eigentlich die Mode mit?« zu schneiden, hatte der Produktionsleiter Herr Renner mir im Hotel Eden, ebenfalls zu Füßen des Doms, ein

Zimmer bestellt, und am Morgen war ich von ihm mit zwei weiteren Mitarbeitern höchstpersönlich in einem auf Hochglanz polierten Dienstwagen abgeholt und zu meinem Arbeitsplatz gefahren worden.
Wir drehten mit dem Riesen-Filmteam den ganzen Tag, und nur phasenweise überfiel mich die Müdigkeit, so daß ich mich kaum auf den Füßen halten konnte. Aber die Faszination, einmal ein so großes und professionelles Filmteam dirigieren zu können, war dermaßen anregend und aufregend zugleich, daß es wie ein Aufputschmittel wirkte.
Um 17 Uhr war Schluß, wir würden am nächsten Morgen, um sieben Uhr in der Früh, weiterdrehen.
Ich ließ mich gleich von dem zur Verfügung stehenden Dienstwagen ins Hotel fahren und ging, ohne noch etwas essen zu können, ins Bett. Kaum hatte ich Zeit, mich so richtig allein und elend zu fühlen und noch ein wenig in süßen Erinnerungen zu schwelgen, da war ich schon ins Traumland entschwunden.
Am nächsten Morgen bekam ich an der Rezeption einen Zettel. Paul war noch einmal dagewesen, wollte mich noch einmal sehen. Aber ich sei angeblich nicht da, also schreibe er mir diese Worte zum Abschied. Die Zeit: 18.30 Uhr.
Natürlich war ich dagewesen und es ärgerte mich einen Moment lang, daß man ihm eine falsche Auskunft gegeben hatte – oder hatte ich es in meinem Tiefschlaf nicht gehört? Doch dann siegte die Vernunft – es hätte ja wohl doch nichts geändert und mich nur wieder Kraft und Zeit gekostet –, ich wollte jetzt vorwärts und nicht mehr nach hinten sehen.
Noch zwei Tage drehten wir mit voller Mannschaft, dann hatten wir die Story »im Kasten«.
Jeder einzelne der Mitarbeiter wurde an der Ausgangstüre mit Handschlag verabschiedet und bekam ein Geschenk von 4711 in die Hand gedrückt. Erst da kam mir der leise Verdacht: war das wohl der Grund gewesen, daß plötzlich für einen so kleinen Programmbeitrag ein so großer Aufwand getrieben wurde? Jedenfalls: so wertvoll konnte ein Werbegeschenk einer weltberühmten Kosmetikfirma damals noch sein.
Und Wulffen gab mir auch unmißverständlich zu verstehen: neben all meinen Mode- und Exklusivberichten für die Schönheits-Metropole Paris, hätten die Deutschen halt auch mal das Bedürfnis, ihre eigenen Vorzeige-Errungenschaften auf diesem Gebiet in meinen Berichten zu sehen.
Ich fuhr zurück in die Schweiz und mietete traditionsgemäß in Arosa das

Chalet von Dr. Aeppli, einen um meine Mutter herumschwänzelnden, pensionierten Arzt, um da die nächsten Wochen zu verbringen und mich im Vergessen zu üben. Der »Mann meines Lebens« hatte sich in Luft aufgelöst.

Bis zu meiner Rückkehr nach Paris und unserer nächsten Zusammenarbeit wollte ich ihn definitiv und endgültig aus meinem Herzen gerissen haben, das nahm ich mir vor. Ich stürzte mich ganz in die Arbeit, begann an meinem »Tagebuch einer ledigen Mutter« weiterzuschreiben, auf das noch immer Josef von Ferenczy wartete, und machte diverse Interviews für die »Neue Revue«, unter anderem mit Hazy Osterwald. Diese deutsche Illustrierte war damals noch durchaus ernst zu nehmen und konnte sich sehr wohl mit dem »Stern« und der »Quick« ebenbürtig fühlen. Der Chefredakteur hatte einen Narren an mir gefressen, seit ich von der »Quick« weggegangen war und bestellte bei mir häufig Exklusiv-Interviews, die er dann auch sehr gut bezahlte.

Hazy Osterwald kannte ich noch von meinen ersten Tanzstunden bei der Berner Tanzschule Garbujo her, da hatte er als Klavierspieler und junger Musiker sein erstes Geld verdient. Später begegnete ich ihm im Stuttgarter Sender wieder, wo Michael Pfleghar ihn für seine Fernseh-Shows einsetzte, um internationale Berühmtheit zu erlangen. Noch näher in Berührung mit dem inzwischen meistgefragten Show- und Jazzorchester im deutschsprachigen Raum kam ich durch Dagmar Bergmeister, die Stuttgarter Fernsehansagerin, die in einer turbulenten Beziehung mit Curd Prina, Hazys hochbegabtem Pianisten, liiert war. Auch für das Hazy Osterwald Orchester und Show-Sextett wurde Arosa eine Art Schicksal, in dem nur ein paar Schritte von meinem Wohnort entfernten Kulm-Grandhotel spielte Hazy mit seinen Musikern immer in der Wintersaison.

So begegnete ich ihm wieder, auch als seine erste Frau hier in Arosa Selbstmord beging, wegen der schönen Sängerin Ema, mit der Hazy ein Liebesverhältnis unterhielt.

Nach dem tragischen Ereignis, das natürlich noch lange Tagesgespräch blieb, fragte ich Hazy, ob er bereit sei, mit mir darüber für die »Neue Revue« ein Interview zu machen. Nach einigen Bedenken sagte er zu und stapfte eines Tages durch den Schnee zu mir in mein Chalet hinauf. Es wurde ein ehrliches und zum Teil erschütterndes Geständnis des Musikers, zu dem er voll und ganz stand, auch als es ungekürzt und groß aufgemacht in der Illustrierten erschien. Das sei das Beste, was je über

ihn geschrieben worden sei, sagte mir der bescheiden und natürlich gebliebene Orchestermann, und zum Zeichen, daß es ihm ernst war mit dem Kompliment, schickte er mir auch gleich seine Geliebte, den Scheidungs- und Selbstmordgrund, die schöne Ema her. Auch sie ließ sich von mir ehrlich und willig »ausziehen«, diesmal nicht mit einem wahren Seelenstriptease, sondern indem sie ihren appetitlichen Körper entblößte und sich dem Fotografen im Schnee so weit nackt präsentierte, wie das zu dieser Zeit erlaubt war, nur gerade die intimsten Stellen ihrer üppig aus dem Bikinibüstenhalter herausquellenden Brüste sowie des Unterkörpers waren minimal bedeckt. Kein Wunder, waren die Bilder in der deutschen Illustrierten eine kleine Sensation, was Hazy königlich freute, denn als professioneller Show-Mann war sein Verhältnis zu der Presse locker, auch – oder vielleicht gerade – weil er eher bieder und harmlos aussah, als könnte er niemandem ein Härchen krümmen. Er war in die junge Sängerin sehr verliebt, und mit seinem Interview legte er – was seine tote Frau anbelangte – eine Art Beichte ab.
Ich hatte mich gerade einigermaßen eingelebt in die klösterliche Klausur und Abgeschiedenheit, als mich ein Anruf aus Paris aus meiner Ruhe und Konzentration aufweckte: es war Paul. Mit einem bloßen, eher unverbindlichen Anruf riß er mich wieder hinaus.
Wann ich zurück nach Paris käme, was als nächste Story geplant sei und wann die nächsten Dreharbeiten begännen. Er wollte das, wie er versicherte, nur aus beruflichen Gründen wissen, er müsse es auf Scholl-Latour abstimmen und früh genug einplanen.
Tatsächlich stand auch schon wieder eine neue Magazin-Story in Paris auf dem Plan; ein Bericht über den aufgehenden Stern am Pariser Modehimmel, Paco Rabanne, der mit Kleidern aus Eisen und Metallplättchen, die mit Zange und Hammer zusammengeschraubt statt genäht wurden, weltweit Furore machte. Das Ganze kombiniert mit einem kleinen Skandal, über den ganz Frankreich lachte: eine Fernseh-Sprecherin war gefeuert worden, weil sie auf dem Bildschirm statt dem sittsamen Brustbild ihr nacktes Knie gezeigt hatte, so prüde ging es damals beim Fernsehen selbst im frivolen Paris noch zu. Ich engagierte die Dame – sie hieß Noëlle Noblecourt –, ließ sie ein besonders revolutionäres Paco-Rabanne-Modell tragen und sie damit auf den Straßen von Paris zu einer zündenden und hinreißenden Musik des großen Hammondorgel-Spezialisten Jimmy Smith tanzen.
Ich schöpfte in dieser Zeit viel Musik zur Illustration der Filme aus

Pauls reichhaltiger Schallplattenkollektion, er war ein großer Sammler und Kenner des klassischen, aber auch modernen Jazz, wie ich es schon von Max Bill her kannte, und ich lernte durch ihn so große Namen wie Kenny Burrell, Dizzie Gillespie, Erroll Garner, Charly Parker, Billie Holiday und Jimmy Smith und viele andere kennen.
Der Filmbeitrag über Paco Rabanne war der erste, den Hannes Hoff, der damalige WDR-Unterhaltungsdirektor und oberste Instanz unseres Magazins, mit Handkuß und ohne einen einzigen Einwand oder Kürzung abnahm. Die Zusammenarbeit mit ihm war für mich zwiespältig, auf der einen Seite schätzte er mich und war sehr nett, auf der anderen war er durch Beziehungen zum Fernsehen gekommen, und das wirkte sich bei ihm als große Schwäche aus, der dann schließlich das ganze WDR-Magazin zum Opfer fiel. Aber das war erst im Jahre 1974. Vorläufig lief es noch bestens und ich arbeitete verbissen und begeistert darauf hin, das ganze selbst unter meine Fittiche zu nehmen, natürlich mit Wulffen als Produzent, er hätte es sich, als »Erfinder«, niemals aus der Hand nehmen lassen. Unnötig, hier anzufügen, daß ich mich nach meiner Rückkehr nach Paris mit Paul wieder zusammenfand.
Wir paßten – und insbesondere, wir arbeiteten viel zu gut miteinander, als daß es sich nicht in einer privaten Sympathie und Übereinstimmung niedergeschlagen hätte. Der einzige, der solche perfekte Zusammenarbeit und das Hintenanstehen immer weniger schätzte und den es allmählich immer mehr vergrämte, das war Peter Scholl-Latour.
Als er Paul einmal für mehrere Wochen nach Vietnam mitnehmen wollte für seine Kriegsberichterstattung und er eine Absage bekam, begann es für Paul – nicht für mich – zu kriseln. Scholl-Latour war diesmal bitter enttäuscht. Und das schlug sich dann in einer anderen Konfliktsituation nieder: den ganzen Sommer 1966 hindurch war Paul zwischen seiner Frau und mir hin- und hergerissen. Zwar hatte er sich eigentlich für mich entschieden und seine Wohnung im vornehmen Prominentenquartier Auteuil aufgegeben, aber seine Frau wollte nicht ohne ihn nach Köln zurückkehren. Daß er mich nicht aufgeben würde, das hatte sie inzwischen begriffen, aber sie weigerte sich, einfach aus seinem, das heißt, unserem Leben auszutreten.
Mir gingen diese Weibergeschichten, wie Paul sie oft nannte, wenn auch ihm die Komplikationen zuviel wurden, ziemlich auf die Nerven. Ich haßte es und schämte mich, in diese Art Kampf hineingezogen zu werden, und trotzdem kam ich nicht davon los. Ich war wieder einmal in ei-

ner Liebesbeziehung gefangen, die immer mehr wie eine Krankheit und nicht mehr ein glücklicher Zustand war, es kostete mich schlaflose Nächte, oft war ich sogar meinen Kindern gegenüber unaufmerksam und nervös.
So stellte ich ihm eines Tages ein Ultimatum, er solle sich selber prüfen, zu welcher Frau er nun eigentlich wolle und passe. Sogar daß er dafür für einige Tage zu ihr nach Köln, in die Wohnung seiner Eltern, reiste, nahm ich in Kauf. Lieber ein Ende mit Schrecken, als ein Schrecken ohne Ende, wie man so schön sagt.
Ich benutzte die Gelegenheit, um selbst mit meinen Kindern wieder in die Schweiz zu meinem Vater zu fahren. Dazu hatte ich auch einen triftigen Grund: mit einer neuerlichen Annonce, diesmal in der vornehmen »Neuen Zürcher Zeitung«, suchte ich ein Kindermädchen für Paris.
Viele hatten sich gemeldet, eine einzige wählte ich aus: sie hatte sich, was mich sympathisch berührte, mein eigenes Briefpapier, feines, hellgrau mit weiß gestricheltes Luftpostpapier mit aufgedrucktem Namen kopiert und drucken lassen, immerhin eine sehr touchierende Idee. Und auch ihre Referenzen waren bemerkenswert. Sie hieß Anne Schweiker, stammte aus Ludwigsburg und hatte mehrere Jahre in Winterthur bei einem Friseur als Hausmädchen gedient, sie war fünfundzwanzig und ohne familiären Anhang.
Ich ließ sie nach Bern in das Haus meines Vaters kommen: sie war eine Perle, die ich hier fand. Sie sollte zwölf Jahre bei uns bleiben, wären die Zeiten nicht so anders gewesen und einfach nicht mehr Mode, als Hausangestellte bei einer Familie zu bleiben und die Kinder zu betreuen, die gute Anne Schweiker wäre wohl heute noch bei uns.
Eigentlich hatte ich Paul schon aufgegeben und mich darauf eingerichtet, mit Anne, die uns nach Paris nachfolgen wollte, als alleinerziehende und alleinstehende Mutter ein neues Leben zu beginnen, als mich Paul in Bern anrief. Er habe sich nun definitiv mit seiner Frau auf eine Trennung geeinigt, er kehre endgültig zu mir zurück.
Wir trafen uns dann in Stuttgart, wo mich Heinz Huber für eine weitere Mitarbeit an seiner Serie »Sie 67« hinbestellt hatte. Es sollten Filmportraits über Frauen des Jahres 1967 werden. Georg Friedel schlug mich als Protagonistin vor, ich aber zog es wie immer vor, statt selber zu figurieren, mit der Schriftstellerin Françoise Sagan ein Filmportrait aus Paris zu liefern. Huber war begeistert und nahm mich gleich beim Wort.

Über Bern, wo Paul und ich bei meiner geliebten Tante Elsi einen Zwischenhalt machten und ich der mütterlichen Freundin bei der Gelegenheit meinen »neuen Mann« vorstellte, den sie sofort mit leuchtenden Augen ins Herz schloß, fuhren wir dann wieder nach Paris zurück, wo jetzt auch für mich persönlich ein »Bitte umblättern«, ein ganz neues Leben, begann.

Wir zogen aus der zu klein gewordenen Wohnung aus der zwar romantisch »pariserischen«, aber lärmigen und verschmutzten Innenstadt hinaus in ein hübsches Haus einer Vorstadtgemeinde mit dem schönen Namen Bourg-la-Reine.

Es entsprach genau meinen Vorstellungen, ein Steinhaus »pied-de-taille«, viereckigen, orange-weißen, gehauenen Blöcken mit einem mächtigen Holz-Eingangstor aus der Jahrhundertwende. Es stand in einem großen Garten, den die Besitzerin uns stolz als Musterbeispiel französischer Gartenbaukunst anpries: Die Bepflanzung war so ausgetüftelt, daß vom Vorfrühling bis in den Spätherbst immer etwas blühte. Wir waren begeistert, und im Herbst 1966 zogen wir ein. Nächtelang hämmerten und bastelten wir zusammen mit der inzwischen auch angereisten Anne, um die Inneneinrichtung zu verschönern, legten rote Spannteppiche aus, überklebten den monumentalen Kühlschrank mit einer Tapete mit imitierten Kacheln und malten die antike Badewanne dunkelblau, mit goldenen Füßen.

Alles schien wunderbar, die Schule für meine ältere Tochter war gleich um die Ecke und alle notwendigen Geschäfte, selbst ein schöner Markt und Uni-Prix Kaufhalle waren in dem Vorort vorhanden.

Doch dann verunglückte Paul eines Morgens mit dem Dienstwagen des Pariser Büros und hatte großes Glück, daß er mit einem gebrochenen Bein und dem Schrecken davonkam. Ein Auto aus der Gegenrichtung war von der Fahrbahn abgekommen und frontal in Pauls Wagen hineingefahren. Der Fahrer wurde getötet, und nur weil Paul hinausgeschleudert wurde, überlebte er den Unfall. Bei mir saß der Schock so tief, daß ich mich seitdem nie mehr an das Steuer eines Autos gesetzt habe.

Und mit Scholl-Latour bekam Paul jetzt richtige Schwierigkeiten. Denn wenn dieser bisher ein Auge zugedrückt hatte, so mußte er jetzt selbst seinen Kopf dafür hinhalten, daß Paul den Dienstwagen zum Heimfahren benutzte und ihn erst am nächsten Morgen wieder zurückbrachte. Genau da war der Unfall passiert, und die Versicherung machte Schwie-

rigkeiten. Scholl-Latour hatte keine Lust, für einen Mitarbeiter geradezustehen, der ihn gewissermaßen selbst im Stich gelassen hatte.
So konnten wir denn auch nicht auf Unterstützung von dieser Seite hoffen, als man Paul – auf Betreiben seiner Frau – nach Köln zurückversetzen wollte. Wir berieten uns und trafen dann die Entscheidung: wie ich beim ZDF, mußte mein Partner seinen lukrativen Festanstellungsvertrag beim WDR-Fernsehen kündigen. Ade regelmäßiges Gehalt, ade Hinaufrücken zum ersten Kameramann, wie Pauls Mutter noch jahrelang beklagte. Doch eine andere Alternative gab es nicht, oder Paul mußte uns und Paris verlassen und wieder sein Leben in Deutschland aufnehmen, vor dem er – ebenfalls wie ich – geflohen war. Für mich kam eine Rückkehr nach Deutschland – gar in das verhaßte Köln – ohnehin nicht in Frage.
Paul kündigte also – unter Schmerzen und Protestgeheul nicht nur seiner Familie, sondern aller, die ihn kannten. Keiner verzichtete ungestraft auf eine solche Chance, auf einen solchen Traumjob beim Fernsehen, wurden wir belehrt. Nur Kai-Dietrich Wulffen blieb bei der Stange und hielt uns die Treue, unterschrieb gleich für zwei weitere Magazinbeiträge einen Vertrag.
Da Paul noch mehrere Monate arbeitsunfähig geschrieben war, mußte ich aber mit einem anderen Kameramann nach Monte Carlo, zu den Aufnahmen über den Jahrhundertball des Operettenstaates mit seiner schönen Fürstin Gracia und Fürst Rainier fahren. Er hieß Tödter und erschwerte mir – Nomen est omen – die Arbeit ganz erheblich. Paul fehlte mir sehr. Glücklicherweise hatte ich meine kleine Tochter mitgenommen, sie half mir, meinen Ärger herunterzuschlucken, wenn der renommierte Kameramann mir sein Können beweisen wollte und allzu störrisch war. Immerhin gelangen uns dann doch noch ganz exquisite und seltene Aufnahmen hinter den Kulissen des Fürstenhauses, als Gracia alles andere als graziös ihren Mann zurechtwies, wenn er bei den Repräsentationspflichten nicht ganz nach ihrer Pfeife tanzen wollte.
Der Bericht gefiel der Redaktion in Köln und insbesondere dem Unterhaltungschef Hannes Hoff so gut, daß er mir ausnahmsweise 25 Minuten Sendezeit zugestand. Es wurde eine meiner erfolgreichsten Stories für das Magazin, von dem ich so gerne die Gesamtleitung übernommen hätte, um es noch ein wenig anspruchsvoller, mehr unterhaltende Kultur oder kulturelle Unterhaltung, statt nur Klatsch und Klamauk daraus zu machen. Davor war es unter Kai-Dietrich Wulffen

nie ganz gefeit, wenn er mich auch in meinen Ansprüchen soviel als möglich unterstützte. Vor allem bot er uns dann an, unsere Magazinbeiträge in eigener Produktion zu machen. Er könnte uns dafür drei bis vier Beiträge pro Jahr garantieren, mit dem ihm zur Verfügung stehenden Budget würde das für unsere Firma die Existenzgrundlage bilden.

Etwas Besseres konnte uns gar nicht passieren, und es begann für uns wieder ein beruflicher Höhenflug. Nach wie vor und mehr denn je strebte ich an, eine Alternative zu Trollers »Pariser Journal« zu machen. Was mich bei ihm störte, war seine ständige Bildschirmpräsenz, mit der er sich dann allerdings auch seinen bekannten Namen schuf, aber gerade das forderte ein echtes filmisches, statt dieses journalistische Kulturmagazin heraus. Ich war nahe daran, dieses Ziel zu erreichen. Aber vorläufig waren wir mit Aufträgen ausgelastet und konnten gar nicht weiter denken. Für Heinz Huber hatte ich schließlich doch nicht Françoise Sagan für die Reihe »Sie 67« gemacht, die befand sich gerade in einer schlechten Phase, hatte ihren Ruhm schlecht verdaut, einen schweren Autounfall mit ihrem Sportwagen nur um ein Haar überstanden (»ich fahre immer mit nackten Füßen, um die Geschwindigkeit zu spüren«), und man sprach davon, daß sie Drogen nahm. Ich machte statt dessen über Regine, die »Königin der Nachtclubs« und die Erfinderin des »Twist«, einen Filmbericht, die gerade eine Chanson-Karriere anstrebte und prophezeite, sie würde so berühmt wie Edith Piaf. Und da in Paris fast alles möglich ist, gelang ihr das eine Zeitlang auch beinahe, immerhin trat sie im legendären Olympia auf.

Eine weitere schöne und große Filmaufgabe stand uns bevor: ich hatte für das Schweizer Fernsehen unter dem Titel »Die Glücklichen« eine Filmserie unter Dach und Fach gebracht. Unsere kleine Filmfirma unter meinem Namen begann zu florieren, jetzt konnte uns eigentlich nichts mehr passieren. In einem Zugabteil hatte ich zwischen Genf und Zürich den Fernsehdirektor Edouard Haas getroffen, dem ich in meinen Anfängen soviel verdankte.

Ob ich nicht wieder einmal etwas für ihn machen wolle, war seine erste Frage. Ich ließ mich nicht lange bitten und schickte ihm schon in den nächsten Tagen mein Exposé für »Die Glücklichen« zu. Ich wollte wirklich »glückliche« Ehepaare auf unterhaltsame Weise darstellen und ihr Zusammenleben nicht ohne Ernst, aber doch nicht mit akademischem Tiefgang prüfen, den Zuschauer bei Laune halten, gleichzeitig informieren, ohne zu moralisieren. So etwa erklärte ich mein Vorhaben, das damals mit seinem »Unterhaltungsanspruch« noch durchaus revolutionär war, wie sich zeigen sollte. Der »seriöse« Anspruch gehörte damals stets mit dem Begriff »Kultur« in ein und denselben Topf beim Fernsehen, erst das private Fernsehen räumte mit dieser strengen Einteilung in »E« und »U« (Ernst und Unterhaltung) auf, ob es sich dabei um Musik, Literatur oder andere Kulturbelange handelte. Mein Anspruch lag in der Auswahl der Protagonisten, die ich vorschlug: Louis Aragon und Elsa Triolet, Jean-Paul Sartre und Simone de Beauvoir, Jean-Louis Barrault und Madeleine Renaud, Simone Signoret und Yves Montand, aber auch Elizabeth Taylor und Richard Burton. Curd Jürgens und Simone sowie Helmut Schmid und Liselotte Pulver. Es sollten gleichzeitig mit den Unterhaltungssendungen auch unwiederbringliche Zeitdokumente werden.

Direktor Haas war sehr angetan, ein Vertrag für vorläufig sechs einstündige Sendungen in Eigenproduktion wurde unterschrieben. Es störte mich nicht, daß man als ersten gewissermaßen Einführungsfilm das Ehepaar Pulver–Schmid verlangte. Das Schweizerische der Produktion sollte nicht vernachlässigt werden. Mir wären Louis Aragon und Elsa Triolet, oder auch Simone Signoret und Yves Montand lieber gewesen. Erstens hätte man den Vorwurf des »Familienclans« vermieden, den ich schon zur Genüge kannte, und dann fürchtete ich Liselotte und Helmuts Filmerfahrung, die Insider auch als »Starallüren« bezeichneten. Ich sah das sehr nüchtern und richtig: bei Helmut war stets eine gewisse, latente Eifersucht vorhanden, sobald ich ihm – oft nur in seiner Einbildung – als Berater oder gar Konkurrenz bei Liselotte in die Quere kam, und Liselotte erwartete ihr zweites Kind. Meine Befürchtungen zeigten sich mehr als berechtigt, es war sehr mühsam, die filmerfahrene Schwester zu dirigieren, und mit ihrem Mann glich es oft einer heimlichen Kraftprobe. Dazu kam noch, daß Zürich mir Kameraassistent und Tontechniker zur Verfügung stellte und diese nach Schweizer Art stets Widerstand leisteten und aufbegehrten. Schließlich hatten wir dann aber doch eine reiche Ernte von exklusiven »Eheszenen« beisammen, die heute ein wertvolles Dokument sind. Ich hatte mir für die Serie der »Glücklichen« eine filmische, optisch-musikalische Form ausgedacht, die in kleinen, abgeschlossenen Episoden einzelne Eheszenen erzählten. Wie immer diente ein Musikthema als roter Faden, das ich je nach Inhalt in Variationen instrumentalisieren ließ, von der Spieldose über das Orchester bis zur verzerrten Hammerklavier-Melodie. Wie immer arbeitete ich minutiös an den Aufnahmen, dem Schnitt und der Gestaltung des Films, bis ich damit zufrieden war. Gespannt erwartete ich den Termin der ersten Ausstrahlung, an einem Samstagabend, zur besten Sendezeit. Ich war schon wieder in Paris und setzte mich danach erwartungsvoll ans Telefon.

Doch vergeblich fixierte ich den schwarzen Apparat mit meinen Augen, als ob ich ihn hypnotisieren könnte, wie ich es früher tat, wenn ich den Anruf eines Geliebten erwartete. Aber es blieb totenstill, nur mein Bruder rief als einziger an und meinte, das sei recht nett und hübsch gewesen.

Schließlich tröstete ich mich damit, daß ich zu weit weg vom Schuß sei und ging ein wenig enttäuscht, aber doch guten Mutes zu Bett.

Doch meine Vermutung, daß die unheimliche Stille nach der Sendung ein schlechtes Zeichen sei, erwies sich durchaus als richtig, ich wurde von meinen Landsleuten in einer für Schweizer Begriffe geradezu überbordenden und temperamentvollen Reaktion, wie man so schön sagt, »zur Sau gemacht«. Mit Schaum vor dem Mund ließen die Kritiker kein gutes Haar an dem Film, der bekannte Cabaret-Texter C. F. Vaucher, sonst für seinen Humor bekannt, schrieb allen Ernstes, dem Kameramann sollte man die Kamera aus der Hand schlagen.

Die Zuschauerreaktion war ganz anders, ausgesprochen positiv, und der verantwortliche Leiter, Unterhaltungschef Max Ernst, versuchte mich zu trösten. An solche Kritiken sei man längst gewöhnt, es gebe in Zürich eine Kultur-Mafia, die wie Pech und Schwefel zusammenhalte und alles, was von außen komme, wie weiland die alten Eidgenossen beim Rütlischwur, bis aufs Blut bekämpfe. Was mich und meine Schwester anbelangt, gibt es diese Kultur-Mafia noch heute.

Da nützte es nichts, daß Ulrich Hitzig, Vizedirektor und einer meiner früheren Freunde schon seit dem Schauspielhaus, sich den Film mit mir zusammen noch einmal ansah und dann konstatierte: »Aber der ist doch gar nicht so schlecht.« Wir durften noch eine Sendung machen, infolge der wenigen Mittel und ein wenig dem (dankbaren) Publikum zuliebe mit dem damaligen internationalen Markenzeichen des deutschen Films, Curd Jürgens und Frau Simone – doch war das Vorurteil nun einmal geboren und weitergepflegt, es fehlte den Verantwortlichen der Mut, sich gegen die besagte Kultur-Mafia durchzusetzen, die Weiterführung der Serie wurde unter allgemeinem Bedauern und Entschuldigungen abgebrochen. In demselben Monat, im Dezember 1967, starb mein Vater. Mein Bruder benachrichtigte mich per Telefon – und wenn meine Beziehung zu unserem Vater auch immer problematisch war, erschütterte mich die Nachricht. Eine Epoche war zu Ende. Zudem kam sein Tod viel zu früh und unerwartet, alle, die den Vierundsiebzigjährigen und seine gesunde Lebensweise kannten – er war vor nicht langer Zeit regelmäßig in der kalten Aare geschwommen – und ihn als »starken Mann« einschätzten, ahnten nicht, daß er wie seine glücklosen Schwestern »schwache Nerven« hatte. Ich eilte zu Mama in den zweiten Stock hinauf, wo sie in einem von ihr in einem Kaufrausch erstandenen, bemalten Himmelbett lag. Es ging ihr nicht gut, und in diesen Stadien sagte sie immer das, was sie sonst nicht wagte: die Wahrheit.

»Das ist der schönste Tag meines Lebens«, war ihr Kommentar, als ich ihr die Todesnachricht unseres Vaters überbrachte. Bald darauf mußten wir sie in die Schweiz, zu einem weiteren Aufenthalt in einer psychiatrischen Klinik, bringen.

Im gleichen Sessel neben dem Telefon, in dem mich in Paris alle Hiobsbotschaften erreichten, klingelte im Februar 1968 einmal mehr das Schicksalstelefon. Dagmar Bergmeister, meine Freundin und Fernsehansagerin aus Stuttgart, teilte mir mit, Heinz Huber sei im Zug zwischen Bonn und Stuttgart auf der Heimfahrt von einer Dienstreise gestorben. Nicht nur in persönlicher, auch in beruflicher Hinsicht erschütterte uns das zutiefst: mit Heinz Hubers Tod war die »Stuttgarter Schule« und ihr ganz spezielles Klima definitiv zu Ende. Er würde für sie und uns alle unersetzlich bleiben. Auch Dieter Ertel rief mich an: er sei der Nachfolger als Kultur-Abteilungsleiter, ob er auf mich als Mitarbeiterin zählen könne?

Es folgten dann die Mai-Unruhen achtundsechzig, in denen die Studenten in Paris auf die Straße gingen. In der Rue des St. Pères, meinem vorherigen Pariser Domizil, fanden Straßenschlachten mit gefährlichsten Ausmaßen statt. Halb war ich froh – wegen meiner Kinder –, halb bereute ich es, nicht mehr da zu wohnen, denn die Ereignisse begeisterten, ja berauschten mich. Nicht daß ich unbedingt auf der Seite der »linken« Studenten und Gesellschaftsveränderer war, aber das, was dahinter stand, die Politik und die Kämpfe, die hätte ich gerne mitgemacht.

Bei uns in der »Banlieue«, dem geschützten Vorort, bemerkte man

nichts, außer daß die Menschen die Geschäfte stürmten und bald kein Zucker, kein Mehl und sonstige Eßvorräte zu kaufen waren.
In der Nacht hörten wir Radio, und auch wenn Paul schon eingeschlafen war, blieb ich noch mit klopfendem Herzen und mitfeuernd am kleinen Transistor hängen, jetzt zeigte sich einmal so richtig mein leidenschaftliches Interesse und Engagement für die Politik, wie es mir leider niemand zutraute. Dabei hatte ich das mit meiner geistigen Ziehmutter, Madame de Staël, gemein, die immer wieder postulierte – und keinem geringeren als Napoleon damit angst machte: »Politik ist für mich Liebe, Leidenschaft, Religion, Moral und Poesie – alles in einem.« Wie bereute ich jetzt wieder einmal, nicht aus dem brodelnden Paris für den deutschen Fernsehzuschauer berichten zu können.
Statt dessen erhielt ich einen Anruf einer alten Freundin, Eva Rehfuss, die mich fragte, ob ich mit ihrem Privatflugzeug mit ihr in die Schweiz fliegen wolle. Das Benzin werde rationiert und Paris fange an zu brennen.
Wir fuhren dann doch erst im Juli und wie geplant mit dem Auto in die Schweiz in die Ferien, und außer daß wir darum zittern mußten, ob der uns zugeteilte Teil an Treibstoff wirklich bis zur Grenze reiche, hatte sich die Lage – zumindest auf dem Land – wieder weitgehend entspannt. Doch wurde nun Paris, besonders was die Schulen anbelangte, doch sehr politisiert, und zwar in einer Weise, die mir für meine ältere Tochter, die nun in das Alter kam, wo für sie der Wechsel unumgänglich wurde, nicht gefiel. Sosehr ich mich für gewisse Neuerungen und Umwälzungen der veralteten Strukturen begeistern konnte, sosehr war ich gegen die einseitige Sicht aus politischer Ideologie. Gewisse Forderungen von Leuten, die einfach nur ihren persönlichen Frust abreagieren und davon profitieren wollten, die schienen mir, wie später bei den Feministinnen, unseriös und sogar gefährlich.
Ninon sollte ihren Kopf von solchen extremen Strömungen und Kampfansagen möglichst frei behalten und ihre Lebenserwartungen und eigene Haltung allein und selbst bestimmen können.
Zudem mußte das Erbe meines Vaters richtig eingesetzt und unter uns drei Kindern möglichst gerecht verteilt werden. Es dauerte zwei Jahre, bis alles geklärt war, obwohl nicht viel vorhanden war, nur zwei Häuser, das eine in Bern und das andere am Genfersee, dessen eine Hälfte aber unserem Vetter, dem Sohn von Papas Schwester, gehörte.
Ich hatte von Anfang an auf das Ferienparadies unserer Kindheit, das

»Vieux Clos« am Genfersee gesetzt und versucht, es mit Hilfe meiner Schwester und meines Bruders als Part meines Erbes einzusetzen, dafür hätte ich dann auf meinen Teil des sehr viel wertvolleren, mitten im Zentrum Berns liegenden »Malerweg« verzichtet. Aber sowohl meine Schwester und ganz besonders mein Bruder zeigten sich merkwürdig kompliziert und unflexibel in dieser Erbgeschichte, so daß der uns beratende Familienanwalt, Dr. Fritz Ammann, allmählich ungeduldig wurde. Wo denn eigentlich das Problem sei, fragte er mich, und ich wußte es sehr wohl: meine Schwester wie auch mein Bruder hatten eine von meinem Vater übernommene Angst vor Leuten, die, wie die Familie und Vorfahren meiner Mutter, »mit Geld nicht umgehen konnten«, sondern leichtsinnig und risikofreudig waren. Das Gespenst von einer geplatzten Bürgschaft und nicht abgesicherten Bankkrediten geisterte seit jeher in ihren Köpfen. Und ich kam eben ganz auf diese, die »unseriöse«, leichtsinnige und in Gelddingen mit Vorsicht zu genießende, aber »warmherzige«, mütterliche Seite.

Schließlich fanden wir dann mit Hilfe des treuen Fürsprechers und Notars, der in der Zunft, der wir angehörten, die Funktion eines »Almosners« ausübte, eine salomonische Lösung: meine Schwester und mein Bruder würden den Malerweg übernehmen, unser Vetter (zu meinem großen Leidwesen) für einen Spottpreis unser Ferienhaus, und mir würde man einen entsprechenden Betrag auszahlen, um mich abzugelten und damit ich mir eine eigene Wohnung oder eigenes Haus kaufen könnte, wie mein Vater es wünschte.

Als erstes dachten wir daran, das Vorstadthaus in Paris zu kaufen, in dem wir jetzt wohnten und das uns sehr gut gefiel. Doch der Preis, den die Besitzerin verlangte, war viel zu hoch, und da der französische Franc zu dieser Zeit höher stand als der Schweizer Franken, wäre es auch ein schlechtes Geschäft gewesen. Im übrigen hatten meine Geschwister zu meiner Abfindung die Bedingung gestellt, daß ich mir in der sicheren Schweiz eine Immobilie erwerbe.

Das kam mir nicht ungelegen, hatte ich doch seit der Wohnung mit den vielen Spinnen ein kleines Wunsch-Traumhaus im Kopf. Es war damals zu vermieten gewesen, von einer Frau Engel, aber ebenfalls zu einem für mich unerschwinglichen Preis. Per Zufall las ich dann im Pariser Büro in einer Schweizer Zeitung (die ich sonst nie zur Hand nahm) ein Inserat, da stand ein kleines Haus am See in Versoix zum Kauf ausgeschrieben, es konnte nur mein damaliges Traumobjekt sein. Ich rief eine

alte Schulfreundin meiner Mutter, »Tante Friedi«, an, die seit dreißig Jahren in Versoix wohnte. Sie solle sich doch erkundigen, ob es sich tatsächlich um das Ziel meiner Träume handle, bat ich sie. Umgehend kam ihre Antwort, ja, ich hätte recht. Aber um alles andere müsse ich mich selber kümmern, so schnell könnte man sich für einen Hauskauf ohnehin nicht entscheiden, war ihr gutgemeinter, typisch schweizerischer Rat. Denn sie hatte nicht mit meiner Risikofreudigkeit gerechnet, nach einem Kurzbesuch und einem Vorgespräch mit Madame Engel gab es für mich nur noch dieses Zauberhaus. Dabei war die Erbteilung noch gar nicht erfolgt.
Auch meine Mutter war von dem »kleinen Paradies«, wie Madame Engel das Haus nannte, begeistert, und wir steckten alle mit unserer Ungeduld an, Paul und insbesondere meine ältere Tochter, die eine Wasserratte war. Ich drängte die Hausbesitzerin, die, wie sie sagte, noch ein ganzes Jahr warten wollte mit dem endgültigen Auszug, mit mir auf jeden Fall schon einen Vorvertrag, eine sogenannte »promesse de vente« zu machen. Selbstverständlich gehörte da auch eine Anzahlung – die ich noch nicht besaß – dazu. Das war eben meine »gefürchtete« Risikofreudigkeit, wenn ich mir einmal etwas in den Kopf gesetzt, mir etwas oder jemand gefallen hatte.
Schließlich gelang es mir, Madame Engel zu überreden und mit Hilfe unseres »Fürsprechers« schon mal 15000 Franken auf mein zukünftiges Erbe loszueisen. Auch eine Hypothek, die ich brauchte, da der Kaufpreis eigentlich zu hoch für meine Verhältnisse war, wurde mir im voraus garantiert. Unnötigerweise nahm ich dafür die Hilfe meiner Schwester in Anspruch, die sich lange Zeit immer auf ihre »Hilfe« bei meinem Hauskauf berief, dabei hatte sie mir nur ihre Bank vermittelt, die gleich davon profitierte und sie zur Rückzahlung ihrer eigenen Hypothek, die auf ihrem Haus lastete, zwang, angeblich um mir die meinige gewähren zu können. Liselotte – und auch ich – fielen darauf herein, meine Hausbank, zu der ich sehr bald überwechselte, versicherte mir, das sei nur ein Trick gewesen, meine Immobilie direkt am See mit der schönen Rokokofassade aus der Zeit wäre sogar eine Hypothek in viel bedeutenderer Höhe wert. Aber bis ich von Finanzen, Zinsen und Hypotheken wirklich etwas verstand, mußte ich noch viel bluten und Lehrgeld bezahlen.
Mit Kind und Kegel, Hausrat und Tieren, zogen wir um und fuhren schwer beladen in die Schweiz an den Genfersee zurück, ganz in die Nähe meiner Schwester, wo ja auch ein Teil unserer selbsterwählten

Heimat im Paradies unserer Kindheit war. Zum letztenmal konnte mich mein Schwager Helmut als »zum fahrenden Volk gehörend« bezeichnen, denn nun wurden wir, mit unserem glücklichen Familienleben, geradezu sittsam und bürgerlich.
Nur daß wir die Reise mit drei riesigen Neufundländern, drei Papageien und diversen Kleintieren in Käfigen und in mehreren Autos von Freunden begleitet unternahmen, fiel etwas aus dem Rahmen.
Auch die Tierliebe hatte ich von der mütterlichen Seite geerbt. »Am besten könnte ich sie mir als Hauptfrau eines Sultans aus »Tausendundeine Nacht« vorstellen, auf einem königlichen Diwan sitzend, ihre zahlreichen Kinder und Verwandten um sich geschart, die Staatsgeschäfte abwickelnd, da ihr Mann, der Sultan, lieber Golf spielt«, hatte doch meine Schwester gesagt. Das eigene Haus, das Gefühl, Hausbesitzerin zu sein – und erst noch eines so stattlichen, ehemaligen Bürgerhauses mit der paradiesischen Aussicht über den Genfersee, veränderte mein Leben und ich wurde dadurch ein anderer Mensch. Ich fand die innere – und damit die äußere Ruhe, »zigeunerte« nicht mehr in der Weltgeschichte und in fremden Betten herum, sondern konnte mich meiner Familie und meiner Arbeit widmen.
Die Kinder hatten vor allem anderen Vorrang. Wobei meine Filme und Bücher auch immer ein wenig meine Kinder waren. Aber durch mich – und nicht durch fremde Menschen, sollten sie Liebe und Zärtlichkeit und die berühmte Geborgenheit erfahren, und dadurch unbelastete, moderne und freie, »starke« Frauen werden. Das ist – ich behaupte das einfach, die wahre Zukunft und die größte, ja, politische Aufgabe und das Ziel der Frau, nicht Krippen und Kinderheime und Tagesmütter.
Trotz dieser Freiheit und Kraft, die ich mir erkämpfte, habe ich die beruflichen Ziele und Möglichkeiten nicht erreicht. Die eigentlichen Filmprojekte blieben auf der Strecke, oder sind, wie etwa der Spielfilm »Tennis« noch immer nicht gemacht. Inzwischen würde sich die Bedingung des Produzenten, daß meine Schwester die Hauptrolle spielt, von selbst erledigen, sie wäre nicht mehr jung genug. Eine Steffi Graf oder Martina Hingis müßte es jetzt sein.
Paul war eigentlich der geborene Spielfilm-Kameramann. Darüber waren sich die Fachleute, Fernseh- und Filmspezialisten, die seine Arbeiten sahen und seine Begabung erkannten, einig. Es gelang mir nicht, ihm diese Chance zu vermitteln, alle unsere Projekte wurden trotz ausgearbeiteten Drehbüchern von den Kulturgremien und Filmförde-

rungsstellen abgelehnt. Das hing nicht nur mit meinen Themen und Vorschlägen, sondern der Kultur-Mafia, die es überall gibt und ihren Vorurteilen, zusammen.
Denn das war der Preis unserer Freiheit und Unabhängigkeit, wir gehörten nirgends mehr dazu und waren in keine Schublade zu packen. Trotzdem gaben wir nicht auf und es gelang uns, immer wieder an sehr schöne Themen heranzukommen und einzelne Projekte durchzusetzen, um die ich allerdings auf eine teilweise fast unwürdige Weise kämpfen und fast auf den Knien betteln mußte. Immerhin gelang mir dann noch durch Dieter Ertel und später Gerhard Konzelmann eine Reihe von Frauen-Filmportraits, die zwar, was die Anzahl und die Sendeplätze anbelangte, recht bescheiden blieben, aber doch solange dauerten, als die beiden Auftraggeber noch auf ihren Posten waren.
Ein Portrait galt meinem literarischen Vorbild und Namensgeberin Madame de Staël, ein anderes der nicht weniger vielzitierten Identifikationsfigur George Sand (1804–1876).

»George Sand – Ich wollte stark sein wie ein Mann«
»... Titel und Ankündigung (nicht von mir sic.) ließen Schlimmes vermuten ... als Vorkämpferin der Frauenemanzipation und ›Amazone und Schriftstellerin‹ ... trotz dieser vorschnellen Etikettierungen war der Film über die französische Vielschreiberin dann das genaue Gegenteil: eine behutsame, einfühlsame, biografische Skizze, die sich vor schiefen Akzenten hütete.« (FAZ vom 25. 7. 1978)

*

Es war weder meine Absicht gewesen, einen Film über den Schriftsteller Hans Habe, noch, weit abwegiger und unwahrscheinlicher erscheinend, einen solchen über den berühmt-berüchtigten Literaturpapst Marcel Reich-Ranicki zu machen. Als junge Redakteurin und selbsternannte Schriftstellerin hatte ich das hie und da erwogen und von einer persönlichen Begegnung mit dem gefürchteten Kritiker geträumt – und dann wurde mir, wie so oft, durch eine Art höhere Gewalt, oder wenn man so will, gewissermaßen schicksalhaft das eine und das andere Thema an mich herangetragen.
Es begann damit, daß ich einen meiner verhaßten Besuche bei meinem Bankdirektor machen mußte, um ihn einmal mehr zu bitten, mir etwas Geld von meinem Konto zu geben, obwohl ich schon im Minus war.

Herr Lysser bezeichnete sich selbst als mein »väterlicher Freund«, tatsächlich wußte er – zumindest über meine finanzielle Situation – seit über zwanzig Jahren bis ins Detail Bescheid. Er hatte mir eine Hypothek auf mein Haus am Genfersee gewährt, obschon die alteingesessene Berner Bürger- und Privatbank außerhalb des Kantons im allgemeinen keine Geschäfte machte, und aus dieser freundschaftlichen Geste war denn auch für den armen Bankfachmann, der gewohnt war, persönliche Besucher nur zu empfangen, wenn es um Millionengeschäfte ging, ein Abenteuer geworden, wie er es sich wohl nicht vorgestellt hatte. Er erlebte mit mir Hochs und Tiefs auf einem Bankkonto, wie eine gespenstische Berg- und Talbahn. Seit 1967 hatte ich nun mit Paul Motzko eine eigene, kleine Filmproduktion, eine im Anfang gut florierende Zusammenarbeit mit den deutschen Fernsehanstalten, die wir auch international betreiben wollten. Wir waren nun auf gut Glück den Goodwill der diversen Chefredakteure, einem oftmals unerträglichen Druck und Selbstherrlichkeit dieser Verantwortlichen ausgesetzt, die uns nach Belieben schikanieren und ausnutzen konnten. So kam ich denn zu meinem Bankdirektor des öfteren mit ansehnlichen, fünfstelligen Summen, die dann im Laufe einer Fertigstellung eines Filmes zu einem ebenso beachtlichen Minus zusammenschrumpften. Doch Herr Lysser hielt mir unverdrossen und tapfer gegenüber seiner Bankkommission die Stange, meine Filme und noch mehr das zeitweilig sehr positive Echo gefielen ihm, er war überzeugt – oder besser gesagt, mir fiel es leicht, ihn immer wieder davon zu überzeugen, daß der nächste Film der große Erfolg – *das* lukrative Geschäft sei. Für ihn doch noch einmal eine gute Kundin zu werden, das schwebte uns beiden vor.
Und so sagte er mir bei einem weiteren Besuch, nachdem er mir einmal mehr eine Überziehung von zweitausend Franken gewährt hatte, ob ich nicht einen Film über Hans Habe machen wolle. Glücklicherweise ließ er mich nicht gleich zu Worte kommen, denn ich war gerade daran, ihm mit gebührender Verachtung zu antworten: »Wie komme ich dazu?«, als er unbeirrt weiterfuhr. Er gehe regelmäßig ins Tessin in die Ferien, sagte er, und da habe er zufällig auch die Villa des verstorbenen Schriftstellers gesehen. Ich hätte doch einen wunderbaren Film über Madame de Meuron gemacht, mit unvergeßlichen Aufnahmen in ihrem nostalgisch versponnenen und gespenstischen Schloß – nun, etwas Gespenstischeres als die ehemalige, prunkvolle Villa von Hans Habe könne ich mir nicht vorstellen. Das gäbe doch sicher einen

Film, der Aufsehen erregen und um den sich die Fernsehanstalten reißen würden.
Er brauchte gar nicht mehr viel zu sagen, das Interesse bei mir war geweckt. Mit nichts konnte man mich mehr locken und meine Arbeitswut wecken als mit romantischen, gespenstischen, tragischen und nostalgischen Geschichten.
Sofort fuhr ich zusammen mit Paul ins Tessin, trotz meiner Abscheu vor dem langen Gotthardtunnel. Es war mir gelungen, die Adresse von Licci Habe, der Witwe des Schriftstellers, herauszufinden und sie war sofort zu einer Mitarbeit, einem Interview und der Herausgabe aller Dokumente und Schriften bereit. Sie brachte es nicht über sich, mitzufahren und beschrieb uns nur den Weg zum ehemaligen Habehaus. Was wir antrafen, ließ uns den Atem anhalten. Die große Villa in dem riesigen Park war eine unkrautüberwachsene Ruine, die aussah, als wäre Hans Habe nicht vor einigen, sondern vor fünfzig oder hundert Jahren gestorben. Hinter den zerbrochenen Fensterscheiben, den herunterhängenden Kletterpflanzen, schien allerdings das Innere noch einigermaßen intakt, man konnte die einzelnen Räume und ihre Funktion noch einwandfrei erkennen, die Toilette leuchtete noch – zerbrochen – in einem schillernden Türkis-Grün-Blau von kleinen Mosaiksteinen, mit denen die Wände und der Boden ausgeschlagen waren.
Wie immer hatte ich Paul gebeten, zur Sicherheit die Kamera mitzunehmen, er filmte das gespenstische und deshalb ungeheuer fotogene Haus schon einmal, um es »im Kasten« zu haben. Denn das, was ohne Zweifel auf den ersten Blick eine Kulturschande war, nämlich das Domizil eines zwar umstrittenen, aber doch immerhin sehr bekannten Schriftstellers und Publizisten, das einfach vor sich hinlotterte und in einem eleganten Wohnviertel mit dem Hausherrn langsam starb, das konnte nur das Resultat einer unschönen und beschämenden Realität sein. Licci Habe konnte und wollte den Anblick ihres zerstörten ehemaligen Heims nicht mehr ertragen, und wohnte jetzt in einer kleinen, hübschen Wohnung im Zentrum von Ascona, denn leider hatte ihr Mann das feudale Haus, das ihm ans Herz gewachsen war, nicht kaufen können, sondern es gehörte einem mysteriösen Besitzer, dessen Namen er nie herausfand. Nach seinem Tod ging deshalb als erstes eine Suche los, die Jahre dauerte. Solange man nicht wußte, wem nun der stolze Besitz eigentlich gehörte, ließ man die Villa einfach verfallen.
Es war mir gleich von Anfang an klar, diese romantisch-versponnene

und vor sich hinsterbende Ruine war der rote Faden für meinen Film. Der Zufall wollte es, daß ich mir gerade in dieser Zeit ein Programm des Schweizer Fernsehens ansah, in dem der etwas biedere Schweizer Star-Interviewer Hans E. Meyer mit seiner »Zettelwirtschaft« (Reich-Ranicki) von Marcel Reich-Ranicki mit einem brillanten Feuerwerk von Geistesblitzen in Grund und Boden geredet wurde. Reich-Ranicki war damals weitgehend unbekannt beim großen Publikum, aber schon hier »sprengte er die Leinwand« mit seiner Persönlichkeit, so daß der Schweizer Fragesteller mit seiner gemütlichen Gründlichkeit völlig verblaßte.
Als der Literaturpapst dann auch noch die Gretchenfrage über den Unterschied zwischen E- (ernster) und U-(Unterhaltungs-)Literatur mit einem Seitenhieb auf »diese deutsche Unsitte« beantwortete und erklärte, so mancher erfolgreiche Unterhaltungsautor würde zu Unrecht ignoriert, kannte meine Begeisterung keine Grenzen: genau das war mein Thema. Und der Entschluß schnell gefaßt: diesen gefürchteten Fachmann, diesen von den Autoren gehaßten und geliebten Kritiker, der so geduldig nach Perlen in der deutschsprachigen Literatur fischte, der – angeblich – über Sein und Nichtsein eines Schriftstellers entschied, den mußte ich für meinen Habe-Film haben. Gerade dieser Autor, der ein Leben lang darunter gelitten hatte, daß er trotz Millionenauflagen seiner Bücher von der Literaturkritik im allgemeinen und Reich-Ranicki im besonderen ignoriert wurde, war ein Musterbeispiel, um den Scharfrichter festzunageln. Hier sollte er einmal Farbe bekennen.
Aber wie an den hoch oben, im Kultur-Olymp der konservativen Elite-Zeitung thronenden »Papst« herankommen? Meine früheren Freunde Martin Walser und Siegfried Unseld waren in der Zwischenzeit auch in diese unerreichbaren Höhen des Literatur-Betriebes und Kultur-Snobismus hinauf- und entsprechend von mir abgerückt. Zudem hatten sie zu dem Kritiker ohnehin ein gestörtes Verhältnis und würden sich hüten, für ihn noch in irgendeiner Form »Reklame« zu machen.
Alle Kollegen und Bekannten rieten mir von dem abenteuerlichen Unterfangen ab, und meinten, an den Kritikerpapst sei mindestens so schwer wie an den Papst in Rom heranzukommen. Also mußte ich wohl oder übel selber rangehen, wie immer, wenn es galt, meinen Kopf und meine Ideen durchzusetzen.
Es war mir äußerst unangenehm. Eine Seite meines Berufes, die ich – auch privat – haßte, bestand darin, Leuten, die ich nicht kannte, auf die

Pelle zu rücken. In meinen guten Zeiten beim Süddeutschen Rundfunk und später beim ZDF machte das eine Sekretärin. Seit ich freie Mitarbeiterin und selber Filmproduzentin war, fehlte mir eine solche Hilfe, das heißt das Geld für eine solche Hilfe. Auch eine Kehrseite der Unabhängigkeit, die mich allerdings gelehrt hatte, meine frühere Scheu zu überwinden und sie durch forsches Auftreten und »Stärke« zu ersetzen, oder zumindest so zu tun, als sei ich stark und keck.

Ich rief bei der »FAZ« in Frankfurt an. Es gelang mir unbeschadet und schnell, bis zum Vorzimmerdrachen des renommierten Literaturchefs vorzudringen. Hier begann die erste Schwierigkeit. Wie mit dem Fragebogen von Marcel Proust, wurde ich von der Dame nach Strich und Faden ausgehorcht. Sie könne sich kaum vorstellen, daß der Vielbeschäftigte für eine solche Sendung und ein Interview Zeit habe, sagte sie spitz.

Das möchte ich doch zumindest von ihm persönlich hören, antwortete ich, den steten Ärger mit Vorzimmerdamen war ich von den deutschen Fernsehanstalten gewöhnt, er stärkte und beflügelte mich, statt mich einzuschüchtern. Das kam meiner Überredungskunst mit Reich-Ranicki zugute, als er schließlich dann doch persönlich am Apparat war. Wie erwartet, lehnte er vorerst höflich, aber mit Bestimmtheit ab, mit Hans Habe sei ich bei ihm wohl an der falschen Adresse. Doch darauf hatte ich nur gewartet. Mit meiner gut erprobten Stimme, die laut Aussagen von Martin Walser »noch immer jung und, hmhm, wie vor dreißig Jahren war«, erlaubte ich mir, ihn sanft, aber bestimmt auf seine Aussagen beim Schweizer Fernsehen hinzuweisen. Er wollte jetzt doch nicht sich selbst und seinen Eingeständnissen in aller Öffentlichkeit widersprechen?

»Gut, ich gebe mich geschlagen«, sagte er schließlich gut gelaunt. »Sie haben gewonnen, ich mache es.« Und zu meiner Verblüffung nannte er mir auch gleich ein Datum. »In meiner Privatwohnung. Nächste Woche. Um halb drei. Lassen Sie sich den Termin von meiner Sekretärin bestätigen und meine Adresse geben. Auf Wiedersehen.« So schnell und präzise war mir noch nie von einem mir unbekannten Prominenten eine Zusage und ein Drehtermin gegeben worden.

Und so grundlegend verwandelt, von einem abweisenden und arroganten Vorzimmerdrachen in eine liebenswürdige und barmherzige Schwester hatte ich die Sekretärin eines »großen Tieres« auch noch nie erlebt. Aus lauter Respekt und Aufregung sorgte ich dafür, daß wir pünktlich,

ja, viel zu früh in Frankfurt bei der verabredeten Adresse eintrafen. Ich ging zu Fuß die zwei Treppen des stillen und sauberen Treppenhauses hinauf und blieb an der Türe, an der Reich-Ranicki stand, stehen. Es rührte sich nichts und es war förmlich zu riechen: da war alles ausgeflogen und gar niemand zu Hause.
Ein schrecklicher Gedanke durchfuhr mich, wie, wenn er mich und unseren Drehtermin vergessen, gar uns einfach schnöde sitzengelassen hätte? So etwas war mir tatsächlich schon einigemale passiert, unter anderem mit der französischen Schauspielerin Jeanne Moreau, die uns in Paris vor verschlossener Türe sitzenließ. Sie war berühmt für diese Art von Starallüren gegenüber Journalisten, ein Fernsehteam vom Österreichischen Rundfunk flog vergeblich für einen vereinbarten Termin von Wien nach Rom.
Ich ging wieder hinunter, schaute mir die Wohnung im zweiten Stock noch einmal von außen an. Vielleicht war Reich-Ranicki schadenfreudig hinter einem Vorhang versteckt. Da sah ich von weitem eine vollschlanke Frau mittleren Alters herankommen und irgend etwas sagte mir, daß das Frau Reich-Ranicki sein mußte.
Ich versteckte mich hinter einem Pfosten bei der Eingangstüre und trat hinaus, als sie in den kleinen Vorplatz einbog. »Entschuldigen Sie, sind Sie nicht Frau Reich-Ranicki?«
Sie war es, und als erstes fiel mir auf, daß sie Lippenrot auf den Zähnen hatte. Das gab ihr etwas Unterlegenes, wie dem armen Freier bei dem Humoristen Loriot, der seiner Auserwählten mit einem Stück Spaghetti auf der Oberlippe eine Liebeserklärung macht.
Sicher hatte sich Frau Reich-Ranicki für den Besuch eines Fernsehteams extra schöngemacht. Durch den Ausrutscher wirkte sie jetzt eher ein wenig verschupft. Da half es auch nicht mehr, daß sie sich später bei dem Interview mit der Stoppuhr in der Hand neben mich setzte. »Zehn Minuten sind Ihnen zugesagt.«
Frau Reich-Ranicki erinnerte mich mit ihrem Aussehen an eine tschechische Flüchtlingsfamilie, die neben uns wohnte, als ich noch Kind war. Als mein Vater davon hörte, daß ich die Frau öfters besuchte, weil sie so schön erzählen konnte und mir ein wunderbares, farbiges, geschliffenes Kristallglas schenkte, hörte ich, wie er zu meiner Mutter sagte: »... aber sie sieht sehr jüdisch aus.«
Das »aber« vor dem »sie ist«, habe ich in der Schweiz immer wieder gehört. Es gehörte sozusagen in das landesübliche Vokabular.

Die Filmaufnahmen und das Interview fanden, nachdem er verspätet, aber in feierliches Schwarz gekleidet, doch noch eintraf, in einer Sofaecke seines Salons statt, von dem im Gegensatz zur übrigen Wohnung etwas wie ein Hauch von diesem Luxus ausging, den man Atmosphäre und Klasse nennt. Das machten natürlich einzig und allein die Bücherreihen an den Wänden, die Fotos, Handschriften und anderen gerahmten Kostbarkeiten, der hohe Geist, der hier spürbar wehte, aus. Es war offensichtlich, daß die unprätentiöse Wohnung in der Hauptsache aus dieser reichhaltigen Wohnzimmer-Bibliothek bestand.

Ehrlich gesagt, hatte ich mich bis dahin mit Marcel Reich-Ranicki und seinem Leben nicht näher befaßt, ich hatte ihn nur vom Hörensagen, von scharfsinnigen Kritiken und erbarmungslosen Verrissen, insbesondere über Martin Walser, wahrgenommen.

Deshalb wußte ich auch noch nicht, daß er mit seiner Frau während des Krieges, also in ganz jungen Jahren, unter Lebensgefahr aus Polen geflüchtet und Hitlers Schergen entronnen war. Dieses gemeinsame Schicksal kettete die beiden zusammen, eine Ehegemeinschaft, in der er sie ebenso – oder vielleicht noch mehr als sie ihn, zum (Er)tragen einer unerträglichen Erfahrung und Erinnerungen, wie ein Haus seine Stützpfeiler brauchte, egal, was dazwischen an Episoden oder kleinen Abenteuern passierte.

Vorerst aber ärgerte ich mich über die Stoppuhr, mit der sich Madame Reich-Ranicki neben mich setzte, als wir zu drehen anfingen. So etwas hatte ich noch nie erlebt. Wie immer gab mir das »was mich nicht umbringt, gibt Kraft«, doppelt motiviert begann ich mein Interview.

Irgend etwas mußte ihm dann an meiner Art, ihm Fragen zu stellen, sofort gefallen haben. Sei es, daß ich nicht wie mein Schweizer Kollege eine »Zettelwirtschaft« benutzte, sondern frei und aus dem Gedächtnis fragte, sei es, daß ich ihn mit dem ungewöhnlichen Thema – als ungewöhnliche, um nicht zu sagen, nicht-akademische, Fragestellerin reizte. Wer weiß, vielleicht begrub auch er in diesem Moment, wie viele seiner Schriftsteller- oder Kritikerkollegen, ein jahrhundertealtes Vorurteil. Eine laufende Kamera, gepaart mit weiblichem Sex-Appeal, war eben doch eine heimliche Macht, eine moderne Waffe in der Hand einer Frau.

Jedenfalls: seine Antworten wurden immer länger, als könnte er von dem uninteressanten Thema plötzlich nicht genug bekommen. Längst war die mir von seiner Frau zugestandene Zeit (sicher von ihm vorher eingeflüstert) überschritten, nach einigen verzweifelten Versuchen, ihn mit Zeichen und Gesten darauf aufmerksam zu machen, gab sie auf und legte die idiotische Stoppuhr aus der Hand. Wir drehten, bis daß uns der Kopf rauchte und die Ohren wackelten. Viel zuviel für diesen Film, aber unersetzliches Archivmaterial.

Als ich schließlich »gestorben« sagen konnte, weil auch der Filmvorrat zu Ende war, schien der gefürchtete Kritiker wie ausgewechselt. Er bat seine Frau, uns Getränke zu holen und redete mit mir weiter, in einem funkelnden und geistreichen Zwiegespräch. Er war erstaunt, bei mir soviel Liebe und Leidenschaft und persönliche Beziehungen zu der Literatur und ihren deutschen Adepten zu finden.

Und mir wiederum machte es grimmigen Spaß, sie ihm – bis zu einem gewissen Grad – zu verraten. Längst war mir ja bekannt, wie gerne – und viel indiskreter als Frauen – Männer über Kollegen und Rivalen klatschen.

Ich merkte, daß hinter seinen dicken Brillengläsern, in den dahinter vergrößerten Professorenaugen, etwas funkelte. Es mag jetzt hier vielleicht etwas respektlos oder gar geschmacklos klingen, aber ich muß es trotzdem loswerden: ganz besonderen »Schries«, wie man auf Berndeutsch sagt, hatte ich bei intellektuellen Juden. (Es sei jedem freigestellt, das treffende Wort in gutes, »richtiges« Deutsch zu übersetzen.) Ich hatte auf sie eine besondere, erotische Ausstrahlung. Ein Kontakt war zwischen uns hergestellt, wie der Strom, der durch eine elektrische Schnur hindurchfließt. Während ich meinen Mannen die Anweisung gab, alles abzubauen und unten auf mich zu warten, ging die angeregte Unterhaltung zwischen dem gefürchteten Fachmann und mir fröhlich weiter, so, als ob wir uns auf einer Party, in der Pause einer Vorlesung oder auf einem anderen Stern befänden. Er holte – unaufgefordert – sein Erfolgsbuch »Lauter Verrisse« her und schrieb mir eine Widmung hinein. »Für Corinne Pulver, zu Füßen gelegt von Marcel Reich-Ranicki.« Seine Unterschrift zeugte von seinem nicht geringen Selbstbewußtsein, sie bestand aus lauter großen, nach oben strebenden, schwungvollen Haken.

»Wann schneiden Sie das Material? Wann schauen Sie es sich an? Wann gibt es für mich etwas zu sehen?« fragte er mich. Die Fragen waren mir geläufig, fast jedermann stellte sie mir nach Dreharbeiten. Meist winkte ich kategorisch ab – vor einer Sendung ließ ich mir nicht in die Karten, sprich das Filmmaterial, schauen.

Doch hier ging es nur darum, den einmal entstandenen Kontakt nicht zu verlieren. Das Material würde in München geschnitten, sagte ich ausweichend, denn bei aller Liebe, aber daß mir ein Reich-Ranicki in meinen Film reinredete, das hätte mir noch gerade gefehlt. Besonders nicht bei einem solchen Film, der in erster Linie filmisch und nicht schulbuchmäßig werden sollte.
»Wurde über Sie schon einmal ein Portrait fürs Fernsehen gemacht?« fragte ich deshalb kühn.
Er verneinte. Nein, bis jetzt sei noch nie jemand auf die Idee gekommen.
»Würden Sie es mir zutrauen, über Sie so eines zu machen?« fragte ich mit angemessener Untertreibung und schaute ihm dabei so tief wie möglich in die Augen, was bei den starken Brillengläsern, die kreisrunde, helle Blitze schossen, gar nicht so einfach war.
Ich hatte ins Schwarze getroffen, gleichzeitig seine vielzitierte männliche Eitelkeit und einige zarte Herztöne angesprochen. Kein Zweifel, auch dieser brillante, scharfzüngige und gefürchtete Kritiker, der nie müde wurde, seine Frauenfreundlichkeit zu betonen, war zumindest unter der Gürtellinie ein Macho und wurde von ganz profanen und »niedrigen« Instinkten und Begierden dominiert. Wie oft habe ich diesen geheimnisvollen und faszinierenden Vorgang erlebt, der weder studiert noch erzwungen, noch schöngeistig herbeigeredet werden kann: wenn ein Funke zündet zwischen Mann und Frau. Die unerwartete Wendung des Gesprächs mit Marcel dem Großen hatte meinen Zeitplan durcheinandergebracht.
Wir wollten noch am gleichen Tag von Frankfurt nach Hamburg fahren, wo ich mit einigen leitenden Herren vom Springer-Verlag verabredet war. Nun konnten wir nur noch einen Teil der fast 600 Kilometer langen Strecke zurücklegen und fuhren so weit, bis Paul, gleichzeitig Kameramann und Fahrer, müde wurde. Wir beschlossen, in Kassel zu übernachten, das erste und das letzte Mal, daß ich diese Stadt besuchte.
Immerhin fanden wir ein recht hübsches Hotel aus der Vorkriegszeit, das wenigstens einen Touch von Rüschen und Spitzen und der dunklen Eichenholzarchitektur erhalten hatte, wie ich mir Deutschland seit der Lektüre von »Heidi« (und ihrem Besuch in Frankfurt) in meiner Kindheit selig-schauernd vorstellte und vergeblich suchte.
Wiederum erschreckte mich hier in Kassel die Uniformität der deutschen Städte, die nach dem Krieg auf dieselbe trostlose und saubere

Weise wiederaufgebaut wurden und einfach beliebig austauschbar waren: überall die gleichen Geschäfte, dieselbe langweilige, öde, kleinkarierte, aber großkotzige Architektur, ja, dieselben Menschen und dieselben Straßen, ob das nun die Innenstadt von Stuttgart, Frankfurt, Köln, Hamburg oder eben Kassel war.
Trotzdem war ich wie ausgewechselt und fand das herrlich altmodische, ein wenig vergammelte, aber preisgünstige Hotel, die Stadt, die Betongiganten und sogar die Menschen – einfach das Leben schön. So sehr kann die Begegnung mit einem Mann, der einem gefällt, die Welt verändern. Sonst machte ich solche langen Reisen immer ungern und lustlos. Mit großem Widerwillen stellte ich mir vor, nun mehrere tausend Kilometer zu fahren, immer weiter weg von meinen Kindern und dem schönen Haus. Seit ich Mutter war, hatte ich einen richtigen »Stalldrang« bekommen. Und nun genoß ich plötzlich die Geschwindigkeit, mit der wir in unserem komfortablen Film-Wagen über die Autobahn rasten, immer schneller, in Richtung Hamburg zu. Je mehr wir gegen Norden kamen, desto weniger befahren und einladender war die Autobahn.
Im übrigen, wenn man viel deutsche Autobahn fährt, dann fällt es leicht, sich gewisse Rätsel der männlichen Natur zu erklären, da wird jeder, wenn er einen starken PS-Motor unter sich hat, zum kleinen Napoleon. Wie oft hatte ich mit Paul deshalb die hitzigsten Diskussionen geführt, manchmal unter Lebensgefahr. So kooperativ und gutmütig er sonst war, aber wenn ich ihn bat, langsamer zu fahren, dann mußte er aufs Gas drücken, es war wie ein männlicher Trieb, ein Reflex, dann mußte er einfach beschleunigen. Heute aber war ich wie beflügelt, und während Paul mit 180 Sachen gen Norden raste, wurde es in meinem Herzen immer südlicher und wärmer. Ich las Reich-Ranickis »Lauter Verrisse«, verschlang sie gierig wie einen Kriminalroman. Alles, was er da über meine Freunde, Kollegen und Bekannten aus der Zunft der jungen, deutschen Schriftsteller schrieb, war mir aus der Seele gesprochen. So hatte ich das selber auch schon immer gesagt. Verglichen mit der französischen Literatur langweilte mich die deutsche, sie war voller Selbstmitleid und verstand überhaupt nichts von Frauen.
Zugegeben, das hing auch mit meinen persönlichen Beziehungen zusammen, die ich mit manchen der von dem Kritiker »verrissenen« Autoren hatte, aber ich konnte ihnen doch nicht deshalb das, was mir nicht gefiel, verzeihen oder es loben, auch wenn man mir meine Kritik und

mein Urteil übelnahm. So wie es mein Vater selig sagte: »Eh, bis doch nid so bös!«
Und nun war da einer ganz meiner Meinung, der göttliche Kritiker höchstpersönlich nahm mir meine Urteile aus der Hand. Hier stand das, was ich dachte, schwarz auf weiß. Kein Wunder konnte ich das, was ich las, schmunzelnd und herzklopfend genießen. Es war einfach bezaubernd, ununterbrochen an ihn zu denken, zu wissen, daß es ihm genauso ging. Er, nicht ich, hatte mit dem Flirten begonnen. Jetzt flirtete ich mit seinem Text. Ich hätte ihn zwanzig Jahre früher kennenlernen sollen. Mensch, hätten wir uns an der Literatur gemeinsam ergötzt und aufgegeilt. (Pardon, Herr Reich-Ranicki.)
In Hamburg wurden wir im Springerhaus erwartet und mit großer Freundlichkeit empfangen, da es ja um Hans Habe ging. Ich selber stand dem ganzen Verlag und seinen diversen Presseerzeugnissen mit dem Mißtrauen gegenüber, wie es bei »Linken« üblich war, obschon ich weder in einer Partei noch politisch tätig war, aber vieles entsprach einfach nicht meiner Mentalität, obschon ich einmal in der »Welt am Sonntag« eine Zeitlang eine »Corinne Pulver-Seite« besaß. Aber das war der Wunsch des damaligen Chefredakteurs gewesen, dessen Sekretärin mir in seinem Auftrag nach dem ersten Beitrag schrieb, »ich bin ganz aufgeregt, wie gut das ist«.
Doch dann starb der Chef überraschend und mit seinem Nachfolger verstand ich mich nicht mehr, ein Schicksal, das bei mir immer wieder ausschlaggebend für »verpaßte Gelegenheiten« war. Dasselbe dachte ich, als ich mit dem stellvertretenden Springer-Chef, nach dem Tod von Axel Springer, im Paternoster des feudalen Springer-Hauses nach oben, bis in das direkt unter dem Himmel gelegene Restaurant der Direktoren fuhr, wo mir als erstes ein wunderbarer Lunch serviert wurde.
Ich wußte und fühlte, nicht nur dieses kurze Gastspiel bei der »Welt am Sonntag«, alles roch hier für mich nach »verpaßter Gelegenheit«. Allen voran diejenige, Hans Habe nicht persönlich gekannt zu haben, den Film über ihn nicht zu seinen Lebzeiten gemacht zu haben. Denn das waren alles nette, liebe Menschen, die mich da empfingen, und hätte ich mich bei Springer – wie Hans Habe – eingenistet, ich wäre wohl in diesem Haus auf Händen getragen und ebenfalls zum Star geworden. Die konventionellen, traditionellen, »rechten« Ideen von Axel Springer und Co. wären wohl zu ertragen und überwinden gewesen, allen voran bei dem schillernden, hochintelligenten und umstrittenen Hans Habe

selbst. Ich lernte durch seine Witwe eine menschliche Seite von ihm kennen, die mir wohl gefallen hätte, angefangen von der Art, wie er sich im Tessin installiert und wie ein kleiner König gewohnt hatte.
Und selbst Marcel Reich-Ranicki hatte es zugegeben: im Grunde war Hans Habe eine tragische Figur. Und ich habe ein großes penchant, eine Vorliebe für tragische Figuren – vielleicht, weil ich mich selbst ein wenig wie eine fühle. Jedenfalls ging und geht es mir wie vielen Filmemachern und Buchautoren: man kann keinen Portraitfilm, keine Biografie über einen Menschen machen, der einem nicht auf irgendeine Weise nahegeht und sympathisch wird. Je mehr man in eine Figur hineindringt, je mehr man versucht, sie kennenzulernen, desto lieber hat man sie. Manchmal wird Liebe daraus. Dabei ging es hier um Hans Habe, ich dachte aber schon an meinen nächsten Film: über Marcel Reich-Ranicki würde er sein.
Die Interviews in Hamburg mit dem jetzigen Chef und Peter Bachér von der HÖRZU gingen natürlich reibungslos, denn sie wußten über den viel zu früh verstorbenen Freund und Mitarbeiter nur Gutes und das Beste zu sagen. Doch ging es mir um den Hans Habe, der mißverstanden und geheimnisvoll blieb – der darunter ungeheuer litt, daß die Literatur-Kritik, ein Reich-Ranicki ihn nicht zur Kenntnis nahmen und der dann daran starb, daß seine bildschöne Tochter in Amerika ermordet wurde. Das waren schon Schwerpunkte, die ein Leben und einen Film so interessant machten, daß sie, zusammen mit der gespenstischen Villen-Ruine eines ehemaligen Königs im Tessin, einem ungewöhnlichen Menschen ein Denkmal setzen konnten.
Auf der Rückreise wurde ich dann noch einmal mit einer ungewöhnlichen, zwielichtigen, oder zumindest politisch zweideutigen Macho-Figur aus dem Wachsfigurenkabinett des etablierten Kulturbetriebes konfrontiert, die aus dem damaligen Osten in den damaligen Westen kam, extra für meinen Hans-Habe-Film. Er hieß Stefan Heym.
Ihn hatte ich nicht – wie Reich-Ranicki – mit dem Thema und einer literarischen, fachidiotischen Herausforderung (und einer erotischen Stimme), sondern nur mit Geld herlocken können. Eintausend D-Mark verlangte er und zwei bezahlte Übernachtungen im feudalen Luxushotel Gravenbruch bei Frankfurt. Woher nehmen und nicht stehlen?
Da diese Extravaganz des als armer Kommunist aus der noch ärmeren DDR in der Kalkulation nicht vorgesehen und wohl von der Redaktion des Bayerischen Rundfunks nicht akzeptiert wurde und nicht abge-

bucht werden konnte, mußte ich sie wohl oder übel aus eigener Tasche bezahlen. Aber für meinen Film war mir – nach Reich-Ranicki, Lilli Palmer, Hilde Spiel und so weiter, nur gerade das Beste gut genug. Stefan Heym zum Beispiel kannte die abenteuerliche und tragikomische Vergangenheit des in gewissen Kreisen verfemten Autors von »Ich stelle mich« aus dem Effeff, er war mit ihm gemeinsam im amerikanischen Exil und in der Armee gewesen, während Hilde Spiel seine erste Liebe gewesen war. Auch sie verlangte ein Honorar und auch ihr mußte ich den Flug von Österreich nach Deutschland bezahlen. Ich sparte solche Mehrkosten, die vom Auftraggeber nicht akzeptiert, besser gesagt, im zugestandenen Budget nicht eingestanden waren, am Personal ein: Kamera- und Tonmann arbeiteten ohne Assistenten. Die Arbeit, der Film, litten im Endeffekt nicht darunter, aber es bedeutete für uns gewaltige Mehrarbeit und Streß. Am schlimmsten war die Geldnot. Und die Unbarmherzigkeit der Prominenten, viel reicher als ich, die davon nichts wußten, oder nichts wissen wollten. So hatte Curd Jürgens als »Honorar« von mir ein halbes Pfund vom feinsten Kaviar verlangt.
Da mußte dann halt immer wieder meine kleine, aber feine Bank in Bern herhalten und mir den üblichen Überziehungskredit gewähren, der dann meist die ganze Summe, die ich, wenn der Film einmal fertig und abgeliefert war, stolz und in bar mitbrachte, auffraß. Das als Erklärung für meine Familie, wo eigentlich das viele Geld, das ich verdiente, geblieben ist. Aber auch hier, mit und durch den Hans-Habe-Film, sollte das ein Ende haben und endlich besser werden. Davon jedenfalls war vor allem Bankdirektor Peter Lysser überzeugt. Im übrigen war Stefan Heym, wie sich dann herausstellte, eine wirkliche und unersetzliche Bereicherung.
Zuerst aber lernte ich in ihm noch eine Persönlichkeit kennen, auf die, wie ich schon sagte, die Bezeichnung »Macho« wie der Deckel auf den Topf zutraf. Es zeigte sich, daß er nicht umsonst ein berühmter und erfolgreicher Mann war: hier, im Westen, die Hand aufmachen und einkassieren – da, im Osten, sich für die Ideale einer kommunistischen Ideologie in Szene setzend. Was er im Großen tat, das konnte ich bei ihm im Kleinen erfahren. Anfangs war er mir gegenüber unglaublich arrogant und setzte sich in Szene wie ein Großmufti aus einem orientalischen Königsschloß und nicht wie ein armer Schriftsteller aus der DDR, der am Hungertuch nagen mußte. Er kam heranstolziert auf dem dicken Spannteppich des Luxushotels wie Julius Cäsar, er meckerte her-

um, als ich ihn in die vorbereitete Interviewecke bat, antwortete mir, als ob ich eine Erstkläßlerin wäre – kurz, er nahm mich nicht ernst. Daß ich noch immer aussah wie eine junge Filmdebütantin für einen Erotikfilm, das war nun einmal mein Schicksal, obschon ich bereits über fünfzig Jahre alt war. In meiner Familie sahen die Frauen immer viel jünger aus als sie waren, aber gerade bei Reich-Ranicki & Co. spielte das eine große – ja (für mich) eine entscheidende Rolle.

Doch wenn es um meine Arbeit ging, konnte ich unglaublich hartnäckig und stur sein. Ich wußte, daß auch ein Stefan Heym vor mir – in Verbindung mit einer Kamera, die wiederum Bildschirm und ein Millionenpublikum (und hämische Kritiker) bedeutete, in die Knie ging. Und so kam es dann auch.

Seine Widerborstigkeit, seine kleinen Schikanen und Zeichen höchster Verachtung wurden immer schwächer, die Fragen, die ich ihm stellte, zwangen ihn, sich voll auf das Thema zu konzentrieren. Als das Interview vorbei war, wischte er sich über die Stirne und gab mir die Hand. Die Pressedame, die im Hintergrund gewartet hatte, kam heran und nahm mich beiseite. Sie flüsterte mir ins Ohr, sie möchte uns, zusammen mit Stefan Heym, noch in eine Bar zu einem Drink einladen.

Auf dem Weg dahin plauderte sie noch ein wenig aus dem Nähkästchen: Heym sei ein guter Klient des Gravenbruch-Nobelhotels, er mache bei jeder seiner Reisen in den Westen diese Unterkunft zur Bedingung, und benehme sich dann wie ein Grandseigneur. Champagner und junge Mädchen oder Freundinnen gehörten immer dazu, um sich für das karge Leben im Osten schadlos zu halten. Ein guter und geschätzter Klient, zu dem man Sorge trage.

In der Bar trafen wir dann einen völlig verwandelten Stefan Heym. Er begann sofort, mir auf die unverblümteste Weise den Hof zu machen. Dann entschuldigte er sich: er habe ja nicht gewußt, daß ich die Schwester von Liselotte, in der DDR sehr bekannt und äußerst beliebt, auch seine Lieblings-Filmschauspielerin und ich selber eine renommierte Fernsehfrau sei. Dann schenkte er mir sein letztes Buch und schrieb mir auf meine Bitte eine Widmung hinein. Sehr kurz und trocken und konventionell, nicht so aufregend wie das »zu Füßen gelegt« von Reich-Ranicki. Es bedeutete mir ein diabolisches Vergnügen, ihm mitzuteilen, daß auch Reich-Ranicki in dem Film mit von der Partie war. Da entschuldigte er sich für sein schlechtes Benehmen am Anfang erst recht; ja, ich sah ihm das geradezu lüsterne Verlangen an, wobei es dahingestellt sei, ob das nun mir oder der Hoffnung, von dem Literaturpapst zur Kenntnis genommen und einmal besprochen zu werden, galt. Lieber einen Verriß von Reich-Ranicki als gar nicht von ihm erwähnt werden, hieß die Devise.

In Hamburg hatte ich einen Brief an Reich-Ranicki angefangen, in Frankfurt schrieb ich ihn zu Ende. Es war ein zauberhaft erregendes Gefühl, auf dem vornehmen Papier des Nobel-Hotels an den großen Mann zu schreiben, von dem ich wußte, daß er mich in seinem sinnlichen Empfinden, vielleicht sogar schon ein wenig in seinem Herzen trug.

Und wie nicht anders erwartet, telefonierte er – kaum war ich irgendwo erreichbar – hinter mir her.

Ich hatte ihm vorsorglich schon alle möglichen und unmöglichen Adressen mit Telefonnummern angegeben. Es zeigte sich, daß diese Vorsorge nicht nur gut, sondern auch ein hübsches Exempel dafür war, wie ein mächtiger Mensch in die Niederungen einer kleinbürgerlichen, ahnungslosen Welt hinabsteigt: als mir nämlich meine über achtzigjährige Tante (bei der wir übernachteten), vom Kultur- im allgemeinen und »richtigen« Literaturbetrieb im besonderen völlig unbeleckt, mit den Worten entgegenkam: »Marcel Reich-Ranicki hat angerufen. Er sagte, daß es dringend sei und ich mußte ihn sogar trösten, so enttäuscht war er, daß du noch nicht da bist.«

Ich konnte nicht umhin, die Vorstellung mit grimmiger Schadenfreude auszukosten: was würden wohl Martin Walser & Co. zu einem solchen Anruf und dem Kommentar von meiner herzensguten Tante sagen?

Daß der große Marcel Reich-Ranicki mich hier, in einer ganz verborgenen und privaten Ecke in Bern, bei meiner alten Tante aufgestöbert und sich mit ihr höchst zutraulich unterhalten hatte, das war schon bedenkens- und erwähnenswert.

Offiziell bedankte er sich für meinen Brief, bestätigte, daß er mit einem Filmportrait und dem Exposé einverstanden sei, aber unverkennbar schwang in seiner Stimme, seinen Worten, persönliches Interesse, kleine Zweideutigkeit, zärtliche Unverschämtheiten, diktatorisches Verlangen mit. Es war unüberhörbar, besonders, als ich dann am nächsten Tag schon wieder von Bern nach München zum Filmschnitt fahren mußte. Jeden Tag rief Reich-Ranicki mich im Schneideraum an.

Es schmeichelte mir, gefiel mir und – machte mir auch ein wenig angst. Hatte ich mich da nicht zu vorschnell, zu leichtsinnig, einfach zu weit hinaus aufs Glatteis gewagt?

Aber es war hinreißend, mit ihm zu telefonieren und durch den Draht seinen unmißverständlichen Anspielungen zu lauschen, auch wenn ich mich zuerst voll und ganz auf die Fertigstellung des Habe-Filmes konzentrieren mußte. Immer wieder sah er mich in dem Interview an, das ich wesentlich kürzen mußte und hielt Zwiesprache mit mir. Er war – zumindest auf dem kleinen Bildschirm – immer dabei. Es machte ihm Spaß, als ich es ihm erzählte und war Grund genug für ihn, noch häufiger anzurufen. Wann würden wir mit seinem Film beginnen? Wann uns wiedersehen?
Als freie Produzentin mußte ich mir zuerst den Vertrag einer Sendeanstalt, die den Film kaufen oder mitproduzieren würde, besorgen. Ich erklärte es ihm, aber entweder hatte er da nicht richtig zugehört, oder er war (wie ich!) der Überzeugung, ein solches Thema würde von jedem Sender mit Handkuß angekauft oder mitgemacht. Für ihn war die Zusage eine Gnade, für mich ein Stolperstein, wie sich später auf gnadenlose Weise zeigen sollte.
Aber jetzt war das weder für ihn noch für mich ein Grund, mit dem Plan nicht sofort Nägel mit Köpfen, das heißt Ernst zu machen, uns wiederzusehen. Während des Schneidens des Habe-Films legte ich einen Besuch in Frankfurt ein, zu dem mich Reich-Ranicki einlud.
Paul fuhr mich hin, es war nicht schwer, ihn mit meinem Enthusiasmus für den Reich-Ranicki-Film anzustecken. Nur in dem Risiko, wieder einen Film anzufangen, bevor der Vertrag dafür unter Dach und Fach war, sah er eine Gefahr.
Doch es fiel mir leicht, ihn zu überreden: Man muß die Suppe essen, solange sie heiß ist. Er ahnte nicht, daß ich meine und Reich-Ranickis Frivolitäten und Gefühle meinte, sondern bezog sich auf die Arbeit: solange der große Marcel Reich-Ranicki noch vakant war und nicht jemand anders uns das erstklassige Thema abstahl. Und Paul hatte es selbst gesagt: geistige Untreue ist kein Betrug. Beide hatten wir uns bis jetzt, seit unserem Zusammensein, an diese Regel gehalten.
Anders würde es, dessen war ich mir sicher, auch jetzt nicht sein, selbst wenn der Auserwählte Reich-Ranicki hieß. Ja, wenn wir beide zwanzig Jahre jünger wären, hei, da wäre wohl eine ganz gewaltige Gefahr, besser gesagt, eine ganz große Leidenschaft und heiße Affäre im Entstehen gewesen.
Paul fuhr mich nach München und von da dann an einem ausgemachten Termin nach Frankfurt. Es war für mich nicht nur eine Notwendig-

keit, nicht allein zu fahren, sondern auch eine Vorsorge. Auf keinen Fall konnte und wollte ich mir in irgendeiner Form das Terrain vorbereiten, um für den großen Marcel disponibel zu sein. Wie gesagt: dafür war es zwanzig Jahre zu spät. Aber ich würde es zwischen uns noch lange – vielleicht für immer – knistern und funken lassen, in einer himmlischen, kongenialen, erotischen Freundschaftsbeziehung. So etwas, einen solchen geistreichen, brillanten Kopf hatte ich mir als Dauerfreund immer gewünscht.

Paul brachte mich bis vor das Haus von den Ranickis – fuhr dann weg und sagte, er komme mich in zwei Stunden wieder holen. Wenn es länger gehe, würde er in der nächsten Straße um die Ecke auf mich warten. Ich wollte nicht (und er auch nicht), daß Ranicki ihn sah. Mein Privatleben, genau wie meine Filmproduktion, sollten ein Geheimnis bleiben, denn dieses Projekt war wie zerbrechliches Porzellan: namhaftere Gesprächspartner als ich, berühmte Dichter und Schriftsteller oder festangestellte Redakteure konnten mir jederzeit mit Geld und erstklassigen Programmplätzen zuvorkommen. Und meine Sorge sollte sich dann ja auch als richtig erweisen.

Als ich ausstieg, fühlte ich eine merkwürdige Schwäche in den Beinen, die aber vom Magen ausging. War es die Aufregung vor dem Wiedersehen, die meine Allergie, die mich seit einiger Zeit plagte, auslöste, oder war es die Allergie, die diese ungewohnte Aufregung hervorrief? Der Arzt hatte mir dafür Tropfen verschrieben, die ich glücklicherweise mitgenommen hatte, ohne diese wäre mir jetzt ein Essen ganz und gar unmöglich gewesen, es war für mich neu, daß mein Körper mir einen Streich spielte, vielleicht bedeutete es auch nur ein Warnsignal: »Bis hier und nicht weiter kannst du gehen.« Jedenfalls ahnte ich, daß dieses Leiden, das vom Arzt nach einer kompletten Untersuchung als »nur« eine Allergie bezeichnet wurde, von der Psyche, also aus einer mysteriösen und unberechenbaren Ecke kam.

Ich nahm denn, bevor ich bei Reich-Ranickis klingelte, meine Tropfen ein, die mich sofort erleichterten, aber auch ein wenig müde machten. Ganz ungewohnt für mich, die ich sonst zu solchen »Tête-à-têtes« mit interessanten Leuten immer topfit und beflügelt war. Ich nahm es mit der Ruhe: für mehr als ein verliebtes Ping-Pong-Spiel, geistreiches Tändeln und vieldeutiges Blickewechseln war ich »alte Schachtel« ohnehin nicht bereit. Wobei mir aus Erfahrung klar war, für den liebenswürdigen Schwerenöter, der den Ruf hatte, mit Dichterinnen, die

er über Gebühr lobte und »machte«, zu schlafen, sah ich mindestens zehn Jahre jünger aus als ich war. Er dagegen feierte bald seinen fünfundsechzigsten.
Ich wurde von ihm und seiner Frau, die überall wie ein gut abgerichteter und äußerst sanfter Wachhund dabei war, aber immer einige Schritte hinter uns ging, in ein kleines Restaurant um die Ecke geführt, das er als äußerst renommiertes Feinschmeckerlokal empfahl. Mir war es egal, ich hatte ohnehin keinen Appetit. Aber schon beim Eintritt sah ich, daß es tatsächlich nicht nur eine Eckkneipe, sondern ein äußerst gepflegtes und nicht billiges, intimes Eßlokal war.
Katzbuckelnd führte uns der Chef an einen reservierten Platz in einem kleinen Nebenraum, offensichtlich war das wie in der Eisenbahn das Abteil erster Klasse.
Während des Essens, das ich Reich-Ranicki für mich auswählen ließ, kam es mir vor, als ob seine Frau die Mutter und ich ihre Schwiegertochter sei, dermaßen selbstverständlich und offensichtlich ohne jegliche Eifersucht, ließ sie ihn bei seinen Komplimenten und charmanten kleinen Anzüglichkeiten mir gegenüber gewähren.
War sie in der so hervorragend funktionierenden, langjährigen Ehe, in der das Sexuelle vielleicht nicht mehr sehr wichtig und ein wenig ausgeleiert war, seine Kupplerin? Es wäre nicht das erstemal, daß mir so etwas passierte. Ein deutscher Diplomat, besser gesagt, seine schöne, aber durch Krankheit geschwächte Frau, hatte mir ein solches Drittverhältnis früher einmal vorgeschlagen.
Wir redeten natürlich vor allem über meinen geplanten Film, und immer wieder drängte er voll Ungeduld: wann fangen wir damit endlich an? Nun, das hätte durchaus auch zweideutig gemeint sein können, wie ich ein wenig später konstatierte.
Als wir mit dem vorzüglichen, durch meine Allergie verkürzten (»Was, Sie mögen kein Dessert?«) Arbeitslunch zu Ende waren, ging Frau Reich-Ranicki diesmal voraus.
Galant schob er mir meinen Stuhl zurück und nahm mich schon beim Aufstehen zärtlich am Arm, um sich dann mit mir zusammen an den letzten Gästen und den verwaisten Tischen vorbeizuschieben. Ich spürte seinen mageren, heischenden Arm, er zitterte wie Espenlaub. Dazu flüsterte er mir etwas ins Ohr, das ich glücklicher- oder unglücklicherweise nicht richtig verstand. Aber nachdem ich spürte, wie sehr er körperlich erregt war und wie gerne er vielleicht jetzt mit mir in eine dunk-

le, verschwiegene Ecke verschwunden wäre, war mir der mächtige und gefürchtete Mann untertan. Ich müßte lügen, wenn ich das nicht liebend gerne und in jeder Beziehung mitgemacht und ausgenützt hätte. Aber ich war völlig hilflos und wußte nicht wie, bedauerte einfach nur, daß wir zwanzig Jahre zu spät dran waren. Alles, diese Begegnung, mein Film, meine berufliche, sprich: schriftstellerische Laufbahn wären dann ganz anders verlaufen.
So aber lachte ich nur ein wenig gekünstelt und versuchte, seinen zitternden Arm auch etwas zu drücken, zum Zeichen, daß ich mit seiner Aufforderung einverstanden sei, vorausgesetzt, daß sie harmlos und so scheu blieb wie eben.
Draußen wartete wieder die Realität in Person von Frau Reich-Ranicki auf uns, wie immer ging sie dann hinterher, als wir gemeinsam in die Wohnung zurückkehrten, um hier den ersten Drehtermin festzulegen.
Anschließend fuhren Paul und ich nach Köln. Hier hatte ich einen Termin mit Hans Rosenbauer, jetzt Kulturchef beim WDR, nachdem er als Moderator einer Unterhaltungssendung gescheitert war. Das war nun einmal so beim deutschen Fernsehen, mit Wehmut dachte ich einmal mehr an den viel zu früh verstorbenen Heinz Huber zurück. Bei ihm hätte ein simpler Anruf mit dem exklusiven Thema genügt, um ihn begeistert zuschlagen zu lassen.
Jetzt aber konnte man sich nur wundern, wie Moderatoren oder Redakteure in die höchsten Chef-Positionen rückten, obschon sie auf einem ganz anderen Gebiet – mehr oder weniger – tätig sind. Aber einem ehrgeizigen Moderator kann man als Festangestelltem nicht mehr kündigen, also setzt man ihn auf irgendeinen attraktiven Posten, auch wenn er davon soviel wie ein Fußballstar vom Bücherschreiben versteht.
Bei Hans Rosenbauer schien es mir eindeutig und klar. Auf dem Bildschirm gescheitert, werkelte er jetzt hinter den Kulissen, mit einer großen – vielleicht zu großen – Verantwortung. So jedenfalls war mein erster Eindruck nach der Besprechung, auch wenn er vor dem Namen Reich-Ranicki in die Knie ging. Ich begriff sofort: nicht weil er mich als erprobte Filmemacherin und Fernsehfrau erkannte, sondern wegen des Namens des großen Kritikers sagte er zu. Und das Warum und Wieso und wegen was und wem mußte mir als Filmproduzentin schnuppe sein, Hauptsache, ich verkaufte mein Produkt.
Zufrieden und bester Laune, aber auch erschöpft, fuhr ich mit Paul nach München zurück, um im Schneideraum zu verschwinden.

Wie immer war das Filmmaterial in der Schweiz, bei der »besten Kopieranstalt Europas«, gegründet von dem ebenfalls zu früh verstorbenen und genialen Edgar Schwarz, der »Schwarzfilm-Technik« entwickelt worden, den Rohschnitt verfertigte ich ebenfalls in der Schweiz, an meinem eigenen Schneidetisch.
Auch dafür hatte ich kämpfen müssen: daß ein Regisseur seine Filme auch noch schneidet, das war völlig ungewöhnlich und bei den Fernsehsendern tatsächlich nicht erlaubt und wie immer – besonders nicht von einer Frau. Ich arbeitete zeitweise sogar unter Pseudonym.
Einer meiner Gründe, mich selbständig zu machen: jedesmal mit einem anderen Cutter zu arbeiten, war wie jedesmal mit einem anderen Kameramann zu filmen, man mußte immer wieder von vorne anfangen, sich zusammenraufen, was bei der Selbstherrlichkeit der Festangestellten immer ermüdend und überaus anstrengend war. Lieber machte ich es allein. Auch die Cutterinnen und Cutter, wie etwa Guntram von Ehrenstein und später seine Frau Renate Struwe, starben aus, und schon damals saß ich wie auf Nadeln, wenn ich zuschauen mußte. Ich war immer fast geplatzt vor Ungeduld und dem Drang, Film und Schneidepresse selbst in die Hand zu nehmen und am Schneidetisch zu »malen«, das war ein einziger Hochgenuß, eine hundertprozentig kreative Arbeit.
Ich wurde darin auf eine unerwartete Weise bestätigt, als ich dann eines Tages der legendären Film-Regisseurin Leni Riefenstahl begegnete. Ich besuchte sie in ihrer Schwabinger Wohnung in München, um mit ihr ein Interview zu versuchen (sie lehnte kategorisch alles ab), und bei der Gelegenheit entdeckte ich eine einmalige Vollblut-Begabung mit vielen Parallelen und Ähnlichkeiten, vor allem was unseren Beruf und die Männer betraf. Auch sie mußte gegen Vorurteile und Mißtrauen kämpfen, die ewige Frage »Waren Sie nun oder waren Sie nicht Hitlers Geliebte?« lief ihr wie ein böses Gespenst aus dunklen Zeiten nach. Als sie mich mit ihren blauen Augen in dem sonnengebräunten Ledergesicht (sie war für ihren Fotoband über die Nuba monatelang in Afrika gewesen) anblickte, da mußte ich ihr glauben, daß es zwischen ihr und dem »faszinierenden« (Riefenstahl) Führer und Volks-Verführer »nur« geknistert, sie aber nicht mit ihm geschlafen habe. Was machte das, in bezug auf Politik und die Nazigreuel, schon für einen Unterschied? Sie war keine Heldin, aber sie hat ein paar geniale Filme gemacht, die der Welt erhalten bleiben: einzigartige, wenn auch er-

schütternde Zeit-Dokumente, die zeigen, was der Mann an Wahnsinn so alles tat.

Leni Riefenstahls Augen waren stahlblau und stahlhart, dasselbe sagte man auch von denjenigen »ihres« Führers. Was wirklich zwischen ihnen war, das will und kann sie vielleicht gar nicht mehr verraten, weil sie es verdrängt und nicht aufgeschrieben hat, sie sagte es »durch die Blume«, »durch den Film«. Alles andere bleibt ihr Geheimnis, sie hütet es bis in ihr Grab.

Reich-Ranicki rief mich im Schneideraum an. Immer wieder, fast jeden Tag, flirtete und säuselte er durch den Draht und ich flirtete und säuselte zurück, so gut es ging. Denn mir wie ihm lag ja in erster Linie das Höhere, Edlere und vielleicht Unsterbliche am Herzen, das Bannen des großen Meisters auf den Film. Dafür war er zu jeder Schandtat und insbesondere zu dem Weiblichen, das ihn, wie weiland Goethe, bedingungs- und schamlos »hinanzog« bereit, ich brauchte nur zu gebieten, und er würde mir zu Diensten sein.

Wäre ich nicht blöd gewesen, eine solche Situation, auch ohne unterschriebenen Vertrag, nicht auszunützen? Und zwar, wie Leni Riefenstahl, ganz ohne Hintergedanken, auch privat? Daß man mich nicht falsch versteht: zwischen der Hof-Fotografin und Regisseurin von Hitler, die bis ins hohe Alter eine ehrgeizige, kaltblütige und einsame Karriere-Frau blieb, die dafür, wie man sagt, auch »über Leichen ging« – und mir, sah ich außer der Liebe und »Berufung« zum Filmemachen, der Stellung als (einzige) Frau in einem Männerberuf, keine Verwandtschaft und keine Ähnlichkeit.

Das zeigte sich schon daran, wie der Reich-Ranicki-Film entstand und was dann aus ihm wurde. Hilfe und Unterstützung dafür konnte ich (außer einem Vertrag für eine Auftragsproduktion und einem schmal berechneten Budget) von niemandem erwarten.

Um so aufregender, was mir der gefragte Mann jetzt ganz von selber anbot: er war gerade im Begriff, mit seiner Frau an einen geheimgehaltenen Ort in die Ferien zu verreisen. Er war bereit, sich da von uns filmen zu lassen und sich von seiner anderen, unbekannten und »menschlichen« Seite zu zeigen. Ich durfte frohlocken: er hatte meine Art, Filmportraits zu machen, nicht nach dem Schulbuch, nicht als akademische und wissenschaftliche Fleißarbeit, sondern als »Gesamtkunstwerk«, auch und vor allem den Menschen Reich-Ranicki zu zeigen, genauestens verstanden.

An einem herrlichen Sonnen- und Sommertag fuhren wir also mit unserer Film- und Tonausrüstung nach Flims. Das war die ganz private und geheime Ferienadresse. Wiederum war ich ein wenig enttäuscht. Warum den kleinen, bescheidenen, in meinen Augen sogar etwas kleinkarierten Schweizer Urlaubsort Flims? Warum nicht Arosa, Sankt Moritz oder allenfalls Davos? Zog es den Thomas-Mann-Spezialisten und Verehrer nicht auf den »Zauberberg«?

Doch da stand mir wohl wieder meine »Schweizer Urbanität« (Walser) im Wege. Ich ließ ein »weibliches« Trommelfeuer von kurzen und treffenden Fragen niederprasseln, die er ebenso kurz und treffend, mit einem anzüglichen Unterton und gut gelaunt erwiderte.

Es war ein geradezu erotisches Interview, und wer genau hinschaut, der kann den Aufnahmen anmerken, wie sehr Reich-Ranicki Funken sprüht, und es zwischen uns knistert.

Und einmal mehr bewährte sich meine Methode, am Drehort nur nach Exposé zu improvisieren und nicht nach fertigem Drehbuch zu filmen – einen Reich-Ranicki in der Badehose oder auf dem Sessellift hätte niemand voraussehen können, er am allerwenigsten.

Aber solches Improvisieren darf natürlich nicht aus Unkenntnis des Metiers, beziehungsweise Dilettantismus und mangelnder Ausbildung und Begabung kommen. Reich-Ranicki war dafür ein gutes Beispiel. Meine Art, Filme zu machen, Fragen zu stellen, gefiel ihm, es war nicht nur meine weibliche Ausstrahlung, die ihn mit Freuden nach meiner Pfeife tanzen ließ, sondern auch die Magie der Kamera, der Reiz der geschmeichelten und herausgekitzelten Eitelkeit. Auch das war nicht selbstverständlich.

Man kann es so sagen: Wir fühlten uns einfach wohl miteinander. Aus der geplanten Drehzeit von zwei Stunden wurde ein ganzer Tag, den ich abwechslungsweise mit ihm allein oder zusammen mit seiner Frau verbrachte. Das Hotel war klein und fein, mit modernstem Komfort und gemütlichen Ecken, zum Beispiel in dem Gartenrestaurant, in dem ich mich fühlte wie in den Ferien, behütet und beschützt von Herrn und Frau Reich-Ranicki wie von einem fürsorglichen Elternpaar. Natürlich vergaßen wir dabei die Arbeit nicht und immer wieder lockte er mich, um zusammen mit ihm in seinem komfortablen Mercedes – dem einzigen materiellen Luxus, abgesehen von den 200 Krawatten, den er sich leistete – wie auf einer Wolke lautlos und langsam schwebend, eine Runde durch den kleinen Ort zu drehen, begleitet von donnernder

Beethoven- oder jubilierender Mozart-Musik, die klangrein und mit Stereo-Effekt aus den Lautsprechern ertönte. Ein Musik-Genuß wie in einem Konzertsaal. Unmöglich, sie von ihm zu trennen oder seiner Persönlichkeit zu unterschlagen: seine Liebe zur klassischen Musik. Am liebsten Bach und Beethoven, natürlich Mozart, Brahms und Wagner, aber auch Richard Strauss. So könne er stundenlang fahren, allein, nur zum Hören von Musik. Ein Hochgenuß, wie auf einer Insel, weit weg vom Alltag, Ärger und Streß.
Er blickte mich an und lächelte, wieder berührte mich sein sonnengebräunter Arm. Ich spürte seine Haut und erschauerte. Was erwartete er von mir?
»Wir müssen noch das Interview fertig drehen«, sagte ich schließlich, »das Team wartet auf mich.«
»Aha, der Kameramann«, frotzelte er. »Was ist mit dem Kameramann?«
Er hatte also etwas gemerkt, und das war mir peinlich. Nein, darüber würde ich nicht sprechen, es ging ihn gar nichts an.
»Nichts ist«, antwortete ich leise. »Er ist hervorragend, wir arbeiten schon seit vielen Jahren zusammen.«
»Dann wird er ja sicher schon beunruhigt sein«, schloß er sarkastisch, ohne zu verraten, ob er etwa eifersüchtig sei. Er stellte sein Auto nicht auf dem Parkplatz ab, sondern in einer schattigen Ecke, unter einem Apfelbaum.
Wieder blickte er mich an und lächelte. Es war mir klar, daß er von mir etwas erwartete, etwas, das mit dem Film nichts zu tun hatte und mein Aussehen ihm versprach. War ich nur noch eine Alt-Männer-Phantasie?
Mit einem erschrockenen Blick auf die Uhr stieg ich aus. »Es ist später als du denkst«, zitierte ich ein wenig übertrieben lachend eine chinesische Weisheit. Er folgte mir, elegant und diskret, oder einfach zu scheu, offensichtlich hätte er gern gehabt und erhofft, daß ich die Initiative ergriff und ihn vergewaltigte.
Statt dessen machten wir jetzt noch einige stumme Aufnahmen auf der Terrasse mit seiner Frau, als Zwischenschnitte für das bereits gefilmte Interview. Wiederum war ich erstaunt, wie freundlich und geradezu herzlich mich seine Frau empfing, sie schien wie ein perfektes Spiegelbild ihres Mannes, das auch seine Gefühle wiedergab: seine Freunde waren auch ihre Freunde, mit ihm schloß sie sie – auch wenn es sich um Frauen handelte – ins Herz.
Die nächsten Aufnahmen wurden nach Reich-Ranickis Rückkehr aus

dem Urlaub in Frankfurt gemacht. Diesmal mit dem gehörigen Respekt und der Verneigung vor dem hehren Wind, der in der heiligen Literaturredaktion der konservativen Edelpostille wehte. Er selbst lese die »FAZ« nicht, sagte Reich-Ranicki, außer natürlich seiner eigenen, der Literatur-Beilage.

Hier filmten wir nun den Alltag eines vielgefragten und geplagten Zeitungschefs der edelsten Sorte, er plauderte aus dem Nähkörbchen des Heeres verhinderter oder verkannter Möchtegern-Dichter und Anwärter auf Unsterblichkeit, die ihm ihre Ergüsse täglich schickten. Rührende, tragische und unverschämte, hie und da auch recht begabte Beispiele dieser merkwürdigen Krankheit, die Selbstüberschätzung und der Traum, berühmt zu werden, heißt. Sie überfluten einen Mann an der Schaltstelle zum Erfolg jeden Tag mit dieser atemberaubenden Zahl und Regelmäßigkeit, die allein schon die Härte und die Strenge rechtfertigen, mit denen der Fachmann versucht, die Spreu vom Weizen zu trennen – und vielleicht doch einmal ein Talent, ein »verkanntes Genie« zu entdecken.

Kaum zu glauben, wie viele Leute sich zu Höherem, zum Dichten und literarischem Ruhm berufen fühlen und wie wenig dagegen diese Dichtung und diese Bücher, die der Fachmann empfiehlt, dann schlußendlich gelesen werden.

Doch der Respekt vor der Literatur und eben die Hoffnung, doch einmal *das* Buch – *den* Roman zu entdecken, geboten ihm, jede Zuschrift zu lesen und zu prüfen.

Wir filmten dann einen Vortrag von Professor Dr. hc. Marcel Reich-Ranicki im Schauspielhaus Zürich über »Der Erzähler als Kritiker am Beispiel Thomas Manns«, mit der Einführung von Golo Mann und einem anschließenden Gala-Essen zu Ehren der beiden Thomas-Mann-Kenner und einem ausgewählten, exklusiven Publikum der Zürcher Kultur-Schickeria. Nicht nur für die zu Ehren des in Zürich im Exil verstorbenen »größten deutschen Dichters des 20. Jahrhunderts«, seinem Sohn und seines unermüdlichen Forschers und Rezensenten elegant und feierlich gekleideten Gästen, sondern auch für unsere Kamera war das ein »gefundenes Fressen«.

Am nächsten Tag besuchten und filmten wir mit Reich-Ranicki das Thomas-Mann-Archiv, vor dem wir prompt wegen »verbotenem Parken« eine saftige Buße einkassierten. Auch das war im immer schmäler werdenden Kreditvorschuß von Bankdirektor Lysser nicht eingeplant.

Selbstverständlich wurde von uns auch ein brillantes Zwiegespräch zwischen Golo Mann und Reich-Ranicki, ein Interview mit dem letzten, lebenden Thomas-Mann-Sohn gefilmt. Auch einen Vortrag in Frankfurt, einen Besuch von Reich-Ranicki mit Frau zu einer Premiere von Richard Strauss' »Rosenkavalier« »nahmen wir mit«, wie es im Filmjargon heißt, um seine Leidenschaft für klassische Musik, seine regelmäßigen Opern- und Theaterbesuche zu dokumentieren, aber auch eine Befragung beim Pausenpublikum, das, dem Programm entsprechend, einigermaßen anspruchsvoll und gebildet sein würde.

»Kennen Sie Marcel Reich-Ranicki?«

Mehr als die üblichen Klischees, ein verlegenes Achselzucken, ein »Ah, das ist doch der, der alles verreißt«, kam dabei allerdings nicht heraus.

Und immer wieder wollten die Besucher seiner Vorträge, bei Diskussionen das Geheimnis seiner Kriterien wissen. Wo nimmt ein Literaturpapst seine Einteilung in »gut« und »schlecht« her? Nach was für Maßstäben urteilt und kritisiert er? Wer gibt ihm das Recht dazu? Untersteht er, wie der richtige Papst, direkt einem Gott der Literatur?

Schon damals war mir klar, daß Reich-Ranicki nicht nur ein glänzender und unübertrefflicher Kenner und Kritiker, sondern ebensosehr ein brillanter und schlagfertiger Gesprächspartner war. Dieser hochintelligente, amüsante Kopf, der immer nur auf die langweilige und hochgestochene Kulturecke abgeschoben wurde, hatte zweifelsohne zusätzlichen Unterhaltungswert. Einige Jahre später fand das seinen Niederschlag im »Literarischen Quartett«.

Aber auch etwas anderes lernte ich noch kennen: den Stellenwert, den man als »Freund(in)« und Vertraute eines so großen und wichtigen Mannes automatisch bekommt. Es ist mir unvergessen, wie in Frankfurt anläßlich eines Vortrags von Marcel Reich-Ranicki (mit anschließender Diskussion), den wir filmten, er Arm in Arm mit mir durch das Pausenpublikum schritt, um die Filmaufnahmen zu besprechen. Professoren, Literatursachverständige und Starjournalisten und sogar der Bürgermeister machten vor mir den Kniefall, luden mich zu der anschließenden, offiziellen »intimen« Feier ein, so als sei ich die Kritiker-Päpstin höchstpersönlich. (Und wie dieselben mich dann wiederum zerfetzten, als der »Papst« es ihnen gebot.) Zwischen den einzelnen Filmaufnahmen mit Reich-Ranicki, die ich am Schluß wie ein Puzzle am Schneidetisch zum Ganzen zusammensetzen würde, legte ich – notgedrungen –

immer wieder längere Pausen ein. Ich wartete auf den von Hans Rosenbauer versprochenen, unterschriebenen Vertrag.
Reich-Ranicki wurde ungeduldig und ich auch. Nach mehreren vergeblichen Anrufen beim WDR, bei denen der Kulturchef unerreichbar blieb und entweder in einer Programmkonferenz, auf einer Dienstreise oder in den Ferien war, bekam ich ihn endlich ans Telefon. Er wünschte doch noch ein detailliertes Drehbuch von mir, sagte er. Die Nachricht traf mich wie ein Keulenschlag. Seit Jahren arbeitete ich nun auf diese Weise, mit Exposé und vollem Risiko – der Improvisation, die mir immer, wie auch jetzt wieder, die Gnade des Augenblicks, cinématograpische Leckerbissen und unwiderbringliche Filmdokumente bescherte, die in keinem Drehbuch standen. Unbezahlbar. Warum ließ man mich nicht einfach arbeiten, wie ich es gewohnt war und es sich doch wahrhaftig bewährte? In der Zwischenzeit war auch mein Hans-Habe-Film gelaufen, allerdings nur im Dritten Programm, was eine vergleichsweise kleine Zuschauerzahl bedeutete, aber er kam gut an, mit einigen begeisterten Kritiken. Auch Reich-Ranicki hatte ihn gesehen und mich in den höchsten Tönen gelobt. Auch mein Exposé für seinen Film gefiel ihm.
Und nun sollte ich also ein detailliertes Drehbuch verfassen, das mich mehrere Wochen kosten konnte, wollte ich den studierten Fachidioten in der Kulturredaktion genügen. Und wir hatten schon mehrere tausend Meter gedreht, zum Teil schon entwickeln lassen und daraus einen Rohschnitt gemacht. Jeder Fachmann weiß, daß das ein Vermögen kostet. Sollte ich, wie so oft, sitzenbleiben auf dem exquisiten und einmaligen Filmmaterial, diesem kostbaren Gut? Ich mußte mich also wohl oder übel an das »detaillierte« Drehbuch machen und beschloß, erst weiterzudrehen, wenn der unterschriebene Vertrag in meiner Hand war. Dann bekäme ich ein Drittel des Budgets als Vorauszahlung. Allerdings auch wieder nur gegen eine Bankbürgschaft. Eine neue Idee der Buchhaltung der reichen Sender, mit der sie sich selbst doppelt und dreifach absicherten und den kleinen Filmemachern und Produzenten den Hahn ab- und den Hals umdrehten. Glücklicherweise hatte ich meinen gläubigen Bankdirektor in Bern, der mir den Kredit nach Bitten und Beten als Hypothek auf mein Haus gewährte. So stiegen meine Schulden ins Astronomische. Doch ich blieb zuversichtlich und saß wie auf Nadeln vor Gier, weiterzudrehen, weiterzuwerkeln an meinem wunderbaren Mosaik. Denn etwas kam ja bei diesem Thema,

bei meiner Liebe zum Film noch dazu: meine Liebe zur Literatur. Sie leitete und bestärkte und beflügelte mich.
Und das war auch der Grund, warum ich dann doch noch ohne Vertrag und ohne Drehbuch und infolgedessen ohne Geld weiterdrehte, als sich eine einzigartige Gelegenheit ergab. Der Suhrkamp-Verlag veranstaltete eine aufwendige PR-Aktion, zur Uraufführung von Martin Walsers neuem Theaterstück, wie sie nur dem dynamischen Verleger und Walser-Freund Siegfried Unseld in den Sinn kommen konnte: die gemeinsame Rundfahrt einer illustren Schriftsteller- und Kritiker-Versammlung auf dem Bodensee, Festessen am Ufer in Konstanz und anschließendem Besuch der Uraufführung in einer alten Fabrikhalle in Friedrichshafen.
Reich-Ranicki war natürlich umschmeichelter Ehrengast und ebenso natürlich wollte ich das Ereignis filmen. In Anbetracht dessen, daß Reich-Ranicki jetzt wußte, daß sein Intimfeind Unseld der Vater meines Kindes war, »getraute« der Held sich natürlich nicht, die Drehgenehmigung für mich einzuholen, das sollte ich höchstpersönlich tun. Es fiel mir nicht leicht, denn seit Jahren war das Verhältnis zwischen meiner ehemaligen großen und leidenschaftlichen Liebe und mir gestört – er hatte das Kind nicht gewollt, aber akzeptiert, vergeblich kämpfte ich darum, unser Verhältnis zu normalisieren. Er aber wollte nicht aufhören, in mir nichts anderes als die begehrenswerte Frau zu sehen, er konnte, je nach Potenz und Wichtigkeit des Rivalen, auch noch immer eifersüchtig sein. Denn »Eifersucht ist Angst vor dem Vergleich«, hatte er mich mit dem Max Frisch-Wort ja gelehrt.
Und so konnte er gar nicht nein sagen, er drehte es um in eine generöse Tat: die Presse ist nicht eingeladen, zu der privaten Seite der Veranstaltung nicht erwünscht. Du siehst also, was ich wieder für dich tue.

*

Schon am Tag vorher fuhr ich mit meinem Filmteam an den Bodensee. Nur der mir gegenüber sanfte und gefügige Stargast Reich-Ranicki war eingeweiht: Wieder wollte ich etwas Kühnes improvisieren: Walser zu einem Streitgespräch mit demjenigen überreden, der ihm mit gnadenlosen Verrissen schon manche schlaflose Nacht beschert hatte, mehr als jemals eine Frau!
Der verliebte Maulheld glaubte mir nicht: niemals würde der sensible Dichter, den er eben gerade mit einer Klassifizierung (»kein Roman,

höchsten die Novelle ›Das fliehende Pferd‹ wird von ihm bleiben«) arg zerzaust und an seiner Achillesferse verletzt hatte, mit solchen Filmaufnahmen, ganz privat, bei sich zu Hause, einverstanden sein.
»Lassen Sie mich nur machen«, sagte ich selbstbewußt, obschon ich von dem Erfolg bei meinem früheren Freund und Kumpel nicht mehr so sicher und auch ziemlich gehemmt war. Wir hatten uns schon länger nicht mehr gesehen, der Ruhm als Schriftsteller hatte ihn zurückhaltend und empfindlich wie eine Diva gemacht. Mit diesem Vorwurf fiel ich ihm denn auch gleich ins Haus, als ich ihn frühmorgens am gleichen Tag seiner Uraufführung anrief und er kurz und bündig absagen wollte.
Aber ich war in der richtigen Stimmung, nervös, übermüdet und geladen mit dieser Arbeitswut und Ungeduld, die aus der finanziellen Not kommt, die ganze Nacht hatte ich kein Auge zugemacht. Wir wohnten in einem kleinen, hübschen Hotel direkt am See und das Zimmer lag denn auch für einmal auf der Sonnenseite. Aus irgendeinem mysteriösen Grund konnte ich nicht schlafen, ich verbrachte die ganze Nacht am Fenster, starrte auf den See, diese große, glitzernde und gleißende, flüsternde und rauschende Wand, wie sie mir so schmerzlich vertraut war. Zwanzig Jahre hatten wir am Genfersee, direkt am Wasser gewohnt, in diesem herrlichen, alten Haus, das wir schließlich, wegen meiner Schulden, verkaufen mußten. Noch immer erinnerte ich mich mit Sehnsucht daran, an diesen unvergeßlichen Geruch, die geheimnisvolle, nächtliche Ruhe, die von dem Wasser ausgeht, die Stille, nur durchbrochen von den typischen Geräuschen, einem leisen Wellenschlag, dem verlorenen Geschnatter aufgeschreckter Wasservögel, einem einsamen Ruderschlag. Wer einmal am Wasser gewohnt hat, kann niemals mehr anderswo wohnen, war seither meine Devise, der ich leider nicht habe treu bleiben können. Hatte Walser sie mir nachgemacht? Jedenfalls wohnte auch er inzwischen in einem schönen, komfortablen Haus am See, allerdings war seine Aussicht (dein Horizont, spottete ich) von mächtigen, deutschen Eichen völlig verdeckt.
Martin wehrte sich gegen meine Vorwürfe, er sei nicht mehr derselbe und habe Starallüren, aber ich nagelte ihn fest und schließlich sagte er zu. Erschöpft (ein solches Gespräch strengte mich immer an) und müde, aber voller Triumph eilte ich zu Reich-Ranicki, nachdem ich ihn telefonisch avisiert hatte.
Es war wieder wie in Flims: freudestrahlend, im grünblauen Sport-

hemd, das ihm so gut stand, wartete er in der Hotelhalle auf mich und nahm mich in seinen zitternden Arm. Wir fuhren gleich los. Ich mit meinem Team in dem großen Kombiwagen mit all den Geräten, Licht, Kamera, Tonmann mit Ausrüstung, unzähligen Büchsen mit gedrehtem oder Rohmaterial. Reich-Ranicki mit Frau in seinem schweren Mercedes hinter uns her.

Martin empfing mich, als hätten wir uns erst gestern noch gesehen, forschend, neugierig maß er mich von oben bis unten, als gehörte ich noch immer zu ihm. Der gefürchtete Kritiker, der hinter mir erschien, sah es mit neugierigem Staunen und Verblüffung, wie vertraut und fast wie mit einer geschwisterlichen Verschwörung Martin mit mir umging. Er zog mich durch das Haus, in dem die Bücherwände inzwischen durch den Flur entlang in den ersten Stock und überall, wo noch eine freie Ecke war, überquollen, in den Garten hinaus, der demjenigen seiner früheren, bescheidenen Parterrewohnung an der Zeppelinstraße in Friedrichshafen erstaunlich ähnelte und beileibe nicht die Visitenkarte eines heimlichen Hobbygärtners und Naturliebhabers war: wie ein ganz gewöhnliches Straßenbord mit grasüberwachsenen Buckeln und blühendem Unkraut führte eine Art Wiese bis an den See hinunter, der hinter den dunklen, hohen Eichen verborgen war.

Vergeblich suchte man hier die Sicht in die Weite, das berühmte Lächeln des Sees – es ladet zum Bade … vergeblich des Dichters liebevoll pflegende, »grüne« Hand, die zarten Pflänzchen und duftenden Rosenbeete, ephemere Schmetterlinge und sonstiges singendes und schwingendes Getier eines kleinen Hobby-Paradieses, das sich ein Dichter geschaffen hat, um darin zu lustwandeln und mit dem Höheren Zwiesprache zu führen. Wie früher seine verschlissene Ledermappe erinnerte mich dieser kleine Park am See eher an seine Frauen, als an einen schönen Blumengarten, in naturbelassener Wildheit hübsch, aber vernachlässigt und ungepflegt.

»Wenn wir einmal alt sind, werden wir uns in stundenlangen Gesprächen am See ergehen«, hatte er früher einmal zu mir gesagt, als er noch nicht stolzer Hausbesitzer am Wasser war.

Na denkste. Schnell und ruckzuck mußte bei ihm jetzt alles, was ihn von seinem Schreibtisch fernhielt, gehen, ob das nun der Besuch des haßgeliebten Kritikers, oder der ehemaligen Freundin mit einem kompletten Filmteam war. Nichtsdestotrotz wandte er mir und meinem Team vorerst seine volle Aufmerksamkeit zu, viel mehr als seinem illustren Besucher. Dieser konnte nur mit offenem Mund dastehen und zusehen, wie seine Lieblingsbeute hier nicht zum Abschuß, sondern zum Quatschen und Plauschen, dem neuesten Klatsch über unsere ehemaligen Stuttgarter Freunde und Kollegen frei und bereit war. Vertraulich nahm Martin meinen Arm oder legte seinen um meine Schulter, als wir gemeinsam das Terrain abschritten, um eine geeignete Ecke für das »Streitgespräch« zu suchen. Wir sprachen auch über Micha Pfleghar.

Trotz dieser merkwürdig engen Freundschaft zu ihm, auf die man als Frau tatsächlich ein wenig eifersüchtig werden konnte, ging Martin nicht auf seine Beerdigung, nachdem »Deutschlands erfolgreichster Star-Regisseur« durch einen spektakulären Selbstmord in der Badewanne aus dem Leben geschieden war. Eine der seltenen Gelegenheiten, bei denen ich spontan zum Telefonhörer griff. »Du mußt auf Michas Beerdingung kommen«, sagte ich, »das bist du ihm schuldig – genauso wie ich.«

»Das meint meine Frau auch«, antwortete Martin, »aber ich gehe aus Prinzip auf keine Beerdigung mehr.«

Reich-Ranicki war ganz im Bann dieser chaotischen Art, mit der ich diesen Film mit ihm und den uns bevorstehenden Tag anging, sie konnte spontan, innovativ und lebendig wirken, war aber für mich eine einzige Strapaze. Von einer Stunde zur anderen ein Interview mit dem »bedeutendsten Nachkriegsschriftsteller« und dem gefürchtetsten Literaturkritiker Deutschlands ein »Streitgespräch« zu organisieren, zu dirigieren und zu filmen, das war wohl kaltblütig und kühn, aber im Grunde nur die Not, der ich gehorchte, um aus ihr eine Tugend zu machen. Anders konnte ich meinen Beruf gar nicht mehr ausführen, für Bitten und Betteln, ausgefeilte Drehbücher, in zwölf Exemplaren abzuliefern für Aufträge und Subventionen, hatte ich weder Lust noch die Zeit oder das Geld. Käthe Walser wischte mit einem Lappen über den Gartentisch und die Stühle, als wir uns schließlich für diese Ecke direkt vor dem Haus, auf der Gartenterrasse entschieden. Walser saß links von mir, Reich-Ranicki rechts und ich in der Mitte. Eigentlich mußte ich nur die Stichworte geben, damit die beiden Literatur-Spezialisten aufeinander losgingen.

Ich setzte mich in die Mitte, um wie ein Schiedsrichter die beiden Streithähne wenn nötig zu bremsen und gleichwertig zu Wort kommen zu lassen, durch meine Präsenz und persönliche Beziehung zu den bei-

den Intimfeinden lag heimliche Kampfstimmung, angestachelte Eitelkeit und Rivalität in der Luft, es knisterte hörbar in dem heftigen Wortgefecht, das beide nicht nur vortäuschten oder spielten.
Auf jeden Fall ein Dokument. Spontan, aktuell, improvisiert. Ich konnte zufrieden sein und mir ins Fäustchen lachen: zumindest gelang mir da auch ein kleines Stück Unsterblichkeit. Anschließend ging ich zu Käthe, Walsers Frau, die in der Küche ein Essen vorbereitete.
Reich-Ranicki wurde mit seiner Frau zum Mittagessen eingeladen. Ich nicht. Natürlich war das blöd von mir, das mit einem leeren Schlucken und einer Träne, die ich heimlich abwischen mußte, zu vermerken. Mich einzuladen, dazu hatte Martin keinen Grund. Und das Essen mit Reich-Ranicki war anläßlich der Uraufführung von Martins Theaterstück im voraus geplant gewesen.
Paul mußte mich trösten: sei nicht traurig oder beleidigt, so etwas wie französische Lebensart, das kennt man hier, in der Provinz am Bodensee, halt nicht.
Im übrigen sah ich, daß auch der gefürchtete Schreibtischtäter Reich-Ranicki das gleiche Erstaunen, das gleiche Bedauern und – die gleiche Feigheit empfand. Hätte er die freche Berliner Schnauze von Paul gehabt, er hätte sich wohl nicht der lauten Bemerkung enthalten können: »Was, Sie laden Ihre alte Freundin und meine Regisseurin nicht auch mit zum Essen ein?«
Wieder einmal zeigte sich, warum ich als Lebenspartner einen »Fernfahrer mit einer Dichterseele« und nicht einen Dichter mit einer Fernfahrerseele wählte. Wie so oft war ich froh, in den Schutz von Pauls Verständnis und seine schützenden Armen zurückzukehren, um da Kraft und neuen Mut für die nächste Konfrontation mit alten Reminiszenzen zu schöpfen.
Am frühen Nachmittag pilgerte eine illustre Schar von Auserwählten, Schriftstellern, Kritikern und Freunden des Suhrkamp-Hauses zum Hafen, wo ein schnittiges Motorboot auf die etwa 50 Geladenen wartete.
Vor dem Steg stand strahlend wie ein Leuchtturm im Nebel undurchdringbaren Selbstbewußtseins der Vertreter deutscher Dichtkunst und Denkens, Deutschlands erfolgreichster, dynamischster und bedeutendster Verleger und verströmte gute Laune, während er jeden mit Handschlag begrüßte, die Damen etwas länger, um ihnen gleichzeitig die paar Schritte über den wackligen Hühnersteg zu erleichtern. Jedem gab er

auch noch ein geflügeltes Wort mit, aus dem Fundus seiner gesammelten Autorensprüche.

Ich ließ die Elite-Truppe vorausgehen und gesellte mich zu Käthe Walser, die getrennt von ihrem Mann hinterherging. Ich kannte Käthe sehr gut und wir hatten uns stets viel zu erzählen, vor allem jetzt, wo unsere Töchter erwachsen wurden. Aber meine Gedanken weilten natürlich bei Siegfried Unseld, der jetzt da vorne für seine illustren Gäste Parade stand. Würde er den Mut haben, sich mit mir über unser gemeinsames Kind ein wenig zu unterhalten?

»Ah, ein Besuch aus Genf«, sagte er von »oben herab« und freundlich unbeteiligt, während seine Hand schon nach der nächsten Besucherin griff.

Im Innern des Bootes hatte die langjährige Chefsekretärin, die unersetzliche Frau Zeh, eine atemberaubende Pyramide von Sekt- und Weinflaschen aufgebaut, dazu Häppchen und Brötchen und andere kleine Schlemmereien. Es galt, den Appetit aufs Essen in Konstanz nicht zu verderben, aber trotzdem anzuregen und vor allem, den kulturellen Bierernst ein wenig zu vergessen und richtig in Stimmung zu kommen. Die illustren Gäste wurden nach vorne, auf den Sitzbänken im Freien plaziert, unter ihnen Adolf Muschg, der Schweizer Schriftsteller mit Frau, Joachim Fest von der »FAZ« mit Sohn und Frau, Marcel Reich-Ranicki mit Frau, Martin Walser mit Frau und Tochter Theresia und noch viele andere. Ich setzte mich auf der hintersten Bank direkt ans Wasser, um den Kameramann nicht aus den Augen zu verlieren, er wiederum überwachte den Mann mit dem Tongerät.

Theresia setzte sich neben mich, und während das Schiff nun so flott in See stach, daß es in die spiegelglatte Oberfläche mit ohrenbetäubendem Motorenlärm eine hochaufschäumende Kerbe riß, versuchte ich mit ihr ins Gespräch zu kommen. Erinnerte sie sich noch an mich?

»O ja«, lachte sie mit ihren schönen, blauen Walseraugen. Durch den Lärm des Schiffes vermochten wir uns nur schwer unterhalten, um so besser konnte ich mir die junge Frau anschauen, die Begegnung kam mir komisch vor. Eigentlich hätte sie ja auch meine Tochter sein können. Jedenfalls löste ihre Schwester als Dreijährige wegen mir fast eine Ehescheidung ihrer Eltern aus, als sie die Reklame von Konen im Fernsehen, die »geh zu Konen, geh zu Konen, geh zu Konen«, immer schneller und eindringlicher repetierte, als »geh zu Corinne, geh zu Corinne, geh zu Corinne« interpretierte und ihrer ganzen Familie beharrlich vorsang.

Heute konnte man darüber lachen. Vergessen hatten wir es nicht. Jetzt wollte Theresia Gesang studieren und meine jüngere Tochter auch. Sie bat mich, ihr die Adresse von Manon in Genf zu geben, und die ihre schrieb sie mir auch auf. Es wäre doch hübsch, zusammen zu studieren, oder zumindest, sich mal richtig kennenzulernen!
Das Schiff kurvte schneidig und mit Volldampf über die im Sonnenlicht gleißende Wasserfläche. Anläßlich einer Veranstaltung der Gruppe 47 wurde Siegfried Unseld mit folgender Typisierung vorgestellt: »ein Rugbyspieler, der von einem jungen Mädchen zur Literatur verführt wurde«. Daran mußte ich jetzt denken (er hatte es mir selber, lachend und mit gestählter Brust, erzählt), als er dem Kapitän befahl, langsamer zu fahren und dann die Motoren ganz abzustellen. »Wer möchte schwimmen?« fragte er, seine aufmüpfigen Worte hallten wie durch einen Lautsprecher über das Wasser und lösten Jubel und Beifall aus.
Man merkte: die Flaschenpyramide von Frau Zeh hatte schon merklich abgenommen. Adolf Muschg und seine Frau machten den Anfang, Joachim Fest und Sohn sprangen nach. Selbstverständlich hatten alle Interessierten vorsorglich ihre Badeanzüge mitgenommen, zum Nacktbaden war man zu berühmt (und vielleicht zu eitel oder zu alt). Als letzter zog sich Siegfried Unseld aus, mit einer winzigen Badehose, schwellte er, bevor er seinen eleganten Salto machte, noch ausgiebig seine stolze Brust. Er schwamm denn auch am meisten und am längsten hinaus, während sich die anderen prustend und schreiend in der Nähe des Bootes vergnügten. Es war gar nicht so leicht, dann wieder heraus und ins Schiff zu klettern, natürlich hielten wir das alles im Film fest. Einmal etwas anderes: die großen Geister und ernsten Denker vergnügt und unbeschwert im privaten Freizeitbereich.
Als der Suhrkamp-Chef aus atemberaubender Ferne endlich wieder heranschwamm und flott über die glatte Bootswand hinaufjettete, klatschten alle, und er stellte sich für den Fotografen noch extra in Pose, jedermann konnte und sollte es sehen: sein Körper war fit und durchtrainiert wie vor dreißig Jahren, noch immer schwamm er wie jeden Morgen eine halbe Stunde im Schwimmbad und jedes Jahr ging er in die Abmagerungskur. Dann fuhr das Boot wieder los, um in Konstanz nahe dem Restaurant am Seeufer anzulegen.
Die Tische waren reserviert, aber es gab ein kurzes Durcheinander, als die Männer nach ihren Plätzen suchten und ihre Damen einfach stehenließen. Der Alkohol hatte bereits seine Wirkung getan, man nahm

auf Anstand und Etikette noch weniger als sonst Rücksicht. Schließlich saßen alle Paare wie Kraut und Rüben durcheinander, Frau Unseld irgendwo mit ihrem Sohn zusammen, Frau Walser mit Tochter an einem anderen Tisch als ihr berühmter Mann. Nur die Intelligenzia hatten wie selbstverständlich ihren reservierten Platz gefunden, Unseld, Walser, Muschg, Fest und Reich-Ranicki saßen nebeneinander, als einziger hatte Reich-Ranicki seine Frau bei sich, wie ein Paar alte Wellensittiche, bei denen nur das Männchen ununterbrochen zwitschert, klebten sie zusammen.
Es wurden gebratene Egli-Filets serviert, frisch aus dem Bodensee gefischt, denn »der Fisch muß schwimmen«. Wieder wurde dem Alkohol, dem Weißwein aus der Gegend, ganz schön zugesetzt. Auf der Rückfahrt, hinein in den sich rosig verfärbenden Abendhimmel war es dann nicht zu übersehen: die meisten der männlichen Beteiligten waren ganz schön angeheitert, mehr oder weniger betrunken. Allen voran der Suhrkamp-Chef, aber auch Walser, sie wankten auf dem Schiff herum und ließen ihre Späße laut hallen, es war jetzt eine feucht-fröhliche Angelegenheit. Nur mein Filmteam und ich hatten fast nichts getrunken und fingen jetzt erst recht an zu drehen. Mit Unseld, Adolf Muschg und selbst noch einmal mit dem erschreckten Reich-Ranicki machte ich Interviews.
Daß alle ein wenig zuviel getrunken hatten, war den Filmaufnahmen anzumerken. Unseld lallte ein wenig, aber brachte doch einen sehr informativen und interessanten Satz über das »notwendige Übel« Reich-Ranicki zusammen, während Adolf Muschg seine Ressentiments nicht ganz verbergen konnte oder wollte.
Zum Schluß setzte ich mich auf die hinterste Bank im Freien, zwischen Martin und Reich-Ranicki. Paul, mein Kameramann, wollte noch verschiedene stumme Einstellungen machen, das würde gutes Material geben, in der entspannten, weinseligen Stimmung, in der niemand mehr darauf achtete, daß da jemand noch filmte.
Da schwankte Walser heran, offensichtlich schon ganz schön in Fahrt. Er stellte sich vor Unseld und mich und lallte schadenfreudig: »Opa, Opa Siegfried, ha ha ha.«
Dann spuckte das Boot uns wieder so aus, wie es uns aufgenommen hatte: wie eine führerlose, bunt zusammengewürfelte Herde Schafe, die verzweifelt einen Leithammel suchen. Niemand schien auf den anderen zu warten, die Ehemänner nicht auf ihre Frauen, die Frauen nicht

auf ihre Leidensschwestern, der Gastgeber nicht auf seine Gäste. Und schon gar nicht auf ein nicht bestelltes, nur ungern geduldetes Filmteam. Wir mußten uns den Drehort selber suchen.
Der fröhliche Jubel und Trubel auf dem dahinrauschenden Boot, die treue Frau Zeh, die unermüdlich und beharrlich jedem Vorbeikommenden das Glas wieder auffüllte, die entsprechende, gelöste, fröhliche Stimmung, all das war jetzt wie weggewischt, hörte schlagartig auf, als man wieder auf festem Boden, auf dem Quai war, gähnende Leere und Stille traten so plötzlich ein, als wären sie ein Traum, oder einfach nur eine Täuschung gewesen. Wir wußten nicht einmal, wo die alte Fabrikhalle war.
Und ich fing jetzt an, die durchwachte Nacht zu spüren, grenzenlose Müdigkeit, ja, eine Art Lähmung und Melancholie traten ein, am liebsten hätte ich mich in ein Bett gelegt. Doch es galt, noch einen ganzen Abend inklusive Theateraufführung durchzustehen. Mit Mühe fragten wir uns durch, um dann in der noch völlig leeren Halle, umgewandelt in Bühne und Zuschauerraum, unser Licht und das Kamerastativ aufzubauen. Von dem Theaterstück bekam ich herzlich wenig mit, denn ich konnte mich kaum noch auf den Beinen halten. Der Sekt, den ich schlecht vertrug und den man mir immer wieder angeboten hatte, zeigte jetzt seine verheerende Wirkung. Mit bleischweren, aber schwachen Beinen lief ich mit dem Kameramann herum, oder stand hinter ihm, um darüber zu wachen, daß er ja nicht zu verschwenderisch mit dem noch verbleibenden Filmmaterial umging. Viel konnten wir in dem Portrait von der Walser-Uraufführung ohnehin nicht zeigen, das war im letzten ein Aperçu, kein Schwerpunkt. Denn soviel ich erkennen konnte, hätte das Stück (zumindest für unsere Aufnahmen) in ein kleines, intimes, hübsches Theater und nicht in eine Fabrikhalle gehört. Das Licht war scheußlich, die Schauspieler mittelmäßig und das Stück … na ja, eine Gelegenheit für den Kritiker, seinen Senf einmal brühwarm und jungfräulich keusch, »exklusiv« heißt das im Fachjargon, auf jeden Fall vor allen anderen von sich zu geben. Immerhin, eine Uraufführung, für den Film ein Evenement.
Ich war so müde, daß ich nicht einmal bemerkte, daß plötzlich der Zuschauerraum leer und wieder alle verschwunden waren. Nicht einmal der treue Reich-Ranicki, der mich doch immer suchte, war mehr da. Ich ahnte, daß irgendwo noch eine Feier stattfand, aber ich hatte vergessen, danach zu fragen, vielleicht waren wir auch unerwünscht.

Doch hätte ich mich zumindest von den Hauptakteuren verabschieden wollen, und auch gehofft, sie legten ebenso wie ich Wert darauf, nicht grußlos auseinanderzugehen. Aber im letzten war die so gut organisierte PR-Veranstaltung eher unorganisiert. Und wir fuhren weg, als ob wir uns heimlich wegstehlen müßten. Das gefiel mir gar nicht. Wie immer, wenn ich sehr müde war, sah ich plötzlich alles schwarz und leider auch sehr nüchtern: bevor wir jetzt weiterdrehten, mußte ich den unterzeichneten Vertrag bekommen – wohl oder übel das verlangte Drehbuch schreiben. Natürlich war ich wieder ungeduldig, das gedrehte Material entwickeln zu lassen und anzusehen, ich konnte auf das, was wir alles »im Kasten« hatten, stolz sein.
Noch einmal mußte ich einen schweren Gang zum Bankdirektor tun, denn zumindest das »Streitgespräch« zwischen Walser und Reich-Ranicki wollte ich mir ansehen. Es war, wenn technisch alles stimmte, kein störender Lichteinfall, kein Wackler, kein Fehler im Ton, eine exklusive Beute, ein Pfand in meiner Hand. Kostenpunkt für den Rohschnitt, samt Arbeits-Bildkopie und Tonüberspielung, ca. zehntausend Schweizer Franken, zwölftausend D-Mark.
Jemand anderem hätte der unverkaufte Film, der Schuldenberg, den er bedeutete, schlaflose Nächte bereitet und vorsichtig gemacht. Nicht mich, mit meinem Glauben an meine Arbeit, mit meiner Begeisterung für jedes, insbesondere dieses Sujet.
Ich bekam den Kredit, eine Aufstockung meiner Hypothek und trotzdem (bei der Schwarz-Film) noch eine zusätzliche Rechnung. Nichts ist teurer als auf eigene Rechnung Filme zu machen.
Aufgrund des gedrehten Materials und der inzwischen angeeigneten Kenntnis des großen Kritikers war es mir jetzt viel leichter, ein Drehbuch zu schreiben, wie Herr Rosenbauer in Köln es von mir verlangte. Es war immerhin zehn Seiten stark und ich schickte es an den WDR mit der Bitte, den Vertrag jetzt so schnell als möglich zu unterschreiben. Ich brauchte dringend die Vorauszahlung. Endlich würden wir einmal ein sorgenfreies Weihnachtsfest feiern können. Ich hatte gehofft und damit gerechnet, den unterschriebenen Vertrag postwendend zu erhalten. Denn das Geld fehlte uns jeden Tag mehr, wir hatten schon nicht einmal das Nötigste zum Leben.
Doch der Vertrag kam nicht, es verging eine, dann zwei, dann die dritte Woche. Ich rief beim WDR an. Herr Rosenbauer sei auf Dienstreise, hieß es, aber der Vertrag liege zur Unterschrift auf seinem Pult.

Ich weiß nicht mehr, wieviel Zeit verging, von der letzten Dreharbeit mit Reich-Ranicki und dem Brief vom WDR, der mir den Todesstoß versetzte. Hans Rosenbauer schrieb mir, er könne leider den Film jetzt doch nicht machen. Grund: Reich-Ranicki hätte leider einem Redakteur vom Hessischen Rundfunk von meinem Film erzählt und dieser habe ihm vorgeschlagen, ebenfalls eine solche Sendung über ihn für Frankfurt zu machen. Der Hessische Rundfunk habe das Thema an der Programmkonferenz bereits angemeldet.
Aber für ihn, den Kulturchef vom WDR, komme jetzt mein Film natürlich nicht mehr in Frage. Zweimal dasselbe, das sei zuviel.
Ich weiß noch, wo ich stand, als ich den Brief las und auch das Gefühl, das ich dabei empfand, ist mir noch präsent, beim Gedanken daran läuft es mir noch heute kalt über den Rücken. Es war bei meiner alten, guten Tante Elsi, in deren Wohnung ich schon so viele Niederlagen ausgelebt hatte. Doch diesmal konnte ich ihr den Grund nicht einmal verraten, sie war zu alt und zerbrechlich geworden, um solche Hiobsbotschaften zu ertragen, ich war ohnehin ihr ewiges Sorgenkind. Daß der nette Marcel Reich-Ranicki, den sie trösten mußte, als ich noch nicht da war, mir einen solchen Streich gespielt – mich eben verraten hatte, das hätte sie nicht begriffen.
Es war glücklicherweise noch nicht Abend, denn ich war wie vom Donner gerührt und mußte mich dagegen wehren können, wenn man sich nicht gegen solche Schläge sofort wehren kann, das geht an die Nieren, ans Lebendige, das macht einen kaputt. Jahrelang war es so gewesen, wenn uns die Gläubiger pfändeten und das Pfändungsamt diese grauenhaften rosa Zettel ins Haus schickte, die man schon an den offiziellen Fensterumschlägen erkannte: die Ankündigung, daß man gepfändet, die Möbel und Wertsachen aus dem Haus geholt werden – sie kamen immer am Samstagmorgen, wenn die Schalter zu und die Büros geschlossen waren. Man konnte sich übers ganze Wochenende nicht wehren und mußte versuchen, das zu überleben. Paul und ich vertragen es seither nicht mehr, wenn am Morgen früh die Hausklingel läutet. Ich rief zuallererst Herrn Rosenbauer in Köln an. Ich mußte mich beherrschen, ihn nicht anzuschreien, ihm alles an den Kopf zu werfen, was mir gerade in den Sinn kam: Warum hatte er das Thema nicht sofort angemeldet? Warum mir nicht aufgrund meiner einmaligen Möglichkeiten und Zwischenberichte von unserem Exklusivmaterial den Vertrag unterschrieben? Und überhaupt, warum sollten über den prominenten

Kritiker nicht zwei Filme gedreht werden? Einer für die kleine Ecke nach akademischen Kriterien, und meiner, ein richtiger Film, für ein größeres Publikum, mit Exklusiv-Material seiner privaten Seite …?
Hans Rosenbauer war so stur und kalt, wie nur die Kollegen sein können, die selbst von Programm und dem Fernsehzuschauer nichts verstehen und die schließlich die Schuld daran tragen, daß das Privatfernsehen sich in solch einer Weise durchsetzen und einnisten und dem staatlichen Fernsehen die Zuschauer abstehlen konnte.
Ich solle es doch beim ZDF versuchen, meinte Rosenbauer, das sei schließlich die Konkurrenz.
Es gelang mir, auch Reich-Ranicki sofort ans Telefon zu bekommen. Er war den heftigen Ton, ja, die Vorwürfe, die ich ihm machte, nicht gewohnt. Er habe nicht wissen können, daß der eine Film dem anderen im Wege stünde, sagte er und es sei ihm halt bei dem Fachmann herausgerutscht und dieser habe dann nicht mehr lockergelassen.
Er war ziemlich verlegen und offensichtlich sehr peinlich berührt. Daß der WDR den Film – wegen ihm – durch seine Schuld – nicht machen wollte, erschütterte, ja, beleidigte ihn. Ich solle doch noch einmal versuchen, mit dem besagten Herrn, der offensichtlich von Kultur nicht sehr viel verstehe, zu reden. Und sonst könne ich doch mit dem Material – das einmalig sei – überall anklopfen, das müßte doch jeder mit Handkuß kaufen.
Na denkste. Es zeigte sich, daß der große Fernseh-Kritiker von den internen Sitten und Gebräuchen des Fernsehens keine Ahnung hatte. Es ging schon seit Jahren in den Programmkonferenzen und Redaktionen nicht mehr darum, wer die besten Filme machte, wer ein Professioneller und wer ein Dilettant, wer ein begabter Macher und wer ein skrupelloser Vermarkter war. Ich versuchte es, meinem lieben Marcel zu erklären. Aber der Zauber unserer ersten Begegnung, das Knistern zwischen uns und die gegenseitige Hochachtung, sie waren dahin.
Jetzt kehrte er mir die kalte Schulter zu. Doch ein schlechtes Gewissen schien er zu haben und wahrscheinlich war er auch persönlich tief betroffen. Immerhin hatte er sich sozusagen mit Leib und Seele für mich und meinen Film engagiert, und war auch bereit, mit den Dreharbeiten weiterzumachen.
Er rief mich an und sagte, das ZDF interessiere sich für unseren Film, ich solle Frau Dr. Pinkerneil anrufen, die Verantwortliche für Literatur. O Gott, dachte ich. Verantwortlich für Literatur – wenn ich das schon

hörte! Die Akademikerin mit Doktortitel würde meine Art, Kulturfilme zu machen, mit ihrem fachmännischen Wissen in Grund und Boden zerreden.
So war es denn auch. Ich fuhr mit dem selbst verfertigten Rohschnitt nach Mainz, wurde von Frau Dr. Pinkerneil, die genauso aussah, wie ich mir eine Verantwortliche für Literatur vorstellte, vorerst einmal in einer Ecke abgestellt, sie telefonierte stundenlang mit ihrem kranken Kind. Immerhin, kein vertrockneter Blaustrumpf, keine verkorkste Feministin. Interessiert hörte ich zu, wie die vielbeschäftigte, studierte Fernsehfrau mit ihrem kleinen Sohn umging, ihn zu trösten versuchte und bald nach Hause zu kommen versprach. Sie würde wohl bei der Vorführung meines Filmmaterials mehr an ihren kranken Sprößling denken und mir gegenüber ohnehin voreingenommen sein. Daß sie von meiner Fernsehtätigkeit keine Ahnung hatte, war mir klar. Es verlief denn auch alles so wie befürchtet und wie ich es aus unzähligen Vorführungen in den verschiedensten Sendeanstalten längst als Fanal des Schicksals kannte, die Ankunft in der Hölle konnte nicht qualvoller und aussichtsloser sein. Leider wußte ich immer schon vorher, was für Standardausreden und Schulbuch-Kriterien ich mir würde anhören müssen, obschon doch die Redakteure verschiedenster Couleur waren und aus den unterschiedlichsten Sendern stammten. Die Vorstellung von Programm- und Filmgestaltung war ein von Klischees und akademischer Schul-, beziehungsweise Filmweisheit genährter Einheitsbrei. Kein Wunder, daß die Kultursendungen so niedrige Einschaltquoten erhielten.
Sie könne mich den Film nicht machen lassen, sagte denn auch Frau Dr. Pinkerneil. Aber wenn ich einverstanden sei, übernehme sie mein Filmmaterial und mache dann selbst einen sendefähigen Film daraus.
Ich packte meine drei Filmrollen zusammen und gab ihr wortlos und dankend die Hand. Nett von Ihnen, daß Sie sich die Zeit genommen haben, das Material zumindest anzuschauen, wo doch Ihr kleines Kind so krank ist.
Natürlich sagte ich das nicht. Aber etwa so waren meine Gedanken; jemand Fremden meinen Film machen zu lassen – »fertig zu machen« wie Frau Dr. Pinkerneil es ungewollt treffend nannte, war für mich undenkbar.
Unverrichteter Dinge kam ich zu Hause an, völlig fertig, ruiniert, mit meinem tollen Filmmaterial. Einmal mehr würde ich darauf sitzenbleiben. Eine Nachrichtenmeldung paßte dazu: ein Genfer Kollege, Film-

regisseur (den ich nur vom Hörensagen kannte), hatte sich das Leben genommen.

Ja, nicht nur in der Schweiz ist Filmemachen ein Selbstmordberuf.

Zu dem persönlichen Ungemach kam dann noch das berufliche, oder umgekehrt, zu dem beruflichen noch das persönliche. Reich-Ranicki, zuerst erbost über die geschätzte Kollegin vom ZDF, ließ sich in einem Fach-Gespräch offenbar von meiner Untauglichkeit, einen Film über ein so akademisches und hochkarätiges, ambitiöses Thema wie einen Literatur-Kritiker und Kritikerpapst zu portraitieren, überzeugen.

Jedenfalls wandte er sich nun plötzlich gegen mich, mit dieser Härte und Unversöhnlichkeit, wie sie nur aus einem verletzten Macho-Herzen kommt. Auch darin hatte ich ja vielseitige Erfahrung.

Dann nahm aber die Geschichte doch noch – wenn nicht ein Happy-End – dann zumindest doch einen erträglichen, finanziell guten Ausgang:

Ich war an die Buchmesse in Frankfurt aufgeboten worden, um dort meine Biographie über George Sand vorzustellen. Für ein Interview mit mir holte mich – Frau Dr. Pinkerneil. Sie stellte mich ihrem Mann, einem bekannten Journalisten vor, und ließ mich dann vorerst wieder – wohl diesmal nicht wegen ihres kleinen Kindes, sehr lange warten.

Ihr Mann verkürzte mir die Zeit, indem er mir einen langen Vortrag hielt, über den Unsinn, im Fernsehen schöne Filme machen zu wollen. Fernsehen sei nicht ein Medium mit eigenen Gesetzen, wie etwa Theater und Kino, es sei ein reines, politisches und journalistisches Vermittler- und Übertragungs-Instrument. Es gebe nichts Falscheres, als mit Bild, Wort, Inhalt und Musik eine Einheit, sprich einen Film fürs Fernsehen machen zu wollen. Das gesprochene Wort, die Präsenz einer kompetenten Persönlichkeit, sei völlig genug und alles, was es für gute Sendungen brauche.

Ich bin sicher, daß er das ganz allgemein und nicht etwa auf mich bezogen meinte, es war ein Zufall, daß es mich ganz persönlich, an meiner schmerzendsten und verletzlichsten Stelle traf, wenn man das von einer Arbeit und dem Beruf überhaupt sagen kann.

Frau Dr. Pinkerneil war dann so nett zu mir, daß es mich mit allem wieder ein wenig versöhnte. Vielleicht war auch mein Buch über George Sand schuld daran.

Jedenfalls, wir einigten uns, daß ich ihr (dem ZDF) nun doch mein kostbares Filmmaterial mit Reich-Ranicki verkaufe. Zweiunddreißigtau-

send Mark bezahlte sie mir dafür – das reichte nicht einmal, um die Kosten zu decken.
Seitdem ruht das geschnittene Rohfilm-Material, sprich 16-Millimeter-Negativ, überspielten und Original-Tonbändern, irgendwo in einem ZDF-Archiv und es ergeht ihm wie kostbarem Wein: mit jedem Jahr wird es ein wenig besser und seltener, ja, wenn es nicht verschimmelt ist, wird es immer teurer und wertvoller werden. Wie sagte mir doch in Frankfurt, an der Buchmesse, Frau Dr. Pinkerneil: »Hat Ihnen Reich-Ranicki sehr nachgestellt?«

*

Meine Schwester und ihr Mann haben sich im Laufe ihrer mehr als dreißigjährigen Ehe des öfteren mal gefragt, ob es für ihre Karriere nicht besser wäre, nach München zu ziehen, statt – wenn auch paradiesisch – im Abseits zu wohnen, rein beruflich gedacht. Und wenn das schon für sie, das bekannte und etablierte Schauspieler- und Filmstar-Ehepaar ein Problem war, ging es uns als freiem Fernsehfilmteam noch schlimmer, wir mußten immer wieder solche Pleiten und Katastrophen wie mit dem Reich-Ranicki-Film erleben und kamen einfach nicht auf einen grünen Zweig, weder finanziell, noch was unseren guten Namen anbetraf. Paul sagte es immer wieder: wir sollten nach Deutschland ziehen, uns mit einem Sender zusammentun, zumindest wären wir da nicht so weit vom Schuß.
Doch ich sah das ein wenig anders. Ich vertraute blind auf Pauls und meine »künstlerische« Begabung, und wir konnten nur mit denjenigen zusammenarbeiten, die uns verstanden und machen ließen, ohne an »unserer Seele Schaden zu nehmen«. Die gab es zwar noch, aber sie wurden in der rasanten und kommerziellen Entwicklung des Fernsehens immer dünner gesät, auch intern verloren kompetente und auf ein gutes Programm bedachte Mitarbeiter Macht und Posten und damit Sendeplätze: die früher so beliebten Fernsehspiele, Dokumentarfilme und Feuilletons kippten ganz aus dem Programm. Das war das Schlimmste: meine Filme, die früher zu den besten Sendezeiten, im ersten oder zweiten Programm liefen, wurden nun in irgendeiner verborgenen Ecke, zu später Stunde oder im dritten Programm ausgestrahlt. Automatisch schwanden dadurch die Zuschauerzahlen, selbst wenn es sich um attraktive und beliebte Themen handelte. Eine latente Frauenfeindlichkeit, ja, Frauenverachtung, spielte dabei auf eine merkwürdige

Weise mit, wenn ich unsere Filme als Ko-Produktion oder fertiges Produkt anbot: auf den neuen Chefsesseln saßen nun plötzlich Kultursnobs oder Journalisten mit (meist politischen) Spezialressorts. Das konnte ich ganz besonders bei meinen Landsleuten in Zürich feststellen, wo ich – schon aus geographischen Gründen des öftern anklopfte.
Ich bot dem Kulturchef Dr. Stäuble mit seiner rechten Hand, Roy Oppenheim, mein Filmprojekt »George Sand« an, immerhin eine bedeutende Schriftstellerin und wichtige Kultfigur der Emanzipation. Es entstand folgender Dialog:
»Ich plane einen Film über George Sand«, sagte ich, »und biete Ihnen eine Produktion oder Ko-Produktion mit Deutschland an.«
»Es gibt wichtigere Themen für uns als George Sand«, antwortete Dr. Stäuble.
»Wenn ich als Schweizer Filmemacherin auf das Schweizer Fernsehen angewiesen wäre, würde ich verhungern«, sagte ich.
»Es zwingt Sie ja niemand, Filme zu machen«, antwortete Roy Oppenheim und die Audienz war beendet.
Solche Gespräche mit Chef- und Kulturredaktionen passierten mir nun laufend. Es waren immer die üblichen Ausreden und Klischees über mangelnde Sendeplätze und mangelndes Geld, die für die Absagen herhalten mußten, nicht einmal, daß sie sich bei jeder Begegnung wiederholten, fiel den Verwantwortlichen auf.
Glücklicherweise gab es aber auch Freunde und Kollegen in verantwortlicher Stellung (auf verantwortlichen Posten), die meinen Filmstil kannten und schätzten und uns Aufträge gaben oder fertige Filme von uns ankauften. Nur wurden ihr Einfluß und ihre Möglichkeiten immer mehr beschnitten, sie hatten mit eigenen, internen Schwierigkeiten zu kämpfen. So waren wir nie genügend ausgelastet und mein Ziel, mit einer eigenen Serie, einem eigenen Magazin Maßstäbe zu setzen, oder gar, zum Spielfilm überzuwechseln, habe ich bis heute nicht erreicht. Mit unerschütterlichem Optimismus glaubte ich stets daran, das noch vor mir zu haben und wohlgemut nahm ich die Gründung des »Haus des Dokumentarfilms« in Stuttgart zur Kenntnis. Es sollte, so hoffte ich, ein Meilenstein in der Geschichte des Fernsehens bedeuten. Auch für mich.

*»Ich suchte den Ruhm –
und meinte die Liebe.«*
(»Corinne« von Madame
de Staël, 1766–1871)

ZWÖLFTES KAPITEL

Das »Haus des Dokumentarfilms«

Am 19. November 1991 fuhren Paul und ich in unserem bequemen Filmwagen nach Stuttgart zur Einweihung des »Haus des Dokumentarfilms« und zum gleichzeitig stattfindenden zweitägigen Symposium am 20./21. November 1991.

»... Ein Ausgangspunkt des historischen Rückblicks ist die fast schon legendär gewordene ›Stuttgarter Schule‹, an die Dieter Ertel in einem einleitenden Beitrag anknüpfen wird«, hieß es in der Programmvorschau.

Eine freundliche Einladung lag bei: Ich hätte doch damals dazugehört und wäre die einzige Frau, der erste weibliche Redakteur des deutschen Fernsehens überhaupt gewesen. Meine Teilnahme sei erwünscht.

Ich war ganz aus dem Häuschen und aufgeregt vor Freude, meine alten, vertrauten Kumpel wiederzusehen: Dieter Ertel, Wilhelm Bittorf und Helmut Greulich, aber auch Gisela Huber und Guntram von Ehrenstein, vielleicht gar Dr. Jedele, Michael Pfleghar und Hans Gottschalk, aber allen voran natürlich Martin Walser, die Seele von uns allen und von mir im besonderen. Ich steckte Paul mit meiner Vorfreude an, und gutgelaunt rauschten wir über die Autobahn; wir hatten gerade unseren vorläufig letzten Film, ein intimes Portrait über die französische Filmlegende Jeanne Moreau mit nicht geringen Schwierigkeiten beendet und beim WDR in Köln abgeliefert; für den Stuttgarter Sender ließ man uns schon lange nichts mehr machen, die goldenen Zeiten des legendären Senders und der »Stuttgarter Schule«, als ich die erste Frau in einer »Horde von Lausbuben, die immerhin damals das bedeutendste Fernsehprogramm machten« war, wie Dieter Ertel in seinen »Erinnerungen an meine Stuttgarter Jahre« schreibt, waren längst vorbei. Heute jammern die Verantwortlichen nur noch – wie überall – über mangelndes Geld und Einschaltquoten.

Um so mehr erwartete ich von dieser Tagung, dem Zusammentreffen mit meinen alten Kumpeln; mit ihnen würde ich offen und ehrlich reden können, mit ihnen war ich vertraut. Daß diese lieben Kollegen inzwischen dreißig Jahre älter, in Ehren ergraute Erfolgs- und Karrieremenschen mit gesicherter Altersversorgung und komfortabler Rente sein könnten, daran dachte ich nicht; ich selbst war ja noch lange nicht bereit, in den Ruhestand zu treten, sondern fühlte mich noch immer unverschämt jung und unverbraucht, immerhin etwas, das ich meiner Stellung als Frau und meinen »verpaßten Gelegenheiten« verdankte.

Das erste, was mir an der Tagung auffiel, als ich frühmorgens um neun Uhr in den großen Konzert- und Übertragungsraum der Villa Berg eintrat, das waren der enorme Aufwand, den man getrieben hatte und die Wichtigkeit, die man dem Ereignis offenbar beimaß. Das war ganz in meinem Sinne, hatte ich doch schon immer das Fehlen einer »Geschichte des Fernsehens« beklagt, darüber Zeitungsartikel geschrieben und Vorträge gehalten. Von weitem sah ich Gisela Huber, sie winkte mir zu. »Du hast ganz vergeistigt ausgesehen«, sagte sie mir in der Pause.

Dann kam das zweite, das mir auffiel: von meinen alten Kumpeln, an die ich stets mit einer gewissen, nostalgischen Zärtlichkeit dachte, waren gerade Dieter Ertel, Georg Friedel und Guntram von Ehrenstein, mein Filmcutter der ersten Stunde, da. Mit ihm hatte ich meine ersten, erfolgreichen Filme geschnitten, nie mehr besaß ein Cutter ein so gutes Musikgehör und guten Willen, um so, wie ich verlangte, genau auf Takt zu schneiden. Ganze Nächte hatten wir zusammen am Schneidetisch verbracht.

An Stelle der Stuttgarter Pioniere waren aber viele andere, verdienstvolle Kollegen erschienen, die sich später beim Fernsehen einen Namen machten, so zum Beispiel Peter von Zahn und Georg Stefan Troller.

Dann wurde ausgiebig Dieter Ertels »Zeichen der Zeit«-Reihe in Beispielen vorgeführt, die der ein Jahr vorher verstorbene Roman Brodmann übernommen und ebenso erfolgreich weitergeführt hatte. Auch er bekam viel posthumes Lob, sowie Heinz Huber, unser verdienstvol-

ler Kulturabteilungschef, der, wie sich alle einig waren, zu seiner Zeit in frevelhafter Weise unterschätzt wurde.
Schließlich erinnerte Helmut Greulich an meine Filme, die »Pferdetransporte«, die mir die Liebe der ganzen Nation und den Haß der Händler und Schlächter einbrachte, sowie das Filmfeuilleton »Verblaßte Fassaden« wurde erwähnt. Kein Wort davon, daß die grausamen Tiertransporte bis in den Bundestag hinauf diskutiert und nach meinem Film verboten wurden, daß Heinz Huber meine »Verblaßten Fassaden« für den »Prix Italia« nominieren wollte und die Kollegen sich genierten, weil mein Film ihnen im Vergleich zu ihren knallharten »Zeichen der Zeit«-Berichten zu »nostalgisch« oder einfach zu weiblich war. Zu einer Konkurrenz durfte ich – bei aller Liebe – dann doch nicht werden.
Ertel »vergaß« auch zu erwähnen, daß er mich nach Hubers Tod nach Stuttgart zurückholen wollte, weil nach meinem Weggang mein spezifischer Stil des Filmfeuilletons nicht mehr gepflegt wurde, wie Huber in seinen Erinnerungen schrieb. Gar auf seine frühere Ansicht zu verweisen, »er und ich hätten zusammen für das Fernsehen die Zeitkritik erfunden«, dazu konnte er sich noch weniger überwinden, obschon er für seinen Humor bekannt und seine Erinnerungen mit Anekdoten gespickt waren. Es wäre ihm wohl kein Stein aus der Krone gefallen, wenn er wenigstens die Pioniertat seines damaligen Intendanten Fritz Eberhard (»wir müssen gute Leute hamstern«), in sein Team der jungen Fernsehmacher eine Frau zu holen, gewürdigt hätte. Das schien mir wichtig, ging es doch hier um das »Haus des Dokumentarfilms« und ein Stück Fernsehgeschichte, nicht nur um die »Zeichen der Zeit«-Berichte, über die man für meinen Geschmack zu viel redete. Das sah ja gerade so aus, als hätte die »Stuttgarter Schule« und die Dokumentarfilm-Abteilung nur aus diesen, nach dem »Spiegel-Vernichtungsjournalismus« gemachten Reportagen bestanden.
Das störte mich schon sehr, und ich vermißte die früheren Wortführer Dr. Jedele, Hans Gottschalk, Peter Dreesen und allen voran Martin Walser. Letzterer hatte schon recht: mit den »jungen Wilden«, die »nicht nur palaverten, sondern das damals meistbeachtete Fernsehprogramm machten«, hatten diese in korrektes Dunkelgrau und Dunkelblau mit weißem Kragen, Krawatte und Bügelfalte gekleideten, höflichen und wohlsituierten Herren nichts mehr zu tun. Auch wenn sie kaum älter (und teilweise jünger) waren als ich, sie kamen mir allesamt wie abgeklärte und selbstzufriedene Großväter vor. Sie wollten dem

Desaster »Arte« entgegensetzen, ein Sender, wie ich ihn mir schon immer wünschte. Ob ich Lust hätte, für »Arte« mitzuarbeiten?
Natürlich hatte ich. Aber die Schwierigkeiten waren leicht vorauszusehen; man entwickelte ein Konzept nach bewährter Manier, einem kulturellen (Männer)Schema, Alternativen waren nicht erwünscht.
»Nur in leitender Stellung«, sagte ich kühn, denn nur so könnte ich doch meine eigenen Vorstellungen und meinen »weiblichen« Stil durchsetzen. Ich war schließlich ein gebranntes Kind. Schon einmal hatte man mich für den Aufbau eines neuen Senders engagiert, für das Pariser Studio des ZDF, und mir lauter Männer, die mich bevormundeten und gegen mich intrigierten, vor die Nase gesetzt.
Noch heute könnte ich mir über all das die Haare raufen, was ich an unwiederholbaren Filmdokumenten und Portraits der Pariser Szene deshalb verpaßte. Die Tagung brachte es tatsächlich einmal mehr zutage: es ist nach wie vor unglaublich schwer für eine Frau, sich durchzusetzen, sobald sie nicht einfach in eine beliebige Schublade paßt.

»... im Umfeld Fernsehen hat sich im Sinne der rechtlichen Gleichstellung der Frau mit dem Mann nicht so viel geändert, wie uns das die satte Präsenz und das Sendungsbewußtsein der Riege von Nachmittags-Talk-Frauen glauben machen möchten. Auf der Entscheidungsebene, so wurde wiederholt und mit Nachdruck festgehalten, sind Frauen in den deutschen Fernsehsendern – ob öffentlich oder kommerziell – nach wie vor kaum vertreten ...«, schrieb die NZZ noch im Mai 1997.

Aber ich war zu der Gründung des »Haus des Dokumentarfilms« ebensowenig wie seinerzeit zu den Programmsitzungen gekommen, um das Thema des Geschlechterkampfes oder der Gleichberechtigung, sondern nur um meinen Anteil, den ich daran hatte oder den ich dazu beitragen konnte (und den ich tatsächlich nicht als »bescheiden« einstufte) ins Gespräch zu bringen. Ja, ich bildete mir ein, ich hätte dazu etwas – etwas Wesentliches – zu sagen, um an die Aufgabe eines »Haus des Dokumentarfilms« zu erinnern und dann anzuknüpfen.
Ich beschloß, sofort etwas zu unternehmen, entwarf zu Hause einen Fragebogen und schrieb zwei wichtige Briefe. An meine alte Freundin, Gisela Huber, die nach dem Tode ihres Mannes, Heinz Huber, später die letzte und treue Lebensgefährtin von Roman Brodmann wurde (und der er beim SDR auch sehr viel verdankte) schickte ich eine Kopie. Sie

rief mich an und sagte, sie bewundere meinen Mut und meine Energie und ich könne auf ihr Mitmachen zählen.

An Herrn
Dieter Ertel, Leiter des »Haus des Dokumentarfilms«

Lieber Dieter,
ich habe mich sehr gefreut, Dich und viele der alten Kollegen und Freunde wiederzusehen und auch den Anlaß, die Gründung des »Hauses des Dokumentarfilms«, begrüße ich und finde es eine längst fällige Idee, da es ganz offensichtlich noch keine »Geschichte des Fernsehens« gibt. Ich möchte deshalb hier auch gleich eine Anregung beisteuern. Wie Du weißt, befasse ich mich seit vielen Jahren in Theorie und Praxis mit dem Thema »Film, Fernsehen und Frau« mit der ganzen, mehr oder weniger bekannten Problematik, die dahinter steht und vor allem, den diversen Frauenghettos, die sich mehr bekämpfen, als in einem gemeinsamen Ziel zusammenfinden.
Sie zu einem Symposium mit dem (provisorischen) Titel »Film und Frau« aufzubieten und zu historischer Betrachtung, zu kreativen Gesprächen, Vorträgen und Filmvorführungen initiieren, ist mein Programm. Gleichzeitig damit soll ein vierteljährliches Nachrichtenbulletin mit dem gleichen Titel (und Ziel) starten.
Ich möchte nun den Süddeutschen Rundfunk, besser gesagt Dich und das »Haus des Dokumentarfilms« einladen, ein solches Symposium zu unterstützen, evtl. dafür das Patronat zu übernehmen und mitzumachen.
Gerne bin ich bereit, dafür in der nächsten Zeit nach Stuttgart zu kommen, um mit Dir darüber zu sprechen. Natürlich interessiert mich in erster Linie, was Du dazu sagst. Ich warte also gespannt auf Deine Antwort.

Einen gleichlautenden Brief schrieb ich an Alice Schwarzer. Von Dieter Ertel bekam ich nie eine Antwort, von Alice Schwarzer eine mit großer Verspätung. Mein Brief sei in ihrer Redaktion verlorengegangen, entschuldigte sie sich. Ich solle mich doch wieder einmal melden. Aber ich gab auf.
Es blieb nur eine Möglichkeit: darüber ein Buch zu schreiben.

Werkverzeichnis

(Fernsehfilme und Hörspiele von Corinne Pulver)

Süddeutscher Rundfunk

Kleine Tanzbodengeschichte / Nitritprozeß / Kinder ohne Eltern / Von der Litfaßsäule genommen / Manegenzauber / Trude Hesterberg / Der Gletscherpilot / Ein Hundeleben / Besuch bei D.-H. Kahnweiler / Die sanften Diktatoren / Der Berner Geigenprozeß / Nobelpreis für ein weißes Pulver / Jean Cocteau / Beruf: Primaballerina / Pferdetransporte / Verblaßte Fassaden / Max Frisch / Elsa Maxwell / Lärm / Die höheren Töchter / Michel Simon / »Sie 67« (Regine) / Madame de Staël (Auftrags-Prod. Dieter Ertel) / George Sand (Auftrags-Prod. Gerhard Konzelmann) / Marie Antoinette (Auftrags-Prod. Gerhard Konzelmann) / Ich bin Cleopatra (Auftrags-Prod. Gerhard Konzelmann)

Bayerischer Rundfunk

Die Playboys kommen erst um acht / Verbrauchte Bräuche / Hölderlin (freie Prod./Ankauf Traugott Krischke/Johannes C. Weiss) / Hans Habe (Auftrags-Prod. Traugott Krischke/Johannes C. Weiss) / Curd Riess (Auftrags-Prod. Traugott Krischke/Johannes C. Weiss) / Gertrud P. (Auftrags-Prod. Traugott Krischke/Johannes C. Weiss)

Westdeutscher Rundfunk

Magazin »Bitte umblättern« ca. 40 Beiträge / Die Chaplins (Auftrags-Prod. K. D. Wulffen) / Hazy Osterwald Story (Auftrags-Prod. K. D. Wulffen) / Lebenskünstler (Auftrags-Prod. K. D. Wulffen) / »Marie Laforêt« (Freie Prod./Ankauf Dieter Ertel) / Jeanne Moreau (Ko-Prod. WDR/BR)

Sender Freies Berlin

Nach jedem Streit ein neues Kleid (Auftrags-Prod. Dr. Karla Vortisch)

Südwestfunk

Robert Casadesus (Auftrags-Prod. Dieter Ertel) / Der Umweltschützer Franz Weber (Auftrags-Prod. Dieter Ertel)

Zweites Deutsches Fernsehen

Die befreite Frau – Illusion und Wirklichkeit (Auftrags-Prod. Kurt Flaake) / Zauber der alten Automaten (Freie Prod. Ankauf) / Der dritte Tod der Nina Dyer (Freie Prod. Ankauf Dr. Klaus Simon) / Marcel Reich-Ranicki (Rohschnitt Gesamtmaterial Ankauf Dr. Beate Pinkerneil)

Schweizer Fernsehen DRS

Oskar Kokoschka Besuch bei (Auftrags-Prod.) / Die Glücklichen (Serie Co-Prod. Dir. Ed. Haas) / 1. Liselotte Pulver und Helmut Schmid; 2. Curd Jürgens und Simone / Eine Neufundländerhündin namens Kenya (freie Prod.) / Madame de Meuron und die sterbenden Pferde (Freie Prod. Ankauf)

NDR

Der französische Mann (Auftrags-Prod. Harald Vock)

Radio Bremen

Portrait des Pariser Couturiers Yorn (Auftrags-Prod. D. Ertel)

Bavaria Film Atelier

Portrait Lilo Pulver (Auftrag Dr. Jedele)

Hörspiele

Baum bleibt Baum (Radio Bremen Oswald Döpke) / Requiem für einen Bullen (Radio Bremen Oswald Döpke) / Tennis (Radio Bremen Oswald Döpke) / Größe Zweiundvierzig (Radio Bremen Oswald Döpke)